KB162670

현대중국어 문법항목 해설

An A to Z Grammar for Chinese Language Learners(當代中文語法點全集)

현대중국어 문법항목 해설

An A to Z Grammar for Chinese Language Learners

當代中文語法點全集

등수신(鄧守信) 편저
변관식·김미순·임경희·박용진 옮김

역락

한국어판 서문

2018년 타이완에서 처음 출간된 중국어 학습자를 위한《An A to Z Grammar for Chinese Language Learners(當代中文語法點全集)》의 한국어판 출간을 볼 수 있게 되어, 개인적으로 큰 기쁨과 만족을 느낀다. 이 책에는 400여 개의 중국어 문법항목이 수록되어 있으며, 초보 학습자부터 유럽연합 공통 언어표준의 B1레벨의 학습자까지 사용이 가능하다.

이 책은 내가 중국어 문법을 교육하고 연구했던 두 단계의 연구 성과를 통합한 것이다. 그 첫 단계는 내가 매사추세츠 대학교(University of Massachusetts)에서 약 25년간 중국어 문법의 이론적 분석을 가르치고 연구했던 기간이며, 두 번째 단계는 내가 국립대만 사범대학 화어문교학연구소(華語文教學研究所)에서 중국어를 가르치고 연구했던 기간이다. 따라서 이 책은 현대중국어에 대한 나의 문법적 분석과 개인적인 설명이 다소 포함되어 있다.

언어를 배우고, 언어를 습득하는 것은 '규칙을 기반으로 한 경험'이라는 것이 나의 확고한 신념이다. 이 책은 문법적·통사적 규칙들을 풍부하게 다루고 있다. 이러한 규칙들은 학습자의 학습전략 형성에 큰 경험치와 용기를 제공해 준다.

이 책의 번역에 참여해 준 학자들은 모두 나의 이전 혹은 지금의 석·박사과정 학생들이다. 이들은 모두 현대중국어 문법 관련 주제의 논문을 완성하였거나 진행 중이다. 내 인생에 이렇게 재능 있는 학생들이 있었다는 것은 정말 특권이다. 이 책의 한국어판 출간을 현실로 만들어 준 그들에게 감사드린다.

Teng Shou-hsin

Editor, A to Z Grammar for Chinese Language Learners, TW

Chair Professor of L2 Chinese

Chungyuan Christian University, Taiwan

June 20, 2020

역자 서문

『當代中文語法點全集』의 한국어판 번역에 참여한 것은, 10여 년의 석·박사 과정 동안 현대중국어 교육문법과 이론문법의 연구 지도를 해주셨던 鄧守信(Teng, shou-hsin)교수님께 미약하나마 보답할 수 있는 기회가 되었다. 이 소중한 기회를 주신 전북대학교 박용진 교수님께 감사드린다.

나는 석·박사 과정을 진행하는 동안, 국내 현대중국어 교육에 무엇인가 이바지할 수 있을 것이라 믿었다. 그러나 학위 취득 후 아직 뚜렷한 결과물을 내놓지 못한 상황에서, '현대중국어 이론문법'과 '현대중국어 교육문법'연구의 선구자이신 등 교수님의 '중국어 교육문법'의 결정체라 할 수 있는 이 책의 번역에 참여할 수 있게 되어 다시 한 번 영광이라 생각한다. 동시에 현대 중국어 교육문법 분야에서 아직 연구 성과를 내지 못하고 있던 나 자신에게도 큰 선물이 되었다. 마지막으로, 이 번역서가 현대중국어를 학습하는 학습자와 교수자 모두에게 작은 도움이 되길 바란다.

- 변관식

존경하는 지도교수님의 대작을 선후배님들과 함께 번역하고 이렇게 서문을 쓰니 감회가 새롭다. 이 책은 교사와 학생을 모두 고려한 문법서이다. 기존의 구조주의 관점을 벗어나 새로운 시각으로 중국어 문법을 해석하고 문법 항목을 총망라하여 중국어 교육에 적용하는데 손색없이 구성되어 있다. 이제 "교수님께서 말해주시는 내용은 어느 책에서 볼 수 있어요?"라는 학생들의 질문에 웃으며 대답할 수 있게 되었다.

타의 추종을 불허하는 연구 업적으로, 당신의 제자들이 학문의 길을 걷는 데 이정표가 되어주신 鄧守信 교수님, 의미 있는 번역작업을 제의해주신 박용진 선배님, 함께 번역작업을 즐겁게 할 수 있었던 임경희 선배님과 변관식 후배, 그리고 흔쾌히 출판을 수락해주신 역락 출판사에 감사의 마음을 전한다.

- 김미순

鄧守信 교수님의 '문법체계'는 중국어를 가장 중국어답게 분석한 문법인 동시에, 가장 보편적인 언어학적 관점으로 분석한 체계를 갖추고 있다. 평생을 외국인 중국어 학습자를 위한 중국어 교육방법을 고민해 오신 등 교수님께서는 그들이 모국어 간섭으로 인해 겪게 되

는 중국어 학습의 난점을 누구보다 잘 파악하고 계셨다. 이로 인해, 교수님의 문법 설명은 내가 외국인 학습자로서 중국어를 배울 때도, 또 교수자로서 중국어를 가르칠 때도 큰 도움이 되었다.

지금 나는 교수님의 학생으로 공부할 수 있었던 것에 큰 자부심을 느끼고, 교수님의 역작 번역에 미력이나마 참여할 수 있었다는 것을 영광으로 생각한다.

- 임경희

그동안 鄧守信(Teng, shou-hsin) 교수님의 저서는 한국에서 『현대중국어 유의어 용법사전』(2004), 『현대중국어 교육문법 연구』(2012), 『현대중국어 문법연구』(2014)로 출간되었다. 한국어판 서문에서 언급하였듯이, 등 교수님의 학문적 성과는 '현대중국어 이론문법'과 '현대중국어 교육문법', 이 두 가지 방향으로 나뉜다. 『當代中文語法點全集』은 '현대중국어 교육문법'의 연구 성과에 속하는 것으로, 등 교수님의 중국어교육 연구의 최종결정체라 할 수 있다. 그러나 아직 현대중국어 이론문법 연구 성과에 속하는 『A Semantic Study of Transitivity Relations in Chinese』(1972)를 한국어로 번역하지 못한 것은 아쉬움으로 남는다.

이 번역서는 등 교수님의 제자 네 명이 공동 번역하였다. 모든 과정을 순조롭게 마무리할 수 있도록 큰 관심과 도움주신 역락 출판사에 감사드리고, 예문과 한어병음 부분을 꼼꼼히 검토해 준 제자 조선화 선생에게도 감사드린다.

현대중국어 교육에 첫 발을 디딜 때만하더라도 많은 것을 할 수 있으리라 자신했었다. 그러나 시간의 흐름만큼 퇴적되지 못한 듯 한 연구 성과에 잠시 나의 부족함을 탓하게 된다. 우리의 번역서가 중국어 교육에 조그마한 도움이 될 수 있다면 우리 모두에게 깊은 즐거움이 될 것이다.

마지막으로 이 책에 관한 '일러두기'를 간략하게 덧붙인다.

(1) 이 책의 중국어 한글표기법은 엄익상(2002)을 사용하였다.

(2) 이 책의 원서는 번체한자로 출간되었으나, 한국인 학습자를 위해 간체한자로 옮겼다.

(3) 이 책의 예문은 타이완의 지명 등 타이완에 관한 내용이 상당수 출현하였다. 이 부분은 원저자의 의도를 존중하여 해당 예문을 그대로 사용하였다.

(4) 이 책을 사용하는 학습자를 위해, 이 책에 사용된 예문의 성조, 어휘 등은 普通话푸통후아 보통화의 순직에 순하여 수정하였다 이를 허락해 수신 國立臺灣師範大學, 國立臺灣師範大學國語教學中心 그리고 鄧守信 教授님께 감사드린다.

- 박용진

현대중국어 문법항목 해설

이 책은 제2외국어로 중국어를 가르치는 학문분야에서 사용하는 표준음성체계인 한위핀인汉语拼音 한어병음을 기초로 하여, 현대중국어 문법의 약 400개에 가까운 문법항목을 알파벳 순으로 배열하고 있다. 이 책은 중국어 학습자를 위해 구성되었으며, 서양의 대학교 교육과정에서 정의되는 학습의 초급단계부터 고급단계까지 고려하였다. 이 책을 완전하게 사용하기 위해서는, 학습자는 이곳에서 사용한 체계를 이해하고 자유롭게 활용할 수 있어야 한다. 특히 이 책에서 사용된 중국어의 품사 등은 지금까지 L2 중국어 영역에서 사용된 적이 없는 체계이다.

현대중국어[1]

중국은 다민족 사회이다. 일반인들이 중국어를 공부할 때, 'Chinese'는 보통 중국의 汉族 한쭈 한족 Han people이 구사하는 뻬이징北京 북경 지역의 언어를 가리킨다. Mandarin Chinese 혹은 Mandarin이라고도 알려져 있다. 이 언어는 공식 언어로, 대부분 중국에서는 普通话푸통후아 보통화 putonghua 혹은 汉语한위 한어 Hanyu라 한다. 타이완에서는 国语꾸어위 국어 Guoyu가 국가/공식 언어를 가리킨다. 그리고 华语후아위 화어 Huayu는 해외에 거주하는 중국인 후손이 사용하는 중국어 또는 중국인이 아닌 중국어 학습자에게 가르칠 때 사용하는 언어(중국어)를 말한다. 이어지는 내용은 간략한 중국어의 특징과 특성이다. 자세한 내용은 온라인 자료를 참조하기 바란다.

---

1 아래의 많은 부분들은 Teng, Shou-hsin(2005)의 「An Introduction to the Chinese language」(2005)에서 가져온 것이다. 이글은 타이뻬이 ICLP(臺大國際華語研習所 International Chinese Language Program)가 의뢰하였다.

언어 친족language kinship

세계의 언어는 언어-가족어족 language-family이라 불리는 언어 연관성을 기반으로 분류된다. 중국어 혹은 한위汉语 한어는 오늘날 중국의 대부분과 동남아시아의 일부분을 아우르는 중국-티베트 어족의 일원이다. 그러므로 티베트어, 버마어 그리고 타이어는 유전적으로 한위汉语 한어와 연관이 있다.

한위汉语 한어는 현재 중국 영토의 75%에서 사용되며, 중국 전체 인구의 75%가 사용하는 언어이다. 이 언어는 꾸앙똥广东 광동 방언, 커지아客家 객가 방언, 상하이上海 상해 방언을 포함한 중국의 7개의 주요 방언을 포함한다.

역사적으로, 중국어는 일본어, 한국어, 베트남어 등 친족관계가 없는 이웃 언어들과 활발히 교류해왔다. 상호작용은 어휘항목, 음운구조, 몇 가지 문법적 특징 그리고 가장 중요한 것은 한쯔汉字 한자에서 발생했다.

중국어의 유형학적 특징

세계의 언어 또한 언어 특성에 기초하여 분류되는데, 이를 언어유형학이라고 한다. 중국어는 아래와 같은 유형학적 특징을 가지고 있는데, 중국어와 영어의 유형학적 특징은 다음과 같다.

A. 중국어는 비시제non-tense시제를 사용하지 않는 언어이다.

시제는 말하는 시간과 관련하여 동사가 사건의 시간에 따라 변하는 문법적인 장치이다. 'He talks nonsense. 그는 터무니없는 말을 한다.'라는 문장은 그의 습관과 관련이 있으며, 반면에 'He talked nonsense. 그는 터무니없는 말을 했다.'는 과거에 그런 방식으로 행동했던 때의 시간을 가리킬 뿐, 그가 항상 그런 행동을 하는 것을 말하는 것은 아니다. 'talked 말했다'는 동사의 과거시제이다. 중국어는 이런 장치를 사용하지 않지만, 문장 안에서 '오늘' 혹은 '내일'과 같은 시간표현과 함께 사건의 시간을 표지한다. 중국어의 동사는 일이 일어난 시간과 관련 없이 동일한 형태를 유지한다. 이런 형태의 언어는 비시제 언어로 지정되는 반면에, 영어나 대부분의 유럽의 언어들은 시제언어tensal language이다. 이런 특별한 특성을 아는 것은 중국어를 배우는 유럽언어권 학습자에게 중국어에서 동사와 관련된 실수를 피하게 하는 것을 도와줄 수 있다. 따라서 'What did you do in China last year? 작년에 중국에서 무엇을 했습니까?'에 대한 중국어 대답은 '我教英语。'이고, 'What are you doing now in Japan? 일본에서 지금 무엇을 하십니까?'에 대응하는 중국어 대답 역시 동일하게 '我教英语。'이다.

B. 중국어에서 명사는 단독으로 셀 수 없다.

영어의 명사는 셀 수 있는 명사가 있고, 셀 수 없는 명사가 있다. 예를 들면, 2 candies2개의 사탕은 사용이 가능하고, *2 salts2개의 소금은 사용되지 않는다. 반면에 중국어에서 명사는 셀 수가 없다. 중국어에서 수를 셀 때는 단위사measure나 분류사classifier로 불리는 품사가 명사와 수사 사이에 반드시 사용되어야 한다. 그래서 중국어는 분류사 언어classifier language이다. 영어에서는 셀 수 없는 명사만이 분류사와 함께 사용된다. 예를 들면, a drop of water한 방울의 물과 같은 경우이다.

중국어에서 명사를 배울 때는 명사와 결합되는 단위사measure나 분류사classifier를 함께 배워야 한다. 중국어 학습 초급단계에서 숙달해야 하는 상용 단위사measure나 분류사classifier는 약 30개에 불과하다.

C. 중국어는 화제 중심 언어topic-prominent language이다.

중국어 문장은 동사의 주어보다도 문장이 이야기하고 있는 어떤 사람 혹은 무엇으로 자주 시작한다. 이 사항을 언어학에서 화제topic라고 한다. 많은 아시아 언어들은 화제를 사용하는 반면, 유럽언어는 거의 주어를 사용한다. 아래의 잘못된 영어 문장은 중국어 화자들이 중국어의 화제 구조를 영어에 잘못 적용한 예문이다.

* Senator Kennedy, people in Europe also respected.

* Seafood, Taiwanese people love lobsters best.

* President Obama, he attended Harvard University.

이런 특성으로 인해 영어 모국어 화자들이 완벽한 영어를 말하는 반면에, 중국인들은 잘못된 영어를 쓰는 경향이 있다. 이는 마치 영어 화자들이 중국어를 말 할 때 단조롭고 이질적인 경향을 보이는 것과 마찬가지인 것이다.

중국어 화제구조는 연습을 통해, 그리고 무엇이 화제의 사용을 유발하는지에 대한 예리

한 분석을 통해 그 특징을 습득할 수 있게 될 것이다.

D. 중국어는 문장에서 생략drop하는 경향이 있다.

위에서 언급한 중국인들의 잘못된 영어 문장은 문장 성분을 완벽히 갖춰야하는 영어 문장에서 명사를 사용하지 않는 경향도 포함한다.

Are you coming tomorrow?·········*Come!

내일 오시나요?

What did you buy? ····················*Buy some jeans.

무엇을 사셨나요?

*This bicycle, who rides? ···········*My old professor rides.

첫 번째 예문은 동사를 제외한 모든 것이 생략됐고, 두 번째 예문은 주어가 생략됐으며, 세 번째 예문은 목적어가 생략됐다. 생략dropping은 생략된 성분이 쉽게 복구되거나 혹은 글의 문맥이나 상황에서 쉽게 식별할 수 있을 때 발생한다. 이렇게 하지 않으면, 유럽인들은 그들이 쓴 중국어 문장에 대명사가 너무 많이 사용되었다는 말을 듣게 될 것이다.

중국어의 음운론적 특성

음운론은 언어의 소리, 발음 체계를 가리킨다. 중국어 소리에 훈련되어 있지 않은 귀로 중국어를 들으면, 중국어가 생소하게 들릴 수도 있고, 어떤 면에서는 외계 언어처럼 들릴 수도 있다. 이는 중국어 소리체계의 몇 가지 요소들이 비록 아시아 대륙에서는 흔히 발견되지만, 유럽언어의 소리체계에 속하지 않은 요소들을 포함되어 있기 때문이다. 이러한 기능을 아래에서 설명하고자 한다.

대체적으로 중국의 소리체계는 그렇게 많이 복잡하지는 않다. 모음은 7개인데, 그 중 5개는 영어(i, e, a, o, u)에도 존재하고, 2개는 영어(-e, ü)에는 없는 발음이다. 자음은 21개이지만, 15개는 아주 흔하게 볼 수 있는 것이고, 6개(zh, ch, sh, r, z, c)는 일반적이지 않다. 또한 중국어는 아주 단순한 음절형태를 가지고 있다. 예를 들면, '자음+모음'에 비음(n 또는 ng)을 첨가할 수 있다. 영어 모국어 화자에게 가장 인상적인 것은 중국어의 모든 음절에 '성조tone'가 담겨 있다는 것인데, 성조에 대해서 자세히 설명하기 전에, 먼저 한위핀인汉语拼音 한어병음 즉 중국어 표기에 대해서 몇 가지 알아 두자.

A. 汉语拼音한위핀인 Hanyu Pinyin

한위핀인汉语拼音 한어병음은 로마자(a, b, c)를 사용하여 중국어의 소리를 표기하려는 여러 가지 로마자표기법Romanization system 중의 하나이다. 19세기 말부터 약 6~8가지의 로마자 표기법이 개발되었는데, 독일 시스템, 프랑스 시스템 등은 말할 것도 없고, Wade-Giles웨이드식 표기, 国语罗马字꾸오위 루오마 쯔 국어로마자 Guoyu Luomazi, Yale예일, 한위핀인汉语拼音 한어병음, 린위탕林语堂 임어당 그리고 注音符号第二式주인 푸하오 띠얼스 주음부호제이식 Zhuyin Fuhao Di'ershi 등이 그것이다. 전 세계적인 매체들의 합의와 UN의 지원을 통하여, 한위핀인汉语拼音 한어병음은 전 세계의 표준이 되었다. 타이완은 아마도 전 세계에서 유일하게 한위핀인汉语拼音 한어병음을 지지하거나 적용하지 않는 곳일 것이다. 대신에 BoPoMoFo라고도 알려진 주인푸하오注音符號 주음부호라고 불리는, 로마자가 아닌 기호를 사용하여 소리를 표기한다. 공식적으로, 한위핀인汉语拼音 한어병음은 다음과 같이 중국어 소리를 표기한다.

b, p, m, f　　d, t, n, l　　g, k, h　　j, q, x　　zh, ch, sh, r　　z, c, s

a, o, -e, e　　ai, ei, ao, ou　　an, en, ang, eng　　-r, i, u, ü

B. 중국어는 성조언어tonal language이다.

성조는 소리의 음높이 곡선pitch contour와 관련이 있다. 음높이의 곡선은 영어를 포함하여 많은 언어에서 사용되지만, 서로 다른 언어에서 각기 다른 기능으로 사용된다. 영어는 음높이를 화자의 관점을 나타내기 위해 사용한다. 예를 들면, 서로 다른 굴곡의 'well'은 조급함, 놀라움, 의심 등을 나타낼 수 있다. 반면에 중국어는 단어의 다른 의미를 표현하기 위하여 음높이 곡선contour를 사용한다. 한 언어에서 음높이 곡선이 가지고 있는 기능을 다른 언어에서 그대로 적용할 수는 없다. 그래서 영어에서 중국어의 성조와 같은 대상을 찾아보거나 혹은 그런 대상을 발견하려는 방법으로 중국어 성조를 배우는 것은 헛수고일 것이다.

현대중국어Mandarin Chinese는 4개의 서로 구별되는 성조tone가 있다. 모든 중국어 방언 중에서 가장 성조가 적다. 예를 들면, 1성, 2성, 3성 그리고 4성이며, ˉ · ˊ · ˇ · ˋ 로 표기한다. 그리고 한 가지 성조의 변화 규칙이 있다. 그것은 ˇ ˇ → ˊ ˇ 이며, 이런 성조 변화의 조건은 복잡하다. 4개의 성조 이외에 중국어에는 칭성轻声 경성 neutral(ized) tone이라는 성조가 하나 더 있는데, '・'이고, 짧고 강세가 없이 발음한다. 역사를 통해, 칭성轻声 경성 neutral(ized) tone은 4개의 성조가 중화(neutralized)되어 변해 왔으므로 그 명칭이 칭성(neutral tone)이 되었다. 칭성轻声 경성의 사용조건과 환경은 매우 복잡하여, 여기에서는 다 설명할 수가 없다.

C. 음절 운모 -r 효과(모음 권설음화)

중국 북부의 다양한 중국어, 특히 뻬이징北京 북경의 중국어는 한 음절이 끝날 때 '-r'의 儿化가 빈번한 것으로 알려져 있다. 예를 들면, '꽃'은 남부 중국에서는 'huā'이지만, 뻬이징北京 북경에서는 'huār'로 발음된다. 뻬이징北京 북경 시의 중요성으로 인하여, 이 소리의 특징은 전국적으로 표준으로 정의되는 경향이 있다. 그러나 '-r'화는 남부에서는 거의 시도되지 않는다. 무엇이 '-r'화를 적용할 수 있게 하고, 무엇이 '-r'화를 적용할 수 없게 하는지, 이를 통제하는 엄격한 규칙은 존재하지 않는 것 같다. 그러므로 중국어 학습자는 북부중국어의 모국어 화자가 중국어를 말하는 것처럼 암기식 학습rote learning에 의지할 것을 권고한다.

D. 중국어 음절은 서로 연결하지 않는다.

여기에서 '연결'은 음절의 꼬리와 다음 음절의 머리가 합쳐지는 것을 말한다. 예를 들면, 영어의 'at'+'all'을 'at+tall'로, 'did'+'you'을 'did+dyou'로, 그리고 'that'+'is'을 'that+th'is'로 발음한다. 반면에, 중국어의 음절은 서로가 고립되어 있어 연음으로 발음되지 않는다. 다행히도 이것은 중국어의 음절구조가 상당히 제한적이기 때문에, 영어 화자의 중국어 학습자에게는 심각한 문제가 아니다. 이런 병합이 될 만한 가능성이 큰 경우도 그리 많지 않다. 우리는 위에서 중국어 음절은 CVconsonant 자음, vowel 모음으로 구성되고, 마지막에 'n'과 'ng'가 첨가될 수 있다고 언급하였다. CV구조는 중국어에서는 물론 영어에서도 연결을 일으키지 않는다. 그러므로 음절이 'n' 또는 'g'로 끝나고, 다음 음절이 모음으로 시작하는 경우에 특히 주의해야 한다. 예를 들면, 푸지앤福建 복건과 마카오Macao 澳门을 나타내는 闽澳 mǐn ào와 같은 경우, 각각의 음절로만 발음이 되어 연결이 일어나지 않기 때문에, 'min+nao'로 연음해서 발음한다면 아무도 이해하지 못할 것이다.

E. 卷舌권설 retroflexive 자음

'권설'은 혀의 끝이 뒤로 동그랗게 말리면서 발음되는 자음을 말한다. 그러한 자음에는 모두 zh·ch·sh·r 4개가 있다. 이러한 자음의 발음은 중국 원어민 화자의 지리적 출신을 드러낸다. 타이완臺灣 대만에는 권설음이 없어 z·c·s와 서로 구분 없이 사용된다. 혀의 말림 정도는 지역마다 조금씩 다르다. 빼이징北京 북경 방언은 혀의 말림 정도가 심한 것으로 유명하다. 한 음절이 시작될 때 권설자음으로 혀를 둥글게 말고, -r 효과를 위해 다시 동그랗게 마는 것을 상상해 보라! '这儿', '桌儿' 그리고 '水儿'를 발음해 보자.

중국어문법

'문법'은 단어가 어떻게 문장이 되는 배열로 구성되는지에 대한 방법과 규칙을 말한다. 모든 언어는 문장이 있고, 동시에 비문non-sentence도 있다는 사실을 고려하면, 중국어를 포함한 모든 언어는 문법을 가지고 있다. 이 부분에서는 중국어 문법의 가장 중요한 특성과 논쟁점들에 대해서 제시하고자 하는데, 우선 영어와 대비하여 참조할 수 있는 중국어의 기본적인 구조를 알아보자.

A. 중국어와 영어의 유사 구조

	영어	중국어
주어+술어+목적어(SVO)	They sell coffee.	他们卖咖啡。 Tāmen mài kāfēi.
조동사+동사	You may sit down!	你可以坐下哦! Nǐ kěyǐ zuòxià o!
형용사+명사	sour grapes	酸葡萄 suān pútáo
전치사+명사구	at home	在家 zài jiā
수사+단위사+명사	a piece of cake	一块蛋糕 yí kuài dàngāo
한정사+명사	those students	那些学生 nàxiē xuésheng

B. 중국어와 영어의 다른 구조

	영어	중국어
관계사절과 명사 어순	the book that you bought	你买的书 nǐ mǎi de shū
동사구와 전치사구 어순	to eat at home	在家吃饭 zài jiā chī fàn
동사와 부사어 어순	Eat slowly!	慢慢儿吃! Mànmānr chī!
집합과 부분집합 배열순서	6th Sept, 1967	1967年9月6号 yī jiǔ liù qī nián jiǔ yuè liù hào
	Taipei, Taiwan	台湾台北 Táiwān Táiběi
	3 of my friends···	我的朋友, 有三个 wǒ de péngyou, yǒu sān ge

C. 수식어는 피수식어 앞에 위치한다.

이것은 중국어에서 가장 중요한 문법 원리 중의 하나이다. 우리는 이 원리를 위의 표에서 아주 활발하게 사용되는 것을 볼 수 있다. 형용사는 명사 앞에 위치하여 명사를 수식하고, 관계사절 역시 명사 앞에 위치하여 명사를 수식하며, 소유성분possessive 역시 명사 앞에 위치하여(他的电脑 tā de diànnǎo그의 컴퓨터) 명사를 수식한다. 조동사는 동사 앞에 위치하고, 부사어구adverbial phrase와 전치사구prepositional phrase도 동사 앞에 위치한다. 이 문법 원리는 중국어에서 거의 예외 없이 적용되지만, 영어에서는 수식어가 때때로 피수식어 앞에 위치하거나, 어떤 경우에는 피수식어 뒤에 위치하기도 한다.

D. 시간순서원리Principle of Temporal Sequence

중국어 문장의 요소는 시간의 순서에 따라 배열되어 있다. 이 원칙은 특별 문장 안에 동사들이 연속적으로 있을 때 적용되거나 문장접속사sentential conjunction일 때 적용된다. 먼저, 영어와 중국어의 사건 단위의 순서를 비교해 보자.

사건:	David /	went to New York /	by train /	from Boston /	to see his sister.
영어:	1	2	3	4	5
중국어:	1	4	2	3	5

실제 생활에서 David는 기차에 탔고, 기차는 보스턴에서 출발하여, 뉴욕에 도착하였다. 그리고 마지막으로 그는 그의 누나를 만났다. 이 단위들의 순서는 '자연적인natural'시간이다. 그리고 중국어 문장은 '大伟坐火车从波士顿到纽约去看他的姐姐。Dàwěi zuò huǒchē cóng Bōshìdùn dào Niǔyuē qù kàn tā de jiějie.데이비드는 기차를 타고 뉴욕에서 보스턴까지 가서 그의 누나를 만났다.'로 이루어지지만, 영어는 이 순서를 따르지 않는다. 중국어의 문장 배열은 자연적인 시간에 따른 것이나 영어는 그렇지 않다. 즉, 중국어는 시간순서원리PTS를 엄격하게 따른다.

문장들이 결합하면, 영어는 접속사를 구조화하여 다양한 가능성을 가진다. 예를 들면, 신종 플루로 중국은 심하게 피해를 입었고(사건-1), 그 결과 많은 학교들이 문을 닫았다. 영어는 이를 표현하기 위해 다음과 같은 가능한 결합 방법을 가지고 있다. 예를 들면, 다음과 같다.

Many schools were closed, because/since H1N1 hit China badly. (사건2+사건1)

H1N1 hit China badly, so many schools were closed. (사건1+사건2)

As H1N1 hit China badly, many schools were closed. (사건1+사건2)

중국어로 같은 표현 방법은 오직 두 개의 접속사를 사용(因为…所以 yīnwèi…suǒyǐ…)하는 '사건1+사건2'뿐이다. 예를 들면, 다음과 같다.

中国因为 H1N1感染严重，所以许多学校暂时关闭。

Zhōngguó yīnwèi H1N1 gǎnrǎn yánzhòng (사건1),

Suǒyǐ xǔduō xuéxiào zànshí guānbì. (사건2).

시간순서원리(PTS)는 중국어에서 왜 '원인'이 '결과' 앞에 놓이는 것에 대한 설명을 해 준다. 시간순서원리(PTS)는 중국어의 '동사+보어'라 불리는 구조에도 적용된다. 예를 들면, '杀死 shā-sǐ죽이다+죽다', '吃饱 chī-bǎo먹다+배부르다', '打哭 dǎ-kū때리다+울다' 등이다. 이 구조에서 동사는 그 결과의 앞에 먼저 반듯이 일어나야 하는 행동을 나타낸다.

중국어에는 매우 흥미로운 형용사 그룹이 있다. '早 zǎo일찍', '晚 wǎn늦게', '快 kuài빨리', '慢 màn느리게', '多 duō풍부한' 그리고 '少 shǎo적은'이 그것이다. 이 형용사는 수식하는 (부사어로서) 동사의 앞이나, (보어로서) 동사의 뒤에 위치한다. 예를 들면, 다음과 같다.

你明天早点儿来!

Nǐ míngtiān zǎo diǎnr lái!

내일 일찍 오세요!

我来早了。进不去。

Wǒ lái zǎo le. Jìn bu qù.

너무 일찍 와서, 들어갈 수 없습니다.

'早 zǎo'가 동사 '来 lái' 앞에 위치할 때, 도착 시간은 의도되었고 계획되었지만, '早 zǎo'가 동사 '来 lái' 뒤에 위치할 때는 도착 시간은 미리 계획되지 않았고, 아마 우연히 일어난 것일 것이다. 서로 다른 차이는 시간순서원리(PTS)를 준수한다. 이와 같은 차이는 다른 형용사 그룹의 경우에도 유지된다. 예를 들면, 다음과 같다.

请你多买两个!

Qǐng nǐ duō mǎi liǎng ge!

두 개 더 사시기 바랍니다.

我买多了。糟蹋了。

Wǒ mǎi duō le. Zāota le!

많이 샀어. 낭비한 것 같아!

첫 번째 예문의 '多 duō!'는 물건을 사기 이전에 계획될 것으로, 사건 이전의 상태이다. 두 번째 예문은 사건 이후의 보고이다. 사건 전과 사건 후의 상태는 시간순서원리(PTS)에 의해서 자연스럽게 처리된다. 마지막으로 앞선 내용보다 조금 복잡한 내용을 살펴보고자 한다. '快 kuài'와 '慢 màn'은 아래에서 보여주는 것과 같이 행동 방식 외에 시간의 양을 나타낼 수 있습니다.

你快点儿走, 要迟到了!

Nǐ kuài diǎnr zǒu, yào chídào le!

빨리 가세요. 늦어요!

请你走快一点儿!

Qǐng nǐ zǒu kuài yìdiǎnr!

조금 빨리 걸으세요!

첫 번째 예문의 '快 kuài'는 '빠른, 서둘러'(그 발언 후에 가능한 짧은 시간 안에)로 묘사될 수 있고, 두 번째 예문의 '快 kuài'는 걷는 방식을 가리킨다. 이와 비슷하게, '慢一点儿走 màn yìdiǎnr zǒu'(천천히 가세요)와 '走慢一点儿 zǒu màn yìdiǎnr'(조금 천천히 걸으세요)도 같은 경우이다.

우리는 이 부분에서 어순의 변화가 중국어문법에서 매우 중요한 역할을 담당하는 것을 보았다. 유럽의 언어는 동사, 형용사 그리고 명사의 형태를 바꾸는 풍부한 방법을 보여준다. 중국어는 다른 아시아 언어와 같이 어순word-order의 역할을 크게 사용한다.

E. 존현문existential sentence에서 주어 찾기

존현문(存現文)은 동사가 출현(예를 들면, 오다), 소실(예를 들면, 가다) 그리고 존재(예를 들면, (벽에) 쓴)를 표현하는 문장을 말한다. 존현동사existential verb는 모두 자동성intransitive의 특질을 갖고 있고, 자연적으로 어떤 목적어도 가지지 않고, 오직 주어와 연관이 된다. 이런 유형의 문장은 중국어에서 독특한 구조를 보이기 때문에 중국어문법을 소개하는 데 있어 언급할 가치가 있다. 그들의 주어가 특정지시definite reference(구체적으로 지시하는 것이 있는 무엇, 예를 들면, 영어에서 대명사와 정관사가 있는 명사)일 때, 주어는 문장의 앞에, 즉 존현동사 앞에 나타난다. 그러나 그들의 주어가 불특정지시indefinite reference(특정하게 지시하는 대상이 없는 것)라면, 주어는 동사 뒤에 나타난다. 아래의 중국어 예문을 영어로 비교해보자.

客人都来了。吃饭吧!

Kèren dōu lái le. Chī fàn ba!

All the guests we invited have arrived. Let's serve the dinner.

초대한 손님들이 모두 왔습니다. 밥 먹읍시다!

对不起! 来晚了。家里来了一位客人。

Duìbuqǐ! Lái wǎn le. Jiāli lái le yí wèi kèren.

Sorry for being late! I had an (unexpected) guest.

미안합니다! 늦게 왔습니다. 집에 (예상치 못했던) 손님이 한 분이 오셔서요.

동사 뒤의 주어에 대한 예문은 아래와 같다.

这次台风死了不少人。

Zhè cì táifēng sǐ le bù shǎo rén.

Quite a few people died during the typhoon this time.

이번 태풍으로 적지 않은 사람이 죽었다.

昨天晚上下了多久的雨?

Zuótiān wǎnshang xià le duō jiǔ de yǔ?

How long did it rain last night?

어제 저녁에 얼마동안 비가 내렸습니까?

昨天晚上跑了几个犯人?

Zuótiān wǎnshang pǎo le jǐ ge fànrén?

How many inmates got away last night?

어제 저녁에 재소자 몇 명이 도망쳤습니까?

车子里坐了多少人啊?

Chēzi li zuò le duōshao rén a?

How many people were in the car?

차에는 몇 명이 탔습니까?

정확히 언제 동사 뒤에 존현주어existential subject가 위치해야 하는지에 대해서는 상당히 오랜 시간동안 중국어 학습자들에게 도전으로 남을 것이다. 다시 한 번 더 관찰하고 추론하라! 문장을 만날 때마다 외우는 것은 도움이 되지 않는다!!

위에서 제시된 존현주어는 아주 간단하다. 예를 들면, 사람, 손님, 비 그리고 재소자 등이다. 그러나 주어가 복잡할 때는 더 많은 복잡한 문제가 드러난다. 복잡한 주어의 한 부분은 동사 앞에 남아있고, 나머지는 동사 뒤로 간다. 예를 들면, 다음과 같다.

明天你们去几个人?

Míngtiān nǐmen qù jǐ ge rén?

How many of you will be going tomorrow?

내일 너희 몇 명이 가니?

我最近掉了不少头发。

Wǒ zuìjìn diào le bù shǎo tóufa.

I lost=fell quite a lot of hair recently.

나는 최근에 적지 않은 머리카락이 빠졌다.

去年地震, 他死了三个哥哥。

Qùnián dìzhèn, tā sǐ le sān ge gēge.

He lost=died 3 brothers during the earthquake last year.

작년 지진으로 그는 세 명의 형이 죽었다.

언어학적으로 우리는 중국어의 존현문은 의미적 구조 그리고 정보구조와 관련이 있다고 여긴다.

F. 중국어 동사 분류의 3개 체계

영어는 동사와 형용사 사이에 아주 명확한 구분이 있다. 그러나 중국어에서는 상당히 모호하여, 중국어를 학습하는 영어권 화자들이 학습하기 어려운 부분이다. '*我今天是忙。Wǒ jīntiān shì máng.'이 오류는 초급중국어 수업에서 매일 관찰되는 것이다. 왜 이 오류는 초급학습자에게는 일반적인 실수로 나타날까? 우리의 교재와 교사는 오류가 발생하지 않도록 무엇을 하고 있나? 만약 이 문제가 교정되지 않는다면? 중국어학계에서 아직 인식하지 못하고 있는 것은 중국어의 동사 분류가 영어처럼 통사적인 것보다는 의미적으로 강하다는 것이다.

중국어 동사에는 동작동사action verb, 상태동사state verb 그리고 변화동사process verb 3개의 하위분류가 있다. 동작동사action verb는 시간에 민감한 활동(시작과 종료, 순간정지, 연장), 의지가 제어되는(동의 또는 거부) 그리고 행위 주체자가 사람이라는 특징을 갖는다. 예를 들면, '吃 chī먹다', '买 mǎi사다', '学 xué배우다' 등이다. 상태동사state verb는 시간에 민감하지 않은 신체적 혹은 정신적인 상태이며, 잘 알려진 모든 형용사가 상태동사state verb의 하위 부류에 포함된다. 예를 들면, '爱 ài사랑하다', '希望 xīwàng희망하다' 그리고 '亮 liàng빛나다' 등이다. 변화동사process verb는 한 상태에서 다른 상태로의 즉각적인 변화를 말한다. 예를 들면, '死 sǐ 죽다', '破 pò깨뜨리다' 그리고 '完 wán마치다' 등이다.

여기에서 사용되는 중국어 품사의 새로운 체계는 3개의 동사 분류 체계를 기반으로 세워졌다. 이 새로운 체계를 아는 것은 아래 부분에서 동사의 부정(否定)을 설명할 때처럼 3개의 동사 분류 체계와 관련이 된 많은 중국어 통사구조를 배우는 데 도움이 될 것이다.

아래의 표는 통사론적 특징을 통해, 동사 3분류의 가장 중요한 특징을 보여준다.

【표-1】

	동작동사	상태동사	변화동사
很 - 수식	×	✓	×
了 - 완료	✓	×	✓
在 - 진행	✓	×	×
중첩	✓(시도)	✓(증대)	×
不 - 부정	✓	✓	×
没 - 부정	✓	×	✓

다음은 동사 3분류의 예이다.

동작동사: 买 mǎi사다, 坐 zuò앉다, 学 xué배우다;모방하다, 看 kàn보다

상태동사: 喜欢 xǐhuan좋아하다, 知道 zhīdao알다, 能 néng할 수 있다, 贵 guì비싸다

변화동사: 忘了 wàngle잊다, 沉 chén가라앉다, 毕业 bìyè졸업하다, 醒 xǐng깨다

G. 부정negation

중국어의 부정은 동사 바로 앞에 부정부사를 놓는 방법을 사용한다. (중국어 형용사는 상태동사state verb의 한 부류라는 것을 기억하라.) 동작동사가 '不 bù'로 부정될 때, 그 의미는 '…하지 않으려고 의도하다, …하기를 거절하다' 또는 '…하는 습관이 없다'일 것이다. 예를 들면, 다음과 같다.

你不买票，我就不让你进去。

Nǐ bù mǎi piào, wǒ jiù bú ràng nǐ jìnqu.

표 사지 않으면, 당신을 들어가지 하지 않을 거야.

他昨天整天不接电话。

Tā zuótiān zhěngtiān bù jiē diànhuà.

그는 어제 종일 전화를 받지 않았다.

邓老师不喝酒。

Dèng lǎoshī bù hē jiǔ.

등 선생님은 술을 마시지 않는다.

'不 bù'는 위와 같은 의미를 가지고 있지만, 시간참조점temporal reference과는 독립적이다. 위의 첫 번째 예문은 현재의 순간 혹은 발화 이후 1분 후와 연관이 있고, 두 번째 예문은 과거와 관련이 있다. 습관은 범시적panchronic 모든 시간대에 있는이다. 그러나 동작동사가 '沒 méi'로 부정이 될 때는 그 시간참조점은 반드시 과거이어야 하며, '무엇이 발생하지 않았다'의 의미이다. 예를 들면, 다음과 같다.

他没来上班。

Tā méi lái shàngbān.

그는 출근하지 않았다.

他没带钱来。

Tā méi dài qián lái.

그는 돈을 가져오지 않았다.

상태동사state verb는 '不 bù'로만 부정이 된다. 과거, 현재 혹은 미래이든 그 상태가 존재하지 않는다는 것을 가리킨다. 예를 들면, 다음과 같다.

他不知道这件事。

Tā bù zhīdao zhè jiàn shì.

그는 이 일을 모른다.

他不想跟你去。

Tā bù xiǎng gēn nǐ qù.

그는 당신과 가고 싶어 하지 않는다.

纽约最近不热。

Niǔyuē zuìjìn bú rè.

뉴욕은 최근 덥지 않다.

변화동사process verb는 오직 '沒 méi'로 부정이 되며, 일반적으로 과거에, 한 상태에서 다른 상태로 변화가 일어나지 않았다는 것과 관련되어 있다. 예를 들면, 다음과 같다.

衣服没破, 你就扔了?

Yīfu méi pò, nǐ jiù rēng le?

옷이 찢어지지 않았는데, 벌써 내버렸니?

鸟还没死, 你就放了吧!

Niǎo hái méi sǐ, nǐ jiù fàng le ba!

새는 아직 죽지 않았어요. 풀어주시죠!

他没毕业以前, 还得打工。

Tā méi bìyè yǐqián, hái děi dǎgōng.

그는 졸업하기 전에, 아르바이트를 더 해야 한다.

위의 서술에 따르면, 중국어 동사의 부정은 아주 정돈된 규칙을 따르지만, 이것은 우리가 이 부분에서 소개한 것과 같은 새로운 동사 분류 체계를 사용한 후에만 가능하다. 이 부분을 끝내기 전에 언급해야할 중국어 부정에 대한 흥미로운 사실이 하나 더 있다.

예를 들면, 당신이 옷을 입을 때, 그 옷이 당신 몸에 남아있기를 원할 때처럼, 어떤 동작동사가 어떤 안정적인 것을 발생시키는 행동을 언급할 때, 이런 동사의 부정은 일반적으로 영어에서 현재시제로 번역될 수 있다. 예를 들면, 다음과 같다.

他怎么没穿衣服?
Tā zěnme méi chuān yīfu?
How come he is naked?
그는 왜 옷을 입지 않았어요?

我今天没带钱。
Wǒ jīntiān méi dài qián.
I have no money with me today.
나는 오늘 돈을 안 가지고 왔습니다.

H. 중국어의 새로운 품사 체계

이 책에서 사용하는 품사parts of speech의 체계에는, 아래와 같이 8개 상위 품사가 있다. 이 품사 체계는 다음과 같은 주요 속성을 포함하고 있다. 다른 무엇보다도 더, 이것은 학습자들의 오류를 방지할 수 있도록 한 것이며, 이 품사체계를 이해하는 것만으로도 중국어 학습자들이 보여주는 가장 일반적인 오류 중의 일부를 다룰 수 있다. 이 특성은 문법적 범주 체계에서 하위 범주의 깊이에 영향을 준다. 둘째, 우리의 품사 체계는 '기본값default'의 개념을 사용한다.

이 속성은 새로운 체계의 전반적인 뼈대를 아주 단순화하여, 품사 종류의 수를 줄이고, 품사의 이름을 단순화하였다. 또한 중국어를 제2언어로 배우는 학습자들에게 긍정적으로 학습되어질 수 있는 언어요소를 최대한 활용하였다. 그리고 마지막으로 이 품사체계는 의미론적 개념과 통사론적 개념을 모두 포함하고 있어서, 3개의 의미적 형태의 동사 즉, 동작동사action verb, 상태동사state verb 그리고 변화동사process verb로 설정하여, 전통적으로 문제가 있는 형용사 범주 문제를 건너뛰게 한다.

Adv	부사Adverb (都 dōu모두, 大概 dàgài아마도)
Conj	접속사Conjunction (跟 gēn…와/과, 可是 kěshì그러나)
Det	한정사Determiner (这 zhè이, 那 nà저)

M	단위사Measure (个 gè개, 条 tiáo마리/개/줄기/가지, 下 xià번/회, 次 cì번)
N	명사Noun (我 wǒ나, 勇气 yǒngqì용기)
Ptc	조사Particle (吗 ma의문조사, 了 le완료식동조사)
Prep	전치사Preposition (从 cóng…부터, 对于 duìyú…에 관하여)
V	동작동사, 타동성Action Verb, transitive (买 mǎi사다, 吃 chī먹다)
Vi	동작동사, 자동성Action Verb, intransitive (哭 kū울다, 坐 zuò앉다)
Vaux	조동사Auxiliary Verb (能 néng…할 수 있다, 想 xiǎng…하고 싶다)
V-sep	이합사Separable Verb (结婚 jiéhūn결혼하다, 生气 shēngqì화내다)
Vs	상태동사, 자동성State Verb, intransitive (好 hǎo좋다, 贵 guì비싸다)
Vst	상태동사, 타동성State Verb, transitive (喜欢 xǐhuan좋아하다, 知道 zhīdao알다)
Vs-attr	상태동사, 한정성State Verb, attributive (主要 zhǔyào주요한, 袖珍 xiùzhēn소형의)
Vs-pred	상태동사, 술어성State Verb, predicative (够 gòu충분하다, 多 duō많다)
Vp	변화동사, 자동성Process Verb, intransitive (死 sǐ죽다, 完 wán끝나다)
Vpt	변화동사, 타동성Process Verb, transitive (破(洞) pò(dòng)(구멍이) 나다, 裂(缝) liè(fèng)(금이) 가다.

【표-2】 8개 중국어 품사

품사	표지	예
명사	N	水 shuǐ물, 五 wǔ오, 昨天 zuótiān어제, 学校 xuéxiào학교, 他 tā그, 几 jǐ몇
동사	V	吃 chī먹다, 告诉 gàosu알리다, 容易 róngyì쉽다, 快乐 kuàilè즐겁다, 知道 zhīdao알다, 破 pò깨뜨리다
부사	Adv	很 hěn매우, 不 bù부정, 常 cháng자주, 到处 dàochù곳곳, 也 yě…도/또한, 就 jiù즉시/바로, 难道 nándào설마 …하겠는가?
접속사	Conj	和 hé그리고, 跟 gēn…와/과, 而且 érqiě게다가 …뿐만 아니라, 虽然 suīrán비록…일지라도, 因为 yīnwèi…때문에
전치사	Prep	从 cóng…부터, 对 duì…에게/대하여, 向 xiàng…을 향하여, 跟 gēn…와/…에게, 在 zài…에서/…에, 给 gěi…에게

단위사	M	个 gè일반적으로 사용, 张 zhāng물건/물체에 사용, 杯 bēi컵에 사용, 次 -cì시간, 일에 사용, 顿 dùn식사의 시간/행동의 시간, 米 mǐ길이에 사용
조사	Ptc	的 de(수식에 사용), 得 de보어에 사용, 啊 a문장종결/깨달음에 사용, 吗 ma질문에 사용, 完 wán 동작의 완료에 사용, 掉 diào분리에 사용, 把 bǎ처치에 사용, 喂 wéi특히 전화상에서 말하기
한정사	Det	这 zhè이, 那 nà저, 某 mǒu어떤 사람 혹은 어떤 물건, 每 měi모두/각, 哪 nǎ어느

1. 名词명사 Noun

명사 범주에는 一般名词보통명사 common noun, 数词수사 numeral, 시간을 나타내는 단어(時間詞), 위치를 나타내는 단어(地方词), 그리고 代名词대명사 pronoun가 포함된다. 명사는 문장의 主语주어subject, 宾语목적어 object 또는 定语관형어 attributive로 사용할 수 있다. 시간 또는 위치를 나타내는 단어가 문장에서 状语부사어 adverbial로 사용될 수 있다는 것을 주의하자. 예를 들면, '他明天出国。Tā míngtiān chū guó.그는 내일 출국한다.'에서 '明天내일'과 같은 경우이다. 그래서 품사와 문장의 기능은 별개의 개념이라는 것을 이해해야 한다.

2. 量词단위사 Measure (또는 언어학적으로 분류사Classifier)

명사를 수식하는 단위사는 '一件衣服 yí jiàn yīfu옷 한 벌'의 '件벌'과 '一碗饭 yì wǎn fàn밥 한 그릇'의 '碗그릇'이 있다. 또한 '来了一趟 lái le yí tàng 한 번 왔다'과 같이 행동을 수식하는 단위사도 있다. 단위사는 한정사determiner와 숫자 뒤에, 혹은 한정사나 숫자 바로 뒤에 위치한다.

3. 限定词한정사 Determiner

중국어에서 한정사는 '这 zhè이', '那 nà저', '哪 nǎ어느', '每 měi모두/각' 그리고 '某 mǒu어떤 사람 혹은 어떤 물건' 등이 포함된다. 한정사는 고유한 통사론적 역할을 가진다. 한정사는 항상 명사구의 맨 왼쪽 위치한다. 예를 들면, '那三本书是他的。Nà sān běn shū shì tā de.저 책 3권은 그의 것이다.'에서 '那三本书 nà sān běn shū저 책 3권'의 '那 nà저'가 한정사이다.

4. 介词전치사 Preposition

전치사는 시간·장소·방법·도구 등을 구체적으로 명시함으로써, 명사를 주요동사 또는 동사구에 연결한다. 중국어의 일반적인 전치사는 【표-2】에 제시하였다. 일반적으로 전치사는 동사구 앞에 위치한다. 예를 들면, '他在家里看电视。Tā zài jiā li kàn diànshì.그는 집에서 텔레비전을 본다.'와 같이 출현한다.

5. 连词접속사 Conjunction

정의에 의하면, 접속사는 구성요소element를 결합하는 것이다. 접속사는 2가지 유형이 있는데, 단어 혹은 구 접속사intra-phrase conjunction와 문장 접속사sentential conjunction이다. 전자는 2개 혹은 그 이상의 비슷한 요소를 연결하는 것이다. 예를 들면, '中国跟美国 Zhōngguó gēn Měiguó중국과 미국', '美丽与哀愁 měilì yǔ āichóu미와 애수', '我或你 wǒ huò nǐ 나 혹은 너'이다. 후자는 한 문장을 두 문장으로 묶는다. 예를 들면, '虽然… suīrán…비록…, 可是… kěshì…그러나'는 이러한 두 가지 접속사이다. 중국어 문장 접속사는 일반적으로 짝을 지어 나타난다. 첫 번째('虽然… suīrán…비록…) 것이 두 번째(可是… kěshì…그러나) 앞에 나타난다. 첫 번째 문장의 접속사 '不但 búdàn…뿐만 아니라, 因为 yīnwèi…때문에, 虽然 suīrán비록…일지라도, 尽管 jǐnguǎn…에도 불구하고, 既然 jìrán…이미 이렇게 된 바에야, 纵使 zòngshǐ설령 …일지라도, 如果 rúguǒ만약에…'는 문장의 주어 앞이나 뒤에 나타난다. 두 번째 문장의 접속사 '但是 dànshì그러나', '所以 suǒyǐ그래서', '然而 ránér그렇지만', '不过 búguò그런데', 그리고 '否则 fǒuzé만약 그렇지 않으면' 등은 주어 앞에서만 나타난다. 다음은 2가지 예문이다.

① 她不但写字写得漂亮, 而且画画儿也画得好。

Tā búdàn xiězì xiě de piàoliang, érqiě huàhuàr yě huà de hǎo.

그녀는 글자를 잘 쓸 뿐만 아니라, 그림도 잘 그린다.

② 我因为生病, 所以没办法来上课。

Wǒ yīnwèi shēngbìng, suǒyǐ méi bànfǎ lái shàngkè.

나는 병이 나서, 수업에 올 수가 없었다.

두 문장이 같은 주어를 공유하지 않을 때는, 접속사는 주어의 앞에만 나타나고, 주어의 뒤에는 나타나지 않는다. 다음은 2가지 예문이다.

③ 我们家的人都喜欢看棒球比赛, 不但爸爸喜欢看, 而且妈妈也喜欢看。

Wǒmen jiā de rén dōu xǐhuan kàn bàngqiú bǐsài, búdàn bàba xǐhuan kàn, érqiě māma yč xǐhuan kàn.

우리 집의 사람들은 모두 야구 경기 보는 것을 좋아한다. 아빠뿐만 아니라, 엄마도 경기 보는 것을 좋아한다.

④ 因为房子倒了，所以他无家可归。

Yīnwèi fángzi dǎo le, suǒyǐ tā wú jiā kě guī.

집이 무너져서, 그는 돌아갈 집이 없다.

6. 副词부사 Adverb

부사는 동사구verb phrase를 수식한다. 중국어에서 수식어는 항상 피수식어 앞에 위치한다. 대부분의 경우, 부사는 주어와 동사 사이에 위치한다. 중국어에서 부사는 전통적으로 의미에 따라 몇 개의 하위범주로 분류되었다. 여기에서 주목할 것은 사실 '才 cái비로소·겨우·…이 되어서야', '就 jiù즉시·바로·단지·벌써', '再 zài다시·또·…하고 나서', '还 hái아직·더'와 같은 단음절 부사가 여러 가지 의미를 가지고 있어서, 초급단계에서 학습하는데 어려움이 있다는 점이다.

우리의 전통적인 부사의 정의는 완벽하지 않다. 그리고 부사의 규칙에는 많은 예외가 있다. 부사 범주와 관련된 한 가지 주목할 만한 예외는 일부 부사들은 문장의 시작 부분에 배치될 수 있다는 것이다. 예를 들면, '难道你不想去? Nándào nǐ bù xiǎng qù?정말 당신은 가고 싶지 않습니까?'에서 부사 '难道'는 통사론적 규칙을 위반했을 뿐만 아니라, 부사가 동사를 수식하는 부사의 기능적 규칙을 따르지 않았다. 사실 이 부사는 화자의 태도와 기대를 표현한다. 아마도 이것은 부사로 분류할 수 없을 것이다.

7. 助词조사 Particle

조사는 허사closed word class 중의 하나이다. 그리고 그 수가 매우 제한되어 있지만, 문장에서의 중요성은 담화의 주요한 부분 중의 한 자리를 차지한다. 조사는 그 기능에 따라 아래의 6가지 범주로 구분할 수 있다.

感叹助词감탄조사 interjection：喂 wèi, 咦 yí, 哦 ó, 唉 āi, 哎 āi

时相助词시상조사 phase particle：完 wán, 好 hǎo, 过2 guo2, 下去 xiàqu

动助词동조사 verb particle：上 shàng, 下 xià, 起 qǐ, 开 kāi, 掉 diào, 走 zǒu, 住 zhù, 到 dào, 出 chū

时态助词시태조사 aspectual particle：了1 le1, 着 zhe, 过 guo1

结构助词구조조사 structural particle：的 de, 地 de, 得 de, 把 bǎ, 将 jiāng, 被 bèi, 遭 zāo

句尾助词문미조사 sentential particle：啊 a, 吗 ma, 吧 ba, 呢 ne, 啦 la, 了2 le2

6가지 범주 중에서, 널리 알려진 시태조사aspectual particle는 항상 문장의 동사 뒤에 위치하며, 사건의 내부적인 시간 구조internal temporal structure를 나타낸다. 예를 들면, '了 le'는 완료를 표지하고, '过 guò'는 경험을 표지하고, '着 zhe'는 지속을 표지한다. 시상조사时相助词는 전통적인 동사-보어 구조에서 보어를 구성한다. 이 조사들은 원래의 의미론적 의미가 사라지거나 혹은 약해졌기 때문에 조사로 분류되었다. 시상조사는 동작의 시간구조를 나타내며, 동사 뒤 혹은 시태조사aspectual particle의 앞에 위치한다.

动助词동조사 verb particle는 补语보어 complement의 한 종류이다. 서로 다른 动助词동조사 verb particle는 원래의 문자적 의미literal meaning와는 관련이 없이 다른 내적 의미intrinsic meaning을 가지고 있다. 예를 들면, '上 shàng'과 '到 dào'는 접촉을 표현하는데 사용되며, '开 kāi', '掉 diào', '下 xià' 그리고 '走 zǒu'는 분리를 표현하는데 사용된다. '起 qǐ'와 '出 chū'는 출현을 나타내기 위해 사용되며, '住 zhù'는 부동/고정을 나타내는데 사용된다. 动助词동조사 verb particle는 대상theme 혹은 수동자patient 그리고 이것의 원점source 그리고 목표goal 사이의 관계를 표현한다(Bolinger, 1971[2]; Teng, 1977[3]). 여기에서는 Teng(2012:24)의 예를 사용하여 자세히 설명하고자 한다.[4]

⑤ a. 他把鱼尾巴切走了。

Tā bǎ yú wěiba qiēzǒu le.

He cut away the fish tail.

그는 생선꼬리를 잘라갔다.

b. 他把鱼尾巴切掉了。

Tā bǎ yú wěibā qiēdiào le.

He cut off the fish tail.

그는 생선꼬리를 잘랐냈다/잘라버렸다.

---

2 Bolinger, D. (1971). The Phrasal Verb in English. Cambridge: Harvard University Press.

3 Teng, Shou-hsin.(1977). A grammar of verb-particles in Chinese. Journal of Chinese Linguistics, Vol.5, 1-25.

4 邓守信(2012), 汉语语法论文集(中译本)。北京市: 北京语言大学出版社。

동조사 '走 zǒu'와 '掉 diào'의 특징은 다음과 같다.

走 zǒu: 대상theme은 원점source으로부터 분리되지만, 그 행위를 하는 사람을 동반한다는 의미이다.

掉 diào: 대상theme은 원점source으로부터 분리되고, 화자 혹은 행동이 일어나는 영역에서 사라진다는 의미이다.

여기서 물고기의 꼬리는 문장의 목적어로, 물고기 그 자체는 원점source으로 받아들여질 수 있다. 이런 이해를 통해서, 교사는 '走 zǒu'와 '掉 diào'의 차이를 쉽게 설명할 수 있다.

교실에서 동조사 특징을 가르치는 것은 동조사 결합을 통해서 문장의미를 추론할 수 있으며, 또한 어떤 조사가 어떤 동사와 어울리는지 구별하는데 도움이 된다. 동조사verb particle가 시태조사时态助词 aspectual particle와 함께 사용될 때는 동조사가 앞에 오고, 시상조사时相助词 phase particle와는 함께 쓰이지 않는다.

结构助词구조조사structural particle는 定语助词관형어조사 attribute particle '的 de', 状语助词부사어조사adverbial particle '地 de', 补语助词보어조사 complement particle '得 de', '把 bǎ'와 '将 jiāng'과 같이 직접목적어로서 명사를 표기하는 조사(处置助词처치조사 disposal particle), '被 bèi'·'给 gěi'·'遭 zāo'와 같은 被动助词피동조사 passive particle를 포함한다.

8. 动词동사

동사의 통사적 기능은 문장의 주요한 술어predicate를 담당하는 것이다. 학습자가 동사에 표기된 통사적 행위를 이해하기 위해서, 우리는 동사를 3개의 하위범주, 动作动词동작동사 action verb, 状态动词상태동사 state verb 그리고 变化动词변화동사 process verb로 분류하였다(Teng:1974).[5] 동작동사는 시간과 의지가 포함되어 있고, 상태동사는 시간과 의지 모두가 포함되어 있지 않고, 변화동사는 시간만이 포함되어 있다.

동작동사는 신체적으로, 정신적으로, 고의적이거나 의도적으로 어떤 것을 수행하는 것을 말한다. 동작동사는 자연스럽게 동작이 끝이 난다는 의미에서 일시적이다. 예를 들면, '吃 chī먹다'는 의도적으로 반드시 종결이 되고, 이 활동은 일반적으로 30분 정도 후에 끝난다. 동작은 오래 지속될 수 있고, 갑작스럽게 종료될 수도 있다. 동작은 또 관련된 사람에 의해

5 Teng, Shou-hsin.(1974). Verb classification and its pedagogical extensions. Journal of Chinese Linguistics, Vol.5, 1-25.

서 거부될 수도 있다. 이 특성들은 예측할 수 없거나 그리고 철학적인 것이 아니다. 동작동사는 바로 아래에서 설명된 것과 같이, 통사적/문법적 규칙과 직접 연결되어있다.

상태동사는 특성, 조건 그리고 상태를 말한다. 상태동사는 다음과 같이 하위범주를 분류할 수 있다.

认知动词인지동사 cognitive verb: 知道 zhīdao알다, 爱 ài사랑하다, 喜欢 xǐhuan좋아하다, 恨 hèn증오하다, 觉得 juéde느끼다/생각하다, 希望 xīwàng희망하다.

能愿动词능원동사 modal verb: 能 néng…할 수 있다, 会 huì…할 수 있다/…할 것이다, 可以 kěyǐ…할 수 있다/…해도 좋다, 应该 yīnggāi…해야 한다.

意愿动词소망동사 optative verb: 想 xiǎng…하고 싶다, 要 yào…해야 한다, 愿意 yuànyì…하기를 바란다, 打算 dǎsuan…할 예정이다.

关系动词관계동사 relational verb: 是 shì…이다, 叫 jiào…부르다, 姓 xìng…을 성으로 하다, 有 yǒu가지다.

形容词형용사 adjective: 小 xiǎo작다, 高 gāo크다, 红 hóng인기 있다, 漂亮 piàoliang아름답다, 快乐 kuàilè즐겁다.

형용사는 谓词용언 predicates 또는 修饰语수식어 modifiers로 사용될 수 있다. 대부분의 인지동사는 타동성 상태동사transitive state verb이다. 능력이나 가능성을 표현하는데 사용되는 능원동사modal verb와 소망을 표현하는데 사용되는 기원동사意愿动词 optative verb는 다른 상태동사와 통사적 차이를 가지고 있다. 능원동사能愿动词 modal verb와 기원동사意愿动词 optative verb는 명사구 혹은 시태조사时态助词 aspectual particle보다는 주요동사가 뒤따른다. 우리는 이 두 종류의 상태동사를 조동사助动词 Vaux로 분류하여 고유한 통사적 기능을 보여준다. 助动词조동사 Vaux는 동사처럼 'V-not-V'(표-3)에 적합할 수 있지만, 부사는 그렇지 않다. 관계동사关系动词 relational verb는 정도부사를 따르지 않는다. 즉, 관계동사는 '很 hěn매우'과 같은 수식어와 함께 사용할 수 없는, 일반적인 상태동사와는 다른 통사적 규칙을 가진다.

동작동사, 상태동사 그리고 변화동사 간의 차이는【표-3】에서 보여주는 것과 같이 이들의 통사구조에서 볼 수 있다. 예를 들면, 동작동사는 '不 bù없다', '没 méi아니다', 了$_1$ le1 완료된 행동을 나타내는 동조사, 在 zài (진행시태동사), 着 zhe (행동의 진행 또는 지속을 나타내는 조사) 그리고 把 bǎ(처치조사处置助词 disposal particle)와 결합할 수 있다. 상태동사는 '没 méi', '了$_1$ le1', '在 zài' 그리고 '把 bǎ'와 결합할 수 없다. 변화동사는 '没 méi', '了$_1$ le1'와 결합할 수 있으나, '不 bù'

와 결합할 수 없다. '破 pò깨뜨리다'가 Vp(변화동사)라는 것을 알게 되면, 학생들은 '*花瓶不破 huāpíng búpò'와 같은 문장을 만들지 않을 것이다. '破 pò 깨뜨리다'가 부정의 不 bù보다는 부정의 没 méi와 결합이 되어야 한다는 것을 이해할 것이다.

【표-3】 동사의 3개 하위분류와 통사적 규칙

	不	没	很	了1	在	着	把	请(祈使)	V(一)V	V不V	ABAB	AABB
동작동사	✓	✓	×	✓	✓	✓	✓	✓	✓	✓	✓	×
상태동사	✓	×	✓	×	×	×	×	×	×	✓	×	✓
변화동사	×	✓	×	✓	×	×	×	×	×	×	×	×

(표는 Teng(1974)과 Teng교수의 수업 유인물을 편집한 것이다.)

이러한 규칙들이 반증이 없다는 것은 주목할 만하다. 규칙이 있는 곳에는 예외도 있다. 하지만 소수의 예외가 이 표가 제공하는 혜택의 가치를 떨어뜨리지는 못한다.

중국어의 8개 주요 품사 이외에도, 현재 아래의 하위분류가 사용된다. 표지 '-t'는 타동사transitive verb를 의미하고, '-i'는 자동사intransitive verb를 의미한다. '-pred'는 술어성 용법으로만 사용할 수 있는 형용사(상태동사의 하위분류)를 의미하고, '-attr'는 한정성 용법(수식어)으로만 사용하는 형용사를 의미한다. '-sep'는 분리가 되는 자동사intransitive verb를 의미한다(토론은 아래 참조).

(1) -한정성(唯定 attributive only)

-한정성(-attr)은 한정적 용법으로서만 사용되는 상태동사를 표지한다. 일반적으로 형용사(상태동사)는 문장의 술어(那女孩很美丽。Nà nǚhái hěn měilì.그 소녀는 아주 아름답다)로서 사용되거나 혹은 명사를 수식하는 한정적 용법(她是一个美丽的女孩。Tā shì yí ge měilì de nǚhái.그녀는 아름다운 여자아이다.)으로 사용된다. 그러나 '公共 gōnggòng공공' 그리고 '野生 yěshēng야생'과 같은 몇 몇의 상태동사는 한정적 용법으로만 사용될 수 있다. 예를 들면, '公共场所 gōnggòng chǎngsuǒ공공장소', '野生品种 yěshēng pǐnzhǒng야생품종' 그리고 '那是野生的。Nà shì yěshēng de.저것은 양생품종이다.' 등이다. 이 동사들은 술어로 사용될 수 없다. 예를 들면, '*那种象很野生。Nàzhǒng xiàng hěn yěshēng.'은 틀린 문장이다.

(2) -술어성(唯谓 predicative only)

'-술어성'은 술어로만 사용되는 상태동사를 표지한다. 위의 '-한정성唯定 attributive only'

와 달리, 이 분류의 형용사는 술어로만 사용되고, 한정적 용법으로는 사용할 수 없다. 이 분류의 동사로 좋은 예는 '够 gòu충분하다'이다. 학생들이 '够 gòu충분하다'가 '-술어성predicative only' 용법이라는 것을 알고 있다면, 그들은 '*我有(不)够的钱。Wǒ yǒu (bú) gòu de qián.'와 같은 틀린 문장을 만들지 않고, '我的钱(不)够。Wǒ de qián (bú) gòu.나의 돈은 충분하다/충분치 않다.'와 같은 옳은 문장을 만들 것이다.

(3) -분리가능(可离 separable)

'-분리가능'은 중국어에서 독특한 동사 분류를 표지한다. 이 동사는 전통적으로 离合词이합사 separable words라고 불렸다. 일반적으로 단어라는 것은, 아마도 세계의 언어가 보편적으로 그러하겠지만, 잘 분리되지 않는다. 예를 들면, *under-not-stand 등과 같다. 그러나 중국어에서 '-분리가능' 동사는 분리될 수 있다.

그러나 중국어에서 '-분리가능' 동사는 분리할 수 있으며, 통사문장에서 동사-목적어처럼 보이게 만든다. 분리된 단어는 예문 ⑥처럼 时态助词시태조사 aspectual particle가 삽입될 수도 있으며, 예문 ⑦처럼 지속시간이 삽입될 수도 있으며, 예문 ⑧처럼 행동의 수령자recipient가 삽입될 수도 있으며, 예문 ⑨처럼 양을 나타내는 수식어가 삽입될 수도 있다.

⑥ 我昨天下了课, 就和朋友去看了电影。

Wǒ zuótiān xià le kè, jiù hé péngyou qù kàn le diànyǐng.

나는 어제 수업을 마친 후에, 바로 친구와 같이 영화 보러 갔다.

⑦ 他唱了三小时的歌, 很累。

Tā chàng le sān xiǎoshí de gē, hěn lèi.

그는 3시간 동안 노래를 불러 너무 힘들다.

⑧ 我想见你一面。

Wǒ xiǎng jiàn nǐ yí miàn.

나는 너를 한 번 보고 싶다.

⑨ 这次旅行, 他照了一百多张相。

Zhè cì lǚxíng, tā zhào le yìbǎi duō zhāng xiàng.

이번 여행에서, 그는 100여 장의 사진을 찍었다.

이합사separable word는 동작동사(V-sep), 상태동사(Vs-sep) 그리고 변화동사(Vp-sep)를 포함하며 자동사intransitive verb이다. 이합사와 그 동사의 표지를 이해하는 것은 학생들이 '*他唱歌三小时。 Tā chànggē sān xiǎo shí.'와 같은 잘못된 문장을 만드는 것을 피할 수 있도록 도와준다. 그러나 타이완에서 '帮忙 bāngmáng돕다'와 같은 몇 개의 이합사는 타동성 용법을 사용하기 시작하였다. 이런 용법은 아직 사용 초기 상태이기 때문에, 이 유형의 동사들은 교재에서 여전히 자동사로 분류된다.

기본값 표지Default Markings

우리가 품사를 명시할 때, 기다란 설명으로 표지하기 않기 위해서, 아래와 같이 기본값 표지 체계가 활용되었다. 예를 들면, V가 교재에서 제시되었을 때, V의 기본값은 동작동사를 가리키며, 동시에 타동성이다.

V:	동작동사, 타동성Action verb, transitive 예) 买 mǎi사다, 做 zuò하다, 说 shuō말하다
Vi:	동작동사, 자동성Action verb, intransitive 예) 跑 pǎo뛰다, 坐 zuò앉다, 笑 xiào웃다, 睡 shuì자다
V-sep:	동작동사, 분리가능, 자동성Action verb, separable, intransitive 예) 唱歌 chànggē노래하다, 上网 shàngwǎng인터넷에 접속하다, 打架 dǎjià싸움하다
Vs:	상태동사, 자동성State verb, intransitive, 冷 lěng춥다, 高 gāo크다, 漂亮 piàoliang예쁘다
Vst:	상태동사, 타동성State verb, transitive, 关心 guānxīn관심을 기울이다, 喜欢 xǐhuan좋아하다, 同意 tóngyì동의하다
Vs-attr:	상태동사, 자동성, 한정성State verb, intransitive, attributive only, 野生 yěshēng야생의, 公共 gōnggòng공공의, 新兴 xīnxīng새로 일어난
Vs-pred:	상태동사, 자동성, 술어성State verb, intransitive, predicative only, 够 gòu충분하다, 多 duō많다, 少 shǎo적다
Vs-sep:	상태동사, 자동성, 분리가능State verb, intransitive, separable, 放心 fàngxīn안심하다, 幽默 yōumò익살스럽다, 生气 shēngqì화내다

Vaux: 상태동사, 조동사, 자동성State verb, auxiliary, intransitive, 会 huì할 수 있다/…할 것이다, 可以 kěyǐ…할 수 있다/…해도 좋다, 应该 yīnggāi…해야 한다

Vp: 변화동사, 자동성Process verb, intransitive, 破 pò깨뜨리다, 坏 huài상하다, 死 sǐ죽다, 感冒 gǎnmào감기 걸리다

Vpt: 변화동사, 타동성Process verb, transitive, 忘记 wàngjì잊다, 变成 biàn chéng변하여 …이 되다, 丢 diū잃어버리다

Vp-sep: 변화동사, 자동성, 분리가능Process verb, intransitive, separable, 结婚 jiéhūn결혼하다, 生病 shēngbìng병이 나다, 毕业 bìyè졸업하다

주의사항

기본값 Default values

범주에 다른 표지가 나타나지 않으면 기본값으로 읽는다. 이것은 가장 높은 빈도로 나타나는 가장 일반적인 문형을 관찰하여 범주에 설정한 값이다. 기본값은 가장 유력한 후보로 이해된다. 기본값 체계는 더 적은 기호를 사용하기 때문에 눈에 쉽게 띄어 정보 처리량을 줄여준다. 우리의 기본값은 다음과 같다.

타동성 기본값 Default transitivity

동사가 부가된 표지가 없을 때, V는 동작동사action verb이다. 표지가 없는 동작동사는 타동성이다. 상태동사state verb는 Vs로 표지하지만, 더 이상의 표지가 없으면, 상태동사의 자동성이다. 변화동사process verb에 대해서도 동일하게, Vp는 변화동사의 자동성 기본값이 주어진다.

형용사의 기본값 위치 Default position of adjectives

전형적인 형용사는 술어로 사용된다. 예를 들면, 'This is great!'과 같은 용법이다. 따라서 표지되지 않은 Vs는 술어로만 사용되는 상태동사이다. 그리고 술어로 사용될 수 없는 형용사, 예를 들면, '主要 zhǔyào주요하다'와 같은 단어들은 형용사이지만 술어로 사용할 수 없다. '*这条路很主要。Zhètiáo lù hěn zhǔyào.'와 같은 문장은 성립하지 않는다. 그래서 Vs-attr로

표지되며, 이 표지는 한정 용법으로만 사용된다는 의미이다. 예를 들면, '主要道路 zhǔyào dàolù주요한 도로'와 같이 쓰인다.

반면에 중국어에서 '够 gòu 충분하다'는 서술성 용법으로만 사용될 수 있고, 한정적 용법으로는 사용될 수 없다. 예를 들면, '时间够 shíjiān gòu시간이 충분하다'는 가능하지만, *'够时间 gòu shíjiān'은 불가능하다. 따라서 '够'는 'Vs-pred'로 표지된다. 우리의 품사체계를 사용하면 문법을 더욱 잘 활용할 수 있게 될 것이다!

단어성 기본값 Default wordhood

영어에서는 단어가 서로 분리될 수 없고, 떨어져 사용될 수 없다. 예를 들면, '*mis-not-understand' 등이다. 중국어 역시 마찬가지이다. 예를 들면, '*喜不欢 xǐbùhuān' 등이다. 그러나 중국어에는 이 보편적인 규칙에 대해 예외적인 단어들이 상당히 많고, 이 단어들은 분리가 된다. 이들을 이합사separable word라고 부르며, 우리의 새로운 품사 체계에서는 '-sep'로 표지한다. 예를 들면, '生气 shēngqì화내다'는 단어이지만, '生他气 shēng tā qì그에게 화내다'라고 말할 수 있다. '结婚 jiéhūn결혼하다'은 단어이지만, '结过婚 jiéguo hūn 결혼했었다' 혹은 '结过三次婚 jiéguo sān cì hūn결혼을 3번 했었다'이라고 말할 수 있다. 현대중국어에는 최소한 이백 개의 이합사가 있다. 원어민 화자도 어떤 단어가 분리가 되는지 배워야 한다. 따라서 이 단어들을 암기하는 것이 학습자들에게는 유일한 방법이며, 우리의 새로운 품사체계는 이 단어들을 학습하기 쉽게 도와준다. 어휘 목록을 검토하여, '-sep'을 찾으면 된다.

무엇이 이런 단어들의 분리를 가능케 하는 것일까? 당신의 선생님께 물어보지 말고, 중국의 신들에게 물어보라! 우리는 이합사가 분리되는 통사적 환경에 대해 조금밖에 알지 못한다. 무엇보다 두드러지는 특징은, 이합사는 동작동사이든지, 상태동사이든지 혹은 변화동사이든지 대부분 자동사intransitive verb라는 점이다. 이 동사가 목표물(명사, 인지의 대상), 빈도(회수), (얼마동안의) 지속시간, 발생(완료, 제거) 등과 연관되면 분리가 되고, 관련 요소가 중간에 삽입된다. 더 많은 예는 아래를 참고하기 바란다.

我今天已经考过20次试了!

Wǒ jīntiān yǐjīng kǎo guo èrshí cì shì le!

나는 오늘 벌써 20번 시험을 보았다.

我道过歉了，他还生气！

Wǒ dàoguo qiàn le, tā hái shēngqì!

나는 사과를 했지만, 그는 여전히 화를 냈다.

放三天假，大家都走了。

Fàng sān tiān jià, dàjiā dōu zǒu le.

3일 동안의 휴가이어서, 모두 떠났다.

문법 설명

이 사전에서 각 문법 항목은 기능, 구조 그리고 용법이라는 세 가지 하위 부분으로 구성된다.

기능Function

우리는 단순히 문장구조의 목록을 제공하는 대신 문법기능을 설명하여 학생들이 문법항목을 명확히 이해하게 하고자 한다. 기본적으로 우리는 '이 문법항목이 무엇을 하는가?', '원어민 화자들은 무엇을 위해 이 문법항목을 사용하는가?'라는 질문에 답하는 것을 목표로 한다. 예를 들면, '得 de' 뒤의 보어는 보완적인 기능이 있는 반면에, 부사어adverbial과 관형어attribute는 수식 기능을 가진다. 여기서 우리는 VV라는 단음절동사의 중첩을 예로 들어보자. 이것은 두 번 말하는 다소 간단한 형태이지만, 우리는 이 형태의 기능을 이해할 필요가 있다. 동사의 중첩은 '힘의 감소'를 제인한다. 또한 그 행동이 성취하기 쉽다는 것을 제안하기도 한다. 표현하고자 하는 것이 요청/명령일 때, 동사중첩은 서술의 어조를 부드럽게 하고, 청자는 요청/명령의 어조가 완화되었다는 것을 알게 된다. 중국어문법의 또 다른 유명한 예를 들자면, '把字句BA-construction'이다. 이 난해한 구조의 통사구조에 집중하는 대신 우리는 먼저 '把字句는 무엇을 하는가?', '원어민 화자들은 그들의 발화에서 이것을 사용하여 무엇을 하는가?'의 질문에 대해서 생각해야한다.

구조Structure

문법항목의 기능성을 살펴본 후 구조를 소개하고자 한다. 이 부분에서 우리는 먼저 문법항목의 기본구조를 설명하고, 어떤 경우에는 '주어+把 bǎ+목적어+동사+了'와 같이 직선 모형으로 문법항목의 구조를 제시한다. 우리는 단순히 명사와 동사가 아닌 주어와 목적어 같은 기능을 나열한다. 그 다음에는 문법항목의 '부정구조' 그리고 '의문구조'에 대한 설명으로 기본적인 형태에 근거하여 학생들이 어떻게 부정성을 표현하고, 어떻게 질문에 답하는지 이해하도록 한다. 예를 들면, 우리는 상태동사의 부정수식은 '没 méi'가 아니고 '不 bù'라고 정확히 알려주어야 할 것이다. '把 bǎ'와 함께 구 혹은 절을 소개할 때, 부정수식은 동사 앞에 나타나지 않고, 반드시 '把 bǎ' 앞에 나타난다고 알려주어야 한다. 우리는 의문구조에서 가장 보편적으로 사용되는 '吗 ma'를 교재의 첫 부분에 배치하였는데, 이는 간단하고 일반적으로 사용되는 의문 표현이기 때문이다. '吗 ma' 이후에는 'V-not-V', '没有 méiyǒu(문장의 마지막에 사용되는)' 그리고 '是不是 shì bu shì' 순으로 의문문을 사용하는 경향이 있다.

용법Usage

언어학의 语用学화용론 pragmatics와 혼동하지 않도록 하기 위해서, 이 부분에서는 특정 문법항목을 언제 사용하는지, 언제 사용하지 않아야 하는지, 이 문법항목을 사용할 때 주의해야 할 사항을 정확히 알려준다. 예를 들면, 중첩상태동사reduplicated state verb는 정도부사와 함께 사용할 수 없으므로 '*很轻轻松松 *hěn qīngqingsōngsōng'은 문법적으로 올바른 표현이 아니고, 완료 了는 과거에 일어난 행동이 아니라, 행동의 완료를 나타내는데 사용된다는 것 등을 설명한다. 일부 문법항목은 다른 구조 혹은 구와 혼동될 수도 있다. 그래서 필요에 따라서 우리는 상세한 설명도 제공한다. 예를 들면, '一点 yìdiǎn'과 '有一点 yǒu yìdiǎn'을 모두 학습하고 나면 그들의 용법 차이를 설명한다. 용법 부분과 중국어 교사들의 경험을 보충하고, 특별한 주의를 기울였는데, 그것은 학생들이 중국어를 마스터하는데 도움이 될 정보를 제공하기 위해서 중간언어말뭉치Interlanguage Corpora를 사용하였다는 것이다. 마지막으로 이 사전의 사용에 도움이 될 경우에는 중국어와 영어의 비교와 대조 해설을 제시하였다. 지금 단계에서는 영어 이외의 다른 언어들과 관련된 대조 해설을 제공할 수 없다는 점이 매우 유감스럽게 생각한다.

덧붙이는 말

이 부분은 이 책『현대중국어 문법항목 해설』의 구조와 주요내용에 대한 아주 간단한 소개이다. 이 서문에서는 중국어 문법의 가장 두드러진 특징만을 강조하였다. 중국어문법 전체에 관해 논리 정연하고 체계적인 책을 제시하는 것은 우리의 의도가 아니다. 이런 훌륭한 책들로는 Li, Charles and Sandra Thompson(1982)의『Mandarin Chinese: a Reference Grammar』와 같은 서적이 출간되어 있다. 우리 사전의 개선을 위한 제안을 진심으로 환영한다. steng@ntnu.edu.tw.

鄧守信 Shou-hsin Teng 主編

타이완 꾸오리 스판 따쉬에臺灣國立師範大學

종위앤 따쉬에中原大學

2018년 3월

중국어 품사 2017

【8대 품사】

표지	품사	예
N	名词 명사noun	水, 五, 昨天, 学校, 他, 几
V	动词 동사verb	吃, 告诉, 容易, 快乐, 知道, 破
Adv	副词 부사adverb	很, 不, 常, 到处, 也, 就, 难道
Conj	连词 접속사conjunction	和, 跟, 而且, 虽然, 因为
Prep	介词 전치사preposition	从, 对, 向, 跟, 在, 给
M	量词 단위사measure	个, 条, 张, 次, 顿, 米, 碗
Ptc	助词 조사particle	的, 得, 啊, 吗, 完, 掉, 把, 喂
Det	限定词 한정사determiner	这, 那, 某, 每, 哪

【동사 분류】

표지	동사분류	예
V	及物动作动词타동성 동작동사 transitive action verb	买, 做, 说
Vi	不及物动作动词자동성 동작동사 intransitive action verb	跑, 坐, 睡, 笑
V-sep	不及物动作离合词자동성 동작동사 이합사 intransitive action verb, separable	唱歌, 上网, 打架
Vs	不及物状态动词자동성 상태동사 intransitive state verb	冷, 高, 漂亮
Vst	及物状态动词타동성 상태동사 transitive state verb	关心, 喜欢, 同意
Vs-attr	唯定不及物状态动词한정성 자동성 상태동사 intransitive state verb, attributive only	野生, 公共, 新兴
Vs-pred	唯谓不及物状态动词술어성 자동성 상태동사 intransitive state verb, predicative only	够, 多, 少
Vs-sep	不及物状态离合词자동성 상태동사 이합사 intransitive state verb, separable	放心, 幽默, 生气
Vaux	助动词조동사 auxiliary verb	会, 能, 可以
Vp	不及物变化动词자동성 변화동사 intransitive process verbs	破, 感冒, 坏, 死
Vpt	及物变化动词타동성 변화동사 transitive process verbs	忘记, 变成, 丢
Vp-sep	不及物变化离合词자동성 변화동사 이합사 intransitive process verbs, separable	结婚, 生病, 毕业

【기본값 표지】

표지	기본값
V	타동-동작동사 Action Verb, Transitive
Vs	자동-상태동사 State Verb, Intransitive
Vp	자동-변화동사 Process Verb, Intransitive
V-sep	자동-이합사 Separable Verb, Intransitive

목차

C

D

E

F

G

H

J

K

L

M

N

P

Q

R

S

T

W

X

Y

Z

A

按照. ànzhào. 전치사. …에 따라서

기능 전치사 '按照'는 '…에 근거하여, …에 따라서'를 가리킨다.

① 按照医生说的, 你睡觉以前要吃一包药。
Ànzhào yīshēng shuō de, nǐ shuìjiào yǐqián yào chī yì bāo yào.
의사의 말에 따라서, 너는 잠을 자기 전에 한 포의 약을 먹어야 한다.

② 我打算按照网上的介绍, 自己去花莲玩玩。
Wǒ dǎsuan ànzhào wǎnshàng de jièshào, zìjǐ qù Huālián wánwan.
나는 인터넷의 소개에 근거하여, 혼자 후아리앤에 가서 놀 계획이다.

③ 按照台湾的法律, 刚来台湾的外国学生不可以工作。
Ànzhào Táiwān de fǎlǜ, gāng lái Táiwān de wàiguó xuésheng bù kěyǐ gōngzuò.
타이완의 법률에 근거하여, 타이완에 막 온 외국인 학생은 일을 할 수가 없다.

구조 按照 전치사구는 문장의 맨 처음에 위치하거나 혹은 동사의 앞에 위치한다.

① 按照他的旅行计划, 他现在应该在法国。
Ànzhào tā de lǚxíng jìhuà, tā xiànzài yīnggāi zài Fǎguó.
그의 여행 계획에 의하면, 그는 현재 프랑스에 있을 것이다.

② 你应该按照老师的建议, 练习写汉字。
Nǐ yīnggāi ànzhào lǎoshī de jiànyì, liànxí xiě Hànzì.
당신은 선생님의 건의에 따라서 중국 글자 쓰기 연습을 해야한다.

【부정형】

① 他没按照老师的建议准备考试。
Tā méi ànzhào lǎoshī de jiànyì zhǔnbèi kǎoshì.
그는 선생님의 건의에 따라 시험을 준비한 것이 아니다.

② 我常常不按照老板说的做事。
Wǒ chángcháng bú ànzhào lǎobǎn shuō de zuòshì.
나는 자주 주인이 말한 대로 일을 하지 않는다.

③ 小高没按照计划回来工作, 他的老板很不高兴。
Xiǎogāo méi ànzhào jìhuà huílai gōngzuò, tā de lǎobǎn hěn bù gāoxìng.
샤오까오는 계획에 따라 돌아와서 일을 하지 않아서, 그의 사장은 매우 기분이 나빴다.

【의문형】

'吗' 뿐만 아니라, '是不是'는 전치사 '按照'을 사용할 때 가능한 유일한 문형이다.

① 你是不是按照老师给你的建议练习说话?
Nǐ shì bu shì ànzhào lǎoshī gěi nǐ de jiànyì liànxí shuōhuà?
당신은 선생님이 당신에게 준 건의에 따라 말하기 연습을 하고 있습니까?

② 你是不是按照网络上的说明做小笼包?
Nǐ shì bu shì ànzhào wǎngluò shang de shuōmíng zuò xiǎolóngbāo?
너는 인터넷의 설명에 따라 샤오롱빠오를 만들고 있니?

③ 请你按照我们约的时间在地铁站跟我见面, 好吗?
Qǐng nǐ ànzhào wǒmen yuē de shíjiān zài dìtiě zhàn gēn wǒ jiànmiàn, hǎo ma?
우리가 약속한 시간에 전철 역에서 나랑 만납시다. 좋습니까?

B

吧. ba. 조사. 제안하기

기능 '吧'는 화자의 제안을 나타낸다

① A: 我们去喝咖啡还是喝茶?
Wǒmen qù hē kāfēi háishi hē chá?
우리 커피 마시러 갈까요, 차 마시러 갈까요?

B: 我们去喝咖啡吧!
Wǒmen qù hē kāfēi ba!
우리 커피 마시러 갑시다.

② A: 今天晚上我们看什么电影?
Jīntiān wǎnshang wǒmen kàn shénme diànyǐng?
오늘 저녁에 우리 무슨 영화 봅니까?

B: 我们去看台湾电影吧!
Wǒmen qù kàn Táiwān diànyǐng ba!
우리 타이완 영화 보러 갑시다!

③ A: 周末我们去打篮球, 好不好?
Zhōumò wǒmen qù dǎ lánqiú, hǎo bu hǎo?
주말에 우리 농구하러 갑니다. 어때요?

B: 我不喜欢打篮球, 我们打网球吧!
Wǒ bù xǐhuan dǎ lánqiú, wǒmen dǎ wǎngqiú ba!
나는 농구를 좋아하지 않습니다. 우리 테니스 하러 갑시다!

구조 '吧'는 문장의 가장 끝에 위치한다.

용법 '吧'는 명령을 나타내는데, 명령을 부드럽게 하기 위해서 사용된다.

喝吧!

Hē ba!

마시자!

문장에서 '吧'가 없는, 예를 들면 '喝!'는 명령조로 거칠고 직접적이며 무례하다.

把. bǎ. 조사. 무엇을 처치하다 (1)

기능 이 문형은 일반적으로 '把字句 bǎzijù' 또는 처치문이라고 한다. 이 문장은 다양한 내부 요소로 구성되어 있고, 영어로 'take this (noun) and … 이 (명사)를 …하고, …' 구와 매우 유사하지만, 훨씬 더 널리 사용된다. 가장 기본적인 구조는 동작동사의 목적어인 명사가 주어에 의하여 어떻게 처치되는지를 나타낸다.

① 我把牛肉面吃了。

Wǒ bǎ niúròu miàn chī le.

나는 소고기면을 먹었다.

② 他把我的汤喝了。

Tā bǎ wǒ de tāng hē le.

그는 내 국물을 마셨다.

③ 房东把房子卖了。

Fángdōng bǎ fángzi mài le.

집주인은 집을 팔았다.

구조 목적어가 대부분의 경우에 특정definite(단독으로 사용가능한 명사bare noun 어떤 수식어도 없는 명사 혹은 '这个 zhège 이' · '那个 nàge 저' · '他的 tāde 그의'와 같이 수식어와 함께 하는 명사)인 '把 bǎ+목적어+동사+了 le' 문형에서 동사(동사 한 글자로 사용가능한 부류)는 반드시 외향-타동-동작동사outward transitive action verb(구매, 학습 그리고 듣기와 같은 행위자를 향한 내향적인 행위가 아니라, 판매와 소비와 같은 행동자로부터 멀어지는 외향적인 행위)이어야 한다. 그리고 문장은 반드시 조사 '了'로 끝나야 한다.

【부정형】

부정은 조사 把의 앞에서 '没' 혹은 '别'을 사용한다.

① 我没把猪脚面线吃掉。
Wǒ méi bǎ zhūjiǎo miànxiàn chīdiào.
나는 돼지족발 면을 먹지 않았다.

② 别把我的药吃掉。
Bié bǎ wǒ de yào chīdiào.
제 약을 먹지 마세요.

③ 他没把书卖掉。
Tā méi bǎ shū màidiào.
그는 책을 팔지 않았다.

【의문형】

'把'와 함께 하는 질문은 'A-不-A' 혹은 '是不是'을 사용하여 구성할 수 있다.

① 你把功课写完了没有?
Nǐ bǎ gōngkè xiěwán le méi yǒu?
당신은 숙제를 끝냈습니까?

② 你是不是把摩托车卖了?
Nǐ shì bu shì bǎ muótuōchē mài le?
당신이 오토바이를 팔았습니까?

③ 你是不是把他的早饭吃了?
Nǐ shì bu shì bǎ tā de zǎofàn chī le?
당신이 그의 아침밥을 먹었습니까?

A B C D E F G H I J K L M

용법 (1) 위에서 언급한 바와 같이, '把'의 목적어는 반드시 특정definite적인 것이어야 한다.

① 我想把手机卖了。
Wǒ xiǎng bǎ shǒujī mài le.
나는 핸드폰을 팔고 싶습니다.

② 我想把那部手机卖了。
Wǒ xiǎng bǎ nà bù shǒujī mài le.
나는 저 핸드폰을 팔고 싶습니다.

③ *我想把一部手机卖了。
*Wǒ xiǎng bǎ yí bù shǒujī mài le.

(2) '把' 문장에서 한 글자로 '단독으로 사용가능한 동사bare verb'은 반드시 타동사이고 외향동사이어야 한다. 이 동사는 '卖 mài팔다', '吃 chī먹다', '喝 hē마시다', '写 xiě쓰다' 등을 포함하고, '买 mǎi사다', '学 xué배우다'와 같은 내향동사를 포함하지 않는다. 예를 들면 '*我把中文学了。*Wǒ bǎ Zhōngwén xuéle.'는 틀린 문장이다.

(3) '처치하다/처리하다dispose of'의 개념은 영어로 'do-with …을 처리하다', 'do-to …을 어떻게 하다', and 'take (noun) and (verb) … (명사)를 …하고, …(동사)'를 사용하는 경우가 많다. 예를 들면, 'What he did with his car was to sell it. 그가 그의 차를 가지고 한 일은 그것을 파는 것이었다.' 혹은 'He took his car and sold it. 그는 그의 차를 가져다가 그것을 팔았다.'이다.

把. bǎ. 조사. 목적어를 위치로 이동 (2)

기능 '把'는 일을 어떻게 처치하는지를 묘사한다. 일반적으로 처치는 물건의 이동을 야기한다.

① 我把球踢到学校外面了。

Wǒ bǎ qiú tī dào xuéxiào wàimian le.

나는 공을 학교 밖으로 찼다.

② 他想把公司搬到台南。

Tā xiǎng bǎ gōngsī bāndào Táinán.

그는 회사를 타이난으로 옮기고 싶어 한다.

③ 我打算把这个蛋糕拿到学校请同学吃。

Wǒ dǎsuan bǎ zhège dàngāo ná dào xuéxiào qǐng tóngxué chī.

나는 이 케이크를 학교로 가져가서, 반 친구들에게 먹일 예정이다.

④ 我要把这包茶送给老师。

Wǒ yào bǎ zhè bāo chá sòng gěi lǎoshī.

나는 이 차 봉지를 선생님에게 주려고 한다.

⑤ 请你把那件衣服拿给小高。

Qǐng nǐ bǎ nà jiàn yīfu ná gěi Xiǎogāo.

저 옷을 샤오까오에게 주기 바랍니다.

⑥ 我打算把旧车卖给高先生。

Wǒ dǎsuan bǎ jiù chē mài gěi Gāo xiānsheng.

나는 헌 차를 까오 선생에게 팔 예정이다.

⑦ 请你把那张椅子放在楼下。

Qǐng nǐ bǎ nà zhāng yǐzi fàng zài lóuxià.

저 의자를 아래층에 놓아 주세요.

⑧ 我要把妈妈给我的钱存在银行里。

Wǒ yào bǎ māma gěi wǒ de qián cún zài yínháng li.

나는 엄마가 나에게 준 돈을 은행에 저금하려고 한다.

구조 문형은 'A+把+B+동사+전치사(到, 在, 给)+위치'이다. '到'와 '在'는 장소와 함께 사용되고, '给'는 사람과 같이 사용된다. 더욱이, '到'는 '움직이는' 동사와 함께 사용되며, '在'는 '위치' 동사와 같이 사용한다.

【부정형】

① 他没把资料带到学校来, 可是还好我带了。
Tā méi bǎ zīliào dàidào xuéxiào lái, kěshì hái hǎo wǒ dài le.
그는 자료를 학교에 가져오지 않았지만, 다행히 나는 가져왔다.

② 别把那本书卖给别人, 卖给我吧。
Bié bǎ nà běn shū mài gěi biéren, mài gěi wǒ ba.
그 책을 다른 사람에게 팔지 말고, 나에게 파세요.

③ 我还没把这个月的房租拿给房东。
Wǒ hái méi bǎ zhège yuè de fángzū ná gěi fángdōng.
나는 아직 이번 달 월세를 집주인에게 주지 못했다.

④ 他还没把买电视的钱付给老板。
Tā hái méi bǎ mǎi diànshì de qián fù gěi lǎobǎn.
그는 텔레비전을 구입한 돈을 사장님께 드리지 않았다.

⑤ 别把 U盘放在桌子上。
Bié bǎ Upán fàng zài zhuōzi shang.
USB를 책상에 놓지 마세요.

⑥ 他没把钱放在我这里, 他带回家了。
Tā méi bǎ qián fàng zài wǒ zhèli, tā dài huí jiā le.
그는 돈을 나에게 주지 않고 집에 가져갔다.

【의문형】

'A-不-A' 혹은 '是不是'가 사용된다.

① 你是不是把我的书带到学校来了?

Nǐ shì bu shì bǎ wǒ de shū dàidào xuéxiào lái le?

네가 나의 책을 학교에 가져왔니?

② 你把摩托车骑到公司来了没有?我等一下要用。

Nǐ bǎ mótuōchē qí dào gōngsī lái le méi yǒu? Wǒ děng yíxià yào yòng.

오토바이를 타고 회사에 왔습니까? 조금 후에 제가 사용하겠습니다.

③ 你把那个本子拿给老师了没有?

Nǐ bǎ nà ge běnzi ná gěi lǎoshī le méi yǒu?

당신은 저 노트를 선생님께 가져다 드렸습니까?

④ 你是不是把照相机送给她了?

Nǐ shì bu shì bǎ zhàoxiàngjī sòng gěi tā le?

카메라를 그녀에게 주었습니까?

⑤ 房东是不是把热水器装在浴室外面了?

Fángdōng shì bu shì bǎ rèshuǐqì zhuāng zài yùshì wàimian le?

집주인은 온수기를 욕실 밖에 설치하였습니까?

⑥ 你把学费用在什么地方了?

Nǐ bǎ xuéfèi yòng zài shénme dìfang le?

학비를 어디에 사용하였습니까?

把. bǎ. 조사. $V_1V_2V_3$과 함께 (3)

기능 이 구조는 V_1(동작), V_2(방향) 및 V_3(화자에 대해)의 순서로 지정되며, 명사가 새로운 위치로 이동되는 '把' 구조의 하위 유형이다.

① 我把垃圾拿出去了。

Wǒ bǎ lājī ná chūqu le.

나는 쓰레기를 꺼냈다.

② 他把书带回去了。

Tā bǎ shū dài huíqu le.

그는 책을 가져갔다.

③ 高小姐从皮包里把钱拿了出来。

Gāo xiǎojie cóng píbāo li bǎ qián ná le chūlai.

미스 까오는 가방에서 돈을 꺼냈다.

④ 主任请助教把李小姐的履历表拿了过来。

Zhǔrèn qǐng zhùjiào bǎ Lǐ xiǎojie de lǚlìbiǎo ná le guòlai.

주임은 조교에게 미스 리의 이력서를 가져오라고 했다.

A B C D E F G H I J K L M

구조 기본문형은 '주어+把+목적어+$V_1V_2V_3$'이다.

【부정형】

① 我没把书带回来。

Wǒ méi bǎ shū dài huílai.

나는 책을 가져오지 않았다.

② 你别把蛋糕放进背包里去。

Nǐ bié bǎ dàngāo fàng jìn bēibāo lǐqu.

당신도 케이크를 배낭 안에 넣지 마세요.

③ 她没把买回来的衣服拿出来给朋友看。

Tā méi bǎ mǎi huílai de yīfu ná chūlai gěi péngyou kàn.

그녀는 사온 옷을 친구에게 꺼내 보여주지 않았다.

【의문형】

① 张先生是不是把公司的车开回去了?

Zhāng xiānsheng shì bu shì bǎ gōngsī de chē kāi huíqu le?

장 선생은 회사 차를 타고 돌아갔습니까?

② 我刚刚请你帮我买一杯咖啡, 你把咖啡买回来了吗?

Wǒ gānggāng qǐng nǐ bāng wǒ mǎi yì bēi kāfēi, nǐ bǎ kāfēi mǎi huílai le ma?

나는 방금 커피 한 잔을 당신에게 부탁했는데, 커피 사왔습니까?

③ 搬家的时候, 你要把这些桌子、椅子都搬过去吗?

Bānjiā de shíhou, nǐ yào bǎ zhèxiē zhuōzi、yǐzi dōu bān guòqu ma?

이사할 때, 이 책상과 의자들 모두 가져갑니까?

용법 종종 특정명사의 형태가 불특정인 것으로 나타날 수 있으나, '把' 구조의 목적어는 항상 특정한definite 것이다.

① 我把那本英文书带回来了。

Wǒ bǎ nà běn Yīngwén shū dài huílai le.

나는 그 영어책을 가져왔다.

② *我把一本英文书带回来了。

*Wǒ bǎ yì běn Yīngwén shū dài huílai le.

③ 对不起, 我把那件事忘了!

Duìbuqǐ, wǒ bǎ nà jiàn shì wàng le!

미안합니다. 내가 일 하나를 잊었습니다.

把. bǎ. 조사. V(一)V. 동사중첩의 처치 (4)

기능 동사중첩(VV) 문형은 행동을 부드럽게 하고, 행동을 짧게 만든다. 이 문형은 종종 요청 혹은 명령을 할 때 '把' 구조와 결합하는데, 이것은 '명사에 짧게 무엇을 하는 것'을 나타낸다.

① 你先把那本书看一下, 然后再告诉我好不好看。

Nǐ xiān bǎ nà běn shū kàn yíxià, ránhòu zài gàosu wǒ hǎo bu hǎokàn.

당신은 먼저 저 책을 살펴보고, 그후에 나에게 좋은지 알려주기 바란다.

② 小美, 把提出来的钱算一算, 再去付学费。
Xiǎoměi, bǎ tí chūlai de qián suàn yi suàn, zài qù fù xuéfèi.
샤오메이는 인출한 돈을 세어보고, 학비를 지불하였다.

③ 请你把学校上课的情形跟新同学说一说。
Qǐng nǐ bǎ xuéxiào shàngkè de qíngxíng gēn xīn tóngxué shuō yi shuō.
학교수업의 상황을 새로운 친구에게 말해 주기 바랍니다.

구조 동사중첩(V一V)문형에서 동사는 반드시 단음절로 되어야 한다. 2음절어 동사는 ABAB 형태로 중첩된다.

把东西收拾收拾!
Bǎ dōngxi shōushi shōushi!
물건들을 정돈해라!

【부정형】

사용할 수 없음.

【의문형】

질문은 '吗'와 '是不是' 문형으로 이루어진다.

① 你有空的时候, 能不能请你把垃圾倒一倒?
Nǐ yǒu kòng de shíhou, néng bu néng qǐng nǐ bǎ lājī dào yi dào?
시간이 있을 때, 쓰레기를 버려 주실 수 있나요?

② 妈, 我是不是先把大白菜拌一拌再加盐?
Mā, wǒ shì bu shì xiān bǎ dà báicài bàn yi bàn zài jiā yán?
엄마! 먼저 배추를 버무린 다음에 소금을 넣어요?

③ 妈妈问小孩:「吃东西以前, 你把手洗了吗?」
Māma wèn xiǎohái: "Chī dōngxi yǐqián, nǐ bǎ shǒu xǐ le ma?"
엄마가 아이에게 "음식 먹기 전에, 손을 씻었니?"라고 물어본다.

把. bǎ. 조사. 결과보어와 함께 (5)

기능

'把' 구조에서 동사 뒤의 보어는 동작의 결과를 나타낼 수 있다. 보어는 'V+C' 혹은 'V+得+C' 2가지 형태이다.

① 妈妈不小心把饺子煮破了。

Māma bù xiǎoxīn bǎ jiǎozi zhǔpò le.

엄마는 쟈오쯔를 삶다가 잘못해서 쟈오쯔가 터졌다.

② 请你把白菜洗干净, 等一下就要用了。

Qǐng nǐ bǎ báicài xǐ gānjìng, děng yíxià jiù yào yòng le.

배추를 깨끗하게 씻으세요. 조금 후에 사용하겠습니다.

③ 他把水饺都包得好难看。

Tā bǎ shuǐjiǎo dōu bāo de hǎo nánkàn.

그는 물만두를 정말 못생기게 빚었다.

구조

'把' 구조에서 동작의 결과를 나타내는 보어는 상태동사, 변화동사 혹은 보어 표지 得에 따라오는 구phrase나 절clause이다.

① 你这么洗, 会把锅洗坏。

Nǐ zhème xǐ, huì bǎ guō xǐhuài.

이렇게 씻으면, 솥이 망가질 것이다.

② 他第一次做泡菜, 把泡菜做得很难吃。

Tā dì yī cì zuò pàocài, bǎ pàocài zuò de hěn nánchī.

그가 처음 김치를 만들 때, 김치를 너무 맛없게 만들었다.

③ 你赶快把窗户关好, 我们要出去了。

Nǐ gǎnkuài bǎ chuānghu guānhǎo, wǒmen yào chūqu le.

빨리 창문을 닫으세요. 우리 나가야 합니다.

【부정형】

① 别把菜吃光了，要留一点给别人。

Bié bǎ cài chīguāng le, yào liú yìdiǎn gěi biéren.

반찬을 다 먹지 마세요. 다른 사람에게 조금 남겨두세요.

② 如果我没把碗洗干净，老板会叫我再洗一次。

Rúguǒ wǒ méi bǎ wǎn xǐ gānjìng, lǎobǎn huì jiào wǒ zài xǐ yí cì.

만약 내가 그릇을 깨끗이 씻지 않는다면, 주인은 다시 한 번 더 씻으라고 할 것이다.

③ 你不把话说完，他不知道你想做什么。

Nǐ bù bǎ huà shuōwán, tā bù zhīdao nǐ xiǎng zuò shénme.

말을 다 하지 않는다면, 그는 네가 무엇을 하고 싶은지 모른다.

【의문형】

① 你把汤喝完了没有?

Nǐ bǎ tāng hēwán le méi yǒu?

탕을 다 마셨습니까?

② 他是不是把饺子煮破了?

Tā shì bu shì bǎ jiǎozi zhǔpò le?

쟈오쯔를 삶다가 터뜨렸습니까?

③ 你是不是把小笼包都吃光了?

Nǐ shì bu shì bǎ xiǎolóngbāo dōu chīguāng le?

샤오룽빠오를 다 먹어버렸습니까?

용법 위의 예에서 볼 수 있듯이, '了 le'는 종종 결과보어의 의미와 같이 사용할 수 있는 상태변화를 표현하기 위해서 '把' 구조의 마지막에 추가된다.

把. bǎ. 조사. 의도하지 않은 사건 (6)

기능 대부분의 '把' 문장은 주어의 고의적이고 의도적인 행동을 나타내기 때문에, '把' 문장에는 몇 가지의 경우가 있지만, 이들의 빈도는 꽤 높다.

① 我太忙，把先生要我买的东西忘得干干净净。

Wǒ tài máng, bǎ xiānsheng yào wǒ mǎi de dōngxi wàng de gānganjìngjìng.

나는 너무 바빠서, 남편이 나에게 사라고 한 물건을 완전히 잊어버렸다.

② 他把重要的U盘弄丢了，急得到处找。

Tā bǎ zhòngyào de Upán nòng diū le, jí de dàochù zhǎo.

그는 중요한 USB를 잃어버려, 조급히 이곳저곳을 찾아다녔다.

③ 老师跟学生说："你回国以后别把学过的中文忘了。"

Lǎoshī gēn xuésheng shuō: "Nǐ huí guó yǐhòu bié bǎ xué guo de Zhōngwén wàng le."

선생님은 학생에게 "귀국 한 후에 배웠던 중국어를 잊지 마세요."라고 말하였다.

把 A 当做 B (bǎ A dāngzuò B). A를 …B로 여기다/삼다/간주하다 (7)

기능 이 문형은 A를 B로 삼고, A를 B의 역할로 만든다는 의미를 나타낸다.

① 有不少人把买彩券当做一夜致富的机会。

Yǒu bù shǎo rén bǎ mǎi cǎiquàn dāngzuò yí yè zhìfù de jīhuì.

많은 사람은 복권을 하룻밤에 부자가 되는 기회로 삼고 있다.

② 有时候我们把体育馆当做办演唱会的地方。

Yǒushíhou wǒmen bǎ tǐyùguǎn dāngzuò bàn yǎnchànghuì de dìfang.

어느 때 우리는 체육관을 콘서트를 여는 곳으로 간주하고 있다.

③ 风水学是把利用环境, 改造环境当做一门学问。

Fēngshuǐxué shì bǎ lìyòng huánjìng, gǎizào huánjìng dāngzuò yì mén xuéwèn.

풍수학은 환경 이용, 환경 개조를 학문의 하나로 여기고 있다.

④ 没想到他居然可以把垃圾当做材料, 做成艺术品。

Méi xiǎngdào tā jūrán kěyǐ bǎ lājī dāngzuò cáiliào, zuòchéng yìshùpǐn.

그가 쓰레기를 재료로 여겨 예술품을 만들 거라고 생각지도 못했다.

白. bái. 부사. 헛되이, 쓸데없이, 보람 없이

기능

(1) 부사 '白'는 동작동사를 수식하고, '헛수고 하고, 아무 효과 없는 것을 하다'의 의미를 지닌다.

① 我说了那么多次, 你还是听不懂。我真是白说了。

Wǒ shuō le nàme duō cì, nǐ háishi tīng bu dǒng. Wǒ zhēnshi bái shuō le.

나는 여러 차례 말을 했는데, 너는 여전히 못 알아듣는구나. 나는 정말 쓸데없이 말했다.

② 妈妈做了好多菜, 可是家人都没回来吃。妈妈白做了。

Māma zuò le hǎo duō cài, kěshì jiārén dōu méi huílai chī. Māma bái zuòle.

엄마가 많은 음식을 만들었는데, 식구들은 아무도 와서 먹지 않았네. 엄마가 헛수고를 하셨어.

③ 我们写的报告老师说不用交了。我们白写了。

Wǒmen xiě de bàogào lǎoshī shuō bú yòng jiāo le. Wǒmen bái xiě le.

우리가 쓴 리포트를 선생님은 제출할 필요가 없다고 말했다. 우리는 쓸데없이 리포트를 썼다.

④ 他不知道学校放台风假, 没开门。他白去了。

Tā bù zhīdao xuéxiào fàng táifēng jià, méi kāimén. Tā bái qù le.

그는 학교가 태풍으로 인해 휴교를 하여 문을 닫았는지 몰랐다. 그는 쓸데없이 학교에 갔다.

⑤ 打折的时候买的一些东西都没用。我都白买了。

Dǎzhé de shíhou mǎi de yìxiē dōngxi dōu méi yòng. Wǒ dōu bái mǎi le.

할인을 할 때 산 물건은 모두 사용하지 않았다. 모두 쓸데없이 샀다.

(2) 주어가 보통 동작을 하는 상황에서, '吃 · 喝 · 住' 등과 같은 동작동사와 같이 사용되었을 때, '白+동작동사'는 나쁜 태도와 행위와 함께, 행동에 대한 대가를 지불하지 않고 행동하는 것을 의미한다.

① 有些餐厅常碰到白吃的客人, 老板觉得很头痛。

Yǒuxiē cāntīng cháng pèngdào bái chī de kèren, lǎobǎn juéde hěn tóutòng.

어떤 식당들은 자주 거저먹는 손님들을 마주하게 되어 주인이 골머리를 앓는다.

② 他已经六个月没付房租了。房东说不能再让他白住了。

Tā yǐjīng liù ge yuè méi fù fángzū le. Fángdōng shuō bù néng zài ràng tā bái zhù le.

그는 이미 6개월 동안 집세를 지불하지 않았다. 집주인은 더 이상 그를 공짜로 살게 할 수 없다고 말하였다.

帮. bāng. 전치사. …을 대신하여

기능 '帮'은 동작의 수혜자를 소개한다.

① 请帮我用微波炉热一下包子。

Qǐng bāng wǒ yòng wēibōlú rè yíxià bāozi.

나 대신 빠오쯔를 전자레인지에 데워주세요.

② 请帮我买一杯咖啡。

Qǐng bāng wǒ mǎi yì bēi kāfēi.

나에게 커피 한 잔 사 주세요.

③ 请帮我照张相。

Qǐng bāng wǒ zhào zhāng xiàng.

사진 찍어주세요.

구조 **【부정형】**

부정표지 '不'은 동사의 앞이 아니라, 전치사 '帮'의 앞에 위치한다.

① 他不帮我用微波炉热包子。

Tā bù bāng wǒ yòng wēibōlú rè bāozi.

그는 나를 대신해서 빠오즈를 전자레인지에 데워주는 것을 도와주지 않는다.

*他帮我不用微波炉热包子。

Tā bāng wǒ bú yòng wēibōlú rè bāozi.

② 姐姐不帮弟弟买咖啡。

Jiějie bù bāng dìdi mǎi kāfēi.

누나는 동생에게 커피를 사주려 하지 않는다.

*姐姐帮弟弟不买咖啡。

Jiějie bāng dìdi bù mǎi kāfēi.

③ 王先生不帮我照相。

Wáng xiānsheng bù bāng wǒ zhàoxiàng.

왕 선생은 나를 대신해서 사진 찍는 것을 원하지 않는다.

*王先生帮我不照相。

Wáng xiānsheng bāng wǒ bú zhàoxiàng.

【의문형】

① 你说!你帮不帮他买手机?

Nǐ shuō! Nǐ bāng bu bāng tā mǎi shǒujī?

말해보세요! 당신은 핸드폰을 살거에요?

A B C D E F G H I J K L M

② 他帮你照相吗?

Tā bāng nǐ zhàoxiàng ma?

그는 당신을 대신해서 사진을 찍습니까?

③ 谁能帮我用微波炉热一下包子?

Shéi néng bāng wǒ yòng wēibōlú rè yíxià bāozi?

누가 나를 대신해서 빠오즈를 전자레인지에 데울 수 있나요?

被. bèi. 조사. 피동표지(受 shòu 항목 참조)

기능

'被'피동문은 '영향을 받는다'의 의미뿐만 아니라, '불행한'의 의미도 표현한다. 특히 일상적인 대화에서 더욱 그러하다. 조사 '被'는 일반적으로 영어의 피동문의 번역에 사용된다.

① 我的自行车昨天被偷了。

Wǒ de zìxíngchē zuótiān bèi tōu le.

나의 자전거를 어제 도둑맞았다.

② 我的腿被他踢得很痛。

Wǒ de tuǐ bèi tā tī de hěn tòng.

나의 다리는 그에게 발길질로 차여서 매우 아프다.

③ 这些饺子包得不错, 但是被我煮破了。

Zhèxiē jiǎozi bāo de búcuò, dànshì bèi wǒ zhǔpò le.

이 쟈오즈는 아주 예쁘게 빚었지만, 내가 삶다가 터져버렸다.

구조

목적어+被+(주어)+동사. 주어는 주어의 신분을 정하지 못할 때 생략된다.

【부정형】

부정어는 '没'이며, '被' 앞에 온다.

① 没关系，我的钱没被偷。

Méi guānxi, wǒ de qián méi bèi tōu.

괜찮아요. 내 돈은 도둑맞지 않았습니다.

② 那些碗没被弟弟打破。

Nàxiē wǎn méi bèi dìdi dǎpò.

그 그릇들은 동생에 의해 깨지지 않았습니다.

③ 那些学生在打棒球。小心别被球打到。

Nàxiē xuésheng zài dǎ bàngqiú. Xiǎoxīn bié bèi qiú dǎdào.

저 학생들은 야구를 하고 있습니다. 야구공에 맞지 않도록 조심하세요.

【의문형】

① 听说你的手机不见了，是不是被偷了？

Tīngshuō nǐ de shǒujī bú jiàn le, shì bu shì bèi tōu le?

듣자하니 핸드폰이 사라졌다면서, 도둑맞은 것 아니야?

② 你知道我们学校电脑教室的窗户被打破了吗？

Nǐ zhīdao wǒmen xuéxiào diànnǎo jiàoshì de chuānghu bèi dǎpò le ma?

우리 학교 컴퓨터 강의실 창문이 깨졌다는 것 알고 있어요?

③ 我找不到我的本子了，是不是被你带回家了？

Wǒ zhǎo bú dào wǒ de běnzi le, shì bu shì bèi nǐ dài hui jiā le?

내 공책을 찾을 수 없어요. 혹시 당신이 집에 가지고 간 것 아닌가요?

용법

(1) '被'피동은 예문 ①과 ②와 같이 과거의 사건과 연관이 있고, 예문 ③과 ④와 같이 미래의 사건, 예문 ⑤와 ⑥과 같이 습관적인 사건과도 연관이 있다.

① 上个星期他的背包被偷了。

Shàngge xīngqī tā de bēibāo bèi tōu le.

지난주에 그의 배낭을 도둑맞았다.

② 他花一万块买背包的事被爸爸发现了。

Tā huā yí wàn kuài mǎi bēibāo de shì bèi bàba fāxiàn le.

그가 만원을 주고 배낭을 산 일이 아빠에게 발견되었다.

③ 按照台湾的法律，你不能打工。要不然会被送回你的国家。

Ànzhào Táiwān de fǎlǜ, nǐ bù néng dǎgōng. Yàobùrán huì bèi sònghuí nǐ de guójiā.

타이완의 법률에 따르면, 당신은 아르바이트를 할 수 없다. 그렇지 않으면 당신의 국가로 되돌려 보내질 것이다.

④ 明天这张桌子就会被搬到别的教室去了。

Míngtiān zhè zhāng zhuōzi jiù huì bèi bāndào biéde jiàoshì qù le.

내일 이 책상은 다른 교실로 옮겨질 것이다.

⑤ 他不想被人知道他结过婚。

Tā bù xiǎng bèi rén zhīdao tā jié guo hūn.

그는 그가 결혼했었다는 사실이 다른 사람에게 알려지길 원치 않는다.

⑥ 妈妈每次买芒果蛋糕回来，马上就被妹妹吃光了。

Māma měicì mǎi mángguǒ dàngāo huílai, mǎshàng jiù bèi mèimei chī guāng le.

엄마가 매번 망고케이크를 사 오시면, 바로 여동생이 다 먹어 버린다.

(2) '被' 뒤의 사건의 행위자를 나타내는 명사인 주어는 생략 될 수 있다.

① 我们打工的事被发现了。

Wǒmen dǎgōng de shì bèi fāxiàn le.

우리가 아르바이트를 하고 있다는 것이 밝혀졌다.

② 出去旅行要小心，钱别被偷了。

Chūqu lǚxíng yào xiǎoxīn, qián bié bèi tōu le.

여행 중에는 조심하셔야 해요. 돈을 도둑맞지 않도록요.

A B C D E F G H I J K L M

③ 小李常常被骂，因为他上班几乎每天都迟到。

Xiǎolǐ chángcháng bèi mà, yīnwèi tā shàngbān jīhū měitiān dōu chídào.

샤오리는 자주 혼이 난다. 왜냐하면 그는 출근할 때 거의 매일 지각하기 때문이다.

또는 어느 경우에는, 불특정명사indefinite noun일 수 있다. 즉, 행위자는 어떤 사람, 누군가이다.

① 我的自行车被人偷了。

Wǒ de zìxíngchē bèi rén tōu le.

나의 자전거는 누군가에 의하여 도둑맞았다.

② 我们说的话被人听见了。

Wǒmen shuō de huà bèi rén tīngjiàn le.

우리가 말한 것을 어떤 사람이 엿들었다.

③ 小美发现自己被人骗了。

Xiǎoměi fāxiàn zìjǐ bèi rén piàn le.

샤오메이는 자신이 누군가에게 속았다는 것을 알게 되었다.

比. bǐ. 전치사. 비교 (1)

기능 '比' 전치사는 두 개의 항목을 명확히 비교하는 것을 나타낸다.

① 山上的风景比这里漂亮。

Shānshang de fēngjǐng bǐ zhèli piàoliang.

산 풍경이 여기보다 아름답다.

② 我们学校比他们学校远。

Wǒmen xuéxiào bǐ tāmen xuéxiào yuǎn.

우리 학교가 그들의 학교보다 멀다.

③ 坐地铁比坐火车快。

Zuò dìtiě bǐ zuò huǒchē kuài.

전철을 타는 것이 기차를 타는 것보다 빠르다.

구조 A 比 B Vs(자동성 상태동사)

【부정형】

'比' 문형은 '不 bù' 혹은 '不是 búshì'로 부정할 수 있다.

① 在家上网不比在学校快。

Zài jiā shàngwǎng bù bǐ zài xuéxiào kuài.

집에서 인터넷을 하는 것은 학교에서 사용하는 것보다 빠르지 않다.

② 我的车不比他的车贵。

Wǒ de chē bù bǐ tā de chē guì.

나의 차는 그의 차보다 비싸지 않다.

③ 坐公交车不比坐出租车快。

Zuò gōngjiāochē bù bǐ zuò chūzūchē kuài.

대중교통버스를 사용하는 것은 택시를 타는 것보다 빠르지 않다.

【의문형】

① 他们学校比你们学校远吗?

Tāmen xuéxiào bǐ nǐmen xuéxiào yuǎn ma?

그들 학교가 너희 학교보다 멀어요?

② 这种手机比那种贵吗?

Zhè zhǒng shǒujī bǐ nà zhǒng guì ma?

이런 핸드폰이 저런 것보다 비쌉니까?

용법 '比' 문형에서, '很 hěn매우 · 真 zhēn정말 · 非常 fēicháng대단히'와 같은 정도부사는 자동성 상태동사(Vs)의 앞에 나오지 않는다. 따라서 다음과 같이 말하는 것은 옳지 않다.

① *我的手机比他的很贵。
*Wǒ de shǒujī bǐ tā de hěn guì.

我的手机比他的贵得多。(옳은 문장)
Wǒ de shǒujī bǐ tā de guì de duō.
나의 핸드폰은 그의 것보다 많이 비싸다.

② *坐高铁比坐火车非常快。
*Zuò gāotiě bǐ zuò huǒchē fēicháng kuài.

坐高铁比坐火车快得多。(옳은 문장)
Zuò gāotiě bǐ zuò huǒchē kuài de duō.
고속기차는 일반기차보다 아주 빠르다.

比. bǐ. 전치사. '一+단위사+比+一+단위사'상태 강조. 점점 더, 마지막보다 더 (2)

기능 이 문형은 논의가 되고 있는 명사들 간의 가상의 비교를 만들어 상태가 강화되는 것을 표현하여 '점점 더 X하다'를 의미한다.

① 李老师很会教书, 所以他把这些学生教得一个比一个好。
Li lǎoshī hěn huì jiāoshū, suǒyǐ tā bǎ zhèxiē xuésheng jiāo de yí gè bǐ yí gè hǎo.
리선생님도 아주 잘 가르칩니다. 그래서 학생들의 성적은 점점 좋아졌습니다.

② 新年快到了, 商店的生意一家比一家好。
Xīnnián kuài dào le, shāngdiàn de shēngyi yì jiā bǐ yì jiā hǎo.
곧 새해라 상점들의 장사가 점점 더 잘된다.

③ 城市发展太快, 环境的问题一年比一年严重。

Chéngshì fāzhǎn tài kuài, huánjìng de wèntí yì nián bǐ yì nián yánzhòng.

도시의 발전이 너무 빨라서 환경 문제가 해가 갈수록 점점 더 심각해진다.

구조

① 网络上的资料很多, 现在学生问的问题一个比一个难。

Wǎngluò shang de zīliào hěn duō, xiànzài xuésheng wèn de wèntí yí ge bǐ yí ge nán.

인터넷에 많은 정보가 있어서 지금은 학생들이 묻는 질문이 점점 더 어려워지고 있다.

② 她去法国照的那些照片, 风景一张比一张漂亮。

Tā qù Fǎguó zhǎo de nàxiē zhàopiàn, fēngjǐng yì zhāng bǐ yì zhāng piàoliang.

그녀가 프랑스에서 찍은 그 사진들은, 풍경이 한 장 한 장 모두 아름답다.

③ 现在手机的功能一部比一部多, 当然也一部比一部贵。

Xiànzài shǒujī de gōngnéng yì bù bǐ yì bù duō, dāngrán yě yí bù bǐ yí bù guì.

요즘 핸드폰은 기능이 점점 더 많아지고 있고, 당연히 가격도 점점 더 비싸지고 있다.

④ 为了保护自己国家的经济 , 外国人打工的规定一年比一年严。

Wèile bǎohù zìjǐ guójiā de jīngjì, wàiguó rén dǎgōng de guīdìng yì nián bǐ yì nián yán.

자국의 경제를 보호하기 위하여, 외국인의 아르바이트 규정은 매년 점점 더 엄격해지고 있다.

⑤ 这里的大楼一栋比一栋高, 房子一间比一间贵。有钱人才买得起。

Zhèli de dà lóu yí dòng bǐ yí dòng gāo, fángzi yì jiān bǐ yì jiān guì. Yǒuqián rén cái mǎi de qǐ.

이곳의 빌딩은 건물이 점점 더 커지고, 집은 점점 더 비싸지고 있다. 돈이 있는 사람만이 살 수 있게 되었다.

【부정형】

'一+단위사+比+一+단위사'의 부정문형은 긍정문형보다는 덜 일반적이지만 그래도 해당 예문들을 찾아볼 수 있다.

① 这几个学生一个比一个不爱念书。

Zhè jǐ ge xuésheng yí ge bǐ yí ge bú ài niànshū.

이 몇 명의 학생은 모두 누가 더하다고 할 것 없이 공부하기 싫어한다.

② 他的那几个朋友习惯开车, 一个比一个不喜欢走路。

Tā de nà jǐ ge péngyou xíguàn kāichē, yí ge bǐ yí ge bù xǐhuan zǒulù.

그의 저 몇 명의 친구는 모두 운전에 익숙해서 하나같이 걷기를 싫어한다.

③ 那一家人说起话来一个比一个不客气。

Nà yì jiā rén shuō qǐ huà lái yí ge bǐ yí ge bú kèqi.

그 가족에 대해서 이야기 하자면, 가족 모두 하나같이 무례하다.

④ 父亲年纪大了, 身体没有以前好, 一天比一天不愿意动。

Fùqin niánjì dà le, shēntǐ méi yǒu yǐqián hǎo, yì tiān bǐ yì tiān bú yuànyì dòng.

아버지는 연세가 많아지시고 몸이 이전만큼 좋지 않아요. 점점 더 움직이려고 하지 않습니다.

⑤ 小文一天比一天瘦, 一天比一天不开心。

Xiǎo Wén yì tiān bǐ yì tiān shòu, yì tiān bǐ yì tiān bú kaīxīn.

샤오원은 매일 점점 더 말라가고, 매일 점점 더 즐겁지가 않다.

【의문형】

① 经济不好的话, 想到外国念书的人会一年比一年少吗?

Jīngjì bù hǎo de huà, xiǎng dào wàiguó niànshū de rén huì yì nián bǐ yì nián shǎo ma?

경기가 좋지 않을 때, 외국에 나가서 공부하고 싶은 사람들이 매년 점점 줄어드나요?

② 为了到中国做生意, 想学中文的人是不是会一天比一天多?

Wèile dào Zhōngguó zuò shēngyi, xiǎng xué Zhōngwén de rén shì bu shì huì yì tiān bǐ yì tiān duō?

중국에 가서 사업을 하기 위해서, 중국어를 배우고 싶어 하는 사람이 매일 점점 더 늘어가고 있지 않을까요?

③ 那家店的衣服没有几天就卖完了,是不是一件比一件好看?

Nà jiā diàn de yīfu méiyou jǐ tiān jiù màiwán le, shì bu shì yīnwèi yí jiàn bǐ yí jiàn hǎokàn?

저 상점의 옷이 점점 더 예뻐져서 며칠이면 옷이 다 팔리지 않나요?

④ 张教授对翻译有很多年的经验。这几年他翻译的那几本书是不是一本比一本卖得好?

Zhāng jiàoshòu duì fānyì yǒu hěn duō nián de jīngyàn. Zhè jǐ nián tā fānyì de nà jǐ běn shū shì bu shì yì běn bǐ yì běn mài de hǎo?

장 교수는 번역에 여러 해의 경험이 있습니다. 이 몇 년 동안 그가 번역한 몇 권의 책은 점점 더 판매가 좋지 않나요?

용법 어떤 맥락에서 보면, 이 문형은 거의 동일한 의미로 '越来越 yuè láiyuè'로 대체될 수 있다.

① a. 他的太极拳打得一天比一天好。

Tā de Tàijíquán dǎ de yì tiān bǐ yì tiān hǎo.

그는 태극권을 점점 더 잘한다.

b. 他的太极拳打得越来越好。

Tā de Tàijíquán dǎ de yuè lái yuè hǎo.

그는 태극권은 점점 더 잘한다.

② a. 学校附近的那家餐厅的生意一年比一年好。

Xuéxiào fùjìn de nà jiā cāntīng de shēngyi yì nián bǐ yì nián hǎo.

학교 부근의 레스토랑 사업은 점점 더 좋아진다.

b. 学校附近的那家餐厅的生意越来越好。
Xuéxiào fùjìn de nà jiā cāntīng de shēngyi yuè lái yuè hǎo.
학교 부근의 음식점 사업은 점점 더 좋아진다.

比较. bǐjiào. 부사. 명시적 비교 (3)

기능 부사 '比较'는 명시적 비교를 전달한다. 무엇과 비교하는지는 문맥에 근거하여 이해할 수 있다.

① 今天比较热。
Jīntiān bǐjiào rè.
오늘은 비교적 덥다.

② 越南餐厅很远。坐地铁比较快。
Yuènán cāntīng hěn yuǎn. Zuò dìtiě bǐjiào kuài.
베트남 음식점은 아주 멀다. 전철을 타는 것이 비교적 빠를 것이다.

③ 我们家, 姐姐比较会做饭。
Wǒmen jiā, jiějie bǐjiào huì zuò fàn.
우리 집은 누나가 비교적 밥을 잘 한다.

구조 부사는 직접적으로 부정되지 않는다. 부정은 주요동사와 함께 사용한다.

【부정형】

① 昨天比较热。
Zuótiān bǐjiào rè.
어제는 비교적 덥다.

② 他比较不太喜欢游泳。
Tā bǐjiào bù tài xǐhuan yóuyǒng.
그는 비교적 수영을 좋아하지 않는다.

③ 我最近比较忙。

Wǒ zuìjìn bǐjiào máng.

나는 최근에 비교적 바쁘다.

【의문형】

① 咖啡和茶, 你比较喜欢喝咖啡嗎?

Kāfēi hé chá, nǐ bǐjiào xǐhuan hē kāfēi ma?

커피와 차 중에서, 당신은 커피를 더 좋아합니까?

② 你和哥哥, 你比较会打棒球吗?

Nǐ hé gēge, shéi bǐjiào huì dǎ bàngqiú ma?

당신과 형 중에서, 당신이 야구를 더 좋아합니까?

③ 他比较喜欢看美国电影还是日本电影?

Tā bǐjiào xǐhuan kàn Měiguó diànyǐng háishi Rìběn diànyǐng?

그는 미국 영화를 보러 가는 것을 더 좋아합니까? 아니면 일본 영화를 보는 것을 더 좋아합니까?

용법 중국 본토에서는 비교의 의식이 없이 '꽤, 상당히'를 의미하는 부사로써 사용될 수 있다. '他的法文说得比较好。Tāde Fǎwén shuōde bǐjiào hǎo. 그는 프랑스어를 상당히 잘한다.'

比起来. bǐ qǐlai. 비교 (4)

기능 두 명사를 '比起来' 구를 사용하여 비교한다. 그 후에 선택이나 혹은 선호하는 내용이 뒤따른다.

① 跟美国的书比起来, 台湾的比较便宜。

Gēn Měiguó de shū bǐ qǐlai, Táiwān de bǐjiào piányi.

미국의 책과 비교하면, 타이완의 책은 비교적 싸다.

② 中文跟英文比起来, 小李觉得中文稍微容易一点。
Zhōngwén gēn Yīngwén bǐ qǐlai, Xiǎolǐ juéde Zhōngwén shāowéi róngyì yìdiǎn.
중국어와 영어를 비교하면, 샤오리는 중국어가 조금 쉽다고 생각한다.

③ 跟大城市比起来, 乡下舒服多了。
Gēn dà chéngshì bǐ qǐlai, xiāngxia shūfu duō le.
큰 도시와 비교하면, 시골이 훨씬 편안하다.

구조 비교대상이 '比起来' 앞에 A, B 두 가지가 제시되는 경우 전치사 '跟'으로 연결하며(A跟 B 比起来, …), 이 문형은 부정형식이 없다.

【의문형】

① 巴黎跟纽约比起来, 哪个城市的冬天比较冷?
Bālí gēn Niǔyuē bǐ qǐlai, nǎge chéngshì de dōngtiān bǐjiào lěng?
파리와 뉴욕을 비교하자면, 어느 도시의 겨울이 상대적으로 더 춥습니까?

② 打太极拳跟踢足球比起来, 哪个比较累?
Dǎ Tàijíquán gēn tī zúqiú bǐ qǐlai, nǎge bǐjiào lèi?
태극권을 하는 것과 축구를 하는 것을 비교하자면, 어느 것이 상대적으로 더 힘듭니까?

③ 跟那家店的面包比起来, 这家店的怎么样?
Gēn nà jiā diàn de miànbāo bǐ qǐlai, zhè jiā diàn de zěnmeyàng?
저 집의 빵과 비교했을 때, 이 집은 어떻습니까?

용법 (1) 'A 跟 B 比起来, …'의 문형에서, A가 주절의 주어인 경우, A는 생략될 수 있다.

① a. (你哥哥) 跟我哥哥比起来, 你哥哥高多了。
(Nǐ gēge) Gēn wǒ gēge bǐ qǐlai, nǐ gēge gāo duō le.
(당신의 형) 나의 형과 비교해자면, 당신의 형이 훨씬 크다.

b. (泰国菜) 跟法国菜比起来, 泰国菜比较酸。

(Tàiguó cài) Gēn Fǎguó cài bǐ qǐlai, Tàiguó cài bǐjiào suān.

(태국 요리) 프랑스 요리와 비교하자면, 태극요리는 상대적으로 시다.

c. (今年的夏天) 跟去年的夏天比起来, 今年的夏天更热。

(Jīnnián de xiàtiān) Gēn qùnián de xiàtiān bǐ qǐlai, jīnnián de xiàtiān gèng rè.

(올해의 여름) 작년 여름과 비교하자면, 올해의 여름이 더 덥다.

(2) 이 문형에서 전치사 '跟'은 '和'와 대체할 수 있다. 예를 들면, '和乌龙茶比起来, 咖啡真的比较贵。Hé Wūlóng chá bǐ qǐlai, kāfēi zhēnde bǐjiào guì. 우롱차와 비교했을 때, 커피는 정말 좀 비싸다.'

(3) 이 문형의 주절(두 번째 단문)에서 '比较 bǐjiào 상대적으로', '多了 duō le 훨씬', '一点儿 yìdiǎnr 조금'과 같은 부사 혹은 정도보어가 반드시 사용되어야 한다.

① 跟你妹妹比起来, 我妹妹比较矮。

Gēn nǐ mèimei bǐ qǐlai, wǒ mèimei bǐjiào ǎi.

너의 여동생과 비교하자면, 내 여동생이 상대적으로 작다.

② 日本的冬天跟台湾的比起来, 日本冷多了。

Rìběn de dōngtiān gēn Táiwān de bǐ qǐlai, Rìběn lěng duō le.

일본의 겨울과 타이완을 비교하자면, 일본이 훨씬 춥다.

③ 跟阳明山比起来, 玉山高得多。

Gēn Yángmíng shān bǐ qǐlai, Yùshān gāo de duō.

양밍산과 비교하자면, 위산이 훨씬 높다.

毕竟. bìjìng. 부사. 결국에는/어찌하든, 인정하도록 설득하기

기능 부사 '毕竟'과 함께, 화자는 청자에게 도움을 줄 수 없는 것이나 피할 수 없는 것을 받아들이라고 설득한다.

① 虽然现在很多年轻人批评他, 但我认为我们都应该尊敬他。毕竟他对国家还是有不少贡献的。

Suīrán xiànzài hěn duō niánqīngrén pīpíng tā, dàn wǒ rènwéi wǒmen dōu yīnggāi zūnjìng tā. Bìjìng tā duì guójiā háishi yǒu bù shǎo gòngxiàn de.

비록 현재 많은 젊은이들이 그를 비평하지만, 내 생각에는 우리는 모두 그를 존경해야 한다고 생각한다. 그는 어쨌든 국가에 적지 않은 공헌을 한 사람이다.

② 我们餐饮业还算景气, 不过毕竟物价上涨了不少, 所以我的生活还是很艰难的。

Wǒmen cānyǐn yè hái suàn jǐngqì, búguò bìjìng wùjià shàngzhǎng le bù shǎo, suǒyǐ wǒ de shēnghuó háishi hěn jiānnán de.

우리의 식음료 산업은 그래도 경기가 좋지만, 어찌하든지 물가가 많이 올라서, 내 생활은 여전히 어렵다.

③ 听古典音乐的人毕竟比较少。那场音乐会的票应该还买得到吧。

Tīng gǔdiǎn yīnyuè de rén bìjìng bǐjiào shǎo. Nà chǎng yīnyuèhuì de piào yīnggāi hái mǎi de dào ba.

고전음악을 듣는 사람들은 결국에는 많지 않다. 그 음악회 티켓은 아마 아직 살 수 있을 것이다.

④ 整型毕竟还是有风险的。你再多考虑考虑吧。

Zhěngxíng bìjìng háishi yǒu fēngxiǎn de. Nǐ zài duō kǎolǜ kǎolǜ ba.

성형외과는 어찌하든 아직은 위험해요. 당신은 다시 더 생각해 보세요.

용법 '难道 nándào, 大概 dàgài, 居然 jūrán, 随时 suíshí, 到底 dàodǐ'와 같이 이른바 '이동가능부사(movable adverb)'로서, '毕竟 bìjìng'은 동사구(VP) 혹은 절(clause)의 맨 앞에 놓일 수 있다.

别的. biéde. 다른

기능 '其他的 qítāde, 别的 biéde, 另外的 lìngwài de'는 모두 명사 앞에서 수식어로 존재하는데, 언급된 것이 아닌 다른 명사를 지칭한다. 이 세 가지 어휘는 뚜렷한 의미를 가지고 있다. '其他的'는 '다른 것, 나머지 것'이고, '别的'는 '기타, 다른 것', 그리고 '另外的'는 '다른 것, 또 다른 것'이다.

① 他来台湾以后, 只去过花莲, 没去过别的地方。
Tā lái Táiwān yǐhòu, zhǐ qùguo Huālián, méi qùguo biéde dìfang.
그는 타이완에 온 이후에, 후아리앤에만 가 보았고, 다른 곳에는 가보지 못했다.

② 我不喜欢吃牛肉, 我们点别的菜吧。
Wǒ bù xǐhuan chī niúròu, wǒmen diǎn biéde cài ba.
나는 소고기를 좋아하지 않으니, 우리 다른 음식을 주문하자.

③ 李先生结婚的事, 只有我知道。其他的人都不知道。
Lǐ xiānsheng jiéhūn de shì, zhǐyǒu wǒ zhīdao. Qítā de rén dōu bù zhīdao.
리 선생이 결혼한 것은 나만 알고 있어. 다른 사람들은 모두 몰라.

④ 我只听说她搬家了。其他的事我都没听说。
Wǒ zhǐ tīngshuō tā bānjiā le. Qítā de shì wǒ dōu méi tīngshuō.
나는 그녀가 이사 간다는 것만 들었어요. 나머지 일은 모두 듣지 못했습니다.

⑤ 除了这家民宿, 另外的旅馆都没房间了。
Chúle zhè jiā mínsù, lìngwài de lǚguǎn dōu méi fángjiān le.
이 민박집 이외에 다른 여관은 모두 빈 방이 없습니다.

⑥ 现在的公司离家太远。我打算找另外的工作。
Xiànzài de gōngsī lí jiā tài yuǎn. Wǒ dǎsuan zhǎo lìngwài de gōngzuò.
지금 회사는 집에서 너무 멀어요. 나는 다른 일을 찾으려고 생각중입니다.

구조 예시 문장은 아래와 같다.

	的 생략	수사	단위사	명사
其他的 qítā de	✓	✓	✓	✓
别的 bié de	×	×	×	✓
另外的 lìngwài de	✓	✓	✓	✓

(1) '别的'는 수사, 단위사와 함께 사용할 수 없다. 위의 표를 참조하라.

① 另外三个人怎么去?
Lìngwài sān ge rén zěnme qù?
다른 세 사람은 어떻게 갑니까?

② 其他三个人怎么去?
Qítā sān ge rén zěnme qù?
나머지 세 사람은 어떻게 갑니까?

③ *别的三个人怎么去?
Biéde sān ge rén zěnme qù?

(2) '其他'는 숫자 2 혹은 2보다 큰 숫자와는 결합하지만, 숫자 1과는 결합하지 않는다.

① 这家百货公司只卖台湾做的衣服, 其他五家卖各国的衣服。
Zhè jiā bǎihuò gōngsī zhǐ mài Táiwān zuò de yīfu, qítā wǔ jiā mài gè guó de yīfu.
이 백화점은 타이완에서 만든 옷만을 판매합니다. 나머지 5개 백화점은 각국의 옷을 판매합니다.

② 今天只有一个同学没来, 其他九个都来了。
Jīntiān zhǐyǒu yí ge tóngxué méi lái, qítā jiǔ ge dōu lái le.
오늘 한 학생만 오지 않았다. 나머지 아홉 명은 모두 왔다.

③ *我借了三本书, 两本已经还了, 其他一本还在我这里。
Wǒ jièle sān běn shū, liǎng běn yǐjīng huán le, qítā yì běn hái zài wǒ zhèli.

别再…了. bié zài…le. 다시… 하지 마라

기능 '别再…了' 문형은 청자에게 무엇인가를 그만하라고 부탁할 때 사용한다.

① 别再玩手机了!
Bié zài wán shǒujī le!
핸드폰 이제 그만 해라!

② 别再抱怨工作了!
Bié zài bàoyuàn gōngzuò le!
일에 대해서 이제 그만 불평하세요.

③ 别再考虑了!
Bié zài kǎolǜ le!
이제 그만 고민하세요.

④ 别再麻烦他了!
Bié zài máfan tā le!
더 이상 그를 번거롭게 하지 마세요.

⑤ 姐姐跟妹妹说: "别再买新衣服了!"
Jiějie gēn mèimei shuō: "Bié zài mǎi xīn yīfu le!"
언니는 여동생에게 "새 옷을 이제 그만 사!"라고 말하였다.

⑥ 你周末要多运动!别再忘了!
Nǐ zhōumò yào duō yùndòng! Bié zài wàng le!
너는 주말에 운동을 많이 해야 해! 다시는 잊으면 안 돼.

구조 '别'는 명령을 나타내는 표지이다. '别再'는 동작동사 혹은 소수의 상태동사와 함께 사용할 수 있다. 주어는 종종 생략된다.

① (你) 别再生气了!
(Nǐ) Bié zài shēngqì le!
(당신) 더 이상 화를 내지 마세요!

② 别再请我吃甜点了!我已经很胖了。

Bié zài qǐng wǒ chī tiándiǎn le! Wǒ yǐjīng hěn pàng le.

저에게 더 이상 디저트를 먹게 하지 마세요. 저는 이미 아주 뚱뚱해요.

③ 你已经丢过一次钱包了, 别再不小心了!

Nǐ yǐjīng diūguo yí cì qiánbāo le, bié zài bù xiǎoxīn le!

당신은 이미 돈지갑을 잃어버린 적이 있으니, 더 이상 실수하지 마세요.

并. bìng. 부사. 并+부정. 기대에 반함

기능 부사 '并'은 전형적으로 부정과 함께 사용되어, '并不' 혹은 '并没(有)'을 형성한다. 이 문법항목의 사용은 진술이 기대나 혹은 일반적인 추정에 반하는 것을 암시한다. 대화에서 사용되는 이러한 표현들은 이전에 말한 것에 대한 화자의 강한 반대를 나타낸다.

① 你们为什么都来问我?我并不知道怎么包饺子啊!

Nǐmen wèishéme dōu lái wèn wǒ? Wǒ bìng bù zhīdao zěnme bāo jiǎozi a!

너희들은 왜 모두 나에게 와서 물어보니? 나는 어떻게 쟈오쯔를 만드는지 전혀 몰라.

② 这些菜的作法虽然简单, 但是味道并不差。

Zhèxiē cài de zuòfǎ suīrán jiǎndān, dànshì wèidao bìng bù chà.

이 요리들의 만드는 방법은 비록 간단하지만, 맛은 전혀 떨어지지 않는다.

③ 这件事说起来容易, 做起来并不容易。

Zhè jiàn shì shuō qǐlai róngyì, zuò qǐlai bìng bù róngyì.

이 일은 말하기는 쉽지만, 직접 하기는 전혀 쉽지 않다.

④ 网络虽然把世界变小了，但是人跟人的关系并没有变得比较近。

Wǎngluò suīrán bǎ shìjiè biàn xiǎo le, dànshì rén gēn rén de guānxi bìng méi yǒu biàn de bǐjiào jìn.

인터넷은 비록 세계를 작게 만들었지만, 사람과 사람의 관계는 전혀 가깝게 만들지 못했다.

⑤ 垃圾分类并没有你想的那么麻烦。

Lājī fēnlèi bìng méiyǒu nǐ xiǎng de nàme máfan.

쓰레기 분류는 당신이 생각한 것과 같이 그렇게 번거롭지 않다.

용법 (1) '并'은 부사로 주어 뒤, 동사 앞에 위치한다.

(2) '…은/는 아니다.'라고 말하고 싶을 때는 '并+不是'의 표현 방식을 사용한다.

并不是所有的牌子都打七折。

Bìng bú shì suǒyǒu de páizi dōu dǎ qī zhé.

모든 브랜드가 모두 다 30% 할인을 하는 것은 아니다.

(3) 화자는 청자가 추청하거나 기대하는 것과 반대라는 것을 나타내기 위해 '并'을 사용한다. 이와 대조적으로, '并'이 없다면, 화자의 진술은 직설적이다.

A: 你们班上不是还有位子吗？你怎么没叫我去旁听？

Nǐmen bānshang bú shì hái yǒu wèizi ma? Nǐ zěnme méi jiào wǒ qù pángtīng?

당신들 반에 아직 자리가 있지 않습니까? 왜 나에게 청강을 하게 부르지 않았나요?

B: a. 我并不知道还有位子。(비교적 재치 있게 말하는 방법)

Wǒ bìng bù zhīdao hái yǒu wèizi.

나는 자리가 있는지 정말 몰랐습니다.

b. 我不知道还有位子。(좀 더 직접적인)

Wǒ bù zhīdao hái yǒu wèizi.

나는 다른 자리가 있는지 몰랐습니다.

不 bù와 没 méi. 부정 (1)

기능 '不'와 '没' 모두 부정표지(negative marker)이지만, 다르게 사용된다. 부정은 부정표시가 다양한 동사 유형과 어떻게 상호작용하는지에 관해서 살펴보면 이해에 도움이 된다.

부정어 / 동사 유형	不	没
동작동사	✓	✓
상태동사	✓	×
변화동사	×	✓

A. 동작동사의 부정

(1) '不' 부정에는 두 가지 해석이 있다.

① 습관적인

a. 我们星期六不上课。
Wǒmen xīngqī liù bú shàngkè.
우리는 토요일에는 수업을 하지 않는다.

b. 学生经常不吃早餐。
Xuésheng jīngcháng bù chī zǎocān.
학생들은 자주 아침식사를 하지 않는다.

② 무엇을 하지 않을 의도/목적

a. 我不去图书馆。
Wǒ bú qù túshūguǎn.
나는 도서관에 가지 않을 것이다.

b. 他不找工作。
Tā bù zhǎo gōngzuò.
그는 일을 찾지 않는다.

(2) '没' 부정은 과거에 발생하지 않았음을 나타낸다.

a. 昨天我没打电话给他。

Zuótiān wǒ méi dǎ diànhuà gěi tā.

어제 나는 그에게 전화를 하지 않았다.

b. 上(个)星期我没跟同学去 KTV。

Shàng(ge) xīngqī wǒ méi gēn tóngxué qù KTV.

지난주에 나는 친구와 노래방에 가지 않았다.

c. 今天我没坐地铁来上课, 我坐的公交车。

Jīntiān wǒ méi zuò dìtiě lái shàngkè, Wǒ zuò de gōngjiāochē.

오늘 나는 전철을 타고 학교에 가지 않고, 내가 탄 것은 시내버스입니다.

B. 상태동사의 부정

상태동사는 오직 '不'로만 부정이 된다. 예외 조건은 존재하지 않는다.

a. 今天不热, 我想出去逛逛。

Jīntiān bú rè, wǒ xiǎng chūqu guàngguang.

오늘은 덥지 않습니다. 나는 나가서 돌아보고 싶습니다.

b. 他说中文不难学, 可是中文字不好写。

Tā shuō Zhōngwén bù nán xué, kěshì Zhōngwén zì bù hǎoxiě.

그는 중국어는 배우기 어렵지 않지만, 중국글자는 쓰기 쉽지 않다고 말하였습니다.

c. 我不舒服, 今天不想出去。

Wǒ bù shūfu, jīntiān bù xiǎng chūqu.

나는 몸이 좋지 않아서, 오늘은 나가고 싶지 않습니다.

C. 변화동사의 부정

변화동사는 오직 발생하지 않았음을 나타내는 '没'로만 부정이 된다.

a. 中文课还没结束，所以我不能回国。
Zhōngwén kè hái méi jiéshù, suǒyǐ wǒ bù néng huí guó.
중국어 수업이 아직 끝나지 않아서, 나는 귀국할 수 없다.

b. 我没忘。你先去学校，我等一下去找你。
Wǒ méi wàng. Nǐ xiān qù xuéxiào, wǒ děng yíxià qù zhǎo nǐ.
나는 잊지 않았습니다. 당신이 먼저 학교에 가면, 나는 조금 있다가 당신을 찾아가겠습니다.

c. 我还没决定要不要去旅行。
Wǒ hái méi juédìng yào bu yào qù lǚxíng.
나는 여행을 가게 될 지를 아직 결정하지 않았습니다.

용법 타이완에서 '没' 부정은 '没有' 부정보다 덜 보편적이다. 예를 들면, '我没有买手机。Wǒméi yǒu mǎi shǒujī. 나는 핸드폰을 사지 않았다.'이다. 중국의 경우, '我没买手机。Wǒméi mǎi shǒujī.'이다.

不. bù. 가능보어의 부정형 (2)

기능 동사와 결과 혹은 방향 보어의 사이에 '得'과 '不'가 삽입될 때, 이 문형은 결과가 달성이 가능한지 여부를 나타낸다.

① 我看得懂中国电影。
Wǒ kàn de dǒng Zhōngguó diànyǐng.
나는 중국영화를 보고 이해할 수 있다.

② 垃圾车的音乐虽然很小，但是我听得见。
Lājīchē de yīnyuè suīrán hěn xiǎo, dànshì wǒ tīng de jiàn.
쓰레기차의 음악은 비록 작지만, 나는 들을 수 있다.

③ 早上八点, 我当然起得来。

Zǎoshang bā diǎn, wǒ dāngrán qǐ de lái.

아침 8시에, 나는 당연히 일어날 수 있다.

④ 师父教的这个动作很容易, 每个人都学得会。

Shīfu jiāo de zhège dòngzuò hěn róngyì, měi gè rén dōu xué de huì.

선생님께서 가르쳐 주신 이 동작은 아주 쉽다. 모든 사람이 배워서 따라 할 수 있다.

구조

【부정형】

동사+不+보어

① 我认识他, 但是他的名字我想不起来。

Wǒ rènshi tā, dànshì tā de míngzi wǒ xiǎng bu qǐlai.

나는 그를 알지만, 그의 이름이 생각이 나지 않는다

② 夜市太吵了, 他听不见我叫他。

Yèshì tài chǎo le, tā tīng bu jiàn wǒ jiào tā.

야시장이 너무 시끄러워서, 그는 내가 부르는 소리를 듣지 못했다.

③ 半夜三点太早了, 谁也起不来。

Bànyè sān diǎn tài zǎo le, shéi yě qǐ bu lái.

한밤 3시는 너무 이른 시간이라 누구도 일어나지 못한다.

【의문형】

① 老师上课, 你听得懂听不懂?

Lǎoshī shàngkè, nǐ tīng de dǒng tīng bu dǒng?

선생님의 수업을 이해합니까?

② 广告上的字那么小, 你是不是看不见?

Guǎnggào shang de zì nàme xiǎo, nǐ shì bu shì kàn bu jiàn?

광고판의 글자가 저렇게 작은데, 보이지 않죠?

③ 只有一个星期，他们学得会学不会一百个汉字?

Zhǐ yǒu yí ge xīngqī, tāmen xué de huì xué bu huì yìbǎi gè Hànzì?

일주일밖에 없는데, 그들이 한자 100개를 학습할 수 있을까요?

용법 '没 V_1V_2'와 'V_1不 V_2'는 다르다. 앞의 문형은 일부 결과가 달성되지 않았음을 나타낸다. 뒤의 문형은 일부 결과를 달성할 수 없음을 나타낸다. 아래의 예문을 비교해 보자.

① 我没看见那个人从七楼走上来。

Wǒ méi kànjiàn nà ge rén cóng qī lóu zǒu shànglai.

나는 그 사람이 7층에서 걸어 올라오는 것을 보지 못했다.

② 我在十楼，所以看不见七楼的人。

Wǒ zài shí lóu, suǒyǐ kàn bu jiàn qī lóu de rén.

나는 10층에 있다. 그래서 7층의 사람을 볼 수 없다.

③ 他只上了一天的课，所以他还没学会开车。

Tā zhǐ shàng le yì tiān de kè, suǒyǐ tā hái méi xuéhuì kāichē.

그는 수업을 하루만 참석했다. 그래서 그는 아직 운전을 배우지 못했다.

④ 他已经上了半年的课了，还(是)学不会开车。

Tā yǐjīng shàng le bàn nián de kè le, hái(shi) xué bu huì kāichē.

그는 이미 수업을 반년 동안 받았지만, 아직 운전을 못한다.

部 bù 혹은 边 biān. 위치 표지(locative marker)

기능 '-部'는 그 지역의 부분/구획을 지시하고, '-边'은 그 지점의 측면을 지시한다. 한 나라로 보면, '-部'는 국내지역을 지시하고, '-边'은 국경 너머의 지역을 말한다.

① 台湾的北部、南部有很多好玩的地方。

Táiwān de běibù、nánbù yǒu hěn duō hǎowán de dìfang.

타이완의 북부와 남부에 놀기에 좋은 곳이 많이 있습니다.

② 台湾东部的风景很美。

Táiwān dōngbù de fēngjǐng hěn měi.

타이완 동부의 풍경은 아주 아름답다.

③ 台湾东边的大海非常干净。

Táiwān dōngbian de dàhǎi fēicháng gānjìng.

타이완 동쪽의 바다는 아주 깨끗하다.

④ 那个地方西边有山, 南边有海。

Nàge dìfang xībian yǒu shān, nánbian yǒu hǎi.

그곳의 서쪽에는 산이 있고, 남쪽에는 바다가 있다.

구조

기본방위 및 중간지점	위치접미사
东 east	边 biān/部 bù
西 west	
南 south	
北 north	
东南 southeast	
东北 northeast	
西南 southwest	
西北 northwest	

용법 중심부 지역은 '中部 zhōngbù'이지만, '*中边 zhōngbiān'은 없다.

不但 A, 还 B. búdàn(접속사) A, hái(부사) B. A할 뿐만 아니라, B하기도 하다

기능 이 문형은 문장의 주제에 관한 두 가지 정보를 제공한다.

① 他昨天买的那件外套不但轻, 还很暖和。
Tā zuótiān mǎi de nà jiàn wàitào búdàn qīng, hái hěn nuǎnhuo.
그가 어제 산 그 외투는 가벼울 뿐만 아니라, 또한 따뜻하기도 하다.

② 陈小姐的中文不但声调很准, 说话还很流利。
Chén xiǎojie de Zhōngwén búdàn shēngdiào hěn zhǔn, shuōhuà hái hěn liúlì.
미스 천의 중국어는 성조가 아주 정확할 뿐만 아니라, 말하는 것도 아주 유창하다.

③ 我新办的手机, 不但月租便宜, 还可以上网不限流量。
Wǒ xīn bàn de shǒujī, búdàn yuèzū piányi, hái kěyǐ shàngwǎng bú xiàn liúliàng.
내가 새로 만든 핸드폰은 한 달 이용료가 쌀 뿐만 아니라, 또한 무제한의 인터넷을 사용할 수 있다.

④ 外面不但下雨, 还刮大风, 你就别出去了。
Wàimian búdàn xià yǔ, hái guā dà fēng, nǐ jiù bié chūqu le.
밖은 비가 올 뿐만 아니라, 또한 큰 바람이 분다. 당신은 나가지 마세요.

용법 부사는 동사구(VP) 앞에 놓이는 반면, 접속사는 주어의 앞이나 뒤에 놓이게 된다는 것을 기억하자. 접속사 '而且 érqiě'가 '不但 búdàn' 뒤에 나타난다면, '还 hái'는 생략될 수 있다. 예를 들면 다음과 같다.

① 他买的外套, 不但样子好看, 而且价钱(还)很便宜。
Tā mǎi de wàitào, búdàn yàngzi hǎokàn, érqiě jiàqian (hái) hěn piányi.
그가 산 외투는 스타일이 좋을 뿐만 아니라, 가격도 (역시) 매우 싸다.

② 他做的菜，不但颜色漂亮，而且味道(还)很香。

Tā zuò de cài, búdàn yánsè piàoliang, érqiě wèidao (hái) hěn xiāng.

그가 만든 요리는 색깔도 아름다울 뿐만 아니라, 맛도 (역시) 아주 좋다.

③ 经常写汉字不但能记住，而且(还)能写得漂亮。

Jīngcháng xiě Hànzì búdàn néng jìzhù, érqiě (hái) néng xiě de piàoliang.

자주 한자를 쓰면, 기억할 수 있을 뿐만 아니라, (또) 아주 예쁘게 쓸 수도 있다.

不但 A, 而且 B. búdàn(접속사) A, érqiě(접속사) B. A할 뿐만 아니라, B하기도 하다

기능 이 문형은 'A할 뿐만 아니라 B하기도 하다'와 같이 같은 주어를 가지고 두 개의 절을 점진적으로 연결한다.

① 这个房间，不但光线好，而且离地铁站不远。

Zhège fángjiān, búdàn guāngxiàn hǎo, érqiě lí dìtiě zhàn bù yuǎn.

이 방은, 광선이 좋을 뿐만 아니라, 전철역에서도 멀지 않다.

② 不少外国人喜欢逛夜市。他们觉得夜市不但热闹，而且有趣。

Bù shǎo wàiguó rén xǐhuan guàng yèshì. Tāmen juéde yèshì búdàn rènao, érqiě yǒuqù.

많은 외국인들은 야시장을 돌아다니는 것을 좋아한다. 그들은 야시장이 북적거려 즐거울 뿐만 아니라, 재미있다고 생각한다.

③ 学中文不但能了解中国文化，而且对将来找工作也有帮助。

Xué Zhōngwén búdàn néng liǎojiě Zhōngguó wénhuà, érqiě duì jiānglái zhǎo gōngzuò yě yǒu bāngzhù.

중국어를 배우는 것은 중국문화를 이해할 수 있을 뿐만 아니라, 장래 직업을 찾는 것에도 도움이 된다.

구조 (1) 만약 두 절의 주어가 같다면, 주어는 한 번 출현하고 '不但' 앞에 나타난다. 두 번째 절의 주어는 생략될 수 있다. 예를 들면, '他不但会说中文, 而且说得很流利。Tā búdàn huì shuō Zhōngwén, érqiě shuō de hěn liúlì.' 그는 중국어를 말할 수 있을 뿐만 아니라, 말하는 것도 아주 유창하다.

(2) 만약 두 절의 주어가 서로 다르다면, 각각의 주어는 '不但' 혹은 '而且'의 뒤에 온다.

我们家的人都喜欢看棒球比赛。不但爸爸喜欢看, 而且妈妈也喜欢看。
Wǒmen jiā de rén dōu xǐhuan kàn bàngqiú bǐsài. Búdàn bàba xǐhuan kàn, érqiě māma yě xǐhuan kàn.
우리 집 식구들은 모두 야구시합 보는 것을 좋아한다. 아빠가 좋아할 뿐만 아니라, 엄마 역시 좋아한다.

(3) 而且를 단독으로 사용할 때, '不但'은 생략될 수 있다. '不但' 역시 '而且' 없이 사용될 수도 있으나, 두 번째 절에 '还 hái' 혹은 '也 yě' 같은 단어가 삽입되어야 한다.

① 他觉得找房子麻烦, 而且觉得搬家更麻烦。
Tā juéde zhǎo fángzi máfan, érqiě juéde bānjiā gèng máfan.
그는 방을 찾는 것이 귀찮다고 생각하고, 이사하는 것은 더욱 귀찮다고 여긴다.

② 他不但没买到衣服, 钱还被偷了。
Tā búdàn méi mǎidào yīfu, qián hái bèi tōu le.
그는 옷을 사지 않았을 뿐만 아니라, 돈을 잊어버리기까지 했다.

③ 多运动不但对身体好, 也可能让你长得更高。
Duō yùndòng búdàn duì shēntǐ hǎo, yě kěnéng ràng nǐ zhǎng de gèng gāo.
운동을 하는 것은 몸에 좋을 뿐만 아니라, 키가 더 크게 할 수도 있다.

④ 这部手机不但可以照相, 也可以通过网络传给别人。

Zhè bù shǒujī búdàn kěyǐ zhàoxiàng, yě kěyǐ tōngguò wǎngluò chuán gěi biéren.

이 핸드폰은 사진을 찍을 수 있을 뿐만 아니라, 인터넷을 통하여 다른 사람에게 전달도 할 수 있다.

不到. bú dào. …보다 적은

기능 '不到'는 자주 '…보다 적은'의 의미로서, 숫자를 수식하는 것으로 이어진다.

① 博物院的人说不到6岁的小孩子, 不可以进去参观。

Bówùyuàn de rén shuō bú dào liù suì de xiǎo háizi, bù kěyǐ jìnqu cānguān.

박물관의 사람들은 6살보다 적은 아이들은 들어가서 참관할 수 없다고 말한다.

② 这部手机不到五千块, 真便宜。

Zhè bù shǒujī bú dào wǔqiān kuài, zhēn piányi.

이 핸드폰은 5천원이 안 된다. 정말로 싸다.

③ 老师说成绩不到85分, 不可以申请奖学金。

Lǎoshī shuō chéngjì búdào bāshíwǔ fēn, bù kěyǐ shēnqǐng jiǎngxuéjīn.

선생님이 성적이 85점이 안되면, 장학금을 신청할 수 없다고 말했다.

④ 他来台湾还不到半年, 就认识了不少台湾朋友。

Tā lái Táiwān hái bú dào bàn nián, jiù rènshi le bù shǎo Táiwān péngyou.

그는 타이완에 온 지 아직 반년도 되지 않았는데, 많은 타이완 친구를 사귀었다.

⑤ 昨天的作业那么多, 可是她不到一个小时就写完了。

Zuótiān de zuòyè nàme duō, kěshì tā bú dào yí gè xiǎoshí jiù xiěwán le.

어제 숙제가 그렇게 많았지만, 그녀는 한 시간도 안 되어 모두 끝냈다.

不得不. bùdébù. …하지 않으면 안 된다

기능 '不得不' 문형은 최후의 수단으로 마지못해 무언가를 하게 되었을 때 사용된다. 다른 선택의 여지가 없음을 나타낸다.

① 我不喜欢吃鱼, 但是为了让伤口恢复得比较快, 不得不喝点鱼汤。

Wǒ bù xǐhuan chī yú, dànshì wèile ràng shāngkǒu huīfù de bǐjiào kuài, bùdébù hē diǎn yú tāng.

나는 생선 먹는 것을 좋아하지 않지만, 상처가 빨리 회복되게 위하여, 생선탕을 마시지 않으면 안 된다.

② 因为小明去参加毕业旅行, 妈妈不得不帮他照顾宠物。

Yīnwèi Xiǎomíng qù cānjiā bìyè lǚxíng, māma bùdébù bāng tā zhàogù chǒngwù.

샤오밍이 졸업여행에 참가하여서, 엄마는 어쩔 수 없이 그의 애완동물을 돌볼 수밖에 없다.

③ 现代人的饮食习惯改变了, 很多传统小吃店不得不改卖年轻人喜欢的食物。

Xiàndài rén de yǐnshí xíguàn gǎibiàn le, hěn duō chuántǒng xiǎochīdiàn bùdébù gǎi mài niánqīngrén xǐhuan de shíwù.

현대인의 음식습관이 변했기 때문에, 많은 전통 점포들은 젊은이들이 좋아하는 음식으로 바꾸어 팔 수 밖에 없게 되었다.

④ 他的腿受伤了, 不得不放弃这场比赛。

Tā de tuǐ shòushāng le, bùdébù fàngqì zhè chǎng bǐsài.

그는 다리를 다쳐 이번 시합을 포기하지 않으면 안 된다.

⑤ 陈如美的父亲生病住院, 所以她不得不休学去工作, 改善家里的生活。

Chén Rúměi de fùqin shēngbìng zhùyuàn, suǒyǐ tā bùdébù xiūxué qù gōngzuò, gǎishàn jiā li de shēnghuó.

천루메이의 부친은 병이 나서 병원에 입원하였다. 그래서 그녀는 집안의 생계를 돕기위해 휴학을 하고 일을 할 수밖에 없었다.

不管 A 都 B. bùguǎn A dōu B. A 여하를 막론하고 B하다

기능 이 문형은 '都'에 이어지는 발생한 일의 중요성이 '不管'에 이어지는 조건에 충족되든 혹은 되지 않든 그대로 유지됨을 나타낸다.

① 我爸爸不管工作忙不忙, 天天都去健身房运动。
Wǒ bàba bùguǎn gōngzuò máng bu máng, tiāntiān dōu qù jiànshēnfáng yùndòng.
내 아빠는 일이 바쁘든 그렇지 않든, 매일 체육관에 가서 운동을 한다.

② 不管那里的环境怎么样, 他都要搬去那里。
Bùguǎn nàli de huánjìng zěnmeyàng, tā dōu yào bān qu nàli.
그곳의 환경이 어떠하든지, 그는 그곳으로 이사를 가려한다.

③ 不管是蒸鱼还是炸鱼, 我都不吃。
Bùguǎn shì zhēng yú háishi zhá yú, wǒ dōu bù chī.
생선찜이든 생선튀김이든, 나는 모두 먹지 않는다.

④ 不管上几点的课, 他都会迟到。
Bùguǎn shàng jǐ diǎn de kè, tā dōu huì chídào.
몇 시 수업을 하든, 그는 모두 지각할 것이다.

⑤ 不管妈妈同不同意, 我都要去美国念书。
Bùguǎn māma tóng bu tóngyì, wǒ dōu yào qù Měiguó niànshū.
엄마가 동의하시든 않든, 나는 미국에 가서 공부를 할 것이다.

구조 '不管' 뒤에 오는 것이 무엇이든지 간에, 기본적으로 개념상의 질문이라는 점에 유의한다. 예를 들어, '忙不忙'(위의 예문 ①), '怎么样'(위의 예문 ②) 그리고 '蒸鱼还是炸鱼'(위의 예문 ③)와 같은 경우이다.

용법 '不管' 뒤에 다음과 같은 표현이 자주 나타난다.

① '什么 shénme, 谁 shéi, 哪 nǎ'과 같은 의문대명사.

要是你有问题，不管什么时候都可以打电话给我。

Yàoshi nǐ yǒu wèntí, bùguǎn shénme shíhou dōu kěyǐ dǎ diànhuà gěi wǒ.

만약 당신이 문제가 있다면, 언제든지 나에게 전화를 하세요.

② A-不-A 질문

不管父母同不同意，他都要念会计系。

Bùguǎn fùmǔ tóng bu tóngyì, tā dōu yào niàn kuàijìxì.

부모가 동의하든 그렇지 않든, 그는 회계학을 공부하려고 한다.

③ A 혹은 B, 선택질문

老师说不管天气好(还是)坏，学生都不可以迟到。

Lǎoshī shuō bùguǎn tiānqì hǎo (háishi) huài, xuésheng dōu bù kěyǐ chídào.

선생님은 날씨가 좋든 나쁘든, 학생들은 지각하면 안된다고 말하였다.

不见得. bújiànde. 부사. 반드시 …라고는 할 수 없다

기능 '不见得'는 '이전부터 반드시 따라야 했던 것은 아니다.'의 의미이다.

① 现在工作不好找。就算念理想的大学，也不见得找得到好工作。

Xiànzài gōngzuò bù hǎo zhǎo. Jiùsuàn niàn lǐxiǎng de dàxué, yě bújiànde zhǎo de dào hǎo gōngzuò.

지금은 일을 찾기가 쉽지 않다. 이상적인 대학을 다녔다고 해서, 반드시 좋은 일자리를 찾을 수 있다고는 할 수 없다.

② 学历高的人不见得都可以当经理。

Xuélì gāo de rén bújiànde dōu kěyǐ dāng jīnglǐ.

학력이 높은 사람이 모두 반드시 사장직을 할 수 있는 것은 아니다.

③ 离开家乡的人不见得都能在节日回家团聚。

Líkāi jiāxiāng de rén bújiànde dōu néng zài jiérì huí jiā tuánjù.

고향을 떠난 사람들이 모두 명절에 귀향해서 같이 모일 수 있는 것은 아니다.

④ 好吃的东西不见得对身体好。

Hǎochī de dōngxi bújiànde duì shēntǐ hǎo.

맛있는 음식이 반드시 몸에 좋은 것만은 아니다.

⑤ 有的人开茶店不见得是为了赚钱。

Yǒu de rén kāi chádiàn bújiànde shì wèile zhuànqián.

어떤 사람들은 찻집을 개업하는데, 반드시 돈을 벌기 위한 것만은 아니다.

용법

(1) '不见得'은 긍정형태가 없다. 예를 들어, *见得.

(2) 부정문과 결합할 수 있다.

今天不见得不会下雪。

Jīntiān bújiànde bú huì xiàxuě.

오늘 반드시 눈이 내리지 않을 거라고 할 수는 없다.

(3) '不见得'는 이전의 주장이나 관점을 반박할 수 있다.

一天学五十个词不见得能提高中文能力。

Yì tiān xué wǔshí ge cí bújiànde néng tígāo Zhōngwén nénglì.

하루에 50개 단어를 배우는 것이 반드시 중국어의 능력을 제고한다고 할 수는 없다.

(4) '不见得'는 구어적으로 사용되며, 문장에 단독으로 혹은 중간에 사용된다. '不见得'가 항상 '不一定'과 유의어가 아니라는 것을 명심하기 바란다. 이 둘 모두 의견 차이를 표현하는데 사용될 수 있으나, 중립적인 관점의 불확실한 것을 표현할 때는 '不见得'를 사용될 수 없다.

① A: 他明天一定来。

Tā míngtiān yídìng lái.

그는 내일 반드시 옵니다.

B: 他明天不见得会来。 / 他明天不一定会来。

Tā míngtiān bújiànde huì lái. / Tā míngtiān bù yídìng huì lái.

그는 내일 꼭 온다고 볼 수는 없다. / 그는 내일 꼭 오는 것은 아니다.

② A: 他明天来不来?

Tā míngtiān lái bu lái?

그는 내일 옵니까?

B: 不一定来。 / *不见得会来。

Bù yídìng lái. / Bújiànde huì lái.

꼭 오는 것은 아닙니다.

③ A: 我想小玲会在台湾上大学。

Wǒ xiǎng Xiǎolíng huì zài Táiwān shàng dàxué.

나는 샤오링이 타이완에서 대학에 다닐 것이라고 생각합니다.

B: 不见得。 / 不一定。

Bújiànde. / Bù yídìng.

꼭 그럴 것 같진 않습니다. / 확정적이지는 않습니다.

④ A: 小玲打算在台湾上大学吗?

Xiǎolíng dǎsuan zài Táiwān shàng dàxué ma?

샤오링은 타이완에서 대학에 다닐 생각입니까?

B: 不一定。 / *不见得。

Bù yídìng. / Bújiànde.

확정적이지 않습니다.

⑤ A: 台风来的时候一定会放假。

Táifēng lái de shíhou yídìng huì fàngjià.

태풍이 왔을 때, 반드시 쉽니다.

B: 不见得。 / 不一定。

Bújiànde. / Bù yídìng.

그렇지 않을 수 있습니다. / 꼭 그렇지는 않습니다.

⑥ A: 台风来的时候会不会放假?

Táifēng lái de shíhou huì bu huì fàngjià?

태풍이 왔을 때, 하루를 쉬지 않습니까?

B: 不一定。 / *不见得。

Bù yídìng. / Bújiànde.

꼭 그렇지는 않습니다.

(5) '不见得'는 부사이며, 다른 부사 '都', '也' 그리고 '还'보다 앞에 위치한다.

① 老师的说明, 学生不见得都懂。

Lǎoshī de shuōmíng, xuésheng bújiànde dōu dǒng.

선생님의 설명을 학생들은 반드시 모두 이해하는 것은 아니다.

② 你欣赏的艺术表演, 别人不见得也欣赏。

Nǐ xīnshǎng de yìshù biǎoyǎn, biéren bújiànde yě xīnshǎng.

당신이 좋아하는 예술 공연을 다른 사람들도 반드시 좋아하는 것은 아니다.

③ 运动员过了四十岁以后, 不见得还能参加比赛。

Yùndòngyuán guò le sìshí suì yǐhòu, bújiànde hái néng cānjiā bǐsài.

운동선수가 40살이 넘은 후에도, 여전히 시합에 참가할 수 있는 것은 아닐 수 있다.

不禁. bùjīn. 부사. 어찌할 수 없이, …하지 않을 수 없다

기능 부사 '不禁'는 상황에 의해 야기된 어떤 행동이나 혹은 욕구로부터 통제할 수 없는 능력을 말한다.

① 看到小时候的朋友, 他不禁想起童年的生活。

Kàndào xiǎoshíhou de péngyou, tā bùjīn xiǎng qǐ tóngnián de shēnghuó.

어렸을 때의 친구를 보자, 그는 어릴 때 생활을 생각하지 않을 수 없었다.

② 阿姨听说表弟得到奖学金的消息, 不禁高兴得大叫。

Āyí tīngshuō biǎodì dédào jiǎngxuéjīn de xiāoxi, bùjīn gāoxìng de dàjiào.

이모는 사촌동생이 장학금을 받았다는 소식을 듣고, 기뻐서 크게 소리를 지르지 않을 수 없었다.

③ 听完王教授的演讲, 让人不禁想出去留学, 看看外面的世界。

Tīngwán Wáng jiàoshòu de yǎnjiǎng, ràng rén bùjīn xiǎng chūqu liúxué, kànkan wàimian de shìjiè.

왕 교수의 강연을 듣고 나니, 유학을 가서 바깥세상을 보고 싶다고 생각하지 않을 수 없었다.

④ 看到网络上模特儿穿的衣服那么好看, 李小姐不禁也想买来穿穿看。

Kàndào wǎngluò shang mótèr chuān de yīfu nàme hǎokàn, Lǐ xiǎojie bùjīn yě xiǎng mǎi lai chuānchuan kan.

인터넷 상의 모델이 입은 옷이 매우 예쁜 것을 보고, 미스 리는 옷을 사서 입어보고 싶다는 생각을 금할 수가 없었다.

⑤ 哥哥听完小妹妹的话, 不禁哈哈大笑。

Gēge tīngwán xiǎo mèimei dehuà, bùjīn hāhā dà xiào.

오빠가 여동생의 말을 듣고, 크게 하하 웃지 않을 수가 없었다.

不如. bùrú. 타동성 상태동사. …만 못하다

기능 타동성 상태동사 '不如'는 두 항목의 비교를 소개한다. 첫 번째 명사는 두 번째 명사에 비해 열등하거나 조금 덜 호감이 가는 것이다.

① 这件衣服的质量不如那件的好。

Zhè jiàn yīfu de zhìliàng bùrú nà jiàn de hǎo.

이 옷의 질은 저 옷보다 좋지 않다.

② 这家火锅店的海鲜不如那家的新鲜。

Zhè jiā huǒguō diàn de hǎixiān bùrú nà jiā de xīnxiān.

이 샤브샤브집의 해산물은 저 집의 것보다 신선하지 않다.

③ 搭地铁得转两趟车, 不如坐公交车方便。

Dā dìtiě děi zhuǎn liǎng tàng chē, bùrú zuò gōngjiāochē fāngbiàn.

전철을 타려면, 두 번 갈아타야 하는데, 시내버스보다 편리하지 않다.

④ 考试以前才熬夜看书, 不如平时就做好准备。

Kǎoshì yǐqián cái áoyè kàn shū, bùrú píngshí jiù zuòhǎo zhǔnbèi.

시험 전이 되어서야 밤새고 공부하는 것은 평소에 잘 준비하는 것보다 못하다.

⑤ 太阳这么大, 躺在沙滩上, 不如回房间看电视舒服。

Tàiyáng zhème dà, tǎng zài shātān shang, bùrú huí fángjiān kàn diànshì shūfu.

햇볕이 이렇게 강한데, 해변에 누워있는 것은 방에 들어가 텔레비전을 보는 것보다 편안하지 못하다.

용법

(1) '不如'와 같이 사용하는 문장 끝의 상태동사는 가치 있는 속성을 나타낸다. 예를 들면, '*这部手机不如那部手机旧。Zhè bù shǒujī bùrú nà bù shǒujī jiù.'라고 할 수 없다.

(2) 상태동사를 사용하는 문장의 문맥이 명확하다면, 상태동사는 생략될 수 있다.

A: 我的手机坏了。你知道哪里可以修理吗?

Wǒ de shǒujī huài le. Nǐ zhīdao nǎli kěyǐ xiūlǐ ma?

핸드폰이 고장 났어요. 어디에서 수리할 수 있는지 아세요?

B: 你的手机已经那么旧了。修理不如买一部新的(好)。

Nǐ de shǒujī yǐjīng nàme jiù le. Xiūlǐ bùrú mǎi yí bù xīn de (hǎo).

핸드폰이 이미 이렇게 낡았는데, 수리하는 것보다 새 것으로 사는 것이 낫습니다.

(3) 'A 不如 B'와 'A 没有 méiyǒu B 那么 nàme…'는 비슷하지만, 다른 점도 있다.

① 不如는 문어체에서 자주 쓰이고, A没有 B那么…는 구어체에서 자주 사용된다.

② 不如를 사용하는 문장 끝의 상태동사는 생략될 수 있다. '坐巴士不如坐高铁(快)。Zuò bāshì bùrú zuò gāotiě (kuài). 버스를 타는 것이 고속철도 타는 것보다 (빠르지) 못하다.'라고 할 수 있으나, '*坐巴士没有坐高铁那么。Zuò bāshì méi yǒu zuò gāotiě nàme.'라고는 말 할 수 없다.

不是. bú shì. 부정

기능 '不是'는 일반적인 부정은 아니다. 그것은 앞에서 진술하거나 추정했던 것을 부정한다. 예를 들면, '…은 사실이 아니다'라는 표현이다.

① 小华觉得那部手机很贵。我觉得不是很贵。
Xiǎohua juéde nà bù shǒujī hěn guì. Wǒ juéde bú shì hěn guì.
샤오후아는 저 핸드폰이 비싸다고 생각한다. 나는 비싼 것이 아니라고 생각한다.

② 他不是点大碗的牛肉面。他点的是小碗的。
Tā bú shì diǎn dà wǎn de niúròumiàn. Tā diǎn de shì xiǎo wǎn de.
그는 큰 그릇의 소고기면을 주문하지 않았다. 그가 주문한 것은 작은 그릇이다.

③ 餐厅不是在学校里面。餐厅在学校外面。
Cāntīng bú shì zài xuéxiào lǐmian. Cāntīng zài xuéxiào wàimian.
음식점은 학교 안에 있는 것이 아니다. 학교 밖에 있다.

구조 '不是' 부정은 긍정문이나 부정문에 모두 사용할 수 있다.

① 他们不是在楼下喝咖啡。他们是在楼下买书。

Tāmen bú shì zài lóuxià hē kāfēi. Tāmen shì zài lóuxià mǎi shū.

그들은 아래층에서 커피를 마시는 것이 아니다. 그들은 아래층에서 책을 사고 있다.

② 我不是不来, 我是周末来。

Wǒ bú shì bù lái, wǒ shì zhōumò lái.

나는 오지 않는 것이 아니고, 주말에 온다.

③ 我不是不喜欢吃牛肉面, 可是这家的牛肉面太辣了。

Wǒ bú shì bù xǐhuan chī niúròumiàn, kěshì zhè jiā de niúròumiàn tài là le.

내가 소고기면을 싫어하는 것이 아니라, 이 가게의 소고기면이 너무 매운 것이다.

용법 '不 bù' 부정과 '没 méi' 부정은 서로 구별되어 출현한다. '不是 búshì' 부정은 사뭇 다르다. 이것은 '…의 경우가 아니다.'라는 표현으로, 앞에서 진술된 것이나 주장된 것을 부정하는 것이다.

他不要买包子。vs. 他不是要买包子, 他是要买臭豆腐。

Tā bú yào mǎi bāozi. vs. Tā bú shì yào mǎi bāozi, tā shì yào mǎi chòudòufu.

그는 빠오쯔를 사려 하지 않는다. vs 그는 빠오쯔를 사려하는 것이 아니고, 그는 초우또우푸를 사려 한다.

不是 A 就是 B. bú shì A jiù shì B. A가 아니면, 바로 B이다

기능 이 구조는 글자 그대로 사용되었을 때, 제기된 두 개의 옵션 중에서 어느 하나가 반드시 사실이어야 한다. 그리고 다른 가능성은 없다는 것을 나타낸다. 그리고 상황을 묘사할 때, 예를 들어 ④와 같이 종종 좌절감에서 우러나오는 과장법으로도 사용될 수 있다.

① 我新买的手机不是收不到信号，就是自动关机，我非拿去门市退换不可。

Wǒ xīn mǎi de shǒujī bú shì shōu bú dào xìnhào, jiùshì zìdòng guānjī, wǒ fēi ná qù ménshì tuìhuàn bù kě.

내가 새로 산 핸드폰은 신호를 받을 수 없거나, 그것이 아니면 자동으로 전원이 꺼진다. 나는 소매점에 가서 교환해야 한다.

② 桌上这件外套我想不是小敏的，就是婷婷的。

Zhuō shàng zhè jiàn wàitào wǒ xiǎng bú shì Xiǎomǐn de, jiù shì Tíngting de.

책상 위의 이 외투는 나는 샤오민의 것이 아니면, 팅팅의 것이라고 생각한다.

③ 放假的时候，他不是上网玩游戏，就是在家看漫画，放松心情。

Fàngjià de shíhou, tā bú shì shàngwǎng wán yóuxì, jiùshì zàijiā kàn mànhuà, fàngsōng xīnqíng.

방학 때, 그는 인터넷 게임을 즐기는 것이 아니면, 집에서 만화를 보면서 긴장을 푼다.

④ 他整天不是抱怨工作太多，就是抱怨薪水太少，让人听得好烦。

Tā zhěngtiān bú shì bàoyuàn gōngzuò tài duō, jiùshì bàoyuàn xīnshuǐ tài shǎo, ràng rén tīng de hǎofán.

그는 하루 종일 일이 많다고 원망을 하든지, 아니면 월급이 너무 적다고 원망을 한다. 정말 듣기 귀찮다.

⑤ 暑假，他不是去打工，就是回家照顾爷爷，所以没时间跟我们玩。

Shǔjià, tā bú shì qù dǎgōng, jiùshì huí jiā zhàogù yéye, suǒyǐ méi shíjiān gēn wǒmen wán.

여름방학에 그는 아르바이트를 하는 것이 아니면, 집에 가서 할아버지를 돌본다. 그래서 우리들과 놀 시간이 없다.

不是 A, 而是 B. bú shì A, ér shì B. A가 아니고, 오히려 B이다

기능 이 구조는 요구를 부정하고, 정확한 대답을 제시한다. '而'은 부사이다.

① 他喜欢的人不是王小姐，而是白小姐。

Tā xǐhuan de rén bú shì Wáng xiǎojie, ér shì Bái xiǎojie.

그가 좋아하는 사람은 미스 왕이 아니고, 미스 빠이이다.

② 我不是不想去参加校外教学，而是因为最近忙死了。

Wǒ bú shì bù xiǎng qù cānjiā xiàowài jiāoxué, ér shì yīnwèi zuìjìn máng sǐ le.

나는 교외 교육에 참가하고 싶지 않은 것이 아니고, 최근에 너무 바쁘기 때문이다.

③ 这件衣服你不是用现金买的，而是刷卡买的，所以不能马上退钱。

Zhè jiàn yīfu nǐ bú shì yòng xiànjīn mǎi de, ér shì shuākǎ mǎi de, suǒyǐ bù néng mǎshàng tuì qián.

이 옷을 당신은 현금으로 산 것이 아니고, 카드로 샀다. 그래서 바로 환불이 되지 않는다.

④ 他来台湾不是为了旅行，而是为了学中文。

Tā lái Táiwān bú shì wèile lǚxíng, ér shì wèile xué Zhōngwén.

그가 대만에 온 것은 여행을 위한 것이 아니고, 중국어를 배우기 위함이다.

⑤ 我换新工作，不是因为薪水比较高，而是新公司离我家比较近。

Wǒ huàn xīn gōngzuò, bú shì yīnwèi xīnshuǐ bǐjiào gāo, ér shì xīn gōngsī lí wǒ jiā bǐjiào jìn.

내가 새로운 일로 바꾼 것은 월급이 비교적 높은 것 때문이 아니고, 새로운 회사가 우리 집에서 가깝기 때문이다.

용법 '是'는 매우 다용도적인 요소이다. 영어의 'be'와 같이 때로는 동사로, 때로는 문법표지로 사용된다. 표지로서, 영어의 'He did do it.'의 'do'와 같다. 예문 ②-⑤에서의 是는 '…이다(be)'로 번역할 수 없는 문법표지이다. '而' 역시 아주 많이 사용되는 문법요소로, 품사는 항상 부사이며, 약간 문어체이다.

…不说, …也…. …bù shuō, …yě…. 단지 … 아니라, …도(불평하기)

기능 이 문형은 두 가지 문제에 대한 불평을 표시하기 위해 사용되며, 두 번째 문제는 첫 번째 문제보다 더 심각함을 표현 한다.

① 那个地方吵不说, 环境也很复杂。

Nàge dìfang chǎo bù shuō, huánjìng yě hěn fùzá.

저 곳은 매우 시끄러울 뿐만 아니라, 환경도 매우 복잡하다.

② 他现在的工作是推销产品。薪水低不说, 也很辛苦。

Tā xiànzài de gōngzuò shì tuīxiāo chǎnpǐn. Xīnshuǐ dī bù shuō, yě hěn xīnkǔ.

그의 현재의 일은 제품을 파는 것이다. 월급이 낮을 뿐만 아니라, 매우 힘들다.

③ 那家店卖的商品种类少不说, 价钱也很贵, 难怪客人不多。

Nà jiā diàn mài de shāngpǐn zhǒnglèi shǎo bù shuō, jiàqian yě hěn guì, nánguài kèren bù duō.

저 상점에서 파는 물건은 종류가 적을 뿐만 아니라, 가격도 매우 비싸다. 그래서 그런지 손님이 많지 않다.

④ 小林最近常迟到不说, 功课也不写。他怎么了?

Xiǎolín zuìjìn cháng chídào bù shuō, gōngkè yě bù xiě. Tā zěnme le?

샤오린은 최근에 자주 지각을 할 뿐만 아니라, 숙제도 하지 않아요. 왜 그렇죠?

⑤ 周年庆的时候, 挤死了不说, 也常常因为便宜, 买了一些没有用的东西回家。

Zhōuniánqìng de shíhou, jǐsǐ le bù shuō, yě chángcháng yīnwèi piányi, mǎi le yìxiē méi yǒu yòng de dōngxi huíjiā.

기념일 세일 기간에는 사람이 너무 많을 뿐만 아니라, 가격이 싸다고 해서 사용하지 않는 물건을 사서 집으로 가지고 오는 경우도 자주 있다.

용법 ‘S_1不说, …S_2也’와 ‘不但 A, 还 B’는 점점 증가하는 상태를 표현한다. 즉, 다른 것 위에 하나의 사실을 추가하는 것이다. 그러나 ‘不但 A, 还 B’는 긍정적이거나 부정적인 사건에 사용될 수 있는 반면에, 전자는 부정적인 예에만 사용된다.

他不但成绩好, 还很热心。

Tā búdàn chéngjì hǎo, hái hěn rèxīn.

그는 성적이 좋을 뿐만 아니라, 매우 열정적이다.

*他成绩好不说, 也很热心。

Tā chéngjì hǎo bù shuō, yě hěn rèxīn.

不太. bú tài. 별로 …그렇지 않다

기능 ‘不太+상태동사’는 영어의 비슷한 표현 ‘not terribly…(대단히 …하지 않다)’와 같이 비교했을 때, 정중하고, 완곡한 부정을 표현한다.

① A: 骑摩托车去旅行太累了吧。

Qí mótuōchē qù lǚxíng tài lèi le ba.

오토바이를 타고 여행하는 건 매우 힘들지!

B: 我觉得骑车去不太累, 很好玩。

Wǒ juéde qí chē qù bú tài lèi, hěn hǎowán.

내 생각에는 오토바이를 타고 가는 것은 그리 힘들지 않아요. 재미있어요.

② A: 高铁票很贵, 我们坐公交车比较好。

Gāotiě piào hěn guì, wǒmen zuò gōngjiāochē bǐjiào hǎo.

고속열차표는 매우 비쌉니다. 우리는 버스를 타는 것이 좋겠습니다.

B: 高铁票不太贵!

Gāotiě piào bú tài guì!

고속열차표는 그리 비싸지 않습니다.

③ A: 多穿(一)点衣服。

Duō chuān (yì)diǎn yīfu.

옷을 조금 더 입으세요.

B: 今天不太冷!

Jīntiān bú tài lěng!

오늘 별로 춥지 않습니다.

구조 **【의문형】**

① 放假的时候，高铁票是不是不太好买?

Fàngjià de shíhou, gāotiě piào shì bu shì bú tài hǎo mǎi?

방학 때에, 고속열차표는 사지 쉽지 않죠?

② 去西班牙的飞机是不是不太多?

Qù Xībānyá de fēijī shì bu shì bú tài duō?

스페인에 가는 비행기는 별로 많지 않죠?

③ 台湾的秋天和日本的秋天是不是不太一样?

Táiwān de qiūtiān hé Rìběn de qiūtiān shì bu shì bú tài yíyàng?

타이완의 가을과 일본의 가을은 별로 비슷하지 않죠?

용법 (1) '不太 bútài'+자동성 상태동사(Vs)

'不太'는 기본적으로 문자 그대로의 의미를 가지고 있지 않고, '별로 …그렇지 않다'의 의미이다. 문맥에 따라, 부정적으로 사용하기도 하고, 정중하게 사용하기도 한다.

① 这杯茶不太热。

Zhè bēi chá bú tài rè.

이 차는 별로 뜨겁지 않다.(1. 적당한 온도, 2. 나에게 충분히 뜨겁지 않다.)

② 他的咖啡卖得不太好。

Tā de kāfēi mài de bú tài hǎo.

그의 커피는 그렇게 잘 팔리지 않는다.(걱정)

③ 今天不太冷，你不必穿那么多。

Jīntiān bú tài lěng, nǐ búbì chuān nàme duō.

오늘은 그리 춥지 않다. 당신은 그렇게 많이 입지 않아도 된다.(안심)

(2) '不很 bù hěn'+자동성 상태동사(Vs)

다른 한편으로 '不很'은 '不太'만큼 보편적이지 않다. '매우 그렇지는 않다'고 해석되는 '不是很'과 의미상 관련이 있어 혼동을 일으킨다. '不很'은 공손한 뉘앙스가 없이 사실적이고 솔직하다는 것을 기억하자.

不停. bù tíng. 동사+个不停. 계속하다

기능 이 문형은 말하는 사람에게 불쾌감을 크게 자극하는 사건이 끊임없이 발생하는 것을 강조한다.

① 雨下个不停，真不知道什么时候天气才会变好。

Yǔ xià ge bù tíng, zhēn bù zhīdao shénme shíhou tiānqì cái huì biàn hǎo.

비가 끊임없이 내린다. 언제 날씨가 좋아질지 정말 모르겠다.

② 什么事让你这么生气，一直骂个不停？

Shénme shì ràng nǐ zhème shēngqì, yìzhí mà ge bù tíng?

무슨 일이 너를 그렇게 화나게 해서 욕을 계속 합니까?

③ 她一走进商场就买个不停，连跟我说话的时间都没有。

Tā yì zǒujìn shāngchǎng jiù mǎi ge bù tíng, lián gēn wǒ shuōhuà de shíjiān dōu méi yǒu.

그녀는 백화점에 들어가자마자, 계속해서 물건을 사느라. 나와 말할 시간도 없었다.

④ 我感冒了，鼻涕流个不停。很不舒服。

Wǒ gǎnmào le, bítì liú ge bù tíng. Hěn bù shūfu.

감기가 들어서 콧물이 계속해서 흘러 내립니다. 몸이 아주 좋지 않습니다.

⑤ 你不是已经吃过晚饭了吗？怎么一看到蛋糕还是吃个不停？

Nǐ bú shì yǐjīng chī guo wǎnfàn le ma? Zěnme yí kàndào dàngāo háishi chī ge bù tíng?

당신은 이미 저녁밥을 먹지 않았습니까? 어떻게 케이크를 보자마자 또 끊임없이 먹습니까?

용법 (1) 이 문형은 오직 일정시간 동안 동작을 지속할 수 있는 동작동사에만 사용한다. 자동성 상태동사(Vs)와 자동성 변화동사(Vp)는 이 문형에 사용될 수 없다. 아래의 두 예문은 중국어 문법에 적합하지 않다.

*他快乐个不停。

Tā kuàilè ge bù tíng.

*这件事结束个不停。

Zhè jiàn shì jiéshù ge bù tíng.

(2) 이 문형의 '个'은 단위사(measure word)가 아니라, 사건표지(event marker)이다.

不再…了. bú zài…le. 더 이상 … 아니다

기능 이 구조의 사용은 주어가 오래된 일상/습관/신념을 포기한다는 것을 나타낸다.

① 他觉得自己长大了，可以独立了，就不再接受父母的帮助了。

Tā juéde zìjǐ zhǎngdà le, kěyǐ dúlì le, jiù bú zài jiēshòu fùmǔ de bāngzhù le.

그는 스스로 커서 독립해서 부모님의 도움을 받지 않아도 된다고 생각하였다.

② 我已经跟我男朋友分手了，我们不再见面了。

Wǒ yǐjīng gēn wǒ nánpéngyou fēnshǒu le, wǒmen bú zài jiànmiàn le.

나는 이미 남자친구와 헤어졌다. 우리는 더 이상 만나지 않을 것이다.

③ 那家店的东西质量不是很好，而且价钱很贵，我不再去了。

Nà jiā diàn de dōngxi zhìliàng bú shì hěn hǎo, érqiě jiàqian hěn guì, wǒ bú zài qù le.

저 상점의 물건의 질은 아주 좋은 것지도 않고 가격도 비싸다. 나는 더 이상 가지 않을 것이다.

④ 漫画不再吸引我了。现在我喜欢看关于历史的书。

Mànhuà bú zài xīyǐn wǒ le. Xiànzài wǒ xǐhuan kàn guānyú lìshǐ de shū.

나는 더 이상 만화에 흥미를 느끼지 못한다 지금은 역사를 이야기하는 책을 좋아한다.

⑤ 他现在越来越喜欢狗了，觉得养狗很快乐，不再是负担了。

Tā xiànzài yuè lái yuè xǐhuan gǒu le, juéde yǎng gǒu hěn kuàilè, bú zài shì fùdān le.

그는 이제강아지를 점점더 좋아하게 되었다. 강아지를 키우는 것이 즐겁다고 생각하여 더 이상 부담으로 느끼지 않는다.

不只. bùzhǐ. 부사. 단순히 … 아니다, 대단한

기능 부사 '不只'는 (1) 명사를 수식할 때 '단순히 … 아니다, (특정한 수, 양을) 초과하는'을 의미하며, (2) 문장을 수식할 때, 부사 '也'와 함께 '…뿐만 아니라, …도'를 의미한다.

① 这项政策已经施行了不只五年了。

Zhè xiàng zhèngcè yǐjīng shīxíng le bùzhǐ wǔ nián le.

이 정책은 이미 5년 이상을 시행하였다.

② 最近教授一定很忙, 因为不只我一个人找他写推荐信。

Zuìjìn jiàoshòu yídìng hěn máng, yīnwèi bùzhǐ wǒ yí gè rén zhǎo tā xiě tuījiànxìn.

최근에 우리 교수님은 매우 바쁠 것이다. 왜냐하면 나만 그에게 추천서를 써 달라고 한 것이 아니기 때문이다.

③ 现在不只结婚的人比较少, 结婚的年龄也比较晚。

Xiànzài bùzhǐ jiéhūn de rén bǐjiào shǎo, jiéhūn de niánlíng yě bǐjiào wǎn.

현재는 단순히 결혼하는 사람이 적을 뿐만 아니라, 결혼 연령도 비교적 늦어졌다.

④ 最近不只大学招生困难, 不少小学也关闭了。

Zuìjìn bùzhǐ dàxué zhāoshēng kùnnán, bù shǎo xiǎoxué yě guānbì le.

최근 대학이 신입생 모집이 어려울 뿐만 아니라, 많은 초등학교 역시 문을 닫는다.

⑤ 这件事不只考验他的智慧, 也考验他的信用。

Zhè jiàn shì bùzhǐ kǎoyàn tā de zhìhuì, yě kǎoyàn tā de xìnyòng.

이 일은 그의 지혜를 시험할 뿐만 아니라, 그의 신용도 시험한다.

不至于. búzhìyú. 부사. …에 미치지 않다

기능 부사 '不至于'는 주어진 상황에서 가장 좋지 않은 시나리오를 부정한다. '그 정도까지는 … 아니다', '…만큼 나쁘지는 않을 것이다'의 의미이다.

① 路上车子虽然很多, 但还不至于塞车。

Lùshang chēzi suīrán hěn duō, dàn hái búzhìyú sāichē.

도로에 차가 비록 매우 많지만, 아직 차가 막힐 정도는 아니다.

② 他条件那么好, 不至于找不到工作吧?

Tā tiáojiàn nàme hǎo, búzhìyú zhǎo bú dào gōngzuò ba?

그의 조건이 저렇게 좋은데, 일을 찾지 못할 정도는 아니겠지?

③ 他的性格是不太好, 可是不至于害别人。

Tā de xìnggé shì bú tài hǎo, kěshì búzhìyú hài biéren.

그의 성격은 좋지 않지만, 다른 사람에게 해를 끼칠 정도는 아니다.

④ 虽然我不太喜欢做饭, 但还不至于每天都在外面吃。

Suīrán wǒ bú tài xǐhuan zuò fàn, dàn hái búzhìyú měitiān dōu zài wàimian chī.

비록 나는 요리를 그다지 좋아하지 않지만, 매일 밖에서 먹는 정도는 아니다.

⑤ 我们两个的意见是有一点不同, 但我还不至于生他的气。

Wǒmen liǎng ge de yìjiàn shì yǒu yìdiǎn bù tóng, dàn wǒ hái búzhìyú shēng tā de qì.

우리 둘의 의견은 조금 다르지만, 나는 그에게 화가 난 정도는 아니다.

⑥ A: 小华胆子很小, 他是不是晚上不敢一个人在家?

Xiǎohuá dǎnzi hěn xiǎo, tā shì bu shì wǎnshang bù gǎn yí gè rén zài jiā?

샤오후아는 겁이 아주 많아요. 그는 저녁에 집에 혼자 있지 못하죠?

B: 不至于吧!

Búzhìyú ba!

그 정도는 아니겠죠!.

용법 '不至于'는 두 번째 단문의 부사이다. 다시 말하자면, 어떤 대화도 이것에서 시작하지 않는다. '不至于'는 두 번째 문장에서 사용되거나, 혹은 문장의 뒷부분에 사용된다.

C

才. cái. 부사. 그저, 단지 (1)

기능 부사 '才'는 '단지/단순히…', 수량이 일반적인 기대에 못 미치는 것을 가리킨다.

① 法国,我才去过一次。

Făguó, wǒ cái qù guo yí cì.

프랑스는 나는 단지 한 번 가보았다.(많은 사람이 자주 그곳에 갔을 때)

② 一本书才五十块。真便宜。

Yì běn shū cái wǔshí kuài. Zhēn piányi.

한 권이 단지 50원이다. 정말 싸다.(다른 곳에서는 훨씬 비싸다)

③ 他才学了半年中文。

Tā cái xué le bàn nián Zhōngwén.

그는 그저 반년 동안 중국어를 배웠다.(다른 사람들은 오랫동안 중국어 학습을 하느라 힘들어하는 반면, 그는 중국어를 정말 잘한다.)

구조 **【의문형】**

① 你今天才吃了一个面包吗?

Nǐ jīntiān cái chī le yí ge miànbāo ma?

오늘 빵 한 조각밖에 안먹었어요?

② 他是不是才学了两个星期的中文?

Tā shì bu shì cái xué le liǎng ge xīngqī de Zhōngwén?

그는 중국어를 2주 정도만 배웠습니까?

③ 台北地铁, 你才坐过一次吗?

Táiběi dìtiě, nǐ cái zuò guo yí cì ma?

타이뻬이 전철을 한 번밖에 안타봤습니까?

용법 (1) 양적인 측면에서 보면, '才 cái'와 '只 zhǐ' 모두 '단지'를 의미한다. '他才学了三个月的西班牙文。Tā cái xué le sān ge yuè de Xībānyá wén. 그는 스페인어를 겨우 3주 정도만 배웠다.'는 '他只学了三个月的西班牙文。Tā zhǐ xué le sān ge yuè de Xībānyá wén. 그는 단지 3주 정도만 스페인어를 배웠다.'와 같다. 반면에 '只'는 오직 사실을 말하지만, '才'는 대부분의 많은 사람들이 외국어 학습에 더 많은 시간을 보낸다는 것을 의미한다.

(2) '才'는 수량 표현이 직접적으로 따라올 수 있지만, 只는 그렇지 않다. '这本书才五十块钱。Zhè běn shū cái wǔshí kuài qián. 이 책은 그저 50원이다.'는 가능한 문장이지만, '*这本书只五十块钱 *Zhè běn shū zhǐ wǔshí kuài qián.'는 중국어 문법에 적합하지 않다.

才. cái. 부사. 예상보다 오래/늦게 (2)

기능 '才'는 문장에서 언급한 요구가 기대보다 더 오래 걸린 사건을 나타낸다.

① 你现在才来, 大家等你很久了。

Nǐ xiànzài cái lái, dàjiā děng nǐ hěn jiǔ le.

너 이제야 왔어. 모두 너를 오래 기다렸어.

② 他是昨天才到台北的, 所以睡得不好。

Tā shì zuótiān cái dào Táiběi de, suǒyǐ shuì de bù hǎo.

그는 어제에 겨우 타이뻬이에 도착했다. 그래서 잠을 잘 못 잤다.

③ 我等了十分钟, 地铁才来。

Wǒ děng le shí fēnzhōng, dìtiě cái lái.

나는 10십 분을 기다렸는데, 전철는 이제야 왔다.

구조 '才' 문장에서는 시간표현이 항상 사용된다. '才' 자체는 부정할 수 없지만, 대신 '不是'를 사용한 부정식이 사용된다.

【부정형】

① 我跟你一起住了十年了。我不是现在才了解你的。
Wǒ gēn nǐ yìqǐ zhù le shí nián le. Wǒ bú shì xiànzài cái liǎojiě nǐ de.
나는 너와 10년을 같이 살았다. 내가 이제야 너를 이해하는 것은 아니다.

② 他不是今天才告诉老板他不能来上班的。
Tā bú shì jīntiān cái gàosu lǎobǎn tā bù néng lái shàngbān de.
그는 오늘에야 사장에게 그가 출근할 수 없다고 말한 것은 아니었다.

③ 我们不是今天才认识的, 三年前就认识了。
Wǒmen búshì jīntiān cái rènshi de, shì sān nián qián jiù rènshi le.
우리는 오늘에야 비로소 알게 된 것이 아니라, 3년 전에 알게 되었다.

【의문형】

① 王先生这个月才来上班的吗?
Wáng xiānsheng zhège yuè cái lái shàngbān de ma?
왕 선생은 이번 달에야 비로소 출근한 것입니까?

② 你是不是昨天晚上10点才打电话给他的?
Nǐ shì bu shì zuótiān wǎnshang shí diǎn cái dǎ diànhuà gěi tā de?
당신은 어제 저녁 10시에야 비로소 그에게 전화를 했습니까?

③ 你什么时候才可以跟我去看电影?
Nǐ shénme shíhou cái kěyǐ gēn wǒ qù kàn diànyǐng?
당신은 언제쯤이나 나랑 같이 영화를 보러 갈 수 있습니까?

용법 '才'는 사건이 예상보다 오래 걸렸다는 것을 나타내는 반면, '就 jiù'는 사건이 예상보다 빨리 발생했음을 나타낸다. 이 둘을 비교하면 다음과 같다.

① 我等了十分钟地铁就来了。

Wǒ děng le shí fēnzhōng dìtiě jiù lái le.

나는 십 분 기다렸는데, 전철이 바로 왔다. (만족)

② 我等了十分钟地铁才来。(displeased)

Wǒ děngle shí fēnzhōng jié yùn cái lái.

나는 십 분 기다렸는데, 전철이 이제야 왔다. (불만족)

才. cái. 부사. 그때서야 (3)

기능 부사 '才'가 두 번째 절에 사용될 경우, 첫 번째에서 명시한 조건이나 상황이 성공적으로 얻을 때 결과가 일어난다는 것을 나타낸다.

① 新人得选好日子, 才能结婚。

Xīnrén děi xuǎnhǎo rìzi, cái néng jiéhūn.

예비 신랑 신부는 결혼하기 전에 길일을 택해야만, 그제서야 결혼할 수 있다.

② 做饺子得先准备好饺子皮和馅儿, 才能包。

Zuò jiǎozi děi xiān zhǔnbèi hǎo jiǎozipí hé xiànr, cái néng bāo.

쟈오쯔를 만들려면 쟈오쯔 피와 속 재료가 준비되어야 빚을 수 있다.

③ 大家为了帮你, 才给你这些建议。

Dàjiā wèile bāng nǐ, cái gěi nǐ zhèxiē jiànyì.

모두가 너를 도와주기 위해서, 너에게 이런 제안을 한 것이다.

구조 '才'는 부사이며, 조동사나 다른 부사어의 앞에 출현한다.

【의문형】

① 我们一定要订好旅馆, 才可以去旅行吗?

Wǒmen yídìng yào dìng hǎo lǚguǎn, cái kěyǐ qù lǚxíng ma?

우리는 반드시 호텔을 예약해야만, 여행을 갈 수 있는 건가요?

② 是不是要天天练习, 太极拳才能打得好?

Shì bu shì yào tiāntiān liànxí, Tàijíquán cái néng dǎ de hǎo?

매일 반드시 연습을 해야만, 태극권을 잘 할 수 있습니까?

③ 这些新衣服你是不是都穿一下, 才能知道哪件合适?

Zhèxiē xīn yīfu nǐ shì bu shì dōu chuān yíxià, cái néng zhīdao nǎ jiàn héshì?

이 옷을 너는 다 입어봐야만, 그제서야 어느 옷이 적합할지 알 수 있습니까?

용법 '才'가 두 번째 절에서 사용되었을 때, '得 děi·要 yào·为了 wèile·因为 yīnwèi' 와 같은 단어들은 자주 첫 번째 절에 사용된다.

① 游客得先买票, 才能参观博物馆。

Yóukè děi xiān mǎi piào, cái néng cānguān bówùguǎn.

관광객들은 먼저 표를 사야만, 비로소 박물관을 참관할 수 있다.

② 因为合约快到期了, 小李才找房子搬家。

Yīnwèi héyuē kuài dàoqī le, Xiǎolǐ cái zhǎo fángzi bānjiā.

임대 계약서가 곧 만료될 때가 되어서야, 샤오리는 비로소 방을 찾아 이사를 했다.

③ 为了考试有个好成绩, 他才每天看那么久的书。

Wèile kǎoshì yǒu ge hǎo chéngjì, tā cái měitiān kàn nàme jiǔ de shū.

시험에 좋은 성적을 얻기 위해서, 그는 비로소 매일 늦게까지 공부를 하였다.

才. cái. 부사. 노골적으로 부정하다 (4)

기능 부사 '才'와 함께, 화자는 상대방의 관점을 노골적으로 거부한다. 문자 그대로 한국어로 번역될 수 없다. 아래의 다양한 번역문을 참조하라.

① A: 风水是种迷信。

Fēngshuǐ shì zhǒng míxìn.

풍수는 일종의 미신이다.

B: 风水才不是迷信呢!

Fēngshuǐ cái bú shì míxìn ne!

풍수는 미신이 아닙니다!

② A: 那个餐厅在学校的右边。

Nàge cāntīng zài xuéxiào de yòubiān.

저 레스토랑은 학교의 오른쪽에 있습니다.

B: 才不是在右边, 是在左边。

Cái bú shì zài yòubiān, shì zài zuǒbian.

오른쪽이 아니고, 왼쪽입니다.

③ A: 你不是很喜欢吃臭豆腐吗? 我们去吃吧!

Nǐ bú shì hěn xǐhuan chī chòudòufu ma? Wǒmen qù chī ba!

초우또우푸를 아주 좋아하지 않았나요? 우리 가서 먹읍시다.

B: 我才不喜欢(呢)!

Wǒ cái bù xǐhuan (ne)!

저 안좋아해요!

④ A: 101大楼是世界上最高的大楼。

Yāo líng yāo dà lóu shì shìjiè shang zuì gāo de dà lóu.

101 빌딩은 세계에서 가장 높은 빌딩입니다.

B: 101才不是最高的, 已经有比101还高的了。

Yāo líng yāo cái bú shì zuì gāo de, yǐjīng yǒu bǐ yāo líng yāo hái gāo de le.

101빌딩은 가장 높은 빌딩이 아닙니다. 이미 101빌딩보다 높은 것이 있습니다.

⑤ A: 小笼包是台湾最好吃的食物。

Xiǎolóngbāo shì Táiwān zuì hǎochī de shíwù.

샤오롱빠오는 타이완에서 가장 맛있는 음식입니다.

B: 小笼包算什么, 牛肉面才是。

Xiǎolóngbāo suàn shénme, niúròumiàn cái shì.

샤오롱빠오는 별거 아닙니다. 소고기면이 가장 맛있는 음식입니다.

⑥ A: 那两个人, 高的是哥哥吧?

Nà liǎng gè rén, gāode shì gēge ba?

저 두 사람 중 키가 큰 사람이 형입니까?

B: 不是, 矮的才是。

Bú shì, ǎide cái shì.

아닙니다. 작은 사람이 형입니다.

⑦ A: 既然你上网购物了, 为什么不用宅配的方法?宅配又快又方便。

Jìrán nǐ shàngwǎng gòuwù le, wèishéme búyòng zháipèi de fāngfǎ? Zháipèi yòu kuài yòu fangbiàn.

당신이 인터넷에서 물건을 살 바에야, 왜 택배를 이용하지 않습니까? 택배는 빠르기도 하고 편리하기도 합니다.

B: 宅配不方便, 因为我常常不在家。我觉得超市取货才方便。

Zháipèi bù fāngbiàn, yīnwèi wǒ chángcháng bú zàijiā. Wǒ juéde chāoshì qǔhuò cái fāngbiàn.

택배는 편리하지 않습니다. 왜냐하면 제가 자주 집에 없기 때문입니다. 저는 마트에서 물건을 사는 것이 편리합니다.

⑧ A: 我的压力好大。要养家, 薪水却这么低。

Wǒ de yālì hǎo dà. Yào yǎngjiā, xīnshuǐ què zhème dī.

나는 스트레스가 너무 많습니다. 가족을 부양해야하는데, 월급은 이렇게 적으니 말입니다.

B: 我的压力才大(呢)! 你只有一个孩子, 我有三个孩子!

Wǒ de yālì cái dà (ne)! Nǐ zhǐyǒu yí ge háizi, wǒ yǒu sān ge háizi!

내가 스트레스가 많죠! 당신은 아이가 한 명인데, 나는 세 명이나 있습니다.

才 A 就 B. cái A jiù B. A 하자 마자, 이미 B (5)

기능 이 문형은 어떤 사건이 발생하자마자 곧 다른 사건이 따라 발생해 화자의 놀라움을 나타내는데 사용된다.

① 蛋糕才拿来, 就被大家吃完了。
Dàngāo cái nálai, jiù bèi dàjiā chīwán le.
케이크를 막 가져왔는데, 모두가 바로 다 먹어버렸다.

② 他上星期才拿到薪水, 就已经用了一半了。
Tā shàng xīngqī cái nádào xīnshuǐ, jiù yǐjīng yòng le yíbàn le.
그는 지난주에 막 월급을 받았는데, 이미 반절을 소비하였다.

③ 老师昨天才教过的字, 学生今天就忘了。
Lǎoshī zuótiān cái jiāoguo de zì, xuésheng jīntiān jiù wàng le.
선생님이 바로 어제 가르쳤던 글자를 학생들은 오늘 다 잊어버렸다.

구조 두 개의 절에서 주어는 동일하거나 혹은 다를 수 있다.

① 她上星期才开始找房子, 昨天就搬家了。(동일한 주어)
Tā shàng xīngqī cái kāishǐ zhǎo fángzi, zuótiān jiù bānjiā le.
그녀는 지난주에 비로소 방을 찾기 시작하였는데, 어제 바로 이사를 했다.

② 通过朋友的介绍, 大明, 小美才认识三个月, 下个月就要结婚了。(동일한 주어)
Tōngguò péngyou de jièshào, Dàmíng, Xiǎoměi cái rènshi sān ge yuè, xià ge yuè jiù yào jiéhūn le.
친구의 소개를 통해서, 따밍과 샤오메이는 겨우 3개월을 알고 지냈는데, 다음 달에 결혼을 합니다.

③ 我们才说这几天天气不错, 台风下个星期就要来了。(다른 주어)
Wǒmen cái shuō zhè jǐ tiān tiānqì búcuò, táifēng xià ge xīngqī jiù yào lái le.
우리는 막 요 며칠 날씨가 좋았다고 말했는데, 태풍이 다음 주에 온다고 한다.

④ 老师才离开, 学生就开始说话了。(다른 주어)

Lǎoshī cái líkāi, xuésheng jiù kāishǐ shuōhuà le.

선생님이 막 떠나자마자, 학생들은 잡담을 하기 시작했다.

【의문형】

① 那个字是不是你才教过, 学生就忘了?

Nàge zì shì bu shì nǐ cái jiāoguo, xuésheng jiù wàng le?

저 글자는 당신이 이제 막 가르쳤는데, 학생들이 다 잊었나요?

② 他是不是才买了自行车, 就被偷了?

Tā shì bu shì cái mǎile zìxíngchē, jiù bèi tōu le?

이제 막 산 자전거를 도둑맞은 것이 아닌가요?

③ 你是不是觉得才放暑假, 就要开学了?

Nǐ shì bu shì juéde cái fàng shǔjià, jiù yào kāixué le?

이제 막 여름방학을 했는데, 벌써 수업을 시작해야하냐고 생각하는 것 아닌가요?

용법 '才 cái'와 '刚 gāng'은 비슷한 부사이다. 그러나 '才 A 就 B'는 화자의 놀람, 후회 혹은 부정적인 태도를 나타내는 반면에, '刚 A, 就 B'는 단순하게 사실만을 나타낸다. 다른 말로 하자면, '刚'은 시간만을 언급하고, '才'는 화자의 태도를 포함한다. 아래의 예문을 통해 비교해보도록 하자.

① 我才买车, 车就被偷走了。

Wǒ cái mǎi chē, chē jiù bèi tōuzǒu le.

나는 이제 막 차를 샀는데, 차를 그만 도둑맞았다.

② 我刚买车, 车就被偷走了。

Wǒ gāng mǎi chē, chē jiù bèi tōuzǒu le.

나는 막 차를 샀는데, 차를 도둑맞았다.

曾经. céngjīng. 부사. 과거의 경험, 이전에 …을 했다

기능 '曾经'은 이전에 가졌던 과거의 경험을 일컫는 부사다.

① 你曾经看过那位导演的电影吗?
Nǐ céngjīng kànguo nà wèi dǎoyǎn de diànyǐng ma?
그 감독이 만든 영화를 본 적이 있나요?

② 妈妈以前曾经抱怨过爸爸每天都早出晚归。
Māma yǐqián céngjīng bàoyuàn guo bàba měitiān dōu zǎochū wǎnguī.
엄마는 이전에 아빠가 매일 일찍 나가고 늦게 들어오는 것에 대해서 원망을 했던 적이 있다.

③ 我曾经在一家室内设计公司工作。
Wǒ céngjīng zài yì jiā shìnèi shèjì gōngsī gōngzuò.
나는 전에 실내설계회사에서 일한 적이 있었다.

④ 他的演技很好, 曾经得过两次奖。
Tā de yǎnjì hěn hǎo, céngjīng déguo liǎng cì jiǎng.
그는 연기를 매우 잘한다. 이전에 두 번 상을 받은 적이 있다.

⑤ 你曾经在淡水老街看过街头艺术的演出吗?
Nǐ céngjīng zài Dànshuǐ lǎojiē kànguo jiētóu yìshù de yǎnchū ma?
이전에 딴수이라오지에에서 거리 예술 공연을 본 적이 있습니까?

용법 (1) '过'는 '曾经'과 함께 사용할 수 있는 경험태 표지이다. '过'는 항상 주요동사 뒤에 사용된다.

他曾经当过英文老师。
Tā céngjīng dāngguo Yīngwén lǎoshī.
그는 이전에 영어선생을 했었다.

A B C D E F G H I J K L M

(2) '曾经'은 긍정문에서만 사용한다. 다음과 같이 말할 수 없다.

*我没有曾经工作。
Wǒ méiyǒu céngjīng gōngzuò.

*他曾经没去过西班牙。
Tā céngjīng méi qùguo Xībānyá.

(3) '曾经'은 공식 연설에 사용된다.

我记得你曾经跟我说过你的计划。
Wǒ jìde nǐ céngjīng gēn wǒ shuōguo nǐ de jì huà.
나는 당신이 이전에 나에게 당신의 계획에 대해서 말한 것을 기억한다.

差不多. chàbuduō. 자동성 상태동사, 부사. 다양한 기능에서

기능 '差不多'는 문자적으로 '많이 차이가 나지 않는다'는 의미이며, 자동성 상태동사(Vs)와 부사로 다양한 기능을 한다.

구조 '差不多'는 아래에 서술한 것과 같이 많은 다양한 의미와 품사로 기능한다.

(1) '差不多'는 자동성 상태동사로서, '거의 비슷하고, 거의 동등하다'의 의미로 술어로 사용된다.

① 我们开始学中文的时间差不多。
Wǒmen kāishǐ xué Zhōngwén de shíjiān chàbuduō.
우리가 중국어를 배우기 시작했던 시간은 거의 비슷하다.

② 那几家超市卖的东西都差不多。
Nà jǐ jiā chāoshì mài de dōngxi dōu chàbuduō.
저 몇 상점에서 파는 물건은 모두 비슷비슷하다.

③ 我们国家的夏天和这里差不多。

Wǒmen guójiā de xiàtiān hé zhèli chàbuduō.

우리 국가의 여름과 이곳은 비슷하다.

(2) '差不多'는 자동성 상태동사로서, 거의 '완성하였다'의 보어로 사용된다.

① 我的功课写得差不多了。

Wǒ de gōngkè xiě de chàbuduō le.

나의 숙제는 거의 다 썼다.

② 我的旅行计划得差不多了, 你看一看吧!

Wǒ de lǚxíng jìhuà de chàbuduō le, nǐ kàn yi kàn ba!

나의 여행은 거의 다 계획했어요. 한 번 보세요.

③ 找工作的事准备得差不多了。

Zhǎo gōngzuò de shì zhǔnbèi de chàbuduō le.

직장 구하는 일은 거의 다 준비되었다.

(3) '差不多'는 부사로서, '대략'의 의미로 동사를 수식하는 부사어로 사용된다.

① 从这里到地铁站, 差不多(走)十分钟。

Cóng zhèli dào dìtiě zhàn, chàbuduō (zǒu) shí fēnzhōng.

여기에서 전철 역까지 대략 십분 걸립니다.

② 哥哥和弟弟差不多高。

Gēge hé dìdi chàbuduō gāo.

형과 동생은 대략 키가 비슷합니다.

③ 我差不多学了四个月的中文了。

Wǒ chàbuduō xué le sì gè yuè de Zhōngwén le.

난 대략 4개월 동안 중국어를 배웠습니다.

【의문형】

① 从学校到地铁站差不多得走多久?

Cóng xuéxiào dào dìtiězhàn chàbuduō děi zǒu duō jiǔ?

학교에서 전철 역까지 대략 얼마 걸어야 합니까?

② 你的考试准备得差不多了吗?

Nǐ de kǎoshì zhǔnbèi de chàbuduō le ma?

당신은 시험은 대략 준비 다 되셨나요?

③ 这两个房间的房租是不是差不多?

Zhè liǎng gè fángjiān de fángzū shì bu shì chàbuduō?

이 두 개 방의 임대료는 대략 비슷합니까?

용법 때때로 중국 사람들은 '差不多'로 대응하는 것이 보편적이어서, 사실이 어떤지 알기 어려울 때가 있다.

① A: 你新年要吃的东西都准备了吗?

Nǐ Xīnnián yào chī de dōngxi dōu zhǔnbèi le ma?

당신은 새해에 먹을 음식을 모두 준비하였습니까?

B: 差不多了。

Chàbuduō le.

거의 다 되었습니다.

② A: 我们准备要去餐厅了吗?

Wǒmen zhǔnbèi yào qù canting le ma?

우리는 레스토랑에 갈 준비가 다 되었나요?

B: 差不多了。

Chàbuduō le.

거의 다 되었습니다.

③ A: 你习惯花莲的生活了吗?

Nǐ xíguàn Huālián de shēnghuó le ma?

당신은 후아리앤의 생활에 적응이 되었나요?

B: 差不多了。

Chàbuduō le.

거의 적응하였습니다.

差一点(就). chà yìdiǎn (jiù). 부사. 거의

기능 '差一点(就)…'는 '거의 … (그러나 하지 않았다)'의 의미이다. 생략된 '…' 부분은 일반적으로 화자의 입장에서 볼 때, 일어날 것으로 예상하지 않았던 상황을 나타낸다. 就는 이 문형에서는 선택 사항이며, 就를 사용함으로서 긴박함을 표시한다.

① 昨天的演讲真没意思, 我差一点睡着了。

Zuótiān de yǎnjiǎng zhēn méiyìsi, wǒ chà yìdiǎn shuìzháo le.

어제의 강연은 정말 재미없었다. 나는 거의 잠이 들 뻔했다.

② 上次我哥哥去爬山的时候, 差一点迷路。

Shàngcì wǒ gēge qù páshān de shíhou, chà yìdiǎn mílù.

지난 번 나의 형이 등산을 갔을 때, 거의 길을 잃을 뻔했다.

③ 为了健康, 他差一点就搬到乡下去住。

Wèile jiànkāng, tā chà yìdiǎn jiù bāndào xiāngxia qù zhù.

건강을 위하여 그는 거의 시골에 가서 살 뻔했다.

④ 上个星期他在图书馆看书, 背包差一点被偷走。

Shàngge xīngqī tā zài túshūguǎn kàn shū, bēibāo chà yìdiǎn bèi tōu zǒu.

지난 주 그는 도서관에서 공부를 했는데, 가방을 거의 도둑맞을 뻔했다.

⑤ 小美的生日，我差一点就忘了送她礼物。

Xiǎoměi de shēngrì, wǒ chà yìdiǎn jiù wàng le sòng tā lǐwù.

샤오메이의 생일에 나는 그녀에게 선물을 주는 것을 거의 잊을 뻔했다.

용법 '差一点(就)…'는 어떤 상황이 거의 일어날 뻔 했으나 일어나지 않은 것을 나타낸다. 差不多 chàbuduō는 다른 한편으로 '거의, 가까이'의 의미로, 예를 들면 예문 ②의 差不多都는 90%가 될 수 있다.

① 外面的雨很大，我差一点来不了。

Wàimian de yǔ hěn dà, wǒ chà yìdiǎn lái bù liǎo.

밖의 비가 매우 세다. 나는 거의 올 수 없었다.

② 他昨天告诉我的事情，我差不多都忘了。

Tā zuótiān gàosu wǒ de shìqing, wǒ chàbuduō dōu wàng le.

그가 어제 나에게 말한 일을, 나는 거의 모두 잊을 뻔했다.

趁. chèn. 전치사. 기회를 이용하다

기능 전치사 '趁'은 행동의 시행을 위하여 기회를 이용하는 것을 말한다.

① 林老师趁这个周末没事到东部的海边走走。

Lín lǎoshī chèn zhège zhōumò méishì dào dōngbù de hǎibiān zǒuzou.

린 선생님은 이 주말에 일이 없는 것을 이용하여 동부의 해변을 걸었다.

② 他趁老师还没来上课，出去买了一杯咖啡。

Tā chèn lǎoshī hái méi lái shàngkè, chūqu mǎi le yì bēi kāfēi.

그는 선생님이 아직 수업에 오지 않은 틈을 이용하여, 커피 한 잔을 사왔다.

③ 趁天气好, 小明和美美去河边公园骑自行车。

Chèn tiānqì hǎo, Xiǎomíng hé Měimei qù hébiān gōngyuán qí zìxíngchē.

날씨가 좋아서, 샤오밍과 메이메이는 해변공원에 가서 자전거를 탔다.

구조 '趁'은 명사구, 동사구 혹은 절과 함께 사용한다. '趁' 전치사구는 주요 동사구 혹은 문장의 처음에 나타난다.

【의문형】

① 趁这个周末, 我们要不要搭地铁去看电脑展?

Chèn zhège zhōumò, wǒmen yào bu yào dā dìtiě qù kàn diànnǎozhǎn?

이번 주말을 이용해서, 우리 전철(MRT)를 타고 컴퓨터 전시회를 보러 갈까?

② 趁年轻的时候你不打打工, 怎么会了解如何工作呢?

Chèn niánqīng de shíhou nǐ bù dǎdǎgōng, zěnme huì liǎojiě rúhé gōngzuò de qíngxíng ne?

나이가 젊었을 때에 아르바이트를 하지 않으면, 어떻게 일하는 것에 대해 이해할 수 있겠습니까?

③ 你是不是应该趁老师还没来, 赶快把作业写完?

Nǐ shì bu shì yīnggāi chèn lǎoshī hái méi lái, gǎnkuài bǎ zuòyè xiěwán?

당신은 선생님이 아직 오지 않았을 때를 이용해서, 빨리 숙제를 끝내야 하지 않을까요?

용법 '趁'과 '趁着 chènzhe'는 사실상 같은 의미이다. '趁'과 '趁着'은 다음의 예에서 사용할 수 있다.

我们趁(着)天气好, 去山上走一走。

Wǒmen chèn (zhe) tiānqì hǎo, qù shānshang zǒu yi zǒu.

우리는 날씨가 좋은 때를 사용하여 산에 올라가 조금 걷자.

'趁'은 구어체이고, 발생빈도가 높다.

成. chéng. 조사. 동사 보어. …가 되다. …로 변하다 (1)

기능 동사 뒤에 위치하는 '成'은 동사에 의하여 표현되는 행동에서 유래한 새로운 실체 (또는 상태)를 나타내는 명사가 다음에 따라온다. 예를 들면, '동작+결과'이다. 어느 경우에는 다른 언어로 번역이 어려울 수 있다.

① 你看! 你把饺子包成什么样子了?

Nǐ kàn! Nǐ bǎ jiǎozi bāochéng shénme yàngzi le?

봐봐! 쟈오쯔를 도데체 어떻게 빚어 놓은거야?

② 我看不懂西班牙文。你能不能帮我把这段话翻译成中文?

Wǒ kàn bù dǒng Xībānyáwén. Nǐ néng bu néng bāng wǒ bǎ zhè duàn huà fānyì chéng Zhōngwén?

나는 스페인어를 잘 모릅니다. 당신을 이 부분을 중국어로 번역해 주실 수 있습니까?

③ 你在我房间里做了什么事?怎么把我的房间弄成这样?

Nǐ zài wǒ fángjiān li zuò le shénme shì? Zěnme bǎ wǒ de fángjiān nòngchéng zhèyàng?

내 방에서 무슨 일을 했어요? 어떻게 방을 이렇게 만들었어요?

④ 她用蛋跟其他材料做成了一个生日蛋糕, 送给妈妈。

Tā yòng dàn gēn qítā cáiliào zuòchéng le yí ge shēngrì dàngāo, sòng gěi māma.

그녀는 계란을 사용하여 다른 재료와 같이 생일케이크를 만들어, 엄마에게 드렸다.

⑤ 这是用 Word写的。我帮你存成 PDF, 可以吗?

Zhè shì yòng Word xiě de. Wǒ bāng nǐ cúnchéng PDF, kěyǐ ma?

이것은 워드를 사용하여 쓴 것입니다. PDF로 만들어서 저장해 드릴게요. 괜찮겠어요?

용법 (1) 'V+成'은 일반적으로 명사가 뒤따른다. 만약에 새로운 상태가 상태동사에 의하여 나타난다면, 成은 동작동사와 상태동사 사이에 사용할 수 없다. 그래서 *他把我的杯子弄成破了。(*Tā bǎ wǒ de bēizi nòngchéng pò le.)는 가능하지 않고, 弄破 nòngpò만 가능하다.

(2) 부정 '没'는 동작동사 앞에 위치한다.

她的手机没换成月租型。

Tā de shǒujī méi huànchéng yuèzūxíng.

그녀의 핸드폰은 매 달 내는 요금제로 변경하지 않았다.

成. chéng. 조사. 동사 보어. 성공적인, 성공적으로 (2)

기능 '成'은 동사가 성공이 가능한지에 대해서, 일의 성공을 알 수 있는 결과보어이다.

① 要是你再不努力读书的话，就念不成医学系了。

Yàoshi nǐ zài bù nǔlì dúshū dehuà, jiù niàn bù chéng yīxuéxì le.

만약에 당신이 더 이상열심히 공부하지 않는다면, 의학과에 들어갈 수 없을 거에요.

② 如果订购不成的话，就只好换一个网站订购了。

Rúguǒ dìnggòu bù chéng dehuà, jiù zhǐhǎo huàn yíge wǎngzhàn dìnggòu le.

만약에 구매가 이루어지지 않는다면, 부득이 다른 인터넷 사이트로 바꾸어 구매할 수 밖에 없어요.

③ 他又参加了民意代表选举，可惜这一次他没连任成。

Tā yòu cānjiā le mínyì dàibiǎo xuǎnjǔ, kěxī zhè yí cì tā méi liánrèn chéng.

그는 또 민의 대표 선거에 참가하였지만, 아쉽게도 이번에 그는 연임이 되지 못했다.

④ 上个月那场演唱会因为台风而改时间了。等了一个月，今天我终于看成了。

Shàngge yuè nà chǎng yǎnchànghuì yīnwèi táifēng ér gǎi shíjiān le. Děng le yí gè yuè, jīntiān wǒ zhōngyú kàn chéng le.

지난 달 그 공연은 태풍 때문에 시간을 변경하였다. 한 달을 기다린 후에, 오늘 나는 마침내 보게 되었다.

⑤ 高小美当得成当不成助教，得由系主任来决定。

Gao Xiǎoměi dāng de chéng dāng bù chéng zhùjiào, děi yóu xìzhǔrèn lái juédìng.

까오샤오메이가 조교로 일을 할 수 있을지 없을지는 학과장님이 결정해야 한다.

용법 (1) '成'은 결과형(V成, 没 V成)과 가능형(V得成, V不成)에서 모두 사용할 수 있다.

(2) 다른 기능으로 사용하는 '成'과 비교해 보라.

成语. chéngyǔ. 四字格(네 글자 표현)

기능 네 글자의 표현은 이미 만들어진 어구이다.

万事如意。

Wànshì rúyì.

모든 일이 뜻대로 이루어지기를 바랍니다.

心想事成。

Xīnxiǎng shìchéng.

바라는 바가 모두 이루어지길 바랍니다.

生日快乐。

Shēngrì kuàilè.

생일을 축하합니다.

步步高升。

Bùbù gāoshēng.

차츰차츰 승진하다.

年年有余。

Niánnián yǒuyú.

해마다 풍요하길 바랍니다.

恭喜发财。

Gōngxǐ fācái.

돈 많이 버시길 기원합니다.

네 글자 표현방법은 간결하면서도 의미가 풍부하기 때문에 자주 사용된다. 서로 다른 형식의 내부 구조는 다른 의미를 전달한다.

(1) '大 A 大 B' 형태에서, A와 B는 유사한 의미의 두 개의 단음절 단위이다. 이 문형은 자주 문장에서 술어로 나타나며, '매우 A하고 B하다', '대단히 A하고 B하다', 혹은 'A와 B가 많다'는 뜻을 나타낸다.

① 吃橘子是希望新的一年大吉大利。

Chī júzi shì xīwàng xīn de yì nián dàjí dàlì.

귤을 먹는 것은 새해에 모든 일이 순조롭게 되기를 바라는 것이다. (매우)

② 过年的时候, 家家大鱼大肉, 庆祝新年。

Guònián de shíhou, jiājiā dàyú dàròu, qìngzhù xīnnián.

새해를 맞이할 때, 집집마다 푸짐한 음식을 먹으며, 새해를 경축한다. (풍부)

③ 睡觉以前大吃大喝相当不健康。

Shuìjiào yǐqián dàchī dàhē xiāngdāng bú jiànkāng.

잠자기 이전에 진탕 먹고 마시는 것은 아주 건강하지 못하다. (풍부하게)

④ 张先生, 张太太常因为小孩的事, 大吵大闹。

Zhāng xiānsheng, Zhāng tàitai cháng yīnwèi xiǎohái de shì, dàchǎo dànào.

장 선생과 장 부인은 아이들의 일로 큰소리를 치며 싸운다. (큰 소란)

(2) ‘有 A 有 B’ 문형은 문장에서 자주 술어로 사용된다. A와 B는 서로 반대 의미가 될 수 있으며 단음절 단위이다. 이들은 상태동사, 명사 혹은 동작동사가 될 수 있다. 이 문형은 예문 ①과 ②와 같이 ‘어떤 것은 A하고, 어떤 것은 B하다’를 의미하기도 하고, 예문 ③과 ④와 같이 ‘A도 있고, B도 있다’를 나타내기도 한다. 예문 ⑤과 ⑥은 ‘A도 하였고, B도 하였다’를 의미한다.

① 那家店的水果有好有坏, 得慢慢地选。

Nà jiā diàn de shuǐguǒ yǒu hǎo yǒu huài, děi mànman de xuǎn.

저 상점의 과일은 어떤 것은 좋고 어떤 것은 나쁘기 때문에, 반드시 천천히 선택해야 한다.

② 这些小吃有甜有咸, 你想吃什么就买什么。

zhèxiē xiǎochī yǒu tián yǒu xián, nǐ xiǎng chī shénme jiù mǎi shénme.

이 스낵은 어떤 것은 달고 어떤 짭니다. 드시고 싶은 것은 뭐든지 드세요.

③ 这附近有山有水, 风景真美。

Zhè fùjìn yǒu shān yǒu shuǐ, fēngjǐng zhēn měi.

이 부근에는 산도 있고 물도 있어서, 풍경이 정말 아름답습니다.

④ 他有名有姓, 你不可以叫他「喂」, 太不客气了。

Tā yǒu míng yǒu xìng, nǐ bù kěyǐ jiào tā ‘wèi’, tài bú kèqi le.

그는 이름도 있고, 성도 있다. 너는 그를 ‘이봐!’라고 부르면 안 된다. 정말 예의 없는 것이다.

⑤ 我们昨天去参加学校的活动, 有吃有喝, 很开心。

Wǒmen zuótiān qù cānjiā xuéxiào de huódòng, yǒuchī yǒuhē, hěn kāixīn.

우리는 어제 학교의 활동에 참가했다. 먹을 것도 있고, 마실 것도 있고, 매우 재미있었다.

⑥ 大家一边吃饭, 一边说话, 有说有笑的。

Dàjiā yìbiān chī fàn, yìbiān shuōhuà, yǒu shuō yǒu xiào de.

모두 밥도 먹고, 이야기도 하고, 웃음꽃을 피우며 즐겁게 이야기하였다.

용법 (1) 서로 다른 네 글자 문형은 서로 다른 생산성을 가진다. 예를 들어, '有 A 有 B' 문형보다 '大 A 大 B' 문형의 표현이 더 많다. '有 A 有 B' 문형의 추가적인 예문은 다음과 같다.

有高有低 yǒu gāo yǒu dī 높은 것도 있고, 낮은 것도 있다.

有快有慢 yǒu kuài yǒu màn 빠른 것도 있고, 늦은 것도 있다.

有新有旧 yǒu xīn yǒu jiù 새 것도 있고, 낡은 것도 있다.

(2) 몇 개의 네 글자 문형의 표현은 분석이 잘 안되고 암기를 요구하는 특별한 의미를 가지고 있다.

① **有头有脸** yǒutóu yǒuliǎn:

~의 상황 혹은 경우: 위엄을 가지고 혹은 명예를 가져다주는 방식으로 적절하게 행하여졌다는 것을 묘사한다.

~의 사람: 존경을 받는 사람 그리고 지위, 명성 또는 권위를 가진 사람을 묘사한다.

② **有声有色** yǒushēng yǒusè: 문자적으로 소리와 색이 있다는 의미이다. 인상 깊은 전시물이나 휘황찬란한 것을 묘사한다.

(3) 비슷한 의미의 모든 단위가 '大 A 大 B' 문형에 적합하게 사용되는 것은 아니다. 다음의 예는 틀린 표현이다.

*大平大安 dàpíng dàān　　*大跑大跳 dàpǎo dàtiào

*大清大楚 dàqīng dàchǔ　　*大快大乐 dàkuài dàlè.

실제적으로 대부분의 네 글자 문형은 오직 제한된 범위에만 사용된다.

(4) 의미 외에도, 成语 혹은 四字格에 대해 배워야 하는 중요한 것은 이들이 주어, 목적어, 수식어, 부사어, 보어, 진술(commentary), 혹은 술어로 기능하는 지 등, 문장에서 어떻게 '기능'하는 지에 관한 정보이다.

出. chū. 조사. 동조사. …드러나다

기능 동조사(verb particle) '出'이 동작동사에 첨부되었을 때, '出'은 어떤 것이 존재하게 되거나 어떤 의식을 갖게 됨을 의미한다.

① 我不好意思说出的话, 他都帮我说了。
Wǒ bùhǎoyìsi shuōchū de huà, tā dōu bāng wǒ shuō le.
내가 겸연쩍어 말하기 힘든 말을, 그는 나를 위해서 말하였다.

② 一样的衣服, 他穿起来, 总是能穿出跟别人完全不同的感觉。
Yíyàng de yīfu, tā chuān qǐlai, zǒngshì néng chuānchū gēn biéren wánquán bù tóng de gǎnjué.
같은 옷을 입어도, 그가 옷을 입으면 항상 다른 사람과 완전히 다른 느낌이 나온다.

③ 他用有机商店买回来的材料做出又酸又辣的泡菜。
Tā yòng yǒujī shāngdiàn mǎi huílai de cáiliào zuòchū yòu suān yòu là de pàocài.
그는 유기농 상점에서 사온 재료를 사용하여 시고 매운 김치를 만들었다.

④ 我写不出这么让人感动的歌。
Wǒ xiě bù chū zhème ràng rén gǎndòng de gē.
나는 이렇게 사람을 감동하게 하는 노래를 쓸 수 없다.

⑤ 那位教授花了十年的时间, 才研究出这种新药。
Nà wèi jiàoshòu huāle shí nián de shíjiān, cái yánjiūchū zhè zhǒng xīnyào.
그 교수는 10년의 세월을 보내면서 비로소 이 신약을 연구했다.

용법 (1) 조사 '出'은 동사 '出'과 다르며, 조사 '出'은 다음과 같은 특징을 가지고 있다.

① '出'은 V_1V_2의 V_1과 같이 안에서 바깥으로 공간이동(spatial movement)을 나타낸다. (예를 들면, 出来 밖으로 나오다, 出去 밖으로 나가다)

② '出'은 $V_1V_2V_3$의 V_2와 같다.

拿出去

ná chūqu

꺼내서 가져가다

走出去

zǒu chūqu

걸어 나오다

跑出来

pǎo chūlai

나를 향해 달려 나오다

把书拿出房间去

Bǎ shū náchū fángjiān qu

책을 방에서 꺼내다

(2) 조사 '出'가 '把'와 같이 사용되거나 혹은 목적어가 앞으로 이동할 때, '来'는 $V_1V_2V_3$의 형태에 필요하다.

你应该把心里的话说出来。

Nǐ yīnggāi bǎ xīnlǐ de huà shuō chūlai.

당신은 반드시 마음속의 말을 말해야 한다.

혹은

心里的话, 你应该说出来。

Xīnlǐ de huà, nǐ yīnggāi shuō chūlai.

마음속의 말을 당신은 반드시 말해야 한다.

어떤 경우에는 来는 선택사항이다.

他研究了很久, 才研究出(来)新的做法。

Tā yánjiū le hěn jiǔ, cái yánjiū chū (lai) xīn de zuòfǎ.

그는 오랫동안 연구를 하여, 비로소 새로운 방법을 연구해냈다.

(3) 보어 '出(来)'는 가능형태에서도 사용될 수 있다.

A: 你想得出办法吗?
Nǐ xiǎng de chū bànfǎ ma?
당신은 방법을 생각해낼 수 있습니까?

B: 我想不出来。
Wǒ xiǎng bù chūlai.
(좋은 방법이) 생각이 나지 않습니다.

(4) 조사 '出'과 '起' 사이의 차이점에 주의해야 한다. '出'는 아무 것도 없던 것에서 무언가가 생각나는 것을 말하는 것이고, '起'는 전에 알고 있었던 것이 그의 의식이나 자각으로 되돌아오는 것을 말한다. 아래의 예를 비교해 보기 바란다.

① 我想了很久才想出一个办法来。
Wǒ xiǎngle hěn jiǔ cái xiǎngchū yí ge bànfǎ lái.
나는 아주 오랫동안 생각을 했고, 비로소 방법이 생각이 났다. (出 = 아무것도 없는 곳에서 무언가를 생각해 냄)

② 他说过一个不错的办法, 我差一点忘了。幸亏现在想起来了。
Tā shuōguo yí ge búcuò de bànfǎ, wǒ chà yìdiǎn wàng le. Xìngkuī xiànzài xiǎng qǐlai le.
그는 좋은 방법을 말했었지만, 나는 거의 잊을 뻔했다. 다행히 지금은 생각이 났다. (起 = 이미 존재했었고, 지금 자각하다)

出来. chūlai. 동사 보어. 생각해내다

기능 '出来'가 인지와 감각 동사의 보어로서 사용될 때, '出来'는 인지 처리과정이 끝난 '알아낸/생각한' 결과를 나타내다.

① 这张三十年以前的照片，你得看久一点，才能看出来是谁。

Zhè zhāng sānshí nián yǐqián de zhàopiàn, nǐ děi kàn jiǔ yìdiǎn, cái néng kàn chūlai shì shéi.

이 30년 이전의 사진은 오랫동안 보고 있어야 비로소 누구인지 알 수 있습니다.

② 我听出来那个人说的是台湾话。

Wǒ tīng chūlai nàge rén shuō de shì Táiwān huà.

나는 저 사람이 말하는 것은 타이완 말이라는 것을 알 수 있습니다.

③ 这个旅行路线的建议是他想出来的。

Zhège lǚxíng lùxiàn de jiànyì shì tā xiǎng chūlai de.

이 여행 노선의 건의는 그가 생각해낸 것이다.

구조 '出来'는 4종류의 보어구조에서 모두 사용된다. 예를 들어, 'V出来', '没V出来', 'V得出来', 'V不出来'.

① 美美喝得出来这杯是乌龙茶。

Měimei hē de chūlai zhè bēi shì Wūlóng chá.

메이메이는 이 잔이 우롱차라는 것을 알 수 있다.

② 他写得出来这个中国字。

Tā xiě de chūlai zhège Zhōngguó zì.

그는 이 중국글자를 쓸 수 있다.

③ 我吃不出来那种食物是什么材料做的。

Wǒ chī bù chūlai nà zhǒng shíwù shì shénme cáiliào zuò de.

나는 저런 종류의 음식은 무슨 재료로 만들었는지 맛으로 찾아낼 수 없다.

④ 小李看不出来那个人是台湾人还是韩国人。

Xiǎolǐ kàn bù chūlai nàge rén shì Táiwān rén háishi Hánguó rén.

샤오리는 저 사람이 타이완 사람인지 한국 사람인지 구별하지 못한다.

【부정형】

① 他没吃出来妈妈在水饺里放了什么菜。

Tā méi chī chūlai māma zài shuǐjiǎo lǐ fangle shénme cài.

그는 엄마가 물만두 안에 어떤 재료를 넣었는지 맛을 보고도 알 수 없었다.

② 美美没喝出来饮料里有什么水果。

Měimei méi hē chūlai yǐnliào li yǒu shé me shuǐguǒ.

메이메이는 음료수 안에 어떤 과일이 있는지 맛을 보고도 알 수 없었다.

③ 考试的时候，小明没想出来那个复杂的汉字怎么写。

Kǎoshì de shíhou, Xiǎomíng méi xiǎng chūlai nàge fùzá de Hànzì zěnme xiě.

시험을 치를 때, 샤오밍은 그 복잡한 한자를 어떻게 쓰는지 생각이 나지 않았다.

【의문형】

① 你听不听得出来说话的那个人是美国人?

Nǐ tīng bù tīng de chūlai shuōhuà de nàge rén shì Měiguó rén?

당신은 저 사람이 미국사람이라는 것을 말하는 것을 듣고 알 수 있습니까?

(= 你听得出来听不出来说话的那个人是美国人?)

(= Nǐ tīng de chūlai tīng bu chūlai shuōhuà de nà ge rén shì Měiguó rén?)

당신은 저 사람이 미국사람이라는 것을 말하는 것을 듣고 알 수 있습니까?

② 你看得出来看不出来老师说的那个字?

Nǐ kàn de chūlai kàn bu chūlai lǎoshī shuō de nà ge zì?

당신은 선생님이 말하는 저 글자를 찾을 수 있습니까?

③ 我们上个月花了多少生活费，你算出来了没有?

Wǒmen shàng ge yuè huāle duōshǎo shēnghuófèi, nǐ suàn chūlai le méi yǒu?

우리가 지난달에 생활비를 얼마나 사용했는지 계산했습니까?

용법 (1) 목적어가 짧으면, '出'과 '来' 사이에 나온다.

① 是他想出那个建议来的。
Shì tā xiǎngchū nà ge jiànyì lái de.
그가 그 건의를 생각해냈습니다.

② 你写不写得出这个字来?
Nǐ xiě bù xiě de chu zhè ge zì lái?
당신은 이 글자를 쓸 수 있습니까?

(2) 또한 문형이 비인지동사와 사용되었을 때, '出来'는 단순히 무엇인가를 성취하는 능력을 가리킨다.

① 你们公司是不是有问题?这个月薪水还没发出来!
Nǐmen gōngsī shì bu shì yǒu wèntí? zhè ge yuè xīnshuǐ hái méi fā chūlai!
당신 회사는 문제가 있습니까? 이번 달 월급이 아직 나오지 않았습니다.

② 如果你没说出来, 没有人会知道你帮过他。
Rúguǒ nǐ méi shuō chūlai, méi yǒu rén huì zhīdao nǐ bāngguo tā.
만약 당신이 말하지 않으면, 당신이 그를 도왔다는 것은 아무도 모른다.

③ 小明拍得出来那么好看的照片, 可是我拍不出来。
Xiǎomíng pāi de chūlai nàme hǎokàn de zhàopiàn, kěshì wǒ pāi bù chūlai.
샤오밍은 저렇게 아름다운 사진을 찍을 수 있는데, 나는 할 수 없다.

除了 A, 还 B. chúle(전치사) A, hái(부사) B. …에 더하여

기능 이 문형은 전치사 '除了'에 의하여 지정된 것에 추가되는 요소를 소개한다.

① 放假的时候, 他除了常打篮球, 还常踢足球。
Fàngjià de shíhou, tā chúle cháng dǎ lánqiú, hái cháng tī zúqiú.
방학을 했을 때, 그는 자주 농구를 할 뿐만 아니라, 또 축구도 자주 한다.

② 台湾好吃的小吃，除了牛肉面，还有小笼包。
Táiwān hǎochī de xiǎochī, chúle niúròumiàn, hái yǒu xiǎolóngbāo.
타이완의 맛있는 간식은 소고기면 이외에, 샤오롱빠오가 있습니다.

③ 从学校到火车站，除了坐地铁，还可以坐公交车。
Cóng xuéxiào dào huǒchēzhàn, chúle zuò dìtiě, hái kěyǐ zuò gōngjiāochē.
학교에서 기차역까지, 전철을 타는 것 이외에 시내버스도 탈 수 있다.

구조 '除了'는 '除了'의 목적어로 명사구(noun phrase)나 동사구를 가질 수 있는 특별한 전치사이다.

【부정형】

① 陈小姐除了不喜欢喝茶，她还不喜欢喝咖啡。
Chén xiǎojie chúle bù xǐhuan hē chá, tā hái bù xǐhuan hē kāfēi.
미스 천은 차를 좋아하지 않을 뿐만 아니라, 그녀는 또 커피도 싫어한다.

② 小明生病了，他除了没写作业，还没准备考试。
Xiǎomíng shēngbìng le, tā chúle méi xiě zuòyè, hái méi zhǔnbèi kǎoshì.
샤오밍은 아팠다. 그는 숙제를 하지 않았을 뿐만 아니라, 또 시험 준비도 못했다.

③ 她除了不喜欢太辣的菜，还不喜欢太甜的甜点。
Tā chúle bù xǐhuan tài là de cài, hái bù xǐhuan tài tián de tiándiǎn.
그녀는 아주 매운 요리를 좋아하지 않을 뿐만 아니라, 또 아주 단 디저트도 좋아하지 않는다.

【의문형】

① 你们除了去故宫，还去了哪些地方？
Nǐmen chúle qù Gùgōng, hái qù le nǎxiē dìfang?
고궁박물관에 간 것 이외에 또 어떤 곳을 갔습니까?

② 我们除了点牛肉面，还要点臭豆腐吗？

Wǒmen chúle diǎn niúròumiàn, hái yào diǎn chòudòufu ma?

우리는 소고기면 주문한 것 이외에 또 초우또우푸를 주문할까요?

③ 除了芒果，他是不是还喜欢吃西瓜？

Chúle mángguǒ, tā shì bu shì hái xǐhuan chī xīguā?

망고 이외에, 그는 수박도 좋아합니까?

용법 이 문형에서 부사 '还'는 같은 의미를 표현하는 '也 yě'로 교체될 수 있다.

① 感冒的人除了要吃药，也要多喝水，多休息。

Gǎnmào de rén chúle yào chī yào, yě yào duō hē shuǐ, duō xiūxi.

감기에 든 사람은 약을 먹는 것 이외에, 물을 많이 마시고, 많이 휴식을 취해야 한다.

② 陈小姐租的房子除了离地铁站很近，离超市也很近。

Chén xiǎojie zū de fángzi chúle lí dìtiě zhàn hěn jìn, lí chāoshì yě hěn jìn.

미스 천이 렌트한 방은 전철에서 매우 가까울 뿐만 아니라, 슈퍼마켓에서도 아주 가깝다.

③ 小明生日，妈妈除了买生日蛋糕，也订了猪脚面线。

Xiǎomíng shēngrì, māma chúle mǎi shēngrì dàngāo, yě dìng le zhūjiǎo miànxiàn.

샤오밍의 생일에 엄마는 생일 케이크를 샀을 뿐만 아니라, 돼지족발면도 주문하였다.

从 A 到 B. cóng(전치사) A dào (전치사) B. A부터 B까지

기능 이 문형은 '…부터 …까지'의 A와 B 사이의 공간적 또는 시간적 거리를 나타내는데 사용된다. A와 B는 시간이나 장소를 언급할 수 있지만, 결코 사람을 지칭할 수는 없다.

① 我从早上十点二十分到下午一点十分有中文课。

Wǒ cóng zǎoshang shí diǎn èrshí fēn dào xiàwǔ yì diǎn shí fēn yǒu Zhōngwén kè.

나는 아침 10시 20분부터 오후 1시 10분까지 중국어 수업이 있습니다.

② 我今天从早上到晚上都有空, 欢迎你们来我家。

Wǒ jīntiān cóng zǎoshang dào wǎnshang dōu yǒu kòng, huānyíng nǐmen lái wǒ jiā.

나는 오늘 아침부터 저녁까지 시간이 있습니다. 우리 집에 오시는 걸 환영합니다.

③ 从我家到那个游泳池有一点远。

Cóng wǒ jiā dào nàge yóuyǒngchí yǒu yìdiǎn yuǎn.

우리 집에서 수영장까지는 조금 멉니다.

④ 我从我朋友家到这个地方来。

Wǒ cóng wǒ péngyou jiā dào zhège dìfang lái.

나는 친구 집에서 여기까지 왔다.

⑤ 他从图书馆到那家餐厅去吃饭。

Tā cóng túshūguǎn dào nà jiā cāntīng qù chī fàn.

그는 도서관에서 그 식당가지 가서 밥을 먹는다.

구조 **【부정형】**

① 我们的語法课不是从九点到十一点。

Wǒmen de yǔfǎ kè bú shì cóng jiǔ diǎn dào shíyī diǎn.

우리의 문법수업은 9시부터 11시까지가 아니다.

② 陈先生的妈妈昨天不是从早上到晚上都很忙。

Chén xiānsheng de māma zuótiān bú shì cóng zǎoshang dào wǎnshang dōu hěn máng.

천 선생의 엄마는 어제 아침부터 저녁까지 모두 바쁜 것은 아니었다.

③ A: 我什么时候可以去你家?

Wǒ shénme shíhou kěyǐ qù nǐ jiā?

언제 당신의 집에 가도 됩니까?

B: 我今天从早上到晚上都没有空。可是明天可以。

Wǒ jīntiān cóng zǎoshang dào wǎnshang dōu méi yǒu kòng. Kěshì míngtiān kěyǐ.

나는 오늘 아침부터 저녁까지 전혀 시간이 없습니다. 그러나 내일은 가능합니다.

④ 从这栋大楼到那家 KTV不远。

Cóng zhè dòng dàlóu dào nà jiā KTV bù yuǎn.

이 건물에서 저 KTV까지는 멀지 않다.

⑤ 我不想从学校到那里去, 想从我家去。

Wǒ bù xiǎng cóng xuéxiào dào nàli qù, xiǎng cóng wǒ jiā qù.

나는 학교에서 저 곳에 가고 싶지 않고, 우리 집에서 가고 싶습니다.

【의문형】 질문형식은 세 가지 문형이 있다.

① 你们老师后天从早上到下午都有空吗?(吗 의문형)

Nǐmen lǎoshī hòutiān cóng zǎoshang dào xiàwǔ dōu yǒu kòng ma?

너희 선생님은 모레 아침부터 오후까지 시간이 있습니까?

② 请问从图书馆到你们宿舍远不远? (A-不-A 의문형)

Qǐngwèn cóng túshūguǎn dào nǐmen sùshè yuǎn bu yuǎn?

도서관부터 당신들 기숙사까지 멉니까?

③ 他们想从宿舍还是图书馆到教室去上课? (A还是B 질문)

Tāmen xiǎng cóng sùshè háishi túshūguǎn dào jiàoshì qù shàngkè?

그들은 기숙사에서 교실로 가서 수업하길 원하나요? 혹은 도서관에서 교실로 가서 수업하길 원하나요?

从 A 往 B. cóng (전치사) A wǎng (전치사) B. A에서 B로

기능 이 문형은 이동의 방향을 표현한다. '从'은 시작하는 점을 표지하고, '往'은 이동의 종착점을 표지한다.

① 你从这里往前一直走, 就到师大了。
Nǐ cóng zhèli wǎng qián yìzhí zǒu, jiù dào Shīdà le.
여기에서부터 앞으로 곧장 가시면 사범대학에 도착합니다.

② 从这个路口往右转, 你可以到学校宿舍。
Cóng zhège lùkǒu wǎng yòu zhuǎn, nǐ kěyǐ dào xuéxiào sùshè.
이 교차로에서 우회전 하시면 학교 기숙사에 도착할 수 있습니다.

③ 从学校大门往里面走十分钟, 可以到语言中心。
Cóng xuéxiào dàmén wǎng lǐmian zǒu shí fēnzhōng, kěyǐ dào yǔyán zhōngxīn.
학교 정문에서 안으로 10분 걸어가면, 어학원에 도착할 수 있습니다.

구조 이동의 시작점이 문맥에서 분명하다면, '往…'만 사용하고, '从…'은 생략될 수 있다.

A: 请问, 图书馆怎么走?
Qǐngwèn, túshūguǎn zěnme zǒu?
도서관은 어떻게 갑니까?

B: 你往前一直走, 就到了。
Nǐ wǎng qián yìzhí zǒu, jiù dào le.
앞으로 곧장 가시면 바로 도착합니다.

【부정형】

① 你不能(从这里)往前走, 前面没有路了。
Nǐ bù néng (cóng zhèli) wǎng qián zǒu, qiánmian méi yǒu lù le.
(여기에서) 앞으로 가면 안 됩니다. 앞에 길이 없습니다.

② 你不可以从这个路口往左转，只可以往右转。

Nǐ bù kěyǐ cóng zhège lùkǒu wǎng zuǒ zhuǎn, zhǐ kěyǐ wǎng yòu zhuǎn.

이 교차로에서 좌회전 하면 안 됩니다. 우회전만 가능합니다.

③ 这公交车不是往师大，是往火车站的。

Zhè gōngjiāochē bú shì wǎng Shīdà, shì wǎng huǒchēzhàn de.

이 시내버스는 사범대로 가는 것이 아닙니다. 기차역으로 가는 것입니다.

【의문형】

① 我是不是从这里往前面一直骑，就可以到花莲?

Wǒ shì bu shì cóng zhèli wǎng qiánmian yìzhí qí, jiù kěyǐ dào Huālián?

나는 여기에서 앞으로 곧장 가면, 후아리앤에 도착할 수 있습니까?

② 请问从师大，有没有往故宫博物院的公交车?

Qǐngwèn cóng Shīdà, yǒu méi yǒu wǎng Gùgōng Bówùyuàn de gōngjiāochē?

사범대에서 고궁박물관으로 가는 시내버스가 있습니까?

③ 请问，我要到银行去，是从这里往前一直走吗?

Qǐngwèn, wǒ yào dào yínháng qù, shì cóng zhèli wǎng qián yìzhí zǒu ma?

나는 은행에 가려고 합니다. 여기에서 앞으로 곧장 갑니까?

从…起. cóng(전치사) …qǐ(조사). …부터 시작

기능 이 문형은 사건의 시작점을 구체적으로 명시한다.

① 学生总是说从明天起，我要好好地念书，不让父母失望。

Xuésheng zǒngshì shuō cóng míngtiān qǐ, wǒ yào hǎohāo de niànshū, bú ràng fùmǔ shīwàng.

학생들은 언제나 "내일부터 시작해서 나는 열심히 공부해서 부모님을 실망시키지 않겠다."고 말한다.

② 那个语言中心规定从今年秋天起，申请奖学金的学生，成绩要有85分以上。

Nàge yǔyán zhōngxīn guīdìng cóng jīnnián qiūtiān qǐ, shēnqǐng jiǎngxuéjīn de xuésheng, chéngjì yào yǒu bāshíwǔ fēn yǐshàng.

그 어학원은 올해 가을부터 시작해서, 장학금을 신청하는 학생들은 성적이 85점이 되어야 한다고 규정하였다.

③ 因为放暑假的关系，学校的图书馆从后天起，上午九点才开门。

Yīnwèi fàng shǔjià de guānxi, xuéxiào de túshūguǎn cóng hòutiān qǐ, shàngwǔ jiǔ diǎn cái kāimén.

여름방학을 시작하기 때문에, 학교 도서관은 모레부터 시작해서, 오전 9시에 비로서 문을 연다.

④ 你弄错了。百货公司打折活动是从十月十号起，不是十月一号。

Nǐ nòngcuò le. Bǎihuò gōngsī dǎzhé huódòng shì cóng shí yuè shí hào qǐ, bú shì shí yuè yī hào.

당신 잘못 알았다. 백화점의 세일은 10월 10일부터 시작해서 한다. 10월 1일이 아니다.

⑤ 那个展览馆从下星期一起到下个月三十一号，要举行电脑展。

Nàge zhǎnlǎnguǎn cóng xià xīngqī yī qǐ dào xiàge yuè sānshíyī hào, yào jǔxíng diànnǎozhǎn.

저 전시장은 다음 주 월요일부터 다음 달 31일까지, 컴퓨터 박람회가 있습니다.

용법 ‘从…起’는 비교적 문어체이며 형식적이다. ‘从…开始’가 좀 더 구어적이다.

从明天开始，我不再吃炸的东西了。

Cóng míngtiān kāishǐ, wǒ bú zài chī zhá de dōngxi le.

내일부터 시작해서, 나는 다시는 튀긴 것은 먹지 않을 겁니다.

从来. cónglái. 부사. 从来+부정. 결코 …않다

기능 문형 '从来+没'는 과거에 없었던 사건을 말한다. 이 경우 주요동사는 조사 '过'와 함께 사용된다. 그리고 문형 '从来不'는 일반적으로 일어나지 않는 상황을 말한다.

① 他虽然是台湾人, 可是从来没吃过地道的台南美食。

Tā suīrán shì Táiwān rén, kěshì cónglái méi chīguo dìdao de Táinán měishí.

그는 비록 타이완 사람이지만, 결코 정통 타이난 음식을 먹어본 적이 없다.

② 我从来没参加过跨年活动。难得今年有机会参加。

Wǒ cónglái méi cānjiāguo kuànián huódòng. Nándé jīnnián yǒu jīhuì cānjiā.

나는 한 번도 새해 활동을 참가해 본 적이 없다. 올 해에는 참가할 기회가 생겼다.

③ 小美从来没逛过24小时营业的书店, 所以我今天要带她去。

Xiǎoměi cónglái méi guàngguo 24 xiǎoshí yíngyè de shūdiàn, suǒyǐ wǒ jīntiān yào dài tā qù.

샤오메이는 한 번도 24시간 운영하는 서점을 가본 적이 없다. 그래서 나는 오늘 그녀를 데리고 가려고 한다.

④ 我从来没喝过雄黄酒, 今天想喝喝看味道怎么样。

Wǒ cónglái méi hēguo xiónghuángjiǔ, jīntiān xiǎng hēhe kàn wèidao zěnmeyàng.

나는 전혀 시옹후앙술을 마셔본 적이 없다. 오늘 맛이 어떤지 마셔보려고 한다.

⑤ 我从来没在餐厅打过工, 不知道在餐厅打工累不累。

Wǒ cónglái méi zài cāntīng dǎguò gōng, bù zhīdao zài cāntīng dǎgōng lèi bú lèi.

나는 식당에서 아르바이트를 해본 적이 없어서 식당에서 아르바이트 하는 것이 피곤한지 어떠한지를 잘 모르겠다.

⑥ 妹妹年纪还小，妈妈从来不让她一个人出门。

Mèimei niánjì hái xiǎo, māma cónglái bú ràng tā yí gè rén chūmén.

여동생은 나이가 아직 어려서, 엄마는 한 번도 여동생 혼자 외출하게 한 적이 없다.

⑦ 他说在山区骑摩托车不太安全，所以他从来不在山区骑。

Tā shuō zài shānqū qí mótuōchē bú tài ānquán, suǒyǐ tā cónglái bú zài shānqū qí.

그는 산에서 오토바이를 타는 것은 그다지 안전하지 않다고 말한다. 그래서 그는 한 번도 산에서 오토바이를 타지 않았다.

⑧ 为了身体健康，他从来不吃炸的东西。

Wèile shēntǐ jiànkāng, tā cónglái bù chī zhá de dōngxi.

건강을 위해서, 그는 한 번도 튀긴 음식을 먹지 않는다.

용법 이 문형에서 '没'와 '不'의 사용은 아래의 표와 같다.

	동작동사	상태동사	변화동사
从来不	✓	✓	×
从来没(…过)	✓	×	✓

D

当…的时候. dāng…de shíhou. …의 때에

기능 전치사 '当'은 사건의 시간을 말한다. 이 경우 문장으로 시간이 표현된다.

① 当机会来的时候, 你千万别错过。
Dāng jīhuìlái de shíhou, nǐqiānwàn biécuòguò.
기회가 왔을 때, 절대로 놓쳐서는 안 된다.

② 当别人对你说话时, 你要仔细听。
Dāng biéren duì nǐ shuōhuà shí, nǐ yào zǐxì tīng.
다른 사람이 너에게 말할 때는, 자세히 들어야 한다.

③ 当他知道他得到奖学金时, 高兴地跳了起来。
Dāng tā zhīdao tā dédào jiǎngxuéjīn shí, gāoxìngde tiào le qǐlai.
그가 장학금을 받았다는 것을 알았을 때, 뛸 정도로 기뻤다.

④ 当你欣赏表演时, 一定要关手机。
Dāng nǐ xīnshǎng biǎoyǎn shí, yídìng yào guān shǒujī.
공연을 볼 때, 핸드폰을 반드시 꺼야한다.

용법 '当'은 자주 대화에서 선택적으로 사용된다.

① (当)孩子回家的时候, 妈妈已经做了很多好吃的菜。
(Dāng) Háizi huí jiā de shíhou, māma yǐjīng zuòle hěn duō hǎochī de cài.
아이가 집에 갔을 때, 엄마는 이미 맛있는 음식을 아주 많이 만들어 놓았다.

② (当)我住在香港的时候, 认识了很多香港朋友。
(Dāng) Wǒ zhù zài Xiānggǎng de shíhou, rènshile hěn duō Xiānggǎng péngyou.
내가 홍콩에 머물 때, 많은 홍콩 친구를 사귀었다.

③ (当)她写功课时，发现了不少问题。

(Dāng) Tā xiě gōngkè shí, fāxiànle bù shǎo wèntí.

그녀가 숙제를 할 때, 많은 문제를 발견하였다.

到. dào. 전치사. 목적지 표지 (1)

기능 전치사 '到'의 이동의 목적지를 나타낸다.

① 他这个周末到台湾来。

Tā zhège zhōumò dào Táiwān lái.

그는 이 주말에 타이완에 오려고 한다.

② 老师明天到台北来。我们要和他一起吃晚饭。

Lǎoshī míngtiān dào Táiběi lái. Wǒmen yào hàn tā yìqǐ chī wǎnfàn.

선생님은 내일 타이뻬이에 오십니다. 우리는 그와 함께 저녁식사를 하려고 합니다.

③ 想吃牛肉面吗?明天我们可以到那家店去。

Xiǎng chī niúròumiàn ma? Míngtiān wǒmen kěyǐ dào nà jiā diàn qù.

소고기면을 먹고 싶어요? 내일 우리 저 집에 갈 수 있어요.

④ 我可以教你中文，明天到我家来吧!

Wǒ kěyǐ jiāo nǐ Zhōngwén, míngtiān dào wǒ jiā lái ba!

제가 당신에게 중국어를 가르쳐 드릴 수 있습니다. 내일 우리 집에 오세요!

구조 **【부정형】**

부정은 항상 전치사 앞에 부정어를 위치하게 함으로서 사용하며, 주요동사가 아니다.

① 王先生明天不到台北来。

Wáng xiānsheng míngtiān bú dào Táiběi lái.

왕 선생은 내일 타이뻬이에 오지 않습니다.

② 那家的越南菜不好吃。他们不到那家餐厅去。

Nà jiā de Yuènán cài bù hǎochī. Tāmen bú dào nà jiā cāntīng qù.

그 집의 베트남 음식은 맛이 없습니다. 그들은 그 식당에 가지 않습니다.

③ 他晚上去看电影, 不到我家来, 你呢?

Tā wǎnshang qù kàn diànyǐng, bú dào wǒ jiā lái, nǐ ne?

그는 저녁에 영화를 보러 가고, 우리 집에 오지 않습니다. 당신은요?

【의문형】

到 dào 는 A-不-A 질문 문형으로 사용된다.

① 你妹妹到不到台湾来?

Nǐ mèimei dào bú dào Táiwān lái?

당신의 여동생은 타이완에 옵니까?

② 他们到不到我家来?

Tāmen dào bú dào wǒ jiā lái?

그들은 우리 집에 옵니까?

③ 你明天到不到学校来?

Nǐ míngtiān dào bú dào xuéxiào lái?

내일 학교에 옵니까?

용법 '来 lái 오다', '去 qù 가다'와 같이 '到 dào'도 문장에서 주요 동사가 될 수 있다. 예문은 아래와 같다.

① 这么多家餐厅, 我们要到哪一家?

Zhème duō jiā cāntīng, wǒmen yào dào nǎ yì jiā?

이렇게 많은 식당에서 우리는 어느 식당에 가야하나요?

② 他们明天晚上要到王老师家。你想去吗?

Tāmen míngtiān wǎnshang yào dào Wáng lǎoshī jiā. Nǐ xiǎng qù ma?

그들은 내일 저녁에 왕 선생님 댁에 갑니다. 당신도 가고 싶습니까?

③ 欢迎你到我家。

Huānyíng nǐ dào wǒ jiā.

우리 집에 오시는 걸 환영합니다.

到. dào. 전치사. 이동동사를 위한 목적지 표지 (2)

기능 전치사 '到'는 움직임에 따른 목적지를 표지한다. 동작의 실행 결과로 항목들이 到에 의해 표지된 장소로 이동이 된다.

① 他在踢足球, 踢着踢着就踢到学校外面了。

Tā zài tī zúqiú, tīzhe tīzhe jiù tī dào xuéxiào wàimian le.

그가 축구를 할 때, 공을 차다 공을 차다가 학교 밖으로 갔다.

② 他上星期从台北骑摩托车骑到花莲。

Tā shàng xīngqī cóng Táiběi qí mótuōchē qí dào Huālián.

그는 지난주에 타이뻬이에서 오토바이를 타고 후아리앤에 갔다.

③ 这个蛋糕, 我打算拿到学校请同学吃。

Zhège dàngāo, wǒ dǎsuan ná dào xuéxiào qǐng tóngxué chī.

이 케이크를 나는 학교에 가지고 가서 학우들에게 줄 생각이다.

구조 **【부정형】**

전치사구는 부정이 되는 주요 이동동사와 함께 위치한다.

① 我在师大下的车, 没搭到台北火车站。

Wǒ zài Shīdà xià de chē, méi dā dào Táiběi huǒchēzhàn.

나는 사범대에서 내렸습니다. 타이뻬이 기차역까지 타지 않았습니다.

② 张老师跟他太太决定不搬到西班牙了。

Zhāng lǎoshī gēn tā tàitai juédìng bù bāndào Xībānyá le.

장 선생님과 그의 부인은 스페인으로 이사 가지 않기로 결정했습니다.

③ 我太累了, 没走到故宫, 就回家了。

Wǒ tài lèi le, méi zǒu dào Gùgōng, jiù huí jiā le.

나는 너무 피곤해서, 고궁까지 걸어가지 않고, 바로 집에 갔습니다.

【의문형】

① 我的书, 你明天会拿到学校给我吗?

Wǒ de shū, nǐ míngtiān huì ná dào xuéxiào gěi wǒ ma?

나의 책을 너는 내일 학교에 가져와서 나에게 주겠니?

② 那个电脑, 你送到他家去了没有?

Nàge diànnǎo, nǐ sòng dào tā jiā qù le méi yǒu?

그 컴퓨터를 당신은 그의 집에 가져다 주었습니까?

③ 本子和笔, 你是不是都放到背包里了?

Běnzi hé bǐ, nǐ shì bu shì dōu fàngdào bēibāo lǐ le?

공책과 연필을 당신은 모두 배낭 안에 넣었습니까?

용법 (1) 다른 전치사구 '从+명사'는 동사 앞에 추가되어 시작점을 나타낼 수 있다.

① 他从家里走到学校, 需要三十分钟的时间。

Tā cóng jiā li zǒu dào xuéxiào, xūyào sānshí fēnzhōng de shíjiān.

그는 집에서 학교까지 가는데, 30분이 필요하다.

② 放假的时候, 我从台北开车开到台南, 真的太累了。

Fàngjià de shíhou, wǒ cóng Táiběi kāichē kāi dào Táinán, zhēnde tài lèi le.

방학을 했을 때, 나는 타이뻬이에서 차를 운전하여 타이난까지 갔는데, 정말로 너무 피곤했다.

(2) The '到+전치사구'는 동사의 앞이나 혹은 동사의 뒤에서, 별개의 의미로 위치할 수 있다. 아래의 예문을 비교해보자.

① 他到火车站搭高铁。
Tā dào huǒchēzhàn dā gāotiě.
그는 기차역에 가서 고속열차를 탄다.

② 他搭巴士搭到火车站附近。
Tā dā bāshì dā dào huǒchēzhàn fùjìn.
그는 버스를 타고 기차역 부근까지 갔다.

(3) 위치 뒤에 '来 lái' 혹은 '去 qù'를 추가할 수 있다. '来'는 말하는 사람을 향하는 이동을 가리키고, 반면에 '去'는 말하는 사람으로부터 멀어지는 이동을 나타낸다.

① 球踢到公园里去了。还好没踢到人。
Qiú tī dào gōngyuán lǐ qù le. Hái hǎo méi tīdào rén.
공을 공원으로 찼다. 다행이 아무도 안 맞았다.

② 球踢到公园里来了。
Qiú tī dào gōngyuán lǐ lái le.
공이 공원 안으로 왔다.

到. dào. 전치사, 술어 뒤에 오는 전치사. …까지 (3)

기능 동사가 전치사 '到'와 함께 사용될 때, '到'는 공간 혹은 시간의 끝, 종착지점을 표지한다.

① 中国人过年要一直过到一月十五号。
Zhōngguó rén guònián yào yìzhí guò dào yī yuè shíwǔ hào.
중국 사람은 새해를 1월 15일까지 보낸다.

② 我们吃年夜饭, 吃到晚上快十二点。

Wǒmen chī niányèfàn, chī dào wǎnshang kuài shí'èr diǎn.

우리는 새해 전야 저녁식사를 먹을 때, 12시가 거의 될 때까지 먹습니다.

③ 这学期的课上到下星期五。

Zhè xuéqī de kè shàng dào xià xīngqī wǔ.

이 학기의 수업은 다음 주 금요일까지 합니다.

④ 他们想走到火车站。

Tāmen xiǎng zǒudào huǒchēzhàn.

그들은 기차역까지 걷고 싶어합니다.

⑤ 他们爬到屋顶上。

Tāmen pá dào wūdǐng shang.

그들은 지붕까지 올라갔다.

구조 **【부정형】**

① 老师今天上课, 没上到五点就下课了。

Lǎoshī jīntiān shàngkè, méi shàng dào wǔ diǎn jiù xiàkè le.

선생님은 오늘 수업을 5시까지 하지 않고 바로 끝냈다.

② 小张没做到月底, 就决定不上班了。

Xiǎozhāng méi zuò dào yuè dǐ, jiù juédìng bú shàngbān le.

샤오장은 월말까지 일하지 않고, 바로 출근하지 하지 않기로 결정했다.

③ 那家店的水果还没卖到中午, 就已经卖光了。

Nà jiā diàn de shuǐguǒ hái méi mài dào zhōngwǔ, jiù yǐjīng màiguāng le.

그 상점의 과일은 정오까지 팔지도 않았는데, 이미 다 팔렸다.

【의문형】

① 星期六你都睡到几点才起床?
Xīngqī liù nǐ dōu shuì dào jǐ diǎn cái qǐchuáng?
토요일에 당신 몇 시까지 잤다가 일어납니까?

② 这本书是不是可以借到下个月五号?
Zhè běn shū shì bu shì kěyǐ jiè dào xiàge yuè wǔ hào?
이 책은 다음 달 5일까지 빌릴 수 있죠?

③ 作业, 你昨天写到什么时候才写完?
Zuòyè, nǐ zuótiān xiě dào shénme shíhou cái xiěwán?
숙제를 너는 어제 언제까지 했니?

용법 '从 cóng' 구문은 이 문형에 추가되어 출발점을 나타낼 수 있다.

① 中国人过年, 要从除夕过到一月十五。
Zhōngguó rén guònián, yào cóng chúxì guò dào yī yuè shíwǔ.
중국 사람의 새해는 섣달 그믐밤부터 1월 15일까지 지낸다.

② 他们包水饺, 从下午包到晚上才包完。
Tāmen bāo shuǐjiǎo, cóng xiàwǔ bāo dào wǎnshang cái bāowán.
그들은 물만두를 만들 때, 오후부터 저녁까지 만들어야 비로소 완성한다.

到. dào. 조사, 동사 보어. 성공적으로 ~하다 (4)

기능 조사 '到'가 동사 보어로 역할을 할 때, 어떤 동작을 '성공적으로 완수하다'는 의미를 지닌다.

① 在台湾很容易买到外国东西。
Zài Táiwān hěn róngyì mǎidào wàiguó dōngxi.
타이완에서는 아주 쉽게 외국 물건을 살 수 있다.

② 我找了很久, 才找到了我的手机。

Wǒ zhǎo le hěn jiǔ, cái zhǎodào le wǒ de shǒujī.

나는 아주 오랫동안 찾은 후에야 나의 핸드폰을 찾았다.

③ 我们答应老师以后要天天来上课, 我们得做到。

Wǒmen dāyìng lǎoshī yǐhòu yào tiāntiān lái shàngkè, wǒmen děi zuòdào.

우리는 선생님께 이후에 우리가 매일 수업에 온다고 약속하였다. 우리가 반드시 해야 하는 것이다.

구조

【부정형】

문형 'V+到'는 '没'을 사용하여 부정한다.

① 他没想到搬家麻烦极了。

Tā méi xiǎngdào bānjiā máfan jí le.

그는 이사가 크게 번거로울 거라고 예상하지 못했다.

② 今年我在台湾过生日, 所以没吃到妈妈做的蛋糕。

Jīnnián wǒ zài Táiwān guò shēngrì, suǒyǐ méi chīdào māma zuò de dàngāo.

올해 나는 타이완에서 생일을 보내기 때문에, 엄마가 만든 케이크를 먹지 못한다.

③ 我在百货公司看了半天, 可是我没找到我要的。

Wǒ zài bǎihuò gōngsī kàn le bàntiān, kěshì wǒ méi zhǎodào wǒ yào de.

나는 백화점에서 반나절을 보았지만, 나는 내가 사려는 것을 찾지 못했다.

【의문형】

① 十楼听得到听不到汽车的声音?

Shí lóu tīng de dào tīng bú dào qìchē de shēngyīn?

십층에시 차 소리를 들을 수 있습니까?

② 你喜欢的水果, 在台湾是不是买得到?

Nǐ xǐhuan de shuǐguǒ, zài Táiwān shì bu shì mǎi de dào?

네가 좋아하는 과일은 타이완에서 살 수 있지?

③ 小美的电话你找到了没有?

Xiǎoměi de diànhuà nǐ zhǎodào le méi yǒu?

샤오메이의 전화를 찾았습니까?

용법

(1) '看 kàn'과 '听 tīng' 같은 지각동사는 같은 의미로 '到 dào' 혹은 '见 jiàn'과 결합할 수 있다. 중국 본토에서는 '见'이 더 일반적이다.

① 我看见他在打太极拳。

Wǒ kànjiàn tā zài dǎ Tàijíquán.

나는 그가 태극권을 하는 것을 보았다.

② 我看到他在打太极拳。

Wǒ kàndào tā zài dǎ Tàijíquán.

나는 그가 태극권을 하는 것을 보았다.

(2) 보어 '到'는 모든 보어구조에서 사용이 된다.

看到

kàndào

没看到

méi kàndào

看得到

kàn de dào

看不到

kàn bú dào

(3) '没想到 méi xiǎngdào'는 관용어구가 되었다. 자주 문장의 시작 부분에서 말하는 사람의 놀람을 표현한다. '想不到 xiǎng bú dào'의 의미와 쓰임은 '没想到'와 같다.

① 没想到你爸爸这么会做菜。
Méi xiǎngdào nǐ bàba zhème huì zuò cài.
너의 아빠가 이렇게 요리를 잘 하실 줄 몰랐다.

② 想不到你爸爸这么会做菜。
Xiǎng bú dào nǐ bàba zhème huì zuò cài.
너의 아빠가 이렇게 요리를 잘 하실 줄은 생각지 못했다.

到底. dàodǐ. 부사. 결국? 도대체 어떻게?

기능 부사 '到底'는 말하는 사람이 어떤 것에 대해 당황하고 사실을 알고 싶어 할 때 사용한다. 그 문장은 호기심과 성급함의 강한 어조가 있다.

① 小陈几天以前说想去面包店当学徒, 今天说想去乡下种水果, 他到底想做什么?
Xiǎochén jǐ tiān yǐqián shuō xiǎng qù miànbāodiàn dāng xuétú, jīntiān shuō xiǎng qù xiāngxia zhòng shuǐguǒ, tā dàodǐ xiǎng zuò shénme?
샤오천은 며칠 전에 제과점에 가서 수습생이 되고 싶다고 말했는데, 오늘은 시골에 가서 과일 농사를 하고 싶다고 말하였다. 그는 도대체 무엇을 하고 싶은 것인가?

② 你不要看到新型的电子产品就买, 「货比三家不吃亏」这句话的意思, 你到底懂不懂?
Nǐ bú yào kàndào xīnxíng de diànzǐ chǎnpǐn jiù mǎi, 'huò bǐ sān jiā bù chīkuī' zhè jù huà de yìsi, nǐ dàodǐ dǒng bù dǒng?
너는 전자제품을 신제품을 보자 마자 바로 사지 마라. '물건은 상점 세 군데를 비교해야 손해 보지 않는다.'라는 말을 도대체 이해하지 못하겠니?

③ 那家商店卖的凤梨酥特别受欢迎, 他们到底用的是什么行销方式?

Nà jiā shāngdiàn mài de fènglísū tèbié shòu huānyíng, tāmen dàodǐ yòng de shì shénme xíngxiāo fāngshì?

그 상점에서는 파는 파인애플 케이크는 특별히 인기가 많아요. 그들이 사용하는 것은 도데체 어떤 마케팅 방식인가요?

④ 我昨天介绍给你的那位先生, 到底你对他的印象怎么样?

Wǒ zuótiān jièshào gěi nǐ de nà wèi xiānsheng, dàodǐ nǐ duì tā de yìnxiàng zěnmeyàng?

내가 어제 소개해 드린 그 신사분에 대해서 당신은 도대체 어떻게 생각하시는 건가요?

⑤ 看到你有这么多好朋友, 真羡慕你。你到底是怎么跟别人建立关系的?

Kàndào nǐ yǒu zhème duō hǎo péngyou, zhēn xiànmù nǐ. Nǐ dàodǐ shì zěnme gēn biéren jiànlì guānxi de?

당신에게 이렇게 많은 좋은 친구가 있는 것을 보니 정말 부럽습니다. 당신은 도대체 어떻게 다른 사람들과 좋은 관계를 만듭니까?

용법 '到底'는 문장의 첫머리의 위치로 이동할 수 있는 부사의 한 종류이다. '吗 ma'를 뺀 나머지 의문구조에서 사용할 수 있다. 주어의 앞 혹은 뒤에 나타나지만, 주어가 의문사이면, 주어가 의문사인 경우에, '到底'는 문장의 제일 앞에 놓여야만 한다.

① a. 你到底去不去?

Nǐ dàodǐ qù bu qù?

당신은 정말로 갈 건가요?

b. 到底你去不去?

Dàodǐ nǐ qù bu qù?

정말로 당신은 갈 건가요?

② a. 他到底哪里不舒服?
Tā dàodǐ nǎli bù shūfu?
그는 도대체 어디가 아픕니까?

b. 到底他哪里不舒服?
Dàodǐ tā nǎli bù shūfu?
도대체 그는 어디가 아픕니까?

③ a. 你到底买菜了没有?
Nǐ dàodǐ mǎi cài le méi yǒu?

b. 到底你买菜了没有?
Dàodǐ nǐ mǎi cài le méi yǒu?
당신은 대체 채소를 산 거에요? 안 산 거에요?

그러나 이렇게 말하면 안 된다.

① *谁到底要去?
Shéi dàodǐ yào qù?

② *哪里到底好玩?
Nǎli dàodǐ hǎowán?

③ *什么人到底才能参加?
Shénme rén dàodǐ cái néng cānjiā?

'臭豆腐到底臭不臭? Chòudòufu dàodǐ chòu bu chòu? 초우또우푸는 정말 냄새가 역겹습니까?'와 같은 '到底 질문'을 말하기에 앞서, 아래 진술 중 하나가 참이어야 한다.

(1) 어떤 사람들은 그렇다고 말하고, 반면에 다른 사람들은 그렇지 않다고 말한다.

(2) 누군가 자꾸 '그렇다'고 말하거나, 혹은 '그렇지 않다'고 말한다.

아래와 같은 상황에서는 '到底 질문'을 사용할 수 없다.

(1) 아무도 臭豆腐 chòudòufu 에 대해서 이야기 하지 않는다.

(2) 누군가 '그렇다'고 말하거나, 혹은 '그렇지 않다'고 한 쪽만 이야기 한다.

倒是. dàoshìi. 부사. 다른 한편으로는, 반면에

기능 '倒是'는 두 번째 문장의 부사로, 앞서 말한 것과 다른 관점, 앞서 말한 것과 반대를 표현한다.

① 不少人认为目前经济不乐观。我倒是觉得并没有那么严重。

Bù shǎo rén rènwéi mùqián jīngjì tíngzhì bú lèguān. Wǒ dàoshì juéde bìng méiyǒu nàme yánzhòng.

적지 않은 사람들은 지금의 경기가 낙관적이지 않다고 생각한다. 나는 반면에 그렇게 심하지 않다고 느낀다.

② 我觉得连锁咖啡店的咖啡不错。我朋友倒是觉得小咖啡馆的比较好喝。

Wǒ juéde liánsuǒ kāfēidiàn de kāfēi búcuò. Wǒ péngyou dàoshì juéde xiǎo kāfēiguǎn de bǐjiào hǎohē.

나는 체인점 커피숍의 커피 맛이 좋다고 생각한다. 나 친구는 반면에 작은 커피숍의 커피가 맛있다고 느낀다.

③ 你常说远程教学不是个好方法。那些学生倒是觉得很不错。

Nǐ cháng shuō yuǎnchéng jiàoxué bú shì gè hǎo fāngfǎ. Nàxiē xuésheng dàoshì juéde hěn búcuò.

당신은 자주 원격수업은 좋은 방법이 아니라고 말합니다. 저 학생들은 오히려 좋다고 느끼고 있습니다.

④ 美国人认为减税对经济发展有帮助。对这件事北欧人倒是有不同的看法。

Měiguó rén rènwéi jiǎnshuì duì jīngjì fāzhǎn yǒu bāngzhù. Duì zhè jiàn shì Běi'ōu rén dàoshì yǒu bù tóng de kànfǎ.

미국인들은 감세가 경제발전에 도움이 된다고 생각한다. 이 건에 대해서 북유럽 사람들은 다른 시각을 가지고 있다.

⑤ 现代年轻人虽然不太迷信, 但倒是相信风水。

Xiàndài niánqīngrén suīrán bú tài míxìn, dàn dàoshì xiāngxìn fēngshuǐ.

현대 젊은이들은 비록 그다지 미신을 믿지는 않지만, 반면에 풍수는 믿는다.

용법

(1) '倒是'에서 '是'는 자주 임의적으로 생략될 수 있다.

有的家长认为念书时不要打工, 免得影响成绩。我倒认为打工有助于学习。

Yǒu de jiāzhǎng rènwéi niànshū shí bú yào dǎgōng, miǎnde yǐngxiǎng chéngjì. Wǒ dào rènwéi dǎgōng yǒu zhù yú xuéxí.

어떤 가장들은 학생일 때 아르바이트를 하지 않아야 한다고 생각한다. 성적에 영향을 주기 때문이다. 그러나 나는 반면에 아르바이트가 학업에 도움이 된다고 생각한다.

(2) '倒是'는 자주 '但是' 혹은 '不过'와 함께 사용된다.

这学期我打工, 每天忙得不得了, 不过倒是交到了不少好朋友。

Zhè xuéqī wǒ dǎgōng, měitiān máng de bùdéliǎo, búguò dàoshì jiāodào le bù shǎo hǎo péngyou.

이번 학기에 나는 아르바이트를 해서 매일 정말 바빴다. 그러나 반면에 적지 않은 좋은 친구를 사귀었다.

得. de. 조사. 보어표지 (1)

기능 보어표지 '得'는 동사와 보어 사이에 온다. 보어표지 '得'는 동사에 의하여 표현되는 동작의 결과 혹은 상태를 묘사한다. 중국어에서 결과는 항상 동작 뒤에 위치한다.

① 他学中文学得不错。
Tā xué Zhōngwén xué de búcuò.
그는 중국어는 잘 배웠다.

② 王伯母做越南菜做得很好吃。
Wáng bómǔ zuò Yuènán cài zuò de hěn hǎochī.
왕 이모는 베트남 요리를 아주 맛있게 요리한다.

③ 这件事, 你做得很好。
Zhè jiàn shì, nǐ zuò de hěn hǎo.
이 일을 아주 잘 했어.

④ 这种手机最近卖得很好。
Zhè zhǒng shǒujī zuìjìn mài de hěn hǎo.
이 핸드폰은 최근에 판매가 아주 좋다.

구조 보어가 타동사에 추가될 때, 몇 가지 구조적 결과가 뒤따른다.

(1) 목적어가 직접적으로 동사에 뒤따르면, 동사는 得 앞과 보어에서 반복된다.

① 你做饭做得真好吃。
Nǐ zuò fàn zuò de zhēn hǎochī.
당신은 밥을 아주 맛있게 한다.

② 我的老师教中文教得很好。
Wǒ de lǎoshī jiāo Zhōngwén jiāo de hěn hǎo.
나의 선생님은 중국어를 아주 잘 가르친다.

③ 他们吃晚饭吃得很早。

Tāmen chī wǎnfàn chī de hěn zǎo.

그들은 저녁밥을 아주 일찍 먹는다.

(2) 목적어가 문장 앞을 이동하였을 때, 동사는 반복 사용되지 않는다.

① 饭, 他做得真好吃。

Fàn, tā zuò de zhēn hǎochī.

밥을 그는 아주 잘 한다.

② 中文, 你说得很好。

Zhōngwén, nǐ shuō de hěn hǎo.

중국어를 그는 아주 잘 한다.

③ 这种甜点, 他做得很好吃。

Zhè zhǒng tiándiǎn, tā zuò de hěn hǎochī.

이런 디저트를 그는 아주 맛있게 만든다.

④ 这部手机卖得很便宜。

Zhè bù shǒujī mài de hěn piányi.

이 핸드폰을 아주 싸게 판다.

【부정형】

부정은 보어 안에서 이루어진다.

① 他做甜点做得不好。

Tā zuò tiándiǎn zuò de bù hǎo.

그는 디저트를 잘 만들지 못한다.

② 王先生打网球打得不好。

Wáng xiānsheng dǎ wǎngqiú dǎ de bù hǎo.

왕 선생은 테니스를 못 친다.

③ 他的咖啡卖得不好。
Tā de kāfēi mài de bù hǎo.
그의 커피는 잘 안 팔린다.

④ 越南菜, 这家店做得不好吃。
Yuènán cài, zhè jiā diàn zuò de bù hǎochī.
베트남 요리를 이 가게는 맛없이 만든다.

【의문형】

① 他做饭做得怎么样?
Tā zuò fàn zuò de zěnmeyàng?
그는 밥을 잘 합니까?

② 他打篮球打得好吗?
Tā dǎ lánqiú dǎ de hǎo ma?
그는 농구를 잘 합니까?

③ 中文, 他说得好不好?
Zhōngwén, tā shuō de hǎo bu hǎo?
중국어를 그는 잘 하나요?

得. de. 조사, 보어표지. 동작의 결과의 비교 (2)

기능 이 문형에서 보어표지 '得'은 동작 결과의 비교에 연결한다.

① 哥哥吃牛肉面吃得比弟弟多。
Gēge chīniúròumiàn chīde bǐ dìdi duō.
형은 소고기면을 동생보다 많이 먹는다.

② 这种手机卖得比那种好。
Zhè zhǒng shǒujī mài de bǐ nà zhǒng hǎo.
이 핸드폰은 저 종류의 핸드폰보다 잘 팔립니다.

③ 今年的雨下得比去年多。

Jīnnián de yǔ xià de bǐ qùnián duō.

올해는 비가 작년보다 더 많이 내렸다.

구조 이 문형을 '비교 부사어'라고 부른다. 이 문형은 아래와 같이 다양한 종류의 구조로 나타난다.

(1) 비교+동작+得+상태

① 他比我做得快。

Tā bǐ wǒ zuò de kuài.

그는 나보다 빨리 한다.

② 我比他走得快。

Wǒ bǐ tā zǒu de kuài.

나는 그보다 빨리 걷는다.

③ 弟弟比哥哥念得好。

Dìdi bǐ gēge niàn de hǎo.

동생은 형보다 공부를 잘한다.

(2) 동작+得+비교+상태

① 他做饭做得比我快。

Tā zuò fàn zuò de bǐ wǒ kuài.

그는 밥을 나보다 빨리 만든다.

② 我走路走得比他快。

Wǒ zǒulù zǒu de bǐ tā kuài.

나는 그보다 빨리 걷는다.

③ 弟弟念书念得比哥哥好。

Dìdi niànshū niàn de bǐ gēge hǎo.

동생이 형보다 공부를 잘 한다.

【부정형】

부정표지 '不'는 '比 bǐ'보다 앞에 위치한다.

① 他做饭不比我做得快。
Tā zuò fàn bù bǐ wǒ zuò de kuài.
그는 밥을 나보다 빨리 하지 못한다.

② 走路, 我不比他走得快。
Zǒulù, wǒ bù bǐ tā zǒu de kuài.
걷는 것은 나는 그보다 빨리 걷지 못한다.

③ 弟弟念书念得不比哥哥好。
Dìdi niànshū niàn de bù bǐ gēge hǎo.
동생은 형보다 공부를 잘하지 못한다.

【의문형】

① 你做饭做得比妈妈好吗?
Nǐ zuò fàn zuò de bǐ māma hǎo ma?
당신은 밥을 엄마보다 잘 합니까?

② 他是不是走路走得比你快?
Tā shì bu shì zǒulù zǒu de bǐ nǐ kuài?
그는 걷는 것이 당신보다 빠릅니까?

③ 弟弟打网球打得比哥哥好吗?
Dìdi dǎ wǎngqiú dǎ de bǐ gēge hǎo ma?
동생이 테니스를 형보다 잘합니까?

得. de. 조사, 보어표지. 너무 …해서 · · · 하다 (3)

기능 이 문형은 어떤 일의 상태로부터 확장된 결과를 소개한다. '· · · 하다'는 '得'과 일치하며, 이에 따라 보어가 생긴다. 이 문형은 어떤 일의 상태로부터 확장된 결과를 소개한다. 'so … that…(너무 ~해서 ~하다)' 구문 중의 'that …(…하다)'이 '得'에 해당하며, '得' 뒤에 보어가 놓인다.

① 我常常累得起不来, 腿也痛得走不了路。
Wǒ chángcháng lèi de qǐ bù lái, tuǐ yě tòng de zǒu bù liǎo lù.
나는 자주 못 일어날 정도로 힘들다. 다리도 걸을 수 없을 정도로 아프다.

② 天气冷得很多人不想去上班。
Tiānqì lěng de hěn duō rén bù xiǎng qù shàngbān.
날씨가 많은 사람들이 출근하기 싫을 정도로 춥다.

③ 夜市里到处都是人, 热闹得像过年。
Yèshì li dàochù dōu shì rén, rènao de xiàng guònián.
야시장에 사람들이 가득하여, 마치 설날처럼 왁자지껄하다.

구조 **【부정형】**

① 林教授的演讲, 复杂得我听不懂。
Lín jiàoshòu de yǎnjiǎng, fùzá de wǒ tīng bù dǒng.
린 교수의 강연은 내가 알아들을 수 없을 정도로 복잡하다.

② 他去夜市买了很多东西, 多得拿不了。
Tā qù yèshì mǎi le hěn duō dōngxi, duō de ná bù liǎo.
그는 야시장에 가서 많은 물건을 샀는데, 들을 수 없을 정도로 많다.

③ 他腿痛得跑不完一百公里。
Tā tuǐ tòng de pǎo bù wán yìbǎi gōnglǐ.
그는 다리가 100미터를 다 달리지 못할 정도로 아프다.

【의문형】

① 你是不是累得走不了了?
Nǐ shì bu shì lèi de zǒu bù liǎo le?
당신은 걷지 못할 정도로 힘듭니까?

② 这个房子是不是小得住不了五个人?
Zhège fángzi shì bu shì xiǎo de zhù bù liǎo wǔ ge rén?
이 방은 다섯 사람이 살지 못할 정도로 작습니까?

③ 那家面包店卖的蛋糕是不是甜得你吃不下去?
Nà jiā miànbāodiàn mài de dàngāo shì bu shì tián de nǐ chī bú xiàqu?
그 빵집에서 파는 케이크는 당신이 먹을 수 없을 정도로 달아요?

용법 이 문형은 과장법과 바꿔 쓸 수 있다.

① 她精神差得好像三天没睡觉。
Tā jīngshén chà de hǎoxiàng sān tiān méi shuìjiào.
그녀는 마치 삼 일 동안 잠을 자지 못한 것같이 정신이 없습니다.

② 我饿得能吃得下一百个小笼包。
Wǒ è de néng chī de xià yìbǎi ge xiǎolóngbāo.
나는 샤오롱빠오 백 개를 먹을 수 있을 정도로 배고프다.

③ 这个地方好玩得我一点(儿)都不想离开。
Zhège dìfang hǎowán de wǒ yì diǎn(r) dōu bù xiǎng líkāi.
이곳은 내가 조금도 떠나고 싶지 않을 만큼 재미있다.

得. de. 조사. 가능보어의 부정형 표지 (4) (不(2) 참조)

的. de. 조사. 소유성분 표지 (1)

기능 '的'는 소유를 나타내며, 소유자와 소유 대상 사이에 위치한다.

① 我的书
wǒ de shū
나의 책

② 你们的照片
nǐmen de zhàopiàn
너희 사진

③ 李老师的姐姐
Lǐ lǎoshī de jiějie
리 선생님의 누나

④ 哥哥的老师
gēge de lǎoshī
형의 선생님

⑤ 我妈妈
wǒ māma
우리 엄마

⑥ 我们老师
wǒmen lǎoshī
우리 선생님

구조 '的'는 ⑤와 ⑥ 같은 경우에는 생략이 가능함에 주의하자.

(1) 만약 소유자와 소유 대상의 관계가 가까우면 '的'는 생략할 수 있다. 예를 들면, '我爸爸 wǒ bàba 우리 아빠', '我哥哥 wǒ gēge 우리 형/오빠', '我家 wǒ jiā 내 집'. 또한 '的'가 생략될 수 있다. 이러한 경우에 소유자는 대명사일 때만 가능하다. 따라서 '李先生的爸爸 Lǐ xiānsheng de bàba 리 선생님의 아빠'라고만 할 수 있지, '*李先生爸爸'라고 할 수는 없다.

(2) 만약 소유 관계에 있는 두 명사가 개인과 그/그녀가 속한 그룹을 나타내는 경우, '他们家 tāmen jiā 그들의 집, 我们日本 wǒmen Rìběn 우리 일본'처럼 개인을 나타내는 명사는 보통 단수형보다는 복수형으로 나타낸다.

的. de. 조사. 수식어 표지 (2)

기능 '的'는 수식어와 중심 명사 사이에 위치한다.

① 漂亮的小姐
piàoliang de xiǎojie
아름다운 아가씨

② 好喝的咖啡
hǎohē de kāfēi
맛있는 커피

③ 很好看的房子
hěn hǎokàn de fángzi.
멋진 집

용법 '的'는 수식어와 중심 명사가 자주 함께 쓰일 때는 생략된다. 예를 들어, 국적을 물을 때, '哪国人? Nǎ guó rén? 어느 나라 사람인가요?'이라고 하지 '*哪国的人? *Nǎ guó de rén'이라고 하지 않는다. 또 타이완 사람이라고 할 때, '台湾人 Táiwān rén 타이완 사람'이라고 하지, '*台湾的人 *Táiwān de rén'이라고 하지 않는다.

的. de. 조사. ~것 (3)

기능 명사는 항상 '수식어+的+중심명사'와 같은 구조로 수식이 된다. 중심 명사가 문맥 안에서 분명히 추측할 수 있는 경우에는 자주 생략된다.

① A: 你要买新手机还是二手手机?
Nǐ yào mǎi xīn shǒujī háishi èrshǒu shǒujī?
너는 새 핸드폰 살거니 아니면 중고 핸드폰 살거니?

B: 我要新的, 不要旧的。

Wǒ yào xīn de, bú yào jiù de.

나는 새 것을 원해, 중고는 원하지 않아.

② A: 新手机贵不贵?

Xīn shǒujī guì bu guì?

새 핸드폰은 비싸니?

B: 新的比较贵。

Xīn de bǐjiào guì.

새 것은 비교적 비싸.

구조

【부정형】

① 你的手机不是新的。

Nǐ de shǒujī bú shì xīn de.

당신의 핸드폰은 새 것이 아닙니다.

② 咖啡, 我不要热的。

Kāfēi, wǒ bú yào rè de.

커피, 나는 뜨거운 것이 싫어.

③ 房子贵, 我不买大的。

Fángzi guì, wǒ bù mǎi dà de.

집이 비싸서 나는 큰 것을 사지 않을 거야.

【의문형】

① 房子, 你喜欢新的吗?

Fángzi, nǐ xǐhuan xīn de ma?

집, 너는 새것을 좋아하니?

② 手机, 他买不买旧的?

Shǒujī, tā mǎi bu mǎi jiù de?

핸드폰, 그는 중고를 사니 안 사니?

③ 咖啡, 你要热的吗?

Kāfēi, nǐ yào rè de ma?

커피, 너는 뜨거운 것을 원하니?

的. de. 조사. 조동사 会와 함께 화자의 확신을 나타냄 (4)

기능

'的'가 문장 끝에 위치한 경우, 미래에 일어날 일에 대한 화자의 확신을 나타낸다. '会'가 함께 나타나며, 어떤 행동이나 상태가 발생할 것임을 나타낸다.

① 你说话的声音太大, 会让人讨厌的。

Nǐ shuōhuà de shēngyīn tài dà, huì ràng rén tǎoyàn de.

네가 말하는 소리가 너무 커서, 사람들이 싫어 할거야.

② 大家不常见面, 关系会越来越远的。

Dàjiā bù cháng jiànmiàn, guānxi huì yuè lái yuè yuǎn de.

우리가 자주 만나지 않는다면, 관계는 갈수록 소원해질 것이다.

③ 你放心, 我会把手机带着的。

Nǐ fàngxīn, wǒ huì bǎ shǒujī dàizhe de.

걱정하지 마세요. 저는 핸드폰을 지니고 있을 거예요.

구조

【부정형】

'不'를 이용해서만 부정형을 만들 수 있으며, '没'를 사용할 수 없다.

① 你放心, 你被老板骂的事, 我不会告诉别人的。

Nǐ fàngxīn, nǐ bèi lǎobǎn mà de shì, wǒ bú huì gàosu biéren de.

걱정 마세요. 당신이 사장님에게 야단맞은 일을 아무에게도 말하지 않겠습니다.

② 我的功课没那么好, 老师不会让我参加交换学生的计划的。

Wǒ de gōngkè méi nàme hǎo, lǎoshī bú huì ràng wǒ cānjiā jiāohuàn xuésheng de jìhuà de.

내 성적이 그다지 좋지 않아서, 선생님은 내가 교환학생 프로그램에 참가하지 못하게 할 거에요.

③ 要是没有教书的经验, 语言中心不会选你的。

Yàoshi méi yǒu jiāoshū de jīngyàn, yǔyán zhōngxīn bú huì xuǎn nǐ de.

만약 당신이 교육 경험이 없다면, 언어센터에서 당신을 선택하지 않을 것이다.

용법 이 문형의 '的'는 실제 일어날 일임을 화자가 확신한다는 것을 나타내는데, 만약 '的'가 없는 경우에는 화자의 개인적인 견해가 아니라 단순 사실을 전달하게 된다. 다음 예문을 살펴보자.

① 她会来参加我们的婚礼的。(장담하건대…)

Tā huì lái cānjiā wǒmen de hūnlǐ de.

그녀는 우리 결혼식에 분명히 올 것이다.

② 她会来参加我们的婚礼。(단순한 진술)

Tā huì lái cānjiā wǒmen de hūnlǐ.

그녀는 우리 결혼식에 올 것이다.

관계절 'A的 B'. 명사 수식절

기능 중국어에서 절은 명사를 수식할 때도 사용될 수 있다.

① 你说的水果是西瓜。
Nǐ shuō de shuǐguǒ shì xīguā.
당신이 말한 과일은 수박이다.

② 他喝的茶是乌龙茶。
Tā hē de chá shì Wūlóng chá.
그가 마신 차는 우롱차다.

③ 这些是我拍的照片。
Zhèxiē shì wǒ pāi de zhàopiàn.
이것들은 내가 찍은 사진들이다.

④ 穿黄衣服的这个人是老板。
Chuān huáng yīfu de zhè ge rén shì lǎobǎn.
노란 옷을 입은 이 사람이 주인이다.

⑤ 现在去那里玩的人比较少。
Xiànzài qù nàli wán de rén bǐjiào shǎo.
지금 거기 가서 노는 사람들은 비교적 적다.

⑥ 买这种手机的人很多。
Mǎi zhè zhǒng shǒujī de rén hěn duō.
이런 핸드폰을 사는 사람들이 아주 많다.

구조 (A)절은 중국어의 모든 수식어와 마찬가지로 항상 수식하는 명사 (B)보다 선행한다. 수식 표지 '的 de'는 수식하는 명사 바로 앞에 위치한다. 관계절은 긍정이나 부정 모두 가능하다. 아래 예문을 보자.

【부정형】

① 不能上网的手机很不方便。
Bù néng shàngwǎng de shǒujī hěn bù fāngbiàn.
인터넷이 안 되는 핸드폰은 매우 불편하다.

② 不去逛夜市的人可以去茶馆喝茶。

Bú qù guàng yèshì de rén kěyǐ qù cháguǎn hē chá.

야시장에 가지 않을 사람은 찻집에 가서 차를 마셔도 된다.

③ 不来上课的同学不能去看篮球比赛。

Bù lái shàngkè de tóngxué bù néng qù kàn lánqiú bǐsài.

수업에 오지 않는 학생은 농구경기를 보러 갈 수 없다.

용법 중국어는 절, 명사, 형용사 등이 명사 수식어가 될 수 있으며, 모두 수식되는 명사 앞에 위치한다.

的话. dehuà. 만약, 만약…라면

기능 '…的话'는 가정을 나타내는 절의 마지막 부분에 위치하고, 가정에 대한 '결과'는 두 번째 절에 나타난다.

① 酸辣汤太辣的话, 你就别喝了。

Suānlàtāng tài là dehuà, nǐ jiù bié hē le.

쑤안라 탕이 너무 맵다면, 너는 마시지 마라.

② 你想转系的话, 最好先跟父母讨论。

Nǐ xiǎng zhuǎn xì dehuà, zuì hǎo xiān gēn fùmǔ tǎolùn.

네가 전과하고 싶으면, 먼저 부모님과 의논하는 게 좋겠다.

③ 学生要参加社团的话, 得先上网填申请表。

Xuésheng yào cānjiā shètuán dehuà, děi xiān shàngwǎng tián shēnqǐng biǎo.

학생이 동아리에 가입하려 한다면, 우선 인터넷에서 신청서를 작성해야 합니다.

④ 我觉得外语能力不错的话，念国际关系系比较合适。

Wǒ juéde wàiyǔ nénglì búcuò dehuà, niàn guójì guānxixì bǐjiào héshì.

외국어 능력이 좋다면, 나는 국제 관계를 공부하는 것이 적합하다고 생각한다.

⑤ 美美说拿到奖学金的话，就请我们看电影。

Měimei shuō nádào jiǎngxuéjīn dehuà, jiù qǐng wǒmen kàn diànyǐng.

메이메이는 장학금을 받게 되면, 우리에게 영화를 보여주겠다고 말했다.

용법 접속사 '如果' 혹은 '要是'와 함께 사용할 수 있으며, 이런 경우에는 '的话'를 생략할 수 있으며, '…的话'는 좀 더 구어체인 반면에 '如果/要是…(的话)'는 좀 더 격식을 차린 표현이다.

① 如果你觉得这里太吵的话，我们可以换一个地方继续聊。

Rúguǒ nǐ juéde zhèli tài chǎo dehuà, wǒmen kěyǐ huàn yíge dìfang jìxù liáo.

만약 네가 이곳이 너무 시끄럽다고 생각된다면, 우리는 자리를 옮겨 계속 이야기를 나눌 수 있어.

② 要是爸爸给我的生活费不够的话，我就得去打工。

Yàoshi bàba gěi wǒ de shēnghuófèi bú gòu dehuà, wǒ jiù děi qù dǎgōng.

만약 아빠가 나에게 준 생활비가 부족하다면, 나는 아르바이트를 하러 가야 한다.

的时候. de shíhou. …때

기능 '的时候' 문형은 어떤 사건이 과거에 일어났거나, 현재 일어나고 있거나 혹은 미래에 일어날 때 모두 사용할 수 있다.

① 在山上看风景的时候，我觉得很舒服。

Zài shān shang kàn fēngjǐng de shíhou, wǒ juéde hěn shūfu.

산에서 풍경을 볼 때, 나는 편안하다고 느낀다.

② 放假的时候，我喜欢去逛夜市。

Fàngjià de shíhou, wǒ xǐhuan qù guàng yèshì.

쉬는 날, 나는 야시장에 가는 걸 좋아한다.

③ 你有空的时候，请到我家来玩。

Nǐ yǒu kòng de shíhou, qǐng dào wǒ jiā lái wán.

시간이 있을 때, 우리 집에 놀러 오세요.

等. děng. 조사. 열거할 때 쓰이는 조사, …등

기능 열거에 사용되며, '等'은 상황에 따라 닫힌 목록이나 열린 목록에 모두 사용할 수 있다.

① 我去过美国，法国等两个国家。(닫힌 목록)

Wǒ qùguo Měiguó, Fǎguó děng liǎng ge guójiā.

나는 미국, 프랑스 등 두 개국을 간 적이 있다. (2개국만 포함)

② 我和男朋友的兴趣很不一样，他对文学、绘画、舞蹈等都没有兴趣。(열린 목록)

Wǒ hé nánpéngyou de xìngqù hěn bù yíyàng, tā duì wénxué、huìhuà、wǔdǎo děng dōu méi yǒu xìngqù.

나는 남자친구와 관심을 갖는 것이 다르다. 그는 문학, 회화, 춤 등에는 관심이 없다. ('문학, 회화, 춤' 이외에도 다른 것이 주어질 수 있음을 의미한다.)

③ 我问过很多人，他们吃素大部分是因为宗教，也有不少是为了健康等原因。(열린 목록)

Wǒ wèn guo hěn duō rén, tāmen chīsù dàbùfèn shì yīnwèi zōngjiào, yě yǒu bù shǎo shì wèile jiànkāng děng yuányīn

나는 많은 사람들에게 채식주의자인 이유를 물었는데, 대부분은 종교 때문이며, 적지 않은 사람들은 건강 등의 이유라 말했다.

④ 我们家要修理的地方很多, 像客厅的窗户、洗手间的门等。(열린 목록)
Wǒmen jiā yào xiūlǐ de dìfang hěn duō, xiàng kètīng de chuānghu、xǐshǒujiān de mén děng.
우리 집에는 거실 창문, 화장실 문 등 수리해야 할 곳이 많습니다.

용법 (1) 열거된 총 항목의 수는 조사 '等' 뒤에 추가로 나타낼 수 있다.

这个大学热门的科系有国际关系系、会计系、中文系、英文系等四个科系。
Zhège dàxué rèmén de kēxì yǒu guójì guānxixì、kuàijìxì、Zhōngwénxì、Yīngwénxì děng sì ge kēxì.
이 대학에서 인기 있는 학과는 국제관계학과, 회계학과, 중문학과, 영문학과 등 4개 학과가 있다. (닫힌 항목, 4개의 항목만 포함)

(2) 열거를 나타내는 조사 '等'은 아래 예문처럼 중첩될 수 있다.

生活中有很多事都离不开电脑, 比方说: 买东西、查资料等等。
Shēnghuó zhōng yǒu hěn duō shì dōu lí bù kāi diànnǎo, bǐfāng shuō: mǎi dōngxi、chá zīliào děng děng.
생활 속에서 많은 일들이 컴퓨터 없이는 할 수가 없다. 예를 들어, 쇼핑이나 정보 검색 등등이다.

等 A 就 B. děng A jiù B. A 하면, B 한다

기능 이 문형은 A 가 완료되면 B 가 순서대로 이어지는 것을 나타낸다.

① 等客人都回去了, 喜宴就结束了。
Děng kèren dōu huíqu le, xǐyàn jiù jiéshù le.
손님들이 모두 돌아가면, 결혼식 피로연은 끝이 난다.

② 等夏天到了, 去海边的人就多了。
Děng xiàtiān dào le, qù hǎibiān de rén jiù duō le.
여름이 되면, 해변에 가는 사람이 늘어난다.

③ 等你准备找工作的时候, 我就会给你一些建议。

Děng nǐ zhǔnbèi zhǎo gōngzuò de shíhou, wǒ jiù huì gěi nǐ yìxiē jiànyì.

네가 직장을 찾을 준비가 되면, 내가 너에게 몇 가지 제안을 할게.

구조 **【부정형】**

기본적으로 이 문형은 사건 2개가 연결되며, 둘 중 한 곳을 부정으로 표현할 수 있다. 그러나 '不等 bùděng 기다리지 않고'라는 특별한 형식도 존재한다.

① 不等足球比赛结束, 加油的学生就走了。

Bù děng zúqiú bǐsài jiéshù, jiāyóu de xuésheng jiù zǒu le.

그 팀을 응원하는 학생들은 축구경기가 끝나기를 기다리지 않고 떠났다.

② 看到桌上有吃有喝的, 不等爸爸回来, 大家就先吃了。

Kàndào zhuō shang yǒu chī yǒu hēde, bù děng bàba huílai, dàjiā jiù xiān chī le.

탁자 위에 먹을 것과 마실 것이 놓여 있는 것을 보고, 아빠가 돌아오시길 기다리지 않고 먼저 먹었다.

③ 他常常练习没学过的字, 所以不等老师教他, 他就都会了。

Tā chángcháng liànxí méi xuéguo de zì, suǒyǐ bù děng lǎoshī jiāo tā, tā jiù dōu huì le.

그는 자주 배우지 않은 글자를 연습해서, 선생님께서 가르치지 않았어도, 모두 할 줄 안다.

【의문형】

① 是不是等我结婚的时候, 你就会来参加我的婚礼?

Shì bu shì děng wǒ jiéhūn de shíhou, nǐ jiù huì lái cānjiā wǒ de hūnlǐ?

제가 결혼하게 되면, 당신은 내 결혼식에 올 거죠?

② 等到了周末, 交通是不是就会比较好?

Děng dào le zhōumò, jiāotōng shì bu shì jiù huì bǐjiào hǎo?

주말이 되면, 교통이 비교적 좋아지겠죠?

③ 是不是等美美从东部旅行回来，我们就会请她介绍介绍那里的风景？
Shì bu shì děng Měimei cóng dōngbù lǚxíng huílai, wǒmen jiù huì qǐng tā jièshào jièshào nàli de fēngjǐng?
메이메이가 동부 여행에서 돌아오면, 그녀에게 그곳 풍경을 소개해 달라고 할 거죠?

용법 두 번째 사건을 나타내는 두 번째 절에서 '再 zài, 才 cái, 就 jiù' 등의 부사가 올 수 있는데, 부사에 따라 문장의 전후관계가 달라질 수 있다.

① 等他来了，我再离开。 (再: 순서에 따라 그 다음에)
Děng tā lái le, wǒ zài líkāi.
그가 오면, 나는 그때 떠나겠다.

② 等他来了，我才离开。 (才: 조건)
Děng tā lái le, wǒ cái líkāi.
그가 와야, 나는 떠나겠다.

③ 等他来了，我就离开。 (就: 즉시)
Děng tā lái le, wǒ jiù líkāi.
그가 오면, 나는 바로 떠나겠다.

的确. díquè. 부사. 확실히

기능 부사 '的确'이전에 제시된 견해를 재확인할 때 쓰인다.

① A: 我听说现在有不少大学生想延后毕业的时间，是真的吗？
Wǒ tīngshuō xiànzài yǒu bùshǎo dàxuésheng xiǎng yánhòu bìyè de shíjiān, shì zhēnde ma?
지금 많은 학생들이 졸업 시기를 연기하려 한다는데, 사실이니?

B: 现在的确有不少学生, 因为要逃避就业而延后毕业的时间。

Xiànzài díquè yǒu bù shǎo xuésheng, yīnwèi yào táobì jiùyè ér yánhòu bìyè de shíjiān.

지금 확실히 적지 않은 학생들이 취업을 피하기 위해, 졸업을 미룬다.

② A: 我觉得上网交友好容易喔!

Wǒ juéde shàngwǎng jiāo yǒu hǎo róngyì o!

온라인에서 친구를 사귀는 것은 아주 쉽다고 생각해.

B: 上网交友的确容易, 不过要小心喔!

Shàngwǎng jiāoyǒu díquè róngyì, búguò yào xiǎoxīn o!

온라인에서 친구를 사귀는 건 확실히 쉬워, 그렇지만 조심해야 해!

③ A: 上次你说你以后要自己创业, 为什么呢?

Shàng cì nǐ shuō nǐ yǐhòu yào zìjǐ chuàngyè, wèishéme ne?

지난번에 당신은 나중에 창업을 한다고 했는데, 왜죠?

B: 我毕业以后, 的确想自己创业, 因为不想看别人的脸色。

Wǒ bìyè yǐhòu, díquè xiǎng zìjǐ chuàngyè, yīnwèi bù xiǎng kàn biéren de liǎnsè.

나는 졸업 후에, 진짜로 스스로 창업을 하고 싶어. 다른 사람의 눈치를 보고 싶지 않아서.

④ A: 现在的房价高涨, 大多数人都买不起房子吧?

Xiànzài de fángjià gāozhǎng, dà duōshù rén dōu mǎi bù qǐ fángzi ba?

지금 집값이 너무 높아서, 대부분의 사람들이 집을 사지 못하고 있죠?

B: 的确, 我跟很多人一样买不起房子。我们都是「无壳蜗牛」。

Díquè, wǒ gēn hěn duōrén yíyàng mǎi bù qǐ fángzi. Wǒmen dōu shì「wú ké wōniú」.

확실히, 나는 다른 사람들처럼 집을 살 수 없어. 우린 모두 '껍데기 없는 달팽이'지.

A B C D E F G H I J K L M

⑤ A: 最近我的眼睛非常疲倦, 可能是因为工作时一直盯着屏幕看吧!

Zuìjìn wǒ de yǎnjīng fēicháng píjuàn, kěnéng shì yīnwèi gōngzuò shí yìzhí dīngzhe píngmù kàn ba!

요즘 내 눈은 너무 피곤해, 아마도 일을 할 때 계속해서 모니터를 쳐다봐서 그런 것 같아.

B: 长时间一直盯着屏幕看, 眼睛的确会很疲倦。

Cháng shíjiān yìzhí dīngzhe píngmù kàn, yǎnjīng díquè huì hěn píjuàn.

장시간 모니터를 응시하면, 확실히 눈이 피곤해지지.

용법

(1) '的确'가 문장이 시작되는 부분에 쓰여, '당신의 의견에 동의합니다.'라는 의미를 나타낼 수 있다.

的确, 现在即使有硕士学位的人找工作也不容易。

Díquè, xiànzài jíshǐ yǒu shuòshì xuéwèi de rén zhǎo gōngzuò yě bù róngyì.

확실히, 지금은 석사학위를 갖고 있는 사람이라 할지라도 취업하기가 쉽지 않다.

(2) '的确'는 '的的确确'로 중첩될 수 있다.

他的的确确是昨天才知道的。

Tā dídí quèquè shì zuótiān cái zhīdao de.

그는 확실히 어제서야 알았다.

(3) '的确'의 중첩 형태는 구어적인 느낌을 살려 주는데, 중첩을 통해 어조를 강하게 할 수 있다. 그러나 아래에 나와 있는 일부의 부사만이 중첩이 가능하다는 점을 유의해야 한다.

完全 wánquán — 完完全全 '완전히'

几乎 jīhū — 几几乎乎 '거의 모든'

随便 suíbiàn — 随随便便 '별 생각 없이, 마음 쓰지 않고, 개의치 않고'

确实 quèshí — 确确实实 '확실히'

掉. diào. 조사. 동조사(verb particle). ~에서 분리하다

기능 동조사 '掉'는 명사가 동작에 의해 처리되었거나 분리되었다는 의미를 갖는데, 정확한 의미는 앞에 있는 주요 동사에 의해 결정된다.

① 厨房里的垃圾, 我拿出去丢掉了。 (처리되어 없어짐)
Chúfáng lǐ de lājī, wǒ ná chūqu diūdiào le.
주방 안의 쓰레기는 내가 가져다 버렸다.

② 谁把我的咖啡喝掉了? (사용되어 없어짐)
Shéi bǎ wǒ de kāfēi hēdiào le?
누가 내 커피를 마셨니?

③ 你把衣服上脏东西弄掉吧。 (떨어져 나감)
Nǐ bǎ yīfu shang zàng dōngxī nòng diào ba.
너는 옷의 더러운 것을 없애라.

④ 桌子上的茶, 我还没喝呢, 他怎么拿去倒掉了? (버려져 없어짐)
Zhuōzi shang de chá, wǒ hái méi hē ne, tā zěnme náqu dàodiào le?
탁자 위의 차를 다 마시지 않았는데, 그는 어째서 가져가서 부어 버렸을까?

⑤ 他上个月把旧车卖掉, 买了新车。 (이탈)
Tā shàngge yuè bǎ jiù chē màidiào, mǎi le xīn chē.
그는 지난달에 낡은 차를 팔아 버리고, 새 차를 샀다.

용법 (1) 'V+掉' 문형은 가능보어 형식으로 사용할 수 있다. 긍정형식은 'V+得+掉', 부정형식은 'V+不+掉'이다.

衣服上的咖啡洗得掉吗?
Yīfu shang de kāfēi xǐ de diào ma?
옷에 붙은 커피를 씻어낼 수 있습니까?

(2) '掉'에는 '분리'의 의미를 포함하기 때문에, 어떤 식으로든 어떤 것을 '제거'할 수 있는 동작동사(action verb)만 掉와 함께 사용할 수 있다. 이러한 동사

들은 밖으로 향하는 방향성(객체로부터 멀어짐)을 가지고 있다. 예) 丢 diū: 던지다, 脱 tuō: 벗다, 제거하다, 벗겨지다, 忘 wàng: 잊다, 卖 mài: 팔다 등등. 반대로 안으로 향하는 방향성(객체와 가까워짐)을 갖는 대부분의 동사와는 결합할 수 없다. 예) '*他把车买掉。 *Tā bǎ chē mǎidiào.'는 문법적으로 맞지 않은 표현이다.

(3) 이 문형에서 쓰인 동사가 '喝 hē 마시다, 吃 chī 먹다, 忘 wàng 잊다, 卖 mài 팔다, 脱 tuō 벗다 벗기다, 倒 dào 붓다, 버리다' 등과 같이 밖으로 향하는 방향성을 지닌 타동사라면, '掉'는 종종 생략된다. 그래서 예문 '他上个月把摩托车卖掉了。 Tā shàngge yuè bǎ mótuōchē màidiào le. 그는 지난달에 오토바이를 팔아 버렸다.'와 '他上个月把摩托车卖了。 Tā shàng ge yuè bǎ mótuōchē mài le. 그는 지난달에 오토바이를 팔았다.'는 모두 좋은 문장이라 할 수 있다.

(4) 동조사 '掉 diào'와 '走 zǒu'는 모두 물체가 어떤 형식으로건 '본체'에서 분리된다는 의미에서 유사성을 갖고 있다. 그러나 '掉'를 사용하는 경우 행위자는 어떤 물체가 본체를 떠날 때, 물체와 함께 사라지지 않는 반면, '走'를 사용하는 경우에는 행위자와 물체가 모두 사라짐을 나타낸다. 다음 예문에서 행위자인 '그'와 어떤 물체인 '교통카드'가 모두 사라졌음을 의미한다.

他离开的时候, 不小心把我的交通卡带走了。
Tā líkāi de shíhou, bù xiǎoxīn bǎ wǒ de jiāoōngkǎ dàizǒu le.
그가 갈 때, 실수로 내 교통카드를 가지고 가 버렸다.

懂. dǒng. 상태동사(Vs), 변화동사(Vp). 결과로서의 인지능력을 나타내는 보어

기능 동사 뒤에 '懂'이 결과보어로 쓰이면, 동작을 통해 '이해'를 했음을 나타낸다. 만약 듣고 이해했으면(听懂 tīngdǒng), 보고 이해했으면(看懂 kàndǒng)이라고 할 수 있다.

① 老师说的, 我都听懂了。

Lǎoshī shuō de, wǒ dōu tīngdǒng le.

나는 선생님이 한 말을 모두 이해했다.

② 老师给的功课我只听了一次, 就听懂了。

Lǎoshī gěi de gōngkè wǒ zhǐ tīng le yí cì, jiù tīngdǒng le.

선생님이 내 주신 숙제를 나는 한번만 듣고도 이해했다.

③ 老师写的那些字, 学生都看懂了。

Lǎoshī xiě de nàxiē zì, xuésheng dōu kàndǒng le.

학생들은 선생님이 쓴 글자를 모두 보고 이해했다.

구조

【부정형】

부정형은 항상 '没'이다.

① 他说什么?我没听懂。

Tā shuō shénme? Wǒ méi tīngdǒng.

그가 뭐라고 했니? 나는 알아듣지 못했어.

② 那部电影我第一次没看懂, 第二次看懂了。

Nà bù diànyǐng wǒ dì yī cì méi kàndǒng, dì èr cì kàdǒng le.

나는 그 영화를 처음 봤을 때는 이해하지 못하고, 두 번 보고서야 이해했다.

③ 老师说了半天, 我还是没听懂。

Lǎoshī shuō le bàntiān, wǒ háishi méi tīngdǒng.

선생님께서 한참을 말씀을 하셨지만, 나는 여전히 알아듣지를 못했다.

【의문형】

① 他刚说的, 你是不是听懂了?

Tā gāng shuō de, nǐ shì bu shì tīngdǒng le?

그가 방금 한 말을 너는 알아들었니, 알아듣지 못했니?

② 这些资料你都看懂了没有?

Zhèxiē zīliào nǐ dōu kàndǒng le méi yǒu?

너는 이 자료들을 모두 보고 이해했니?

③ 老师教的, 你听懂没听懂?

Lǎoshī jiāo de, nǐ tīngdǒng méi tīngdǒng?

선생님이 가르쳐 주신 것들을 너는 알아들었니?

용법 (1) '보어'는 중국어 문법에서 다양한 기능을 포괄하는 용어이다.

(2) '懂'은 변화동사(process verb)로 단독으로 술어로 사용할 수 있다. '看' 혹은 '听' 뒤에 쓰여 이 두 동작을 통해 이해했음을 나타낼 수 있다. 다음 예문을 보면 이해했다는 결과는 같지만, 그 과정이 다르다.

① 老师教的, 你懂了吗?

Lǎoshī jiāo de, nǐ dǒng le ma?

선생님이 가르쳐 준 것을 너는 이해했니?

② 老师教的, 你听懂了吗?

Lǎoshī jiāo de, nǐ tīngdǒng le ma?

선생님이 가르쳐 준 것을 너는 알아들었니?

③ 老师教的, 你看懂了吗?

Lǎoshī jiāo de, nǐ kàndǒng le ma?

선생님이 가르쳐 준 것을 너는 보고 이해했니?

动. dòng. 변화동사(Vp). 동사 보어로 사용되며, 움직임을 일으킬 수 있다

기능 동사 '动'이 보어로 쓰이면, 어떤 것을 움직일 수 있는 능력이 있음을 말한다.

① 这个小冰箱, 你一个人搬得动吗?

Zhège xiǎo bīngxiāng, nǐ yí gè rén bān de dòng ma?

이 작은 냉장고를 너 혼자서 옮길 수 있니?

② 我们应该趁年轻的时候常去旅行。等老了就玩不动了。

Wǒmen yīnggāi chèn niánqīng de shíhou cháng qù lǚxíng. Děng lǎole jiù wán bu dòng le.

우리는 젊었을 때 여행을 자주 다녀야 해요. 늙어서는 놀러 다닐 수가 없어요.

③ 那辆汽车坏了, 开不动了。

Nà liàng qìchē huài le, kāi bu dòng le.

그 차는 고장이 나서 움직일 수 없다.

④ 王小姐只是小感冒, 明天的现代舞蹈表演她还跳得动吧!

Wáng xiǎojie zhǐshì xiǎo gǎnmào, míngtiān de xiàndài wǔdǎo biǎoyǎn tā hái tiào de dòng ba!

미스 왕은 가벼운 감기에 걸렸을 뿐이에요. 내일 현대 무용 공연에서 춤 출 수 있을 거에요!

⑤ 爸爸要带小妹妹去参观寺庙。我想路那么远, 小妹妹恐怕会走不动。

Bàba yào dài xiǎomèimei qù cānguān sìmiào. Wǒ xiǎng lù nàme yuǎn, xiǎomèimei kǒngpà huì zǒu bu dòng.

아빠는 여동생을 데리고 절에 가고 싶어 하시지만, 내 생각에는 여동생은 그렇게 먼 길을 걸어가지 못할 거예요.

용법 **(1)** '动'은 동사의 움직임과 관련된 의미를 보완하는 보어로 쓰인다.

(2) '动'은 가능보어의 형태로만 쓰인다.

① 我拿得动这些书。

Wǒ ná de dòng zhèxiē shū.

나는 이 책들을 들 수 있다.

小孩拿不动那些东西。
Xiǎohái ná bu dòng nàxiē dōngxi.
아이는 그 물건들을 들 수 없다.

② *我拿动这些书。
Wǒ nádòng zhèxiē shū.

*小孩没拿动那些东西。
Xiǎohái méi nádòng nàxiē dōngxi

(3) 가능보어 '动' vs. 가능보어 '了 liǎo'

이 두 단어는 의미가 겹치는 부분이 있는데, 둘 다 동작을 달성할 수 있는 능력을 나타내며, 상황에 따라 바꿔 쓸 수 있다.

这个小冰箱, 你一个人搬得动吗?(그것을 옮길 수 있을만한 힘을 갖고 있는가?)
Zhège xiǎo bīngxiāng, nǐ yí ge rén bān de dòng ma?

这个小冰箱, 你一个人搬得了吗?(그것을 옮길 수 있는가?)
Zhège xiǎo bīngxiāng, nǐ yí ge rén bān de liǎo ma?

(a) 이동을 나타내는 동사가 아닌 경우에는 'V+得/不了'만 사용할 수 있다.

① 这些饮料, 我喝不了了。
Zhèxiē yǐnliào, wǒ hē bu liǎo le.
나는 이 음료수들을 다 마실 수 없다.

*这些饮料, 我喝不动了。
Zhèxiē yǐnliào, wǒ hē bu dòng le.

② 这么多书, 你读得了吗?
Zhème duō shū , nǐ dú dé liǎo ma?
너는 이렇게 많은 책들을 다 읽을 수 있겠니?

*这么多书, 你读得动吗?
Zhème duō shū, nǐ dú de dòng ma?

(b) 특정한 이동보다 능력을 강조할 때는 'V得/不了'만 사용할 수 있다.

① 他中午吃太饱了，现在已经吃不了了。 (*吃不动 *chī bu dòng)
Tā zhōngwǔ chī tài bǎo le, xiànzài yǐjīng chī bù liǎo le.
그는 점심에 너무 배부르게 먹어서, 지금은 먹을 수 없다.

② 爷爷年纪大了，已经吃不动肉了。 (*吃不了 *chī bù liǎo)
Yéye niánjì dà le, yǐjīng chī bu dòng ròu le.
할아버지께서는 나이가 들어, 고기를 씹을 수 없다. (고기를 먹는 행위 자체를 할 수 없는 것이 아니라, 나이가 들어 고기를 씹기가 어렵다는 의미를 나타낼 때.)

(4) '走不动 자신의 몸을 움직일 수 없음'vs. '走不了(liǎo) 그 자리에서 떠날 수 없음'을 의미한다.

① 他已经走路走了一天了，现在他走不动了。(너무 피곤해서, 더 이상 움직일 수 없다.)
Tā yǐjīng zǒulù zǒu le yì tiān le, xiànzài tā zǒu bu dòng le.
그는 이미 하루 종일 걸어서, 지금은 더 이상 걸을 수 없다.

② 大台风来了，我看，你今天走不了了。(태풍이 불어 떠날 수 없음)
Dà táifēng lái le, wǒ kàn, nǐ jīntiān zǒu bu liǎo le.
큰 태풍이 왔어. 내가 보기엔, 너는 오늘 갈 수 없을 거야.

动不动就. dòngbudòng jiù. 걸핏하면~하다

기능 관용어구 '动不动'은 좋은 이유 없이 어떤 일이 지나치게 자주 발생함을 의미한다. 이 문형은 대개 비판을 목적으로 사용된다.

① 现在的年轻人动不动就换工作，怎么能成功?
Xiànzài de niánqīngrén dòngbúdòng jiù huàn gōngzuò, zěnme néng chénggōng?
요즘 젊은이들은 걸핏하면 일을 바꾸는데 어떻게 성공할 수 있겠는가?

② 这是你自己的问题，不要动不动就怪别人。

Zhè shì nǐ zìjǐ de wèntí, bú yào dòngbudòng jiù guài biéren.

이것은 너 자신의 문제야, 걸핏하면 다른 사람을 탓하지 마라.

③ 你别动不动就打扰别人工作，等他们有空的时候再去请教他们。

Nǐ bié dòngbudòng jiù dǎrǎo biéren gōngzuò, děng tāmen yǒu kòng de shíhou zài qù qǐngjiào tāmen.

너는 걸핏하면 다른 사람의 작업을 방해하지 마라. 그들에게 여유가 생겼을 때 그들에게 도움을 청해라.

④ 你很健康，不要动不动就去医院检查身体。

Nǐ hěn jiànkāng, bú yào dòngbudòng jiù qù yīyuàn jiǎnchá shēntǐ.

너는 아주 건강하니까, 걸핏하면 병원에 가서 검진을 받지 마라.

⑤ 最近高铁动不动就出问题，让坐高铁的人很不放心。

Zuìjìn gāotiě dòngbudòng jiù chū wèntí, ràng zuò gāotiě de rén hěn bú fàngxīn.

요즘 고속철도는 걸핏하면 문제가 생겨, 고속철도를 이용하는 사람들이 마음을 놓을 수 없게 한다.

都. dōu. 부사. 모두 (1)

기능 ‘都’는 주어 혹은 목적어에 의해 언급된 모든 항목들이 일련의 공통점을 가지고 있다는 것을 표시하기 위해 사용된다.

① 我们都姓陈。

Wǒmen dōu xìng Chén.

우리는 모두 천 씨 성이다.

② 他的兄弟姐妹都很好看。

Tā de xiōngdì jiěmèi dōu hěn hǎokàn.

그의 형제자매 모두 잘 생겼다.

③ 这两个房子都是他的。

Zhè liǎng gè fángzi dōu shì tā de.

이 집 두 채는 모두 그의 것이다.

구조 '都'는 부사로서, 관련 명사의 뒤와 서술어 앞에 놓인다. '명사+都＋동사구'의 구조에서 명사는 주어 혹은 목적어가 될 수 있는데, 만약 명사가 목적어 역할을 하게 되면 반드시 문장 앞으로 이동되어야 한다. 예문 ③ 참조.

① 我们都是美国人。

Wǒmen dōu shì Měiguó rén.

우리는 모두 미국인이다.

② 你爸爸, 妈妈都要喝咖啡。

Nǐ bàba, māma dōu yào hē kāfēi.

너의 아빠와 엄마는 모두 커피를 마시려 한다.

③ 茶, 咖啡, 我都喜欢喝。

Chá, kāfēi, wǒ dōu xǐhuan hē.

나는 차와 커피를 모두 좋아한다.

【부정형】

부사 '都'는 '不'로 부정한다.

① 我们不都是美国人。

Wǒmen bù dōu shì Měiguó rén.

우리는 모두 미국인은 아니다.

② 我哥哥, 姐姐不都喜欢照相。

Wǒ gēge, jiějie bù dōu xǐhuan zhàoxiàng.

우리 형과 누나는 모두 사진 찍는 걸 좋아하지는 않는다.

'不都'는 '不是都'와 같다.

【의문형】

① 你们都是美国人吗?
Nǐmen dōu shì Měiguó rén ma?
너희들은 모두 미국인이니?

② 你的家人是不是都要喝咖啡?
Nǐ de jiārén shì bu shì dōu yào hē kāfēi?
너희 가족은 모두 커피를 마실 거니?

용법 (1) '都'는 부사로서 동사 앞, 그리고 주어 뒤에 위치해야 한다. 따라서 '*都我们是台湾人。Dōu wǒmen shì Táiwān rén.'이라고 말할 수 없다.

(2) '都'에 의해 총괄되는 내용들은 모두 '都'의 앞에 위치해야 한다. 예를 들어, '나는 리 선생님과 왕 선생님을 모두 좋아한다.'라고 말하고 싶다면, '李老师、王老师, 我都喜欢。Lǐ lǎoshī, Wáng lǎoshī, wǒ dōu xǐhuan.'이라고 말해야 하지, '*我都喜欢李老师, 王老师。'라고 말해서는 안 된다.

(3) 의문문을 만드는 경우, '都'는 '吗'와 함께 의문형을 만들 수 있다. 이때 정반의문문인 'A-不-A'를 사용할 수 없다. 예를 들어, '당신들은 모두 왕씨인가요?'라고 묻고 싶다면, "你们都姓王吗?Nǐmen dōu xìng Wáng ma?'라고 하지, '*你们都姓不姓王?*Nǐmen dōu xìng bú xìng Wáng?'이라고 할 수 없다.

(4) '都'와 부정부사 '不'로 이루어진 '不都'의 의미는 '전부 다 ~은 아니다'라는 의미이다. 예를 들어, '他们不都是台湾人。Tāmen bù dōu shì Táiwān rén.'의 의미는 '그들은 모두 다 타이완인은 아니다.'이다.

都. dōu. 부사. 불쾌, 짜증 또는 놀라움을 나타냄 (2)

기능 부사 '都'는 예기치 못한 상황이나 비정상적인 상태를 나타낸다. 이 때 화자는 불쾌감, 성가심 혹은 놀라움을 드러낸다.

① 都几点了?你还不起床!

Dōu jǐ diǎn le? Nǐ hái bù qǐchuáng!

지금 몇 시인지 아니? 그래도 일어나지 않네!

② 我都等了你两个钟头了, 你还没到。我要走了!

Wǒ dōu děng le nǐ liǎng ge zhōngtóu le, nǐ háiméi dào. Wǒ yào zǒu le!

나는 이미 너를 2시간이나 기다리고 있는데, 넌 아직도 도착하지 않았어. 나는 갈 거야.

③ 我都给你五千块钱了! 还不够吗?

Wǒ dōu gěi nǐ wǔqiān kuài qián le, hái bú gòu ma?

나는 이미 5,000원이나 줬는데, 아직도 부족하니?

④ 风水学都用了一千多年了。应该有值得相信的部分吧?

Fēngshuǐxué dōu yòng le yìqiān duō nián le. Yīnggāi yǒu zhídé xiāngxìn de bùfen ba?

풍수지리학은 이미 1,000년이나 사용되어 왔는데, 믿을만한 부분이 있겠죠?

⑤ 你都病得快起不来了。还想去上班!

Nǐ dōu bìng de kuài qǐ bu lái le. Hái xiǎng qù shàngbān!

너는 이미 아파서 일어나지도 못하면서, 출근하겠다고!

对. duì. 전치사. ~에게

기능 전치사 '对'는 '~을 향하여, ~에게'라는 의미를 가지며, 동사가 나타내는 동작과 관련하는 대상을 나타낸다. 동작동사 혹은 상태동사와 결합하여 사용된다.

(1) 동작동사와 함께 사용되는 경우

① 陈主任对小明说明了办公室的工作环境。

Chén zhǔrèn duì Xiǎomíng shuōmíng le bàngōngshì de gōngzuò huánjìng

천 주임은 샤오밍에게 사무실 근로환경을 설명했다.

A B C D E F G H I J K L M

② 李小姐对他说: “对不起, 我不知道你是美国人。”

Lǐ xiǎojie duì tā shuō: “Duìbuqǐ, wǒ bù zhīdao nǐ shì Měiguó rén.”

미스 리는 그에게 “미안해요. 나는 당신이 미국인인줄 몰랐어요.”라고 말했다.

③ 他一看见我, 就对我笑。

Tā yí kànjiàn wǒ, jiù duì wǒ xiào.

그는 나를 보자, 나를 향해 웃었다.

(2) 상태동사와 함께 사용되는 경우

① 他对台北的交通情形很了解。

Tā duì Táiběi de jiāotōng qíngxíng hěn liǎojiě.

그는 타이뻬이의 교통상황에 대해 아주 잘 이해한다.

② 王主任对老师很客气。

Wáng zhǔrèn duì lǎoshī hěn kèqi.

왕 주임은 선생님들에게 아주 예의 바르다.

③ 张先生对这件事很关心。

Zhāng xiānsheng duì zhè jiàn shì hěn guānxīn.

장 선생님은 이 일에 관심이 많다.

구조 **【부정형】**

부정부사는 ‘对’ 앞에 놓인다.

① 你别对他说我找工作的事。

Nǐ bié duì tā shuō wǒ zhǎo gōngzuò de shì.

너는 그에게 내가 직장을 구하는 일을 이야기하지 마라.

② 小明没对他说「对不起」。

Xiǎomíng méi duì tā shuō ‘Duìbuqǐ’.

샤오밍은 그에게 ‘미안하다’라고 말하지 않았다.

③ 黄主任没对我说明钟点费的事。
Huáng zhǔrèn méi duì wǒ shuōmíng zhōngdiǎn fèi de shì.
황주임은 나에게 시급에 대한 것을 설명하지 않았다.

【의문형】

① 医生对你说了什么?
Yīshēng duì nǐ shuō le shénme?
의사가 너에게 뭐라고 말했니?

② 你是不是对小明说了你要去看电脑展?
Nǐ shì bu shì duì Xiǎomíng shuō le nǐ yào qù kàn diànnǎo zhǎn?
너는 샤오밍에게 네가 컴퓨터 박람회에 가려한다고 말했니?

③ 你的房东对你好不好?
Nǐ de fángdōng duì nǐ hǎo bu hǎo?
집주인은 당신에게 잘해줍니까?

용법 전치사 '对 duì', '跟 gēn'과 '给 gěi'는 모두 동사가 나타내는 동작과 관련하는 대상을 나타낸다. 이 세 단어는 의미가 겹치는 부분이 있어서, 어떤 전치사가 어떤 동사와 함께 쓰이는지를 기억하는 것이 아주 중요하다.

	说 shuō 말하다	说明 shuōmíng 설명하다	介绍 jièshào 소개하다	笑 xiào 웃다
跟 gēn	✓	✓	✓	✓
给 gěi		✓	✓	
对 duì	✓	✓		✓

(1) 给 gěi:

① 白小姐昨天给我介绍了一家绿岛的旅馆。
Bái xiǎojie zuótiān gěi wǒ jièshàole yì jiā Lǜdǎo de lǚguǎn.
미스 빠이는 어제 나에게 뤼다오의 한 여관을 소개해 주었다.

② 房东早上给美美打了电话，告诉她得付房租了。

Fángdōng zǎoshang gěi Měimei dǎ le diànhuà, gàosu tā děi fù fángzū le.

집주인은 아침에 메이메이에게 전화를 걸어, 집세를 내야한다고 알렸다.

(2) 跟 gēn:

① 我跟他说明了台湾人吃饭的习惯。

Wǒ gēn tā shuōmíng le Táiwān rén chī fàn de xíguàn.

나는 그에게 타이완 사람들이 밥을 먹는 습관을 설명했다.

② 小高跟老师说明天不能来上课了。

Xiǎogāo gēn lǎoshī shuō míngtiān bù néng lái shàngkè le.

까오 군은 선생님에게 내일 수업에 올 수 없는 일에 대해 설명했다.

(3) 对 duì:

① 他对我说他没打过工。

Tā duì wǒ shuō tā méi dǎ guo gōng.

그는 나에게 아르바이트를 해본 적이 없다고 말했다.

② 我对老板说明了为什么昨天没来上班。

Wǒ duì lǎobǎn shuōmíng le wèishéme zuótiān méi lái shàngbān.

나는 사장님께 어제 왜 출근하지 않았는지를 설명했다.

对 A 有 B. duì(전치사) A yǒu (타동성 상태동사) B. B 에 A 가 있다/되다/이다

기능 이 문형에서 전치사 '对'는 상태동사 '有'와 함께 쓰이는데, 이때 '有'의 목적어는 '兴趣 xìngqù 흥미', '帮助 bāngzhù 도움', '好处 hǎochù 좋은 점', '影响 yǐngxiǎng 영향', '想法 xiǎngfǎ 생각' 등과 같은 추상명사이어야 한다.

① 很多人对学中文都感兴趣。

Hěn duō rén duì xué Zhōngwén dōu gǎn xìngqù.

많은 사람들이 중국어를 배우는데 흥미가 있다.

② 多看书，对充实我们的专业能力有帮助。

Duō kàn shū, duì chōngshí wǒmen de zhuānyè nénglì yǒu bāngzhù.

책을 많이 보면, 우리의 전문성에 도움이 된다.

③ 多吃青菜，少吃肉对身体有好处。

Duō chī qīngcài, shǎo chī ròu duì shēntǐ yǒu hǎochù.

채소를 많이 먹고, 고기를 적게 먹으면 몸에 좋다.

구조

(1) 이 문형에서 '对'는 전치사이고, '有'는 형식적인 상태동사이다. 이때 '有'의 목적어는 '兴趣 xìngqù 흥미', '帮助 bāngzhù 도움', '好处 hǎochù 좋은 점', '影响 yǐngxiǎng 영향', '想法 xiǎngfǎ 생각' 등과 같은 명사이다. 이 때 이 추상명사들은 다른 단어의 수식을 받을 수 있다.

运动对身体健康有很大的帮助。

Yùndòng duì shēntǐ jiànkāng yǒu hěn dà de bāngzhù.

운동은 신체건강에 많은 도움을 준다.

(2) 상태동사 '有'는 정도부사 '很 hěn'이나 '非常 fēicháng' 등의 수식을 받을 수 있다.

他对做菜很有兴趣。

Tā duì zuò cài hěn yǒu xìngqù.

그는 요리에 매우 흥미가 있다.

【부정형】

① 妈妈对又酸又辣的泡菜没有兴趣。

Māma duì yòu suān yòu là de pàocài méi yǒu xìngqù.

엄마는 시고 매운 김치에 관심이 없다.

② 陈先生认为做广告对企业没有太大的帮助。

Chén xiānsheng rènwéi zuò guǎnggào duì qǐyè méi yǒu tài dà de bāngzhù.

천 선생은 광고를 만드는 것이 기업에 큰 도움이 되지 않는다고 생각한다.

③ 我只是喉咙痛, 对工作没有影响。

Wǒ zhǐshì hóulong tòng, duì gōngzuò méi yǒu yǐngxiǎng.

나는 단지 목이 아픈 것일 뿐이니, 일에는 영향이 없다.

【의문형】

① 马老师是不是对教书很有经验?

Mǎ lǎoshī shì bu shì duì jiāoshū hěn yǒu jīngyàn?

마 선생님은 교육에 매우 많은 경험이 있나요?

② 一个人会说很多种语言, 是不是对找工作有帮助?

Yí ge rén huì shuō hěn duō zhǒng yǔyán, shì bu shì duì zhǎo gōngzuò yǒu bāngzhù?

어떤 사람이 많은 언어를 할 줄 안다면 일을 찾는 데 도움이 되나요?

③ 你对跟外国人结婚有没有什么想法?

Nǐ duì gēn wàiguó rén jiéhūn yǒu méi yǒu shéme xiǎngfǎ?

너는 외국인과 결혼하는 것에 대해 어떻게 생각하니?

용법 동작동사는 다양한 전치사를 취할 수 있지만, 상태동사가 전치사를 취할 때에는 '对'만 가능하다. '他对每件事都很认真。Tā duì měi jiàn shì dōu hěn rènzhēn. 그는 모든 일에 진지하다.'

对…来说. duì(전치사) … láishuō. …에 대해서 말하자면

기능 이 문형에서는 '对'의 대상에만 적용됨을 의미하며, 다른 대상에게는 사실이 아닐 수도 있다.

① 对台南人来说, 早餐非常重要。

Duì Táinán rén láishuō, zǎocān fēicháng zhòngyào.

타이난 사람들에게는 아침 식사가 매우 중요하다.

② 对喜欢中国文化的人来说, 故宫博物院是一个值得参观的地方。

Duì xǐhuan Zhōngguó wénhuà de rén láishuō, Gùgōng Bówùyuàn shì yíge zhídé cānguān de dìfang.

중국 문화를 좋아하는 사람들에게는 고궁박물관은 참관할 만한 가치가 있는 곳이다.

③ 一件羊毛外套8,000块钱, 对我来说, 太贵了。

Yí jiàn yángmáo wàitào bāqīan kuài qián, duì wǒ láishuō, tài guì le.

한 벌에 8,000원 하는 양털 외투는 내 입장에서는 너무 비싸다.

④ 对日本人来说, 写汉字不难。

Duì Rìběn rén láishuō, xiě Hànzì bù nán.

일본인들에게는 한자를 쓰는 것이 어렵지 않다.

⑤ 对中国人来说, 春节、端午节、中秋节是一家人团聚的日子。

Duì Zhōngguó rén láishuō, Chūnjié、Duānwǔ Jié、Zhōngqiū Jié shì yì jiā rén tuánjù de rìzi.

중국인들에게는 설, 단오, 추석은 가족들이 한자리에 모이는 날이다.

对…讲究. duì(전치사) …jiǎngjiu (타동성 상태동사), …에 대하여 통찰력이 있고, 안목이 있고, 특별하다

기능 이 문형은 주어가 '对'의 대상에 대해 매우 각별하고, 가장 좋은 것을 원한다는 것을 나타낸다.

① 铃木先生没想到台南人对吃这么讲究。
Língmù xiānsheng méi xiǎngdào Táinán rén duì chī zhème jiǎngjiu.
스즈키 선생은 타이난 사람들이 먹는 것을 이렇게 중히 여긴다는 것을 생각지 못했다.

② 高先生对住的环境非常讲究, 不但要离车站近, 附近还要有公园。
Gāo xiānsheng duì zhù de huánjìng fēicháng jiǎngjiu, búdàn yào lí chēzhàn jìn, fùjìn hái yào yǒu gōngyuán.
까오 선생은 주거 환경에 대해 매우 신경을 써서 정거장에서 가까워야 할 뿐만 아니라 부근에 공원도 있어야 한다.

③ 小张对吃东西不怎么讲究, 常常吃面包或是超市的快餐。
Xiǎozhāng duì chī dōngxi bù zěme jiǎngjiu, chángcháng chī miànbāo huò shì chāoshì de kuàicān.
샤오장은 음식 먹는 것을 그리 중요하게 여기지 않아, 자주 빵이나 슈퍼의 패스트푸드를 먹는다.

④ 李小姐对衣服的质量很讲究, 所以总是买名牌的。
Li xiǎojie duì yīfu de zhìliàng hěn jiǎngjiu, suǒyǐ zǒngshì mǎi míngpái de.
미스 리는 옷의 품질을 매우 중요하게 여겨, 늘 명품만 산다.

⑤ 对吃很讲究的人, 不一定都胖。
Duì chī hěn jiǎngjiu de rén, bù yídìng dōu pàng.
먹는 것을 중요하게 여기는 사람들이라고 모두 뚱뚱하지는 않다.

对于. duìyú. 전치사, 조사. ~향하여, ~관하여 (1)

기능 '对于'는 기본적으로 전치사이지만, 격식체적이고 고급 단어의 느낌을 주며, '~에 대해'라는 의미를 나타낼 수 있을 뿐 아니라, 목적어 표지 기능을 할 수 있다.

(1) 전치사 '对于': 이 기능은 화자의 담론 대상을 나타낸다. 예를 들어, 방향, 상태(태도 등) 혹은 동작 등을 나타낸다. '~향하여, ~관하여, A에 관한한' 등의 의미로 쓰인다.

① 对于城乡学生,这都是福音。
Duìyú chéngxiāng xuésheng, zhè dōu shì fúyīn.
도시와 시골 학생들에게 이것은 좋은 소식이다.

② 这对于教育过程也有指引作用。
Zhè duìyú jiàoyù guòchéng yě yǒu zhǐyǐn zuòyòng.
이것은 교육과정에 지침 역할을 한다.

③ 对于男友的疏远感到不甘心和愤怒。
Duìyú nányǒu de shūyuǎn gǎndào bù gānxīn hé fènnù.
남자친구의 소원함에 불만족과 분노를 느끼고 있다.

④ 对于国家来说,这是一种损失。
Duìyú guójiā láishuō, zhè shì yì zhǒng sǔnshī.
국가의 입장에서 이것은 일종의 손실이다.

(2) 목적어 표지(조사) '对于': 对于는 타동사의 대상을 동사구의 앞쪽으로 이동시킨다. 이 기능은 'the killing of wild animals'의 'of'와 유사한 기능을 한다.

① 韩国人对于学历的看重不次于中国人。(=看重学历)
Hánguó rén duìyú xuélì de kànzhòng bú cìyú Zhōngguó rén.(= kànzhòng xuélì)
한국인은 중국인 못지않게 학력을 중시한다. (학력을 중시한다)

② 那也可以缓和一下人们对于死亡的恐惧。(=恐惧死亡)

Nà yě kěyǐ huǎnhé yíxià rénmen duìyú sǐwáng de kǒngjù.(= kǒngjù sǐwáng)

그것은 또한 죽음에 대한 사람들의 두려움을 완화해 줄 수 있다. (=죽음을 두려워 하라)

③ 对于那天的事, 她仍然很在意。(=在意那天的事)

Duìyú nà tiān de shì, tā réngrán hěn zàiyì. (= Zàiyì nà tiān de shì)

그날의 일에 그녀는 여전히 신경을 쓴다. (=그날 일어난 일을 신경씀)

④ 对于她提出的问题, 我只用摇头来回答。

Duìyú tā tíchū de wènjù, wǒ zhǐ yòng yáotóu lái huídá.

그녀가 제시한 질문에 대해서 나는 고개만 갸우뚱거리는 것으로 대답한다.

구조 '对于'는 전형적인 전치사가 아니다. 위의 문장들에서 보이는 것처럼, 문장의 맨 처음에 오거나 주어 뒤에 배치될 수 있다.

【부정형】

'不是'를 제외한 부정부사는 '对于'에 앞에 올 수 없으며, 주요동사가 부정을 받는다.

① 对于国家来说, 这并不是一种损失。

Duìyú guójiā lái shuō, zhè bìng bú shì yì zhǒng sǔnshī.

국가 입장에서는, 이것은 결코 손실이 아니다.

② 对于那天的事, 她不是一点都不在意。

Duìyú nà tiān de shì, tā bú shì yìdiǎn dōu bú zàiyì.

그 날의 일에 관해서, 그녀가 조금도 개의치 않는 것은 아니다.

【의문형】

'对于'는 자체적으로 'A-不-A' 의문문 형식을 취할 수 없으며, 반드시 '是不是' 형식을 취해야 한다. '吗' 의문문은 항상 가능하다.

① 对于那天的事, 她都不在意吗?
Duìyú nà tiān de shì, tā dōu bú zàiyì ma?
그날의 일에 관해서, 그녀는 전혀 개의치 않나요?

② 对于城乡学生这都是福音吗?
Duìyú chéng xiāng xuésheng zhè dōu shì fúyīn ma?
도시와 시골 학생들에게는 이건 모두 기쁜 소식인가요?

③ 对于那天的事, 她是不是都不在意?
Duìyú nà tiān de shì, tā shì bu shì dōu bú zàiyì?
그날의 일에 관해서, 그녀는 모두 개의치 않는 건가요?

④ 是不是对于城乡学生这都是福音?
Shì bu shì duìyú chéngxiāng xuésheng zhè dōu shì fúyīn?
도시와 시골 학생들에게는 이건 모두 기쁜 소식인가요?

용법 '对'는 '对于'로 대체할 수 있으나, 모든 상황에서 가능하지는 않다.

① 请不要对不懂事的孩子生气。
Qǐng bú yào duì bù dǒngshì de háizi shēngqì.
철없는 아이에게 화내지 마세요.

*请不要对于不懂事的孩子生气。
Qǐng bú yào duìyú bù dǒngshì de háizi shēngqì.

② 她总是对外国人很不礼貌。
Tā zǒngshì duì wàiguó rén hěn bù lǐmào.
그녀는 항상 외국인에게 예의가 없다.

*她总是对于外国人很不礼貌。
Tā zǒngshì duìyú wàiguó rén hěn bù lǐmào.

对于…而言. duìyú… ér yán. …에 관한한 (2)

기능 이 문형은 전체 문장의 초점을 표지한다.

① 对于这些新移民者而言, 语言沟通的障碍最大。

Duìyú zhèxiē xīn yímínzhě ér yán, yǔyán gōutōng de zhàng'ài zuì dà.

이들 새로운 이민자들에게는 언어소통의 장애가 가장 크다.

② 一直要员工加班, 对于公司而言, 不见得有好处。

Yìzhí yào yuángōng jiābān, duìyú gōngsī ér yán, bújiànde yǒu hǎochù.

직원들에게 계속해서 야근을 요구하는 것은 회사로서 득이 되는 것은 아니다.

③ 对于这些志工而言, 能辅导这些学童是一件快乐的事。

Duìyú zhèxiē zhìgōng ér yán, néng fǔdǎo zhèxiē xuétóng shì yí jiàn kuàilè de shì.

이들 자원봉사자들에게 있어서 이 어린 학생들을 지도하는 것은 즐거운 일이다.

④ 我想对于任何人而言, 受到种族歧视都是无法接受的。

Wǒ xiǎng duìyú rènhé rén ér yán, shòudào zhǒngzú qíshì dōu shì wúfǎ jiēshòu de.

나는 인종차별을 받는 것은 어떤 사람이라도 받아들일 수 없다고 생각한다.

용법 문형 '对…来说'는 항상 사람 또는 사람들의 집단에만 적용되지만, 문형 '对于…而言'에는 이런 제한이 없다.

对台南人来说, 早餐非常重要。

Duì Táinán rén láishuō, zǎocān fēicháng zhòngyào.

타이난 사람들에게 아침 식사는 매우 중요합니다.

对于高科技的发展而言, 如何培养研究人员是最重要的议题。

Duìyú gāokējì de fāzhǎn ér yán, rúhé péiyǎng yánjiū rényuán shì zuì zhòngyào de yìtí.

첨단 과학기술의 발전에 있어, 연구자를 어떻게 육성할 것인가가 가장 중요한 의제이다.

多. duō. 상태동사. 보다 많이, ~이상, 몇 (1)

기능 '多'는 숫자 뒤에서 '보다 많음' 혹은 '초과함'을 나타내기 위해 사용된다.

① 十多人
shí duō rén
십여 명

② 二十多个人
èrshí duō ge rén
이십여 명

③ 一百万多部手机
yìbǎi wàn duō bù shǒujī
백만 개 이상의 휴대전화

구조 (1) '多'가 10보다 큰 숫자와 연관된 경우, '多'는 남아 있는 양을 표시한다.

수사	多: 보다 많이	단위사	명사
二十 èrshí	多	个 ge	人 rén
五百 wǔbǎi	多	个 ge	包子 bāozi
一千 yìqiān	多	部 bù	手机 shǒujī
三万四千 sānwàn sìqiān	多	块 kuài	钱 qián

(2) '多'를 숫자와 함께 사용할 때, 그 숫자보다 큰 것을 의미하며, 그 숫자보다 큰 수를 나타낼 필요는 없다.

① 五块多(钱)
wǔ kuài duō (qián)
5원 남짓 (6원은 되지 않음)

② 五多块(钱)
wǔ duō kuài duō (qián)
5원 남짓 (10원은 안 되는 6원, 7원, 8원, 9원 정도)

③ 一块多(钱)

yí kuài duō (qián)

1원 남짓 (2원은 되지 않음)

④ 一多块(钱)

yí duō kuài duō (qián)

1원 남짓 (5원은 안 되는 2원, 3원, 4원 정도)

多. duō. 부사. 多+동사. 계획한 것보다 많이 (2)

기능 동사 앞에 위치한 '多' 혹은 '少'는 예상보다 많거나 적음을 의미한다.

① 我最近没钱了, 应该少买东西。

Wǒ zuìjìn méi qián le, yīnggāi shǎo mǎi dōngxi.

나는 최근에 돈이 없어, 평소보다 물건을 덜 사야 한다.

② 我中文不好, 应该多看书, 少看电视。

Wǒ Zhōngwén bù hǎo, yīnggāi duō kàn shū, shǎo kàn diànshì.

내 중국어 실력이 좋지 않아, 책을 많이 보고, TV 를 적게 봐야 한다.

③ 我们明天应该多穿衣服吗?

Wǒmen míngtiān yīnggāi duō chuān yīfu ma?

내일 우리는 평소보다 옷을 더 많이 입어야 할까?

용법 타동사가 이 문형에 나오면, '一点'(yìdiǎn)을 목적어 앞에 놓고 사용하는 경우가 많다.

① 他喜欢台湾, 想多学一点中文。

Tā xǐhuan Táiwān, xiǎng duō xué yìdiǎn Zhōngwén.

그는 타이완을 좋아하고, 중국어를 좀 더 공부하고 싶어 한다.

② 昨天我朋友来我家, 我多做了一点菜。

Zuótiān wǒ péngyou lái wǒ jiā, wǒ duō zuòle yìdiǎn cài.

어제 친구가 우리 집에 와서, 나는 음식을 조금 더 했다.

③ 她今天太累了, 想少做一点功课。

Tā jīntiān tài lèi le, xiǎng shǎo zuò yìdiǎn gōngkè.

그녀는 오늘 너무 피곤해서, 숙제를 조금 덜 하려고 합니다.

多. duō. 부사. 정도가 심함을 나타냄, 얼마나…하는지! (3)

기능 '多'는 높은 수준의 강도, 과장 혹은 격앙된 감정을 표현한다. 이런 유형의 문장 끝에는 '呀' 혹은 '啊'가 함께 쓰이는 경우가 많다.

① 这里的风景多美啊! 真是百闻不如一见。

Zhèli de fēngjǐng duō měi a! Zhēnshi bǎiwén bùrú yí jiàn.

이곳의 풍경은 너무 아름다워! 정말 백문이 불여일견이야!

② 你看, 老板给我的薪水这么少, 多小气呀!

Nǐ kàn, lǎobǎn gěi wǒ de xīnshuǐ zhème shǎo, duō xiǎoqì ya!

봐! 사장이 나에게 지급하는 급여가 이렇게 작아, 너무 인색하지!

③ 表弟每天坐出租车去学校上课。多浪费啊!

Biǎodì měitiān zuò chūzūchē qù xuéxiào shàngkè. Duō làngfèi a!

사촌동생은 매일 택시를 타고 등교해, 너무 낭비가 심해!

④ 你不知道导演他的脾气多暴躁! 动不动就骂人。

Nǐ bù zhīdao dǎoyǎn tā de píqì duō bàozào! Dòng bu dòng jiù mà rén.

너는 감독의 성질머리가 얼마나 사나운지 모를거야! 툭하면 다른 사람을 욕해!

⑤ 这栋建筑多坚固啊! 地震以后只有它没倒。

Zhè dòng jiànzhú duō jiāngù a! Dìzhèn yǐhòu zhǐyǒu tā méi dǎo.

이 건물이 얼마나 견고하니! 지진 이후에 이 건물만 무너지지 않았어.

多少. duōshǎo. 부사. 약간, 조금이라도

기능 부사 '多少'는 모호하고 최소한의 양을 나타낸다. 영어의 'at least, somewhat, a little'와 비슷하다.

① 你虽然不饿, 可是妈妈准备了这么多菜, 你多少吃一点吧。
Nǐ suīrán bú è, kěshì māma zhǔnbèi le zhème duō cài, nǐ duōshǎo chī yìdiǎn ba.
너는 배가 고프지 않겠지만, 엄마가 이렇게 많은 음식을 준비했으니, 조금이라도 좀 먹어라.

② 你在西班牙住了半年, 多少会说几句西班牙语吧。
Nǐ zài Xībānyá zhù le bàn nián, duōshǎo huì shuō jǐ jù Xībānyáyǔ ba.
너는 스페인에 반년동안 살았으니, 스페인어를 어느 정도는 할 수 있지.

③ 你买的电脑这么便宜, 多少会有一点问题吧。
Nǐ mǎi de diànnǎo zhème piányi, duōshǎo huì yǒu yìdiǎn wèntí ba.
네가 산 컴퓨터는 너무 싸서 뭔가 문제가 있을 거야.

④ 那个店员是我朋友。我带你去买东西, 多少可以打一点折。
Nàge diànyuán shì wǒ péngyou. Wǒ dài nǐ qù mǎi dōngxi, duōshǎo kěyǐ dǎ yìdiǎn zhé.
저 점원은 내 친구야. 내가 너를 데리고 가서 물건을 사면 어느 정도는 할인을 해 줄 거야.

⑤ 我不常做饭, 可是调味料多少准备了一点。
Wǒ bù cháng zuò fàn, kěshì tiáowèiliào duōshǎo zhǔnbèi le yìdiǎn.
나는 자주 요리를 하지 않지만, 약간의 조미료는 준비해 두었다.

용법 대부분의 경우 '多少'는 가능성을 암시하고 있어서 위에 제시된 ②, ③, 그리고 ④의 예문과 같이 '能', '会', '可以' 등과 같은 능원동사와 함께 사용되는 경우가 많다.

E

而且. érqiě. 접속사. … 뿐만 아니라

기능 '而且'는 뒤에 나오는 문장에 놓여, 앞과 뒤 문장을 연결하는 기능을 한다. 예문 ①과 ②처럼 짧은 동사구를 연결하여 '그리고, 또한'의 의미를 나타낼 수 있으며, 예문 ③과 ④처럼 절과 절을 연결하여 '뿐만 아니라, 더욱이'의 의미를 나타낸다.

① 台湾的夏天很热而且很潮湿。
Táiwān de xiàtiān hěn rè érqiě hěn cháoshī.
타이완의 여름은 매우 덥고 습하다.

② 如果多花一点时间找, 一定能找到便宜而且合适的。
Rúguǒ duō huā yìdiǎn shíjiān zhǎo, yídìng néng zhǎodào piányi érqiě héshì de.
만약 조금 더 시간을 들여 찾는다면, 싸고 적당한 것을 찾을 수 있을 것이다.

③ 房东帮她装了有线电视, 而且还帮她装了网络。
Fángdōng bāng tā zhuāng le yǒuxiàn diànshì, érqiě hái bāng tā zhuāngle wǎngluò.
집주인은 그녀를 위해 케이블 TV를 설치했을 뿐만 아니라 인터넷도 설치해 주었다.

④ 做这个工作得会说中文, 而且得有一些工作经验。
Zuò zhège gōngzuò děi huì shuō Zhōngwén, érqiě děi yǒu yìxiē gōngzuò jīngyàn.
이 일을 하려면 중국어를 할 수 있어야 할 뿐 아니라, 경력도 있어야 한다.

용법 '而且'가 사용되는 두 번째 문장에는 일반적으로 '还' 혹은 '也'가 함께 쓰이는 경우가 많다.

F

反而. fǎn'ér. 부사. 그와는 반대로

기능 부사 '反而'은 화자의 기대에 어긋나는 행동이나 상황을 나타내며, 뒷 절에 나타난다.

① 你说了那么多次。她不但没听懂, 反而更胡涂了。

Nǐ shuō le nàme duō cì. Tā búdàn méi tīng dǒng, fǎn'ér gèng hútu le.

네가 그렇게 여러 번 말을 했지만, 그녀는 알아듣지 못하고, 오히려 더 혼란스러워졌다.

② 她本来很好看, 化了妆以后反而不好看了。

Tā běnlái hěn hǎokàn, huà le zhuāng yǐhòu fǎn'ér bù hǎokàn le.

그녀는 원래 예뻤는데, 화장을 하고난 후 오히려 못생겨졌다.

③ 看了我写的文章, 老师不但没骂我, 反而说我写得很好。

Kànle wǒ xiě de wénzhāng, lǎoshī búdàn méi mà wǒ, fǎn'ér shuō wǒ xiě dé hěn hǎo.

내가 쓴 글을 읽고 선생님은 나를 비난하지 않았을 뿐만 아니라, 오히려 내게 잘 썼다고 말했다.

④ 我运动以后不但不累, 反而更有精神了。

Wǒ yùndòng yǐhòu búdàn bú lèi, fǎn'ér gèng yǒu jīngshén le.

나는 운동을 하고난 후에 피곤해 하지 않을 뿐만 아니라 오히려 더 기운이 있다.

⑤ 现在很多年轻人喜欢穿黑色的, 反而是年纪大的人喜欢穿红色的。

Xiànzài hěn duō niánqīngrén xǐhuan chuān hēisè de, fǎn'ér shì niánjì dà de rén xǐhuan chuān hóngsè de.

요즘 많은 젊은이들이 검은 색 옷을 입는 것을 좋아하고, 오히려 나이가 많은 사람들이 붉은 옷을 즐겨 입는다.

용법 '不但'을 포함하는 절은 부정문에서 '反而'이 들어있는 절보다 앞에 나온다.

① 他常常熬夜看书。成绩不但没有进步, 反而退步了。
Tā chángcháng áoyè kànshū. Chéngjì búdàn méiyǒu jìnbù, fǎn'ér tuìbù le.
그는 종종 밤새워 공부한다. 성적은 진보하기는커녕 오히려 퇴보했다.

② 他去当兵不但没变瘦, 反而胖了。
Tā qù dāngbīng búdàn méi biàn shòu, fǎn'ér pàng le.
그는 군대에 가서 살이 빠지기는커녕 오히려 살이 쪘다.

③ 我帮她打扫房间。她不但不高兴, 反而生气了。
Wǒ bāng tā dǎsǎo fángjiān. Tā búdàn bù gāoxìng, fǎn'ér shēngqì le.
나는 그녀를 도와 방을 청소했다. 그녀는 기뻐하기는커녕 오히려 화를 냈다.

反正. fǎnzheng. 부사. 어쨌든, 하여간

기능 '反正'은 뒷 절에 놓여 변경할 수 없는 사실을 인정하거나 수용하는 것을 나타낸다.

① 不管你有没有意愿, 反正我们已经决定要这么做了。
Bùguǎn nǐ yǒu méi yǒu yìyuàn, fǎnzheng wǒmen yǐjīng juédìng yào zhème zuò le.
네가 원하건 원하지 않건, 어쨌든 우리는 이미 이렇게 하기로 결정했다.

② 不管你跟他合得来合不来, 反正你们得一起工作。
Bùguǎn nǐ gēn tā hé de lai hé bù lai, fǎnzheng nǐmen děi yìqǐ gōngzuò.
너와 그가 맞건 맞지 않건 어쨌든 너희들은 함께 일을 해야 한다.

③ 你加入不加入没关系, 反正我们自己做也没问题。
Nǐ jiārù bù jiārù méiguānxi, fǎnzheng wǒmen zìjǐ zuò yě méi wèntí.
네가 참여하건 참여하지 않건 상관없다. 어쨌든 우리 스스로 해도 문제없다.

④ 不相信风水就算了，反正信不信由你。

Bù xiāngxìn fēngshuǐ jiù suàn le, fǎnzheng xìn bu xìn yóu nǐ.

풍수를 믿지 않으면 그만이다. 믿건 안 믿건 네 맘이다.

⑤ 我还没开始准备过年，反正还来得及啊。

Wǒ hái méi kāishǐ zhǔnbèi guònián, fǎnzheng hái láidejí a.

나는 아직 새해 준비를 하지 못했다. 어쨌든 아직 시간이 있다.

용법 '反正'의 앞 절에는 '不管' 혹은 '无论'이 놓여 자주 함께 쓰인다.

① 不管你怎么说，反正我都不会答应。

Bùguǎn nǐ zěnme shuō, fǎnzheng wǒ dōu bú huì dāyìng.

네가 어떻게 말하건 어쨌든 나는 동의하지 않을 것이다.

② 将来合得来合不来没关系，反正他们已办好离婚手续了。

Jiānglái hé dé lai hé bù lai méi guānxi, fǎnzheng tāmen yǐ bànhǎo líhūn shǒuxù le.

그들이 앞으로 잘 지내든 못 지내든 상관없는 일이다, 어차피 그들은 이미 이혼 수속을 마쳤다.

方面. fāngmiàn. 명사. '在…方面'의 구조에서 '…대하여'

기능 '(在)…方面은' 문장에서 주로 이야기 되는 내용이 '…'과 관하여 사실임을 나타낸다.

① 经过五十年的殖民统治，台湾人在饮食，生活习惯各方面都受到日本文化很深的影响。

Jīngguò wǔshí nián de zhímín tǒngzhì, Táiwān rén zài yǐnshí, shēnghuó xíguàn gè fāngmiàn dōu shòudào Rìběn wénhuà hěn shēn de yǐngxiǎng.

50년의 식민통치로 인해, 타이완사람들은 음식, 생활 습관 등 각 방면에서 일본문화의 영향을 많이 받았다.

② 最近几年, 中国在经济方面发展得很快, 吸引了许多外国人到那里工作。

Zuìjìn jǐ nián, Zhōngguó zài jīngjì fāngmiàn fāzhǎn de hěn kuài, xīyǐn le xǔduō wàiguó rén dào nàli gōngzuò.

최근 몇 년간, 중국은 경제 분야에서 빠르게 발전해서, 많은 외국인들을 그곳에서 일하도록 끌어들였다.

③ 这栋大楼的环境, 总的来说, 还不错。不过在卫生方面, 还应该再改善。

Zhè dòng dà lóu de huánjìng, zǒngde láishuō, hái búcuò. Búguò zài wèishēng fāngmiàn, hái yīnggāi zài gǎishàn.

이 건물의 환경은 일반적으로 말하자면 괜찮지만, 위생부분에서는 아직도 개선해야할 것이 있다.

④ 明天李教授的演讲谈的是流行音乐。他在这方面相当有研究, 应该很值得去听。

Míngtiān Lǐ jiàoshòu de yǎnjiǎng tán de shì liúxíng yīnyuè. Tā zài zhè fāngmiàn xiāngdāng yǒu yánjiū, yīnggāi hěn zhídé qù tīng.

내일 리 교수의 강연에서 유행음악에 대해 말할 것이다. 그는 이 분야를 많이 연구해서 들을 만할 것이다.

⑤ 他在门市服务快满十年了, 在处理消费纠纷方面很有经验。你可以放心。

Tā zài ménshì fúwù kuài mǎn shí nián le, zài chǔlǐ xiāofèi jiūfēn fāngmiàn hěn yǒu jīngyàn. Nǐ kěyǐ fàngxīn.

그는 매장에서 10년 가까이 근무하며 소비자분쟁 처리 분야에서 많은 경험을 갖고 있어요. 안심해도 되요.

용법 (1) '(在)…方面'과 '(在)…上'은 모두 '~관하여'에 대해 나타내지만, 다른 점이 있다. 아래 내용 참조.

(2) '(在)…上'은 기초, 표준 혹은 원칙 등을 나타내는 사용된다.

① 她跟男朋友只是同居。在法律上, 还算是单身。

Tā gēn nánpéngyou zhǐshì tóngjū. Zài fǎlǜ shang, hái suànshì dānshēn.

그녀는 남자친구와 동거를 하는 것일 뿐이다. 법률상에서는 여전히 싱글이다.

② 对华人来说, 中秋节是全家团聚的日子。习惯上, 每个人都要回家。
Duì Huárén láishuō, Zhōngqiū jié shì quánjiā tuánjù de rìzi. Xíguàn shang, měi gè rén dōu yào huí jiā.
중국인의 입장에서 말하자면, 추석은 온 가족이 모이는 날이다. 습관적으로 모두 집으로 돌아가야 한다.

③ 虽然出车祸不是他的错, 可是他认为自己在道德上多少有一些责任。
Suīrán chū chēhuò bú shì tā de cuò, kěshì tā rènwéi zìjǐ zài dàodé shang duōshǎo yǒu yìxiē zérèn.
비록 자동차 사고는 그의 잘못이 아니지만, 그는 자신이 도덕적으로 약간의 책임이 있다고 여긴다.

(3) 이 용법으로 사용할 때는 오직 추상명사만 사용이 가능하며, '(在)…方面'와 바꾸어 사용할 수 없다.

① *他家在吃上很讲究。
*Tā jiā zài chī shang hěn jiǎngjiu.

② *她跟男朋友只是同居, 在法律方面, 还算是单身。
*Tā gēn nánpéngyou zhǐshì tóngjū, zài fǎlǜ fāngmiàn, hái suànshì dānshēn.

(4) '(在)…方面'과 '(在)…上'이 모두 같은 주제의 다른 측면에 대해 설명할 때는 이 두 문형을 서로 바꿔서 사용해도 된다.

① a. 我们是好朋友, 在兴趣上完全一样, 可是在性格上, 他比我活泼得多。
Wǒmen shì hǎo péngyou, zài xìngqù shang wánquán yíyàng, kěshì zài xìnggé shang, tā bǐ wǒ huópō de duō.

b. 我们是好朋友, 在兴趣方面完全一样, 可是在性格方面, 他比我活泼得多。
Wǒmen shì hǎo péngyou, zài xìngqù fāngmiàn wánquán yíyàng, kěshì zài xìnggé fāngmiàn, tā bǐ wǒ huópō de duō.
우리는 좋은 친구이다. 관심사가 완전히 같지만, 성격 부분에서는 그가 나보다 훨씬 활달하다.

② a. 有牌子的包包在价格上当然比没有牌子的高一点, 但是在质量上, 比较能得到顾客的信任。

Yǒu páizi de bāobāo zài jiàgé shang dāngrán bǐ méi yǒu páizi de gāo yìdiǎn, dànshì zài zhìliàng shang, bǐjiào néng dédào gùkè de xìnrèn.

b. 有牌子的包包在价格方面当然比没有牌子的高一点, 但是在质量方面, 比较能得到顾客的信任。

Yǒu páizi de bāobāo zài jiàgé shang dāngrán bǐ méi yǒu páizi de gāo yìdiǎn, dànshì zài zhìliàng fāngmiàn, bǐjiào néng dédào gùkè de xìnrèn.

브랜드가 있는 가방은 가격 면에서 브랜드가 없는 제품보다 비싸지만, 품질 면에서 소비자들의 신뢰를 받을 수 있다.

③ a. 我来台湾快一年了。生活上差不多都习惯了, 学习上也相当顺利, 中文进步了不少。

Wǒ lái Táiwān kuài yì nián le. Shēnghuó shang chà bu duō dōu xíguàn le, xuéxí shang yě xiāngdāng shùnlì, Zhōngwén jìnbù le bù shǎo.

b. 我来台湾快一年了。生活方面差不多都习惯了, 学习方面也相当顺利, 中文进步了不少。

Wǒ lái Táiwān kuài yì nián le. Shēnghuó fāngmiàn chà bu duō dōu xíguàn le, xuéxí fāngmiàn yě xiāngdāng shùnlì, Zhōngwén jìnbù le bù shǎo.

내가 타이완에 온지 곧 1년이 된다. 생활 방면에서 거의 적응이 되었다. 학습 방면에서도 상당히 순조로워 중국어 실력이 많이 좋아졌다.

非…不可. fēi…bù kě. 반드시 ~해야 한다

기능 이 문형은 화자가 다른 대안이 없고 반드시 어떤 행위를 해야 함을 나타낸다.

① 哥哥已经两年没回国了。妈妈说今年除夕他非回来跟家人团聚不可。

Gēge yǐjīng liǎng nián méi huí guó le. Māma shuō jīnnián chúxī tā fēi huílai gēn jiārén tuánjù bù kě.

형은 이미 2년 동안 귀국을 하지 않았다. 엄마는 올해 그가 반드시 돌아와 섣달 그믐날에 가족과 함께 모여야 한다고 말한다.

② 想要找到好工作, 非充实自己的专业能力不可。

Xiǎng yào zhǎodào hǎo gōngzuò, fēi chōngshí zìjǐ de zhuānyè nénglì bù kě.

좋은 직업을 찾고 싶다면, 자신의 전공능력에 충실해야 한다.

③ 台北这么潮湿, 我的鞋子都发霉了, 非买除湿器不可。

Táiběi zhème cháoshī, wǒ de xiézi dōu fāméi le, fēi mǎi chúshīqì bù kě.

타이뻬이가 이렇게 습해서, 내 신발에 곰팡이가 생겼다. 반드시 제습기를 사야 한다.

④ 最近发生很多不好的事情, 我非去庙里拜拜不可。

Zuìjìn fāshēng hěn duō bù hǎo de shìqing, wǒ fēi qù miào lǐ bàibai bù kě.

최근에 좋지 않은 일이 많이 일어났다. 반드시 사당에 가서 기도를 해야 한다.

⑤ 没想到这份英文合约这么复杂, 公司非找人翻译成中文不可。

Méi xiǎngdào zhè fèn Yīngwén héyuē zhème fùzá, gōngsī fēi zhǎo rén fānyì chéng Zhōngwén bù kě.

이 영어 계약서가 이렇게 복잡할 줄 몰랐다. 회사는 반드시 누군가에게 의뢰해 중국어로 번역해야 한다.

용법 이 문형에서 '非'와 '可'는 중국 문어체에서 유래된 용법으로 의미가 같은 다른 글자로 대체할 수 없다.

否则. fǒuzé. 접속사. 그렇지 않으면

기능 '否则'는 뒷 절에 나오는 접속사로 '그렇지 않으면'이라는 의미를 나타내며, 앞 절에 내용을 이행하지 않으면 좋지 않은 결과를 초래할 것이라는 의미를 나타낸다.

① 我今年底必须把论文写完, 否则春节时没办法出国旅行。
Wǒ jīnnián dǐ bìxū bǎ lùnwén xiěwán, fǒuzé Chūnjié shí méi bànfǎ chūguó lǚxíng.
나는 올해 연말까지 논문을 완성할 것이다. 그렇지 않으면 설날에 해외여행을 갈 수 없다.

② 除非你愿意改变你的观念, 否则我们无法录取你。
Chúfēi nǐ yuànyì gǎibiàn nǐ de guānniàn, fǒuzé wǒmen wú fǎ lùqǔ nǐ.
당신이 당신의 관념을 고치길 원하지 않는면 우리는 당신을 채용할 수 없습니다.

③ 政府必须有效改善台湾妇女生育的环境, 否则无法提高生育率。
Zhèngfǔ bìxū yǒuxiào gǎishàn Táiwān fùnǚ shēngyù de huánjìng, fǒuzé wúfǎ tígāo shēngyùlǜ.
정부는 반드시 타이완 부녀자들의 양육환경을 개선해야 한다. 그렇지 않으면 출산율을 높일 수 없다.

④ 你得改变你单身的想法, 否则老了以后会觉得孤单寂寞。
Nǐ děi gǎibiàn nǐ dānshēn de xiǎngfǎ, fǒuzé lǎo le yǐhòu huì juéde gūdān jímò.
너는 너의 독신에 대한 생각을 바꿔야 한다. 그렇지 않으면 늙어서 외로움을 느낄 것이다.

⑤ 面试以前, 你一定要对这个职业有足够的了解, 否则不容易被录取。
Miànshì yǐqián, nǐ yídìng yào duì zhège zhíyè yǒu zúgòu de liǎojiě, fǒuzé bù róngyì bèi lùqǔ.
면접을 보기 전에, 당신은 반드시 이 업무에 대해 충분히 이해해야 합니다. 그렇지 않으면 쉽게 합격할 수 없습니다.

용법 이 문형에서 앞 절에는 '除非'가 나올 수 있다.

① 除非你这个问题是针对成年人, 否则未成年人大概没有能力理解。

Chúfēi nǐ zhège wèntí shì zhēnduì chéngniánrén, fǒuzé wèi chéngniánrén dàgài méiyǒu nénglì lǐjiě.

당신의 이 문제는 성인을 대상으로 해야 합니다. 그렇지 않으면 미성년자는 아마 이해할 수 없을 겁니다.

② 除非他不再抱怨, 否则以后我不跟他一起去旅行了。

Chúfēi tā bú zài bàoyuàn, fǒuzé yǐhòu wǒ bù gēn tā yìqǐ qù lǚxíng le.

그가 다시는 불평을 하지 않아야 합니다. 그렇지 않으면 다음부터 나는 그와 함께 여행을 가지 않을 겁니다.

G

V个够. 동사 ge gòu. ~ 충분히 하다

기능 이 문형은 화자가 어떤 활동을 만족할 만큼 했음을 나타낼 수 있다.

① 好久没去KTV唱歌了。这次去, 我要唱个够。

Hǎo jiǔ méi qù KTV chànggē le. Zhè cì qù, wǒ yào chàng ge gòu.

오랫동안 노래방에 가지 못했다. 이번에 가서 나는 실컷 노래를 부를 것이다.

② 听说下个礼拜百货公司开始打折。我要去买个够。

Tīngshuō xiàge lǐbài bǎihuò gōngsī kāishǐ dǎzhé. Wǒ yào qù mǎi ge gòu.

다음 주에 백화점에서 할인을 시작할 거래. 나는 충분히 많이 살 거야.

③ 我住在学校宿舍, 好久才能吃一次妈妈做的菜。每次回家都想吃个够。

Wǒ zhù zài xuéxiào sùshè, hǎo jiǔ cái néng chī yí cì māma zuò de cài. Měi cì huí jiā dōu xiǎng chī ge gòu.

나는 기숙사에 살아서 엄마가 만든 음식을 자주 먹을 수 없어서, 매번 집에 갈 때면 충분히 많이 먹으려 한다.

④ 没关系! 让他骂个够吧。骂够了, 他就不会那么生气了。

Méiguānxi! Ràng tā mà ge gòu ba. Màgòu le, tā jiù bú huì nàme shēngqì le.

괜찮다. 그가 실컷 욕을 할 수 있게 해 줘라! 욕을 충분히 많이 하게 되면 그렇게 화를 내지 않을 것이다.

⑤ 这星期三晚上十点以后, 啤酒打折。我跟朋友要去喝个够。

Zhè xīngqī sān wǎnshang shí diǎn yǐhòu, píjiǔ dǎzhé. Wǒ gēn péngyou yào qù hē ge gòu.

이번 주 수요일 밤 10시에 맥주를 할인합니다. 나와 친구는 가서 실컷 마실 겁니다.

용법 (1) 이 문형은 과거의 활동보다는 미래의 활동을 가리키는 데 더 자주 사용된다.

(2) 이 문형은 '吃个饱', '看个高兴', '玩个痛快'처럼 '동작 个 상태'의 예로 사용할 수 있으며, 이때 '个'는 단위사가 아니다.

(3) 이 문형은 '*吃个不饱', '*吃个不够'처럼 부정형식으로는 사용할 수 없다.

各 V各的. gè V gè de. 각자가 각자의 것을 하다

기능 이 문형은 그녀/그 자신이 속해 있는 특정 그룹의 각 구성원을 가리킨다.

① 他们结婚以后, 因为在不同的城市上班, 还是各住各的。

Tāmen jiéhūn yǐhòu, yīnwèi zài bù tóng de chéngshì shàngbān, háishi gè zhù gè de.

그들은 결혼한 이후에도 서로 다른 도시에 출근하기 때문에 여전히 따로 산다.

② 他们各说各的, 没办法一起讨论。

Tāmen gè shuō gè de, méi bànfǎ yìqǐ tǎolùn.

그들은 각자의 말만 해서 함께 토론할 수 없다.

③ 我们虽然一起去故宫博物院, 可是我们的兴趣不同, 各看各的。

Wǒmen suīrán yìqǐ qù Gùgōng Bówùyuàn, kěshì wǒmen de xìngqù bù tóng, gè kàn gè de.

우리는 함께 고궁 박물관에 갔지만, 관심사가 서로 달라 따로 참관했다.

④ 他们同居好几年了, 可是晚饭常常是各吃各的。

Tāmen tóngjū hǎo jǐ nián le, kěshì wǎnfàn chángcháng shì gè chī gè de.

그들은 몇 년 동안 같이 살았지만, 저녁은 자주 따로 먹는다.

⑤ 他们一起去夜市, 可是各逛各的。

Tāmen yìqǐ qù yèshì, kěshì gè guàng gè de.

그들은 함께 야시장에 갔지만, 따로 구경했다.

给. gěi. 전치사. 다양한 의미를 지님 (1)

기능 전치사 '给'는 문맥에 따라 다양한 의미를 나타낸다. 우선 두 가지 의미에 대해 기술하고, 나중에 더 많은 내용을 기술하겠다.

(1) '~에게'. 어떤 행동의 영향을 받는 대상

① 他给我们建议了台东很多好玩的地方。
Tā gěi wǒmen jiànyì le Táidōng hěn duō hǎowán de dìfang.
그는 우리에게 타이똥의 많은 재미있는 곳을 건의했다.

② 我昨天给房东打过电话。
Wǒ zuótiān gěi fángdōng dǎguo diànhuà.
나는 어제 집주인에게 전화를 했다.

③ 小美给他介绍了很多台湾朋友。
Xiǎoměi gěi tā jièshào le hěn duō Táiwān péngyou.
샤오메이는 그에게 많은 타이완 친구들을 소개해 주었다.

(2) '~위해'. 동작의 수혜자

① 明天我想给你过生日。
Míngtiān wǒ xiǎng gěi nǐ guò shēngrì.
내일 나는 너의 생일을 축하해 주고 싶어.(생일 파티 등을 열어 준다는 의미)

② 小明给大家照相。
Xiǎomíng gěi dàjiā zhàoxiàng.
샤오밍은 모두를 위해 사진을 찍어 주었다.

③ 他给同学们准备了西班牙咖啡。
Tā gěi tóngxuémen zhǔnbèi le Xībānyá kāfēi.
그는 반 친구들을 위해 스페인 커피를 준비했다.

구조 '给'는 '~에게'라는 의미를 나타낼 때를 제외하고는 문장에서 다른 전치사들처럼 술어 앞에 위치한다. '~에게'라는 의미를 나타낼 때는 술어 뒤에 올 수 있는데, 비슷한 경우로는 '在'와 '到'가 있다.

① 他建议了台南很多好玩的地方给我们。
Tā jiànyì le Táinán hěn duō hǎowán de dìfang gěi wǒmen.
그는 타이난의 많은 재미있는 곳을 우리에게 건의해 주었다.

② 我昨天打过电话给房东。
Wǒ zuótiān dǎ guo diànhuà gěi fángdōng.
나는 어제 집주인에게 전화를 했다.

③ 小美介绍了很多台湾朋友给他。
Xiǎoměi jièshào le hěn duō Táiwān péngyou gěi tā.
샤오메이는 많은 타이완 친구들을 나에게 소개해 주었다.

【부정형】

부정부사는 '给' 앞에 놓인다.

① 我没给他打电话给他。
Wǒ méi gěi tā dǎ diànhuà.
나는 그에게 전화하지 않았다.

② 因为她的男朋友不高兴，所以不给她打电话了。
Yīnwèi tā de nánpéngyou bù gāoxìng, suǒyǐ bù gěi tā dǎ diànhuà le.
그녀의 남자친구가 기분 좋아하지 않아, 그녀에게 전화하지 않는다.

③ 妈妈感冒了，所以没给我们准备早餐。
Māma gǎnmào le, suǒyǐ méi gěi wǒmen zhǔnbèi zǎocān.
엄마가 감기에 걸리셨다. 그래서 우리에게 아침을 준비해 주지 않으셨다.

【의문형】

① 你是不是给他买了吃的东西?

Nǐ shì bu shì gěi tā mǎi le chī de dōngxi?

너는 그에게 먹을 것을 사 주었니 안 사 주었니?

② 来台湾以后, 你给妈妈打过电话没有?

Lái Táiwān yǐhòu, nǐ gěi māma dǎ guo diànhuà méi yǒu?

타이완에 온 이후에, 너는 엄마에게 전화를 했니?

③ 你可不可以给我介绍一个打工的工作?

Nǐ kě bu kěyǐ gěi wǒ jièshào yíge dǎgōng de gōngzuò?

너는 나에게 아르바이트를 소개해 주겠니?

용법

(1) '给'는 '在' 혹은 '到'처럼 동사 혹은 전치사로 사용될 수 있다. 다음 문장에서는 '给'는 동사로 사용되었다.

他给了我一本书。

Tā gěi le wǒ yì běn shū.

그는 나에게 책 한 권을 주었다.

(2) '给'가 '~를 위해'라는 의미로 쓰일 때는 '帮' 혹은 '替'로 대체가 가능하다.

我给 / 帮 / 替你准备了一本书。

Wǒ gěi / bāng / tì nǐ zhǔnbèi le yì běn shū.

나는 너를 위해 책 한 권을 준비했다.

给. gěi. 전치사. 간접목적어 표지 (2)

기능

두 개의 목적어(직접, 간접)와 함께 사용하는 이중목적어 동사가 있는데, 간접목적어는 전치사 '给'로 표지가 되고, 직접목적어는 특별히 표지되지 않는다.

① 他付给房东三个月的房租。
Tā fù gěi fángdōng sān ge yuè de fángzū.
그는 집주인에게 3개월의 집세를 지불했다.

② 王先生卖给他一辆摩托车。
Wáng xiānsheng mài gěi tā yí liàng mótuōchē.
왕 선생은 그에게 오토바이 한 대를 팔았다.

③ 他从法国回来, 送给了李老师一些法国甜点。
Tā cóng Fǎguó huílai, sònggěi le Lǐ lǎoshī yìxiē Fǎguó tiándiǎn.
그는 프랑스에서 돌아와서, 리 선생님께 프랑스 디저트를 선물했다.

구조

'给'는 간접목적어를 표지한다. 일반적인 어순은 '술어동사+给+간접목적어+직접목적어'이다. 어순의 변화가 있는 예시는 아래에 나와 있다.

(1) 일반적인 문형

① 他想卖给我朋友这台电脑。
Tā xiǎng mài gěi wǒ péngyou zhè tái diànnǎo.
그는 내 친구에게 이 컴퓨터를 팔고 싶어 한다.

② 语言中心主任昨天才发给小陈上个月的薪水。
Yǔyán zhōngxīn zhǔrèn zuótiān cái fā gěi Xiǎochén shàngge yuè de xīnshuǐ.
언어센터의 센터장은 어제서야 샤오천에게 지난 달 월급을 지불했다.

③ 我打算送给我同学这些桌子、椅子。
Wǒ dǎsuan sòng gěi wǒ tóngxué zhèxiē zhuōzi、yǐzi.
나는 우리 반 친구에게 이 책상들과 의자들을 선물할 계획이다.

(2) 간접목적어가 뒤로 이동한 경우

① 他想卖这台电脑给我朋友。
Tā xiǎng mài zhè tái diànnǎo gěi wǒ péngyou.
그는 이 컴퓨터를 내 친구에게 팔고 싶어 한다.

② 语言中心主任昨天才发上个月的薪水给小陈。
Yǔyán zhōngxīn zhǔrèn zuótiān cái fā shàngge yuè de xīnshuǐ gěi Xiǎochén.
언어센터의 센터장은 어제서야 지난 달 월급을 샤오천에게 지불했다.

③ 我打算送这些桌子, 椅子给我同学。
Wǒ dǎsuan sòng zhèxiē zhuōzi, yǐzi gěi wǒ tóngxué.
나는 이 책상들과 의자들을 우리 반 친구에게 줄 생각이다.

(3) 직접목적어가 앞으로 이동한 경우

① 这个电脑, 他想卖给我朋友。
Zhège diànnǎo, tā xiǎng mài gěi wǒ péngyou.
이 컴퓨터는 그가 내 친구에게 팔고 싶어 한다.

② 上个月的薪水, 语言中心主任昨天才发给小陈。
Shàngge yuè de xīnshuǐ, yǔyán zhōngxīn zhǔrèn zuótiān cái fā gěi Xiǎochén.
지난 달 월급을 언어센터의 센터장은 어제서야 샤오천에게 지불했다.

③ 这些桌子, 椅子, 我打算送给我同学。
Zhèxiē zhuōzi, yǐzi, wǒ dǎsuan sòng gěi wǒ tóngxué.
이 책상과 의자들을 나는 우리 반 친구에게 줄 계획이다.

【부정형】

① 他只要租三个月, 所以那个房间, 房东不租给他了。
Tā zhǐyào zū sān ge yuè, suǒyǐ nàge fángjiān, fángdōng bù zū gěi tā le.
그는 3개월만 임대하려고 해서, 그 집주인은 그에게 방을 임대해 주지 않았다.

② 我还没付给房东上个月的房租。

Wǒ hái méi fù gěi fángdōng shàngge yuè de fángzū.

나는 아직 집주인에게 지난 달 방세를 지불하지 않았다.

③ 因为陈小姐快回国了, 所以我不给她介绍工作了。

Yīnwèi Chén xiǎojie kuài huíguo le, suǒyǐ wǒ bù gěi tā jièshào gōngzuò le.

미스 천은 곧 귀국하기 때문에 나는 그녀에게 일을 소개해 주지 않을 것이다.

【의문형】

① 你的自行车卖给他了没有?

Nǐ de zìxíngchē mài gěi tā le méi yǒu?

네 자전거를 그에게 팔았니?

② 那些芒果跟甜点, 你是不是送给小陈了?

Nàxiē mángguǒ gēn tiándiǎn, nǐ shì bu shì sòng gěi Xiǎochén le?

그 망고와 디저트들을 너는 샤오천에게 선물했니?

③ 下个月中文课的学费, 你付给学校了没有?

Xiàge yuè Zhōngwén kè de xuéfèi, nǐ fù gěi xuéxiào le méi yǒu?

다음 달 중국어 수업의 수업료를 너는 학교에 지불했니?

용법 만약 술어로 쓰이는 주요동사가 행위자로부터 멀어지는 외향적인 행동을 수반하는 경우, 다음의 예문 ①~③과 같이 '给'를 삭제할 수 있다. 그렇지 않으면 삭제가 가능하지 않다. 따라서 아래와 같이 말할 수 없다.

*我做他一个蛋糕。*Wǒ zuò tā yí ge dàngāo.

*哥哥买我一本书。*Gēge mǎi wǒ yì běn shū.

① 我要卖我朋友这台电脑。

Wǒ yào mài wǒ péngyou zhè tái diànnǎo.

나는 내 친구에 이 컴퓨터를 팔려고 한다.

② 我打算送我同学这些桌子、椅子。

Wǒ dǎsuan sòng wǒ tóngxué zhèxiē zhuōzi、yǐzi.

나는 우리 반 친구에게 이 책상과 의자들을 줄 계획이다.

③ 你知道公司付他多少薪水吗?

Nǐ zhīdao gōngsī fù tā duōshao xīnshuǐ ma?

너는 회사에서 그에게 월급을 얼마나 지불하는지 아니?

给…带来. gěi (전치사) … dàilai. ~에게 가지고 오다 (3)

기능 전치사 '给'는 언급된 사건의 수혜자를 가리킨다.

① 好的生活习惯能给人们带来健康。

Hǎo de shēnghuó xíguàn néng gěi rénmen dàilai jiànkāng.

좋은 생활습관은 사람들에게 건강을 가져온다.

② 朋友的关心给他带来温馨的感觉。

Péngyou de guānxīn gěi tā dàilai wēnxīn de gǎnjué.

친구의 관심은 그에게 따뜻한 느낌을 가져온다.

③ 在天灯上写下愿望能给人带来新的希望。

Zài tiāndēng shang xiě xià yuànwàng něng gěi rén dàilai xīn de xīwàng.

천등에 쓴 소망은 사람들에게 새로운 희망을 가져온다.

④ 大部分的中国人都认为拜神,祭祖能给家人带来平安和幸福。

Dàbùfèn de Zhōngguó rén dōu rènwéi bài shén, jì zǔ néng gěi jiārén dàilai píng'ān hé xìngfú.

대부분의 중국인들은 신에게 기도하거나 조상에게 제사를 지내면 가족들에게 평안과 행복을 가져온다고 여긴다.

⑤ 科技发展给我们的生活带来了很多的便利。

Kējì fāzhǎn gěi wǒmen de shēnghuó dàilai le hěn duō de biànlì.

과학기술의 발전은 우리 생활에 많은 편리함을 가져다 주었다.

跟. gēn. 전치사. 동작을 함께하는 대상을 나타냄 (1)

기능 전치사 '跟'은 주어와 함께 동작을 하는 동료를 나타낸다.

① 我常跟哥哥去看棒球比赛。
Wǒ cháng gēn gēge qù kàn bàngqiú bǐsài.
나는 자주 형하고 야구경기를 보러 간다.

② 我跟朋友在餐厅吃饭。
Wǒ gēn péngyou zài cāntīng chī fàn.
나는 친구와 식당에서 밥을 먹는다.

③ 我周末要跟同学去参观故宫。
Wǒ zhōumò yào gēn tóngxué qù cānguān Gùgōng.
나는 주말에 반 친구들과 함께 고궁을 참관할 것이다.

구조 '跟+사람'은 다른 전치사구들처럼 술어 앞에 놓인다. 부사 '一起'는 전치사 '跟'과 자주 함께 쓰이는데, 전치사구의 뒤, 술어 동사의 앞에 놓인다.

【부정형】

부정부사 '不' 혹은 '没'가 '跟' 앞에 놓인다.

① 我今天不跟同学去上书法课。
Wǒ jīntiān bù gēn tóngxué qù shàng shūfǎ kè.
나는 오늘 반 친구와 서예 수업을 받으러 가지 않을 것이다.

② 他没跟我一起去KTV唱歌。
Tā méi gēn wǒ yìqǐ qù KTV chànggē.
그는 나와 노래방에 함께 가지 않았다.

③ 妹妹没跟我去吃越南菜。
Mèimei méi gēn wǒ qù chī Yuènán cài.
여동생은 나와 베트남 음식을 먹으러 가지 않았다.

【의문형】

① 你要跟他去日本吗?
Nǐ yào gēn tā qù Rìběn ma?
너는 그와 일본에 갈거니?

② 你常跟谁去看电影?
Nǐ cháng gēn shéi qù kàn diànyǐng?
너는 누구와 자주 영화를 보니?

③ 你跟不跟我去图书馆看书?
Nǐ gēn bu gēn wǒ qù túshūguǎn kàn shū?
너는 나와 도서관에 가서 책을 볼래 보지 않을래?

跟. gēn. 전치사. 다양한 의미를 지님 (2)

기능 '跟'은 문맥에 따라 여러 가지 의미로 번역될 수 있다.

(1) '~에게'. 어떤 행동의 영향을 받는 수령자.

① 老师跟学生说, 明天要考试。
Lǎoshī gēn xuésheng shuō, míngtiān yào kǎoshì.
선생님은 학생에게 내일 시험을 볼 것이라고 말했다.

② 他刚跟我介绍了他们国家的文化。
Tā gāng gēn wǒ jièshào le tāmen guójiā de wénhuà.
그는 방금 나에게 그의 나라문화를 소개했다.

③ 语言中心主任跟小高介绍了工作环境。
Yǔyán zhōngxīn zhǔrèn gēn Xiǎogāo jièshào le gōngzuò huánjìng.
언어센터의 센터장은 샤오까오에게 업무환경을 소개했다.

(2) '~와'. 동작을 함께 하는 동반자.

① 小明昨天跟小美一起踢足球。
Xiǎomíng zuótiān gēn Xiǎoměi yìqǐ tī zúqiú.
샤오밍은 어제 샤오메이와 함께 축구를 했다.

② 我是跟朋友一起来的。
Wǒ shì gēn péngyou yìqǐ lái de.
나는 친구와 함께 왔다.

③ 这个周末, 我想跟朋友去台南玩。
Zhège zhōumò, wǒ xiǎng gēn péngyou qù Táinán wán.
이번 주말, 나는 친구와 타이난에 놀러 가고 싶다.

(3) '~에게서'. 동작이 비롯되거나 제공되는 대상

① 小明想跟王老师学写书法。
Xiǎomíng xiǎng gēn Wáng lǎoshī xué xiě shūfǎ.
샤오밍은 왕선생님에게서 서예를 배우고 싶어 한다.

② 他打算跟面包店老板学做面包。
Tā dǎsuan gēn miànbāodiàn lǎobǎn xué zuò miànbāo.
그는 빵집 사장에게 빵을 만드는 것을 배울 계획이다.

③ 我想跟朋友买他的那部旧手机。
Wǒ xiǎng gēn péngyou mǎi tā de nà bù jiù shǒujī.
나는 친구에게 그의 중고 핸드폰을 사려고 한다.

구조 **【부정형】**

부정부사는 다른 전치사구처럼 '跟'의 앞에 놓이며, 상황에 따라 '不' 혹은 '没'를 쓴다.

① 请你不要跟别人说起我的薪水。

Qǐng nǐ bú yào gēn biéren shuōqi wǒ de xīnshuǐ.

다른 사람에게 내 월급에 대해 이야기하지 말아 주세요.

② 小明并没跟台湾朋友去看电脑展。

Xiǎomíng bìng méi gēn Táiwān péngyou qù kàn diànnǎozhǎn.

샤오밍은 결코 타이완친구들과 컴퓨터 박람회를 가지 않았다.

③ 我不是跟王老师学西班牙文。是跟别人学的。

Wǒ bú shì gēn Wáng lǎoshī xué Xībānyáwén, shì gēn biéren xué de.

나는 왕선생님께 스페인어를 배운 것이 아니고 다른 사람에게 배웠다.

【의문형】

정반의문문 형식은 동사의 긍정+부정형식을 사용하는 것이 아니라 '跟'을 포함한 전치사에 적용된다. '跟' 앞에 '是不是'를 이용하는 형식도 자주 사용한다.

① 你是不是跟李教授学书法?

Nǐ shì bu shì gēn Lǐ jiàoshòu xué shūfǎ?

너는 리 교수에게서 서예를 배우니 배우지 않니?

② 你跟大家介绍办公室的环境没有?

Nǐ gēn dàjiā jièshào bàngōngshì de huánjìng méi yǒu?

너는 모두에게 사무실 환경을 소개했니?

③ 下个星期, 你跟不跟我去爬山?

Xiàge xīngqī, nǐ gēn bu gēn wǒ qù páshān?

다음 주에 너는 나와 등산을 갈거니?

跟…一样. gēn(전치사) …yíyàng. ~와 같다

기능 이 문형은 두 사람이나 사물을 비교하고, 동일(동등) 여부를 나타내는 데 쓰인다. 비교되는 사람이나 사물이 유사한/동일한 경우에는 뒤에 '一样'이 나온다.

① 这部手机跟那部手机一样。
Zhè bù shǒujī gēn nà bù shǒujī yíyàng.
이 핸드폰은 그 핸드폰과 같다.

② 我的生日跟她的生日一样, 都是八月十七日。
Wǒ de shēngrì gēn tā de shēngrì yíyàng, dōu shì bā yuè shíqī rì.
내 생일과 그녀의 생일은 같다. 모두 8월 17일이다.

③ 他跟我一样都常游泳。
Tā gēn wǒ yíyàng dōu cháng yóuyǒng.
그는 나처럼 자주 수영을 한다.

구조 'A+跟+B+一样+(상태동사구)', 상태동사구State VP는 상황에 따라 생략될 수 있다.

① 你点的菜跟我点的一样。
Nǐ diǎn de cài gēn wǒ diǎn de yíyàng.
네가 주문한 음식은 내가 주문한 것과 같다.

② 我跟我妹妹一样高。
Wǒ gēn wǒ mèimei yíyàng gāo.
나와 내 여동생은 키가 같다.

③ 姐姐租的房子跟我租的一样贵。
Jiějie zū de fángzi gēn wǒ zū de yíyàng guì.
누나가 빌린 방과 내가 빌린 방의 방세는 같다.

④ 我跟我朋友一样喜欢看电视。
Wǒ gēn wǒ péngyou yíyàng xǐhuan kàn diànshì.
나와 내 친구는 모두 영화 보는 것을 좋아한다.

【부정형】

(1) 부정부사 '不'는 '一样' 앞에 놓이며, 비교하는 두 대상의 품질이 다르거나 동일하지 않음을 나타낸다.

① 中国茶跟日本茶不一样。
Zhōngguó chá gēn Rìběn chá bù yíyàng.
중국차와 일본차는 같지 않다.

② 我跟妹妹不一样高。
Wǒ gēn mèimei bù yíyàng gāo.
나와 여동생은 키가 같지 않다.

(2) 부정부사 '不'가 '跟' 앞에 오는 경우도 있는데, 이때는 비교되는 성질을 부정하는 것이 아니라, 비교될 대상, 즉 '跟…' 부분에 비교되는 대상을 부정한다. '是'를 삽입하여, '不是'의 형식으로 자주 쓰인다.

① 他不跟我一样高, 跟小王一样高。
Tā bù gēn wǒ yíyàng gāo, gēn Xiǎowáng yíyàng gāo.
그는 나와 키가 같은 것이 아니라, 샤오왕과 키가 같다.

② 他不是跟我一样高, 是跟小王一样高。
Tā bùshì gēn wǒ yíyàng gāo, shì gēn Xiǎowáng yíyàng gāo.
그는 나와 키가 같은 것이 아니라, 샤오왕과 키가 같다.

【의문형】

정반의문문형식은 '一样不一样' 형식을 사용하거나, '一样' 혹은 '跟' 앞에 '是不是'를 넣은 형식을 취할 수 있다.

① 小笼包跟包子一样不一样?
Xiǎolóngbāo gēn bāozi yíyàng bù yíyàng?
샤오롱빠오와 빠오쯔는 같니?

② 小笼包跟包子是不是一样?
Xiǎolóngbāo gēn bāozi shì bu shì yíyàng?
샤오롱빠오와 빠오쯔는 같니?

③ 今年的生意是不是跟去年的一样好?
Jīnnián de shēngyì shì bu shì gēn qùnián de yíyàng hǎo?
올해 장사는 작년처럼 좋니?

④ 说中文跟写中文是不是一样难?
Shuō Zhōngwén gēn xiě Zhōngwén shì bu shì yíyàng nán?
중국어 말하기는 중국어 쓰기처럼 어렵니?

跟 B 有关的 A. gēn(전치사) B yǒuguān de A. B와 관련 있는 A

기능 이 문형에서 전치사 '跟'은 A와 관련된 항목 (B)를 소개한다. A가 이 문형의 주된 화제이다.

① 上网买东西虽然方便, 但是最近跟网购有关的纠纷很多。你还是小心一点。
Shàngwǎng mǎi dōngxi suīrán fāngbiàn, dànshì zuìjìn gēn wǎnggòu yǒuguān de jiūfēn hěn duō. Nǐ háishi xiǎoxīn yìdiǎn.
인터넷 쇼핑은 편리하지만, 요즘 인터넷쇼핑과 관련된 분쟁이 많다. 너는 조심하는 것이 좋겠다.

② 我刚刚放在你桌上的是跟演讲比赛有关的资料, 请你收好。
Wǒ gānggāng fàng zài nǐ zhuō shang de shì gēn yǎnjiǎng bǐsài yǒuguān de zīliào, qǐng nǐ shōuhǎo.
내가 방금 네 책상에 놓은 것은 말하기 대회와 관련된 자료이니, 잘 보관해라.

③ 他大学念的是历史, 而且辅系是经济, 所以跟台湾经济发展有关的历史, 你应该去请教他。

Tā dàxué niàn de shì lìshǐ, érqiě fǔxì shì jīngjì, suǒyǐ gēn Táiwān jīngjì fāzhǎn yǒuguān de lìshǐ, nǐ yīnggāi qù qǐngjiào tā.

그가 대학에서 전공한 것은 역사이고, 부전공은 경제입니다. 그래서 타이완의 경제발전과 관련된 역사는 그에게 가서 물어보셔야 합니다.

④ 想要了解跟原住民有关的风俗文化, 你最好去一趟花莲。

Xiǎng yào liǎojiě gēn yuánzhùmín yǒuguān de fēngsú wénhuà, nǐ zuìhǎo qù yítàng Huālián.

원주민과 관련된 풍습을 이해하고 싶다면 후아리앤에 가보는 것이 가장 좋습니다.

⑤ 我建议跟这一次校外教学有关的活动, 都让小王一个人安排。

Wǒ jiànyì gēn zhè yícì xiàowài jiāoxué yǒuguān de huódòng, dōu ràng Xiǎowáng yígè rén ānpái.

나는 이번 교외학습과 관련된 활동은 모두 샤오왕 한 사람에게 맡기길 건의합니다.

根本. gēnběn. 부사. 조금도 ~아니다, 전혀 아니다

기능 부사 '根本'을 사용하면, 화자는 단호하게 부정적인 견해를 드러내는 것이다.

① 他每天在夜市里摆地摊, 收摊的时间都很晚。根本没有时间去约会。

Tā měitiān zài yèshì lǐ bǎi dìtān, shōutān de shíjiān dōu hěn wǎn. Gēnběn méiyǒu shíjiān qù yuēhuì.

그는 매일 야시장에서 노섬을 하는데, 영업이 늘 늦게 끝난다. 데이트할 시간이 전혀 없다.

② 你根本就看不懂现代舞, 何必要买那么贵的票?

Nǐ gēnběn jiù kàn bù dǒng xiàndàiwǔ, hébì yào mǎi nàme guì de piào?

너는 현대무용을 전혀 이해하지 못하는데, 그렇게 비싼 표를 살 필요가 있느냐?

③ 台湾的房价那么高, 一般人根本买不起房子。

Táiwān de fángjià nàme gāo, yìbānrén gēnběn mǎi bù qǐ fángzi.

타이완의 부동산 가격은 매우 높아서, 보통사람들은 전혀 집을 살 수가 없다.

④ 现在是宅经济时代, 根本不必去百货公司买衣服。在线购物就好了。

Xiànzài shì zháijīngjì shídài, gēnběn búbì qù bǎihuò gōngsī mǎi yīfu. Zài xiàn gòuwù jiù hǎo le.

지금은 재택 경제 시대다. 더 이상 옷을 사러 백화점에 갈 필요가 없다. 모든 것은 온라인으로 주문하면 된다.

⑤ 他们根本没有什么实力, 只是运气好而已。

Tāmen gēnběn méi yǒu shéme shílì, zhǐshì yùnqì hǎo éryǐ.

그들은 전혀 실력이 없어. 단지 운이 좋았을 뿐이야.

更. gèng. 부사. 더욱

기능 부사 '更'은 지금 제시된 사실이 이전에 제시된 것보다 우수/우월한 사실임을 나타낸다. 예를 들어 '星期天我更忙。Xīngqītiān wǒ gèng máng.'은 '평일보다 일요일에 나는 더 바쁘다.'를 의미한다.

① 他很高, 他哥哥比他更高。

Tā hěn gāo, tā gēge bǐ tā gèng gāo.

그는 키가 큰데, 그의 형은 그보다 더 크다.

② 今年比去年更冷。

Jīnnián bǐ qùnián gèng lěng.

올해는 작년보다 더 춥다.

③ 我觉得芒果比西瓜更好吃。

Wǒ juéde mángguǒ bǐ xīguā gèng hǎochī.

나는 망고가 수박보다 더 맛있다고 생각한다.

구조 '更'은 상태동사를 수식하는 부사로서 상태동사 앞에 놓인다.

[의문형] 이 구조에서는 보통 '是不是'를 이용해 의문형을 만든다.

① 这次的台风是不是比上次的更大?

Zhè cì de táifēng shì bu shì bǐ shàng cì de gèng dà?

이번 태풍은 지난번보다 더 크지 않니?

② 在学校上网是不是比在家里更快?

Zài xuéxiào shàngwǎng shì bu shì bǐ zài jiā li gèng kuài?

학교에서 인터넷에 접속하면 집에서보다 더 빠르지 않니?

更别说 B 了. gèng bié shuō B le. B는 말할 필요도 없다

기능 이 문형은 앞에서 제시된 것보다 훨씬 더 부각되는 새로운 주제를 제시할 때 사용된다.

① 一到周末百货公司里人就很多, 更别说百货公司周年庆的时候了。

Yí dào zhōumò bǎihuò gōngsī lǐ rén jiù hěn duō, gèng bié shuō bǎihuò gōngsī zhōuniánqìng de shíhou le.

주말이 되면 백화점 안에 사람이 많은데, 백화점 창립기념 행사 기간에는 더 말할 것도 없다.

② 你这么有学问的人都不懂, 更别说我了。

Nǐ zhème yǒu xuéwèn de rén dōu bù dǒng, gèng bié shuō wǒ le.

당신처럼 이렇게 학문이 뛰어난 사람도 이해하지 못하는데, 나는 더 말할 것도 없다.

③ 他说的地方连我这个当地人都找不到, 更别说你们了。

Tā shuō de dìfang lián wǒ zhège dāngdì rén dōu zhǎo bú dào, gèng bié shuō nǐmen le.

그가 말한 곳은 나 같은 현지인도 찾을 수 없는데, 너희들은 더 말한 것도 없지!

④ 我来台湾以后每天忙着念书，连101都还没去过，更别说平溪老街了。

Wǒ lái Táiwān yǐhòu měitiān máng zhe niànshū, lián yāo líng yāo dōu hái méi qù guo, gèng bié shuō Píngxī Lǎojiē le.

타이완에 와서 매일 바쁘게 공부하느라 101빌딩도 가 보지 못했는데, 핑시 라오지에는 말할 것도 없다.

⑤ 我连小奖都没中过，更别说中大奖了。

Wǒ lián xiǎo jiǎng dōu méi zhòng guo, gèng bié shuō zhòng dà jiǎng le.

나는 작은 것도 당첨된 적이 없는데, 큰 것은 말할 것도 없다.

용법 '更别说' 뒤에는 명사구(NP) 혹은 동사구(VP)가 올 수 있으며, '连⋯ 都⋯' 혹은 '就是⋯ 也⋯'와 함께 쓰이는 경우가 많다.

① 连你都不清楚，更别说我这个新来的人了。

Lián nǐ dōu bù qīngchu, gèng bié shuō wǒ zhège xīnlái de rén le.

너도 분명하게 알지 못하는데, 나처럼 새로운 사람은 말할 것도 없다.

② 就是我也可能迟到，更别说他了。

Jiùshì wǒ yě kěnéng chídào, gèng bié shuō tā le.

나도 지각할 수 있는데, 그는 말할 것도 없다.

惯. guàn. 조사. '~을 하는 것이 익숙하다'를 나타냄

기능 동조사(verb particle) '惯'은 다양한 방법과 의미로 사용될 수 있다. 'V+惯'과 'V+得惯'은 사람이 어떤 동작을 익숙하고 편안한 느낌으로 한다는 것을 말한다. 예를 들어, 그들은 평범하고 중립적인 표현들과 함께 사용된다.

① 我从小吃惯了妈妈做的菜，所以吃不惯阿姨做的菜。

Wǒ cóng xiǎo chīguàn le māma zuò de cài, suǒyǐ chī bú guàn āyí zuò de cài.

나는 어렸을 때부터 엄마가 해 준 음식을 먹는 것이 습관이 되어, 이모가 해 준 음식을 먹는 것은 익숙해지지 않는다.

② 他在台湾很多年了，已经用惯了筷子了。

Tā zài Táiwān hěn duō nián le, yǐjīng yòngguàn le kuàizi le.

그는 타이완에서 오래 살아서, 이미 젓가락을 쓰는 게 익숙해졌다.

③ 爷爷他不喝咖啡。他只喝得惯绿茶。

Yéye tā bù hē kāfēi. Tā zhǐ hē de guàn lǜchá.

할아버지는 커피를 마시지 않는다. 그는 녹차를 마시는 것만 익숙하다.

④ 何先生每天骑自行车上班。他骑惯了，所以不觉得累。

Hé xiānsheng měitiān qí zìxíngchē shàngbān. Tā qíguàn le, suǒyǐ bù juéde lèi.

허 선생은 매일 자전거를 타고 출근한다. 그는 자전거를 타는 게 익숙해서 피곤해 하지 않는다.

⑤ 他听惯了古典音乐，听不惯流行音乐。

Tā tīngguàn le gǔdiǎn yīnyuè, tīng bú guàn liúxíng yīnyuè.

그는 고전음악을 듣는 게 익숙하고, 대중음악을 듣는 것은 낯설어 한다.

반면에 'V+不惯'은 종종 부정적인 함축을 띈다.

① 林先生爱喝乌龙茶。他喝不惯冰红茶。

Lín xiānsheng ài hē Wūlóng chá. Tā hēbúguàn bīng hóngchá.

린 선생은 우롱차 마시는 것을 좋아하는데, 아이스 홍차를 마시는데 익숙하지 않다.

② 奶奶喜欢住在乡下老家。她住不惯大城市。

Nǎinai xǐhuan zhù zài xiāngxia lǎojiā. Tā zhù bú guàn dà chéngshì.

할머니는 시골에 있는 집에서 사는 것을 좋아한다. 그녀는 대도시 생활에 익숙하지 않다.

③ 那种款式的衣服太短了。妈妈说她年纪大了穿不惯。

Nà zhǒng kuǎnshì de yīfu tài duǎn le. Māma shuō tā niánjì dà le chuān bú guàn.

그 디자인의 옷은 너무 짧다. 엄마는 자신의 나이에는 입는 게 익숙치 않다고 한다.

④ 有些民意代表只关心自己或是政党的利益。人民很看不惯。

Yǒuxiē mínyì dàibiǎo zhǐ guānxīn zìjǐ huò shì zhèngdǎng de lìyì. Rénmín hěn kàn bú guàn.

일부 의원들은 개인적 또는 당리당략적 이익에만 관심이 있다. 국민들의 눈에는 정말 거슬리는 모습이다.

⑤ 王教授一直在大学教书。他教不惯小学生。

Wáng jiàoshòu yìzhí zài dàxué jiāoshū. Tā jiāo bú guàn xiǎoxuésheng.

왕 교수는 줄곧 대학교에서 수업을 해서 초등학교 아이들을 가르치는 게 익숙하지 않다.

A
B
C
D
E
F
G
H
I
J
K
L
M

光 A 就 B. guāng A jiù B. A만으로도

기능 이 문형은 2개의 부사로 구성되어 있으며, 이는 'A만으로도 보통의 예상을 넘어서'는 뜻이다.

① 台湾的便利店非常多。光我家外面那条街就有三家。

Táiwān de biànlìdiàn fēicháng duō. Guāng wǒ jiā wàimian nà tiáo jiē jiù yǒu sān jiā.

타이완의 편의점은 매우 많다. 우리 집 앞의 거리에만 세 개가 있다.

② 他很爱吃甜点。光蛋糕一次就可以吃五个。

Tā hěn ài chī tiándiǎn. Guāng dàngāo yícì jiù kěyǐ chī wǔ ge.

그는 디저트 먹는 걸 좋아한다. 케이크만 한 번에 다섯 개를 먹는다.

③ 妈妈脾气暴躁。光一件小小的事就能让她生很大的气。

Māma píqì bàozào. Guāng yí jiàn xiǎoxiǎo de shì jiù néng ràng tā shēng hěn dà de qì.

엄마는 성질이 욱하다. 사소한 일 하나만으로도 그녀를 크게 화나게 할 수 있다.

④ 老人动作比较慢。光上下公交车就要比较长的时间。旁边的人应该帮帮他们。

Lǎorén dòngzuò bǐjiào màn. Guāng shàng xià gōngjiāochē jiù yào bǐjiào cháng de shíjiān. Pángbiān de rén yīnggāi bāngbang tāmen.

노인들은 동작이 느린 편이다. 버스를 오르내리는 데만도 비교적 오랜 시간이 걸린다. 옆에 있는 사람들이 그들을 도와 주어야 한다.

⑤ 那家新开的餐厅, 听说很有名。昨天我们光等位子就等了一个半钟头。

Nà jiā xīn kāi de cāntīng, tīngshuō hěn yǒumíng. Zuótiān wǒmen guāng děng wèizi jiù děng le yí gè bàn zhōngtóu.

그 새로 개업한 식당은 아주 유명하다고 해. 어제 우리는 자리를 기다리는 데만도 1시간 30분을 기다렸어.

关于. guānyú. 상태동사. 조사. ~관해, ~대해

기능 '关于'는 기본적으로 상태동사로 '…에 대하여, 관련하여'라는 뜻이지만, 어떤 화제를 표지하는 조사의 역할도 할 수 있다.

(1) 상태동사로서의 '关于': '关于'는 그 문장이나 절에서 유일하게 사용되는 동사로서 문맥에 사용된다.

① 这本书也是关于语法的。

Zhè běn shū yě shì guānyú yǔfǎ de.

이 책도 문법과 관련이 있다.

② 我想买一本关于语法的书。

Wǒ xiǎng mǎi yì běn guānyú yǔfǎ de shū.

나는 문법과 관련이 있는 책을 사고 싶다.

③ 关于语法的书, 满街都是。

Guānyú yǔfǎ de shū, mǎn jiē dōu shì.

문법과 관련된 책은 어디든 있다.

(2) 화제표지(조사)로서의 '关于': 아래 예문의 문장의 화제들은 주요 문장과 문장성분상으로는 관련이 없음을 보여주고 있는데, 이것을 통해 '关于'의 목적어가 문장의 진정한 화제임을 알 수 있다.

① 关于大熊猫, 这本书上的记载并不多。
Guānyú dàxióngmāo, zhè běn shū shang de jìzǎi bìng bù duō.
자이언트 팬더에 관해서, 이 책의 기록은 결코 많지 않다.

② 关于爱猫的死, 我一点都不怪他。
Guānyú àimāo de sǐ, wǒ yìdiǎn dōu bù guài tā.
사랑하는 고양이의 죽음에 대해서는, 나는 전혀 그를 탓하지 않는다.

③ 关于我请客的事, 我想麻烦你替我计划一下。
Guānyú wǒ qǐngkè de shì, wǒ xiǎng máfan nǐ tì wǒ jìhuà yíxià.
내가 한턱낼 일에 대해서, 번거롭지만 나 대신 네가 계획을 세워줘.

구조

【부정형】

부정부사 '不'와 '没'는 '关于'와 함께 쓸 수 없으며, 오직 '不是'만 함께 쓸 수 있다.

① 不是关于语法的书, 他不想买。
Bú shì guānyú yǔfǎ de shū, tā bù xiǎng mǎi.
문법과 관련이 있는 책이 아니면, 그는 사려 하지 않는다.

② 这本书不是关于语法的。
Zhè běn shū bú shì guānyú yǔfǎ de.
이 책은 문법에 관한 것이 아니다.

【의문형】

'关于' 자체로 의문형을 만들 수 없으며(*关不关于 *guān bù guānyú), 오직 '是不是'를 이용해 의문형을 만들 수 있으며, 일반적으로 어기조사 '吗'를 이용한 의문문을 만들 수 있다.

① 这本书是关于王先生的吗?

Zhè běn shū shì guānyú Wáng xiānsheng de ma?

이 책은 왕 선생에 관한 것인가요?

② 关于爱猫的死, 你一点都不怪他吗?

Guānyú àimāo de sǐ, nǐ yìdiǎn dōu bú guài tā ma?

사랑하는 고양이의 죽음에 대해서, 너는 조금도 그를 탓하지 않니?

③ 这本书是不是关于王先生?

Zhè běn shū shì bu shì guānyú Wáng xiānsheng?

이 책은 왕 선생에 관한 것 인가요?

④ 是不是关于爱猫的死, 你一点都不怪他?

Shì bu shì guānyú àimāo de sǐ, nǐ yìdiǎn dōu bú guài tā?

사랑하는 고양이의 죽음에 관해, 너는 조금도 그를 탓하지 않니?

용법 '对于'와 달리 '关于'는 일상 대화에서 많이 사용된다.

过. guò. 조사. 경험태를 나타냄 (1)

기능 조사 '过'는 동작동사(action verb)와 결합하여 동사가 묘사한 동작을 행위자가 과거에 해 본 적이 있음을 나타낸다.

① 我在高中学过中文。

Wǒ zài gāozhōng xuéguo Zhōngwén.

나는 고등학교 때 중국어를 배운 적이 있다.

② 我去过那个语言中心。

Wǒ qùguo nàge yǔyán zhōngxīn.

나는 그 언어센터에 간 적이 있다.

③ 我教过他两年西班牙文。

Wǒ jiāo guo tā liǎng nián Xībānyáwén.

나는 그에게 2년 간 스페인어를 가르친 적이 있다.

구조 경험을 나타내는 문장에는 일반적으로 지속시간, 빈도 및 불특정 과거 시간을 포함한다.

① 我学过两次西班牙文。

Wǒ xué guo liǎng cì Xībānyáwén.

나는 스페인어를 두 번 배운 적이 있다.

② 他在越南住过三年。

Tā zài Yuènán zhù guo sān nián.

그는 베트남에서 3년간 산 적이 있다.

③ 你已经去过这么多国家, 还想去哪里?

Nǐ yǐjīng qù guo zhème duō guójiā, hái xiǎng qù nǎli?

너는 이미 많은 나라에 가 봤는데, 또 어디에 가고 싶니?

【부정형】

이 문형에서는 부정부사 '没'만 사용이 가능하다.

① 我以前没学过中文。

Wǒ yǐqián méi xué guo Zhōngwén.

나는 예전에 중국어를 배운 적이 없다.

② 我没去过法国。

Wǒ méi qù guo Fǎguó.

나는 프랑스에 간 적이 없다.

③ 我没买过那家的面包。

Wǒ méi mǎi guo nà jiā de miànbāo.

나는 그 가게의 빵을 산 적이 없다.

【의문형】

① 你小时候去过日本没有?

Nǐ xiǎoshíhou qù guo Rìběn méi yǒu?

너는 어렸을 때 일본에 간 적이 있니?

② 王老师的课, 你上过吗?

Wáng lǎoshī de kè, nǐ shàng guo ma?

왕 선생님의 수업을 너는 들어본 적이 있니?

③ 他以前是不是看过那本书?

Tā yǐqián shì bu shì kàn guo nà běn shū?

그는 예전에 그 책을 본 적이 있니 없니?

용법

(1) 경험을 표지하는 '过'는 일반적으로 '以前 yǐqián', '小时候 xiǎoshíhou' 같은 불특정한 시간을 나타내는 어휘와 결합하여 사용하며, '昨天 zuótiān', '上午十点半 shàngwǔ shídiǎn bàn' 같은 특정 시간을 나타내는 단어와 함께 쓰이지 않는다.

(2) 동사+过 그리고 동사+了: '过'와 '了'의 차이점은 미묘한 경우가 많다. 예를 들어, 둘 다 과거에 일어난 사건과 활동을 언급할 수 있다. 그러나 '了'는 미래에 일어나는 동작과 함께 사용할 수도 있다. '过'는 과거의 경험이 반복될 수 있지만, '了'는 특정한 과거에 한 번 발생한 것을 가리킨다. 다음 문장들을 비교해 보자.

① a. 他去过很多国家。 (지금까지)

Tā qù guo hěn duō guójiā.

그는 많은 나라를 가보았다.

b. 他去了很多国家。 (지난 여행에서)

Tā qù le hěn duō guójiā.

그는 많은 나라에 갔다.

② a. 他点过日本菜。(그는 경험이 있어 그에게 조언을 구하려고)
Tā diǎn guo Rìběn cài.
그는 일본요리를 주문해본 적이 있다.

b. 他点了日本菜。(지난주에 함께 갔을 때)
Tā diǎn le Rìběn cài.
그는 일본요리를 주문하였다.

过. guò. 조사. 시상 시태 표지(Phase Aspect marker). 동작의 완료 (2)

기능 여기에 쓰이는 '过'는 동작동사 뒤에 쓰여 동작의 완료를 나타내며, 앞서 나온 경험을 나타내는 '过'와 다르다.

① 你们吃过饺子再吃菜。
Nǐmen chīguo jiǎozi zài chī cài.
너희들은 쟈오쯔를 먹고, 반찬을 먹어라.

② 大家今天都跑过一千米了。
Dàjiā jīntiān dōu pǎo guo yìqiān mǐ le.
오늘 모두가 1000m를 뛰었다. (예상대로)

③ 垃圾车刚刚来过了。
Lājīchē gānggāng lái guo le.
쓰레기차는 이미 왔다.

완료의 '过'는 시상 시태(Phase Aspect)의 하나로, 경험이 아니라 완료를 나타낸다.

구조 V+过

【부정형】

① 他们还没吃午饭。

Tāmen hái méi chī wǔfàn.

그들은 아직 점심을 먹지 않았다.

② 这个月他还没付房租。

Zhège yuè tā hái méi fù fángzū.

이번 달 그는 아직 집세를 내지 않았다.

③ 今天我还没练习太极拳。

Jīntiān wǒ hái méi liànxí Tàijíquán.

오늘 나는 아직 태극권을 연습하지 않았다.

【의문형】

① 你喝过咖啡了吗?

Nǐ hē guo kāfēi le ma?

너는 이미 커피를 마셨니?

② 新年大家见过面了没有?

Xīnnián dàjiā jiàn guo miàn le méi yǒu?

새해에 모두 이미 만났니?

③ 那部电影你已经看过了吗?

Nà bù diànyǐng nǐ yǐjīng kàn guo le ma?

그 영화를 너는 이미 봤니?

용법 행동의 완료를 나타내는 '过'는 'V+过'의 형태로 동작동사 뒤에 놓이는 시상표지(phase marker)이다. 완료를 표지함에 불구하고 '过'는 다른 시상표지 '完' 및 '好'와 기능면에서 다른 점이 있다. 'V+完'과 'V+好'가 단순한 완성을 나타낸다면, 'V+过'에는 어떤 동작이 완료되었으며, 반복이 필요하지 않음이 함축되어 있다. 다음 문장들을 비교해 보자.

① 我做完功课了。

Wǒ zuòwán gōngkè le.

나는 숙제를 다 했다. (그리고 나는 지금 다른 일을 할 수 있다.)

② 我做好功课了。

Wǒ zuòhǎo gōngkè le.

나는 숙제를 끝냈다. (그리고 나는 모든 준비가 되었다)

③ 我做过功课了。

Wǒ zuò guo gōngkè le.

나는 이미 숙제를 다 했다. (그리고 나는 그 일을 더 이상 할 필요가 없다.)

처음 두 문장(V完, V好)은 숙제가 완료되었다는 사실을 간단히 기술하고 있다. 세 번째 문장(V过)은 함축적인 의미를 더해져, 종종 '숙제하지 않아도 되니?' 또는 '숙제하러 가라'와 같은 제안에 대한 대답으로 사용된다. 아래의 예를 참고해 보자.

① A: 要不要喝咖啡?

Yào bu yào hē kāfēi?

커피 마실래?

B: 我刚刚喝过(咖啡)了。

Wǒ gānggāng hē guo (kāfēi) le.

(아니) 나는 이미 마셨어.

② A: 快考试了, 赶快去看书。

Kuài kǎoshì le, gǎnkuài qù kàn shū.

곧 시험이야, 얼른 가서 공부해라.

B: 我已经看过(书)了。

Wǒ yǐjīng kàn guo (shū) le.

나는 이미 공부를 했어요.

③ A: 等一下我们去跑步吧!

Děng yíxià wǒmen qù pǎobù ba!

이따 우리 함께 조깅하자!

B: 我们昨天不是已经跑过了吗?

Wǒmen zuótiān bú shì yǐjīng pǎo guo le ma?

우리 어제 이미 조깅하지 않았니?

A B C D E F G H I J K L M

H

还. hái. 부사. 아직(변하지 않고, 불완전한) (1)

기능 부사 ‘还’는 문제의 상황이 변하지 않았거나 혹은 ‘여전히’ 어떤 상태로 남아 있음을 나타낸다.

① 现在时间还早, 学生都还没到。

Xiànzài shíjiān hái zǎo, xuésheng dōu hái méi dào.

아직 너무 이르다. 학생들이 아직 도착하지 않았다.

② 来的客人还太少, 喜宴还不能开始。

Lái de kèren hái tài shǎo, xǐyàn hái bù néng kāishǐ.

온 손님들이 아직 너무 적다. 결혼식은 아직 시작하면 안 된다.

③ 现在天气还太冷, 不可以去游泳。

Xiànzài tiānqì hái tài lěng, bù kěyǐ qù yóuyǒng.

지금은 날씨가 아직도 춥다. 수영하러 가면 안 된다.

구조 한 문장 안에 여러 부사가 나타나면, ‘还’는 ‘也’를 제외하고 부정부사를 포함하여 다른 부사들의 앞에 놓인다. 이것을 부사의 ‘계층’이라고 한다. 也가 가장 앞에 위치하고, 还가 그 뒤를 잇는다.

【부정형】

① 我的钱还不够, 不能付学费。

Wǒ de qián hái bú gòu, bù néng fù xuéfèi.

나는 아직 돈이 충분하지 않아 학비를 낼 수가 없다.

② 现在天气还不热, 我们去东部旅行吧!

Xiànzài tiānqì hái bú rè, wǒmen qù dōngbù lǚxíng ba!

지금은 날씨가 아직 덥지 않으니, 우리 동부로 여행을 가자!

③ 他刚回国，找工作还不顺利。

Tā gāng huí guó, zhǎo gōngzuò hái bú shùnlì.

그는 방금 귀국을 해서 일을 구하는데 아직 순조롭지 않다.

【의문형】

문장에서 부사가 사용되었을 때에, '是不是 shì bu shì' 의문문 구조가 문장의 앞에서 사용된다.

① 你的钱是不是还不够租套房？

Nǐ de qián shì bu shì hái bú gòu zū tàofáng?

너는 집을 구할 돈이 아직 충분하지 않니?

② 你喝得这么慢，牛肉汤还很热吗？

Nǐ hē de zhème màn, niúròutāng hái hěn rè ma?

네가 이렇게 천천히 먹는데, 소고기 탕은 아직도 따뜻하니?

③ 十二点的飞机，现在六点，去机场是不是还太早？

Shí'èr diǎn de fēijī, xiànzài liù diǎn, qù jīchǎng shì bu shì hái tài zǎo?

12시 비행기이고, 지금은 6시니 공항에 가는 건 아직 너무 이르지?

용법 부사 '还'는 문맥에 따라 여러 가지 의미로 번역될 수 있다.

(1) '아직(도)'

① 我们还没决定。你有什么建议？

Wǒmen hái méi juédìng. Nǐ yǒu shéme jiànyì?

우리는 아직 결정하지 못했는데, 너는 무슨 생각이 있니?

② 可是我说中文，还说得不够流利。

Kěshì wǒ shuō Zhōngwén, hái shuō de búgòu liúlì.

그러나, 나는 중국어가 아직 충분히 유창하지 않다.

③ 菜还很多，你要多吃一点。

Cài hái hěn duō, nǐ yào duō chī yìdiǎn.

음식이 아직 많으니 너는 많이 먹어라.

④ 这个工作的薪水还不够付小孩的学费，他得再找另外一个工作。

Zhège gōngzuò de xīnshuǐ hái bú gòu fù xiǎohái de xuéfèi, tā děi zài zhǎo lìngwài yíge gōngzuò.

이 직업의 월급은 여전히 아이의 학비를 내기에는 모자라, 그는 또 다른 일을 구해야 한다.

(2) '또, 추가로, 더'

① 昨天晚上肚子很不舒服，还吐了好几次。

Zuótiān wǎnshang dùzi hěn bù shūfu, hái tù le hǎo jǐ cì.

어제 저녁에 배가 너무 아팠고, 또 여러 번 구토를 했다.

② 下了课要写作业，还要准备第二天的课。

Xià le kè yào xiě zuòyè, hái yào zhǔnbèi dì èr tiān de kè.

수업이 끝나면 숙제를 해야 하고, 또 다음 날 수업을 준비해야 한다.

③ 他还有两个姐姐。

Tā hái yǒu liǎng gè jiějie.

그는 두 명의 누나가 더 있다.

还. hái. 부사. 놀랍게도 (2)

기능 부사 '还'는 화자가 예상하지 못한 무언가로 인해 놀랐음을 나타낸다.

① 我的邻居太热情了，我还真不习惯。

Wǒ de línjū tài rèqíng le, wǒ hái zhēn bù xíguàn.

내 이웃이 너무 친절해서, 나는 정말 익숙하지 않다.

② 昨天的火锅还真辣, 害我肚子很不舒服。

Zuótiān de huǒguō hái zhēn là, hài wǒ dùzi hěn bù shūfu.

어제 훠궈는 정말 매워서, 나는 배탈이 났다.

③ 昨晚的地震摇得还真厉害, 把我吓了一大跳。

Zuówǎn de dìzhèn yáo de hái zhēn lìhai, bǎ wǒ xià le yí dà tiào.

어제 저녁의 지진은 정말 대단해서, 아주 크게 놀랐다.

④ 他每天都要运动一个小时, 习惯还满好的!

Tā měitiān dōu yào yùndòng yí gè xiǎoshí, xíguàn hái mǎn hǎo de!

그는 매일 1시간씩 운동을 하는데, 정말 좋은 습관이다.

⑤ 我以为他吉他弹得不好, 其实他弹得还满不错的。

Wǒ yǐwéi tā jítā tán de bù hǎo, qíshí tā tán de hái mǎn búcuò de.

나는 그가 기타를 잘 치지지 못한다고 생각했었는데, 사실 그는 정말 잘 연주한다.

용법 '还'는 '真' 혹은 '满(蛮)' 같은 부사들과 함께 쓰이는 경우가 많다. 위의 예문을 참조하라.

还是 A 吧. háishi (부사) A ba (조사). A라면 더 좋을 것이다. A가 가장 좋을 것이다

기능 '还是'는 부사로, 뒤에 나오는 A-구절이 나타내는 내용이 최선의 선택임을 나타내며, 문미에는 항상 조사 '吧'로 끝난다.

① 我最近很忙, 我们还是周末再出去吃饭吧!

Wǒ zuìjìn hěn máng, wǒmen háishi zhōumò zài chūqu chī fàn ba!

내가 요즘 너무 바빠서, 우리 주말에 나가서 외식을 하는 게 낫겠다!

② 已经晚上11点了。我还是明天早上再给老师打电话吧!

Yǐjīng wǎnshang 11 diǎn le. Wǒ háishi míngtiān zǎoshang zài gěi lǎoshī dǎ diànhuà ba!

벌써 밤 11시다. 나는 내일 아침에 선생님께 전화하는 게 낫겠다!

③ 去学校, 可以坐公交车, 也可以坐地铁, 但是坐地铁应该比较快, 我们还是坐地铁去吧。

Qù xuéxiào, kěyǐ zuò gōngjiāochē, yě kěyǐ zuò dìtiě, dànshì zuò dìtiě yīnggāi bǐjiào kuài, wǒmen háishi zuò dìtiě qù ba.

학교에 갈 때, 버스나 지하철을 탈 수 있는데, 지하철을 타는 게 조금 더 빠르니 우리 지하철을 타고 가는 게 좋겠다.

구조 ‘还是’는 부사이므로 주어와 술어 사이에 위치하며, ‘吧’는 문장 제일 끝에 놓인다.

【부정형】

① 坐公交车很慢。我们还是不要坐公交车吧!

Zuò gōngjiāochē hěn màn. Wǒmen háishi bú yào zuò gōngjiāochē ba!

버스는 너무 느리니, 우리 버스를 타지 않는 게 낫겠다.

② 雨下得很大。今天你还是别回家了吧!

Yǔ xià de hěn dà. Jīntiān nǐ háishi bié huí jiā le ba!

비가 많이 내린다. 오늘 너는 집에 가지 않는 게 좋겠다.

③ 他听了一定不开心。你还是别告诉他了吧!

Tā tīngle yídìng bù kāixīn. Nǐ háishi bié gàosu tā le ba!

그가 들으면 분명 기분이 좋지 않을 것이다. 그러니 너는 그에게 알리지 않는 게 좋겠다.

용법 ‘还是’는 대화에서 공손한 어감을 더한다. 무뚝뚝한 명령이라기보다는 완화된 제안이다.

好. hǎo. '好+동사' 구조. ~하기 좋다 (1)

기능

(1) '好' 혹은 '难'은 지각동사(sense verb)와 결합하여 하나의 단어가 된다. 어휘화가 된 것이다.

好吃 hǎochī 맛있다	难吃 nánchī 맛없다
好喝 hǎohē (음료가) 맛있다	难喝 nánhē (음료가) 맛없다
好看 hǎokàn 보기 좋다	难看 nánkàn 보기 좋지 않다. 못생기다
好听 hǎotīng 듣기 좋다	难听 nántīng 듣기 좋지 않다

(2) 동작동사와 결합하는 경우, '好'는 '~기 쉽다'를 나타내고, '难'는 '~기 어렵다'라는 의미를 나타낸다.

好学 hǎoxué 배우기 쉽다	难学 nánxué 배우기 어렵다
好写 hǎoxiě 쓰기 쉽다	难写 nánxiě 쓰기 어렵다
好做 hǎozuò 하기 쉽다	难做 nánzuò 하기 어렵다
好找 hǎozhǎo 찾기 쉽다	难找 nánzhǎo 찾기 어렵다

① 韩国菜好吃也好看。

Hánguó cài hǎochī yě hǎokàn.

한국요리는 맛있고 보기도 좋다.

② 好工作很难找。

Hǎo gōngzuò hěn náozhǎo.

좋은 일자리는 찾기 어렵다.

③ 这首歌好听也好唱。

Zhè shǒu gē hǎotīng yě hǎochàng.

이 노래는 듣기 좋고, 부르기 쉽다.

구조 '很'과 같은 강조부사(intensification adverb)는 위에 설명한 두 가지 기능과 함께 사용할 수 있다.

① 我妈妈做的菜很好吃。

Wǒ māma zuò de cài hěn hǎochī.

내 엄마가 만든 음식은 아주 맛있다.

② 有人觉得中文很难学。

Yǒu rén juéde Zhōngwén hěn nánxué.

어떤 사람은 중국어가 배우기 어렵다고 생각한다.

【부정형】

(1) 지각동사(sense verb)와 함께 사용되는 경우:

① 便宜的咖啡不好喝。

Piányi de kāfēi bù hǎohē.

싸구려 커피는 맛없다.

② 学校餐厅的菜不难吃。

Xuéxiào cāntīng de cài bù nánchī.

학교 식당의 요리는 맛없지 않다.

③ 这首歌, 唱得太慢不好听。

Zhè shǒu gē, chàng de tài màn bù hǎotīng.

이 노래는 너무 느려서 듣기 좋지 않다.

(2) 동작동사(action verb)와 함께 사용되는 경우:

① 这家店卖的小笼包不好做。
Zhè jiā diàn mài de xiǎolóngbāo bù hǎozuò.
이 가게에서 파는 샤오롱빠오는 만들기 쉽지 않다.

② 老师常常说中文不难学。
Lǎoshī chángcháng shuō Zhōngwén bù nánxué.
선생님은 중국어는 배우기 어렵지 않다고 자주 말하신다.

③ 学校附近便宜的套房不好找。
Xuéxiào fùjìn piányi de tàofáng bù hǎozhǎo.
학교근처에서 싼 원룸은 찾기 쉽지 않다.

【의문형】

(1) 지각동사와 함께 사용하는 경우:

① 旅馆老板买的水果好吃吗?
Lǚguǎn lǎobǎn mǎi de shuǐguǒ hǎochī ma?
여관 주인이 산 과일은 맛있나요?

② 你觉得那部电影好看不好看?
Nǐ juéde nà bù diànyǐng hǎo bu hǎokàn?
너는 그 영화가 재미가 있다고 생각하니?

③ 点乌龙茶的那个先生唱歌唱得好听吗?
Diǎn Wūlóng chá de nàge xiānsheng chànggē chàng de hǎotīng ma?
우롱차를 주문한 그 남자가 부른 노래는 듣기 좋니?

(2) 동작동시와 사용된 경우:

① 说中文的工作在你的国家好找吗?
Shuō Zhōngwén de gōngzuò zài nǐ de guójiā hǎozhǎo ma?
중국어를 사용하는 일을 너희 나라에서는 구하기 쉽니?

② 又大又贵的房子好不好卖?

Yòu dà yòu guì de fángzi hǎo bu hǎomài?

크고 비싼 집은 팔기 쉽니 어렵니?

③ 老师今天教的甜点难不难学?

Lǎoshī jīntiān jiāo de tiándiǎn nán bu nánxué?

선생님이 오늘 가르쳐 준 디저트는 배우기 어렵니?

好. hǎo. 조사, 동사보어. 만반의 준비를 갖추다 (2)

기능 이 기능의 '好'는 동사 뒤에 위치해 동사의 의미를 보완하는데, 이는 행동이 이제 적절하게 실행되고 적절하게 종결되었다는 것을 의미한다.

① 我昨天搬家。因为同学帮忙, 很快就搬好了。

Wǒ zuótiān bānjiā. Yīnwèi tóngxué bāngmáng, hěn kuài jiù bānhǎo le.

나는 어제 이사를 했는데, 반 친구들의 도움으로 빨리 이사를 마칠 수 있었다.

② 明天的考试, 我都准备好了。

Míngtiān de kǎoshì, wǒ dōu zhǔnbèi hǎo le.

내일 시험은 나는 이미 잘 준비했다.

③ 我把去旅行的时候需要的资料都找好了。

Wǒ bǎ qù lǚxíng de shíhou xūyào de zīliào dōu zhǎohǎo le.

나는 여행을 갈 때 필요한 데이터를 모두 찾아봤어.

구조 **【부정형】**

오직 부정부사 '没'만 사용이 가능하며, 이는 '好'가 보어일 때에 가능한 형태이다.

① 虽然我已经写了三个小时的作业, 可是还没写好。

Suīrán wǒ yǐjīng xiě le sān ge xiǎoshí de zuòyè, kěshì hái méi xiěhǎo.

나는 3시간 동안 공부를 했지만, 아직 다 쓰지 못했다.

② 下星期我要参加太极拳比赛, 但是我还没准备好。

Xià xīngqī wǒ yào cānjiā Tàijíquán bǐsài, dànshì wǒ hái méi zhǔnbèi hǎo.

다음 주에 나는 태극권 경기에 참가하는데, 아직 준비를 다 하지 못했다.

③ 我还没想好搭什么车到台南去。

Wǒ hái méi xiǎnghǎo dā shénme chē dào Táinán qù.

나는 아직 무슨 차를 타고 타이난에 갈지 결정하지 못했다.

【의문형】

① 你是不是买好火车票了?

Nǐ shì bu shì mǎihǎo huǒchē piào le?

너는 기차표를 다 구매했니 안 했니?

② 她结婚需要的礼服, 都准备好了没有?

Tā jiéhūn xūyào de lǐfú, dōu zhǔnbèi hǎo le méi yǒu?

그녀는 결혼할 때 필요한 예복을 다 준비 했니 안했니?

③ 这个新的工作, 你一个人做得好做不好?

Zhège xīn de gōngzuò, nǐ yí ge rén zuò de hǎo zuò bù hǎo?

이 새 일은 너 혼자서 잘 할 수 있니?

용법 (1) 동사 뒤에 붙는 '好'와 '完'은 의미가 겹치는 부분이 있는데, 둘 다 동작의 완성을 나타낸다.

동사에 따라 '好'와 결합하는 정도가 다르다. 밑에 표를 참고하세요.

	결과		가능	
	V好	没V好	V得好	V不好
搬 bān '옮기다'	✓	✓	✓	✓
写 xiě '쓰다'	✓	✓	✓	✓
想 xiǎng '생각하다'	✓	✓	×	×
做 zuò '하다'	✓	✓	✓	✓
准备 zhǔnbèi '준비하다'	✓	✓	✓	✓
买 mǎi '사다'	✓	✓	×	×
卖 mài '팔다'	×	×	×	×
吃 chī '먹다'	×	×	×	×

好不容易. hǎobù róngyì. 관용어. 많은 노력 끝에…

기능 관용구 '好不容易'는 유리한 상황을 어렵게 얻었음을 나타내며, 그것은 대략 '많은 설득, 많은 노력' 등을 통해 얻었음을 의미한다.

① 爸爸好不容易才答应让我去美国念书。我一定要更用功。
Bàba hǎobù róngyì cái dāying ràng wǒ qù Měiguó niànshū. Wǒ yídìng yào gèng yònggōng.
아빠는 어렵게 내가 미국에 유학 가는 것을 허락하셨다. 나는 반드시 더욱 열심히 공부해야 한다.

② 你好不容易拿到奖学金, 怎么就要回国了?
Nǐ hǎobù róngyì nádào jiǎngxuéjīn, zěnme jiù yào huí guó le?
너는 힘들게 장학금을 받았는데, 어째서 곧 귀국하려 하니?

③ 下了两星期的雨, 今天好不容易才停。
Xià le liǎng xīngqī de yǔ, jīntiān hǎobù róngyì cái tíng.
2주일 동안 비가 내리다가 오늘 가까스로 멈췄다.

④ 好不容易看到一双喜欢的鞋子，没想到这么贵。
Hǎobù róngyì kàndào yì shuāng xǐhuan de xiézi, méi xiǎngdào zhème guì.
간신히 좋아하는 신발을 봤는데, 이렇게 비쌀 줄 생각지도 못했다.

⑤ 他做了一大碗猪脚面线，我好不容易才吃完。
Tā zuò le yí dà wǎn zhūjiǎo miànxiàn, wǒ hǎobù róngyì cái chī wán.
그가 족발 국수를 아주 많이 만들어 나는 겨우 다 먹을 수 있었다.

何必. hébì. 부사. 굳이

기능 부사 '何必'는 화자가 문장의 주어가 한 행동에서 정당성을 찾지 못했음을 의미한다.

① 东西丢了可以买新的。你何必那么难过？
Dōngxi diū le kěyǐ mǎi xīn de. Nǐ hébì nàme nánguò?
물건을 잃어버리면 새 것을 사면되는데, 너는 그렇게 슬퍼할 필요가 있니?

② 外面天气那么好应该出去走走。何必在家看电视？
Wàimian tiānqì nàme hǎo yīnggāi chūqu zǒuzou. Hébì zài jiā kàn diànshì?
바깥 날씨가 그렇게 좋으니 밖으로 나가서 산책을 좀 해야 합니다. 굳이 집에서 텔레비전을 볼 필요가 있습니까?

③ 春天天气已经不冷了。何必穿那么多？
Chūntiān tiānqì yǐjīng bù lěng le. Hébì chuān nàme duō?
봄 날씨가 이미 춥지 않은데, 굳이 그렇게 많이 입을 필요가 있니?

④ 他何必去打工？他的爸爸给他那么多钱。
Tā hébì qù dǎgōng? Tā de bàba gěi ta nàme duō qián.
그가 굳이 아르바이트를 할 필요가 있니? 그의 아버지가 그에게 그렇게 많은 돈을 주는데.

⑤ 何必买新的?旧的电脑还可以用啊!

Hébì mǎi xīn de? Jiù de diànnǎo hái kěyǐ yòng a!

굳이 새 것을 살 필요가 있니? 쓰던 컴퓨터도 아직 사용할 수 있는데!

용법 문장 끝에 '呢'를 삽입하면, 말하는 어감이 부드러워져, 문장이 더 편안하고 덜 퉁명스럽게 된다.

只是小感冒, 何必看医生呢?

Zhǐshì xiǎo gǎnmào, hébì kàn yīshēng ne?

가벼운 감기일 뿐인데, 굳이 의사에게 보일 필요가 있겠니?

何况. hékuàng. 부사. 하물며, 더군다나, 말할 것도 없이

기능 부사 '何况'은 앞의 진술이 참이라면, 뒤의 사실은 말할 것도 없다는 의미를 나타낸다.

① 连胆子那么大的人都怕, 更何况我这个胆子小的人?

Lián dǎnzi nàme dà de rén dōu pà, gèng hékuàng wǒ zhège dǎnzi xiǎo de rén?

배짱이 그렇게 큰 사람도 두려워하는데, 하물며 나처럼 배짱이 없는 사람은 어떻겠니?

② 你那么年轻都走不动了, 更何况我这个银发族?

Nǐ nàme niánqīng dōu zǒu bú dòng le, gèng hékuàng wǒ zhège yínfàzú?

너처럼 젊은 사람도 더 걸을 수 없는데, 나처럼 나이든 사람은 어떻겠니?

③ 光布置一个小房间就花了那么多时间, 何况布置那么大的客厅呢?

Guāng bùzhì yí ge xiǎo fángjiān jiù huā le nàme duō shíjiān, hékuàng bùzhì nàme dà de kètīng ne?

작은 방을 꾸미는데도 이렇게 많은 시간을 썼는데, 이렇게 큰 거실은 어떻겠니?

④ 在现实生活中，他们都会批评你，何况在网络的世界里呢？
Zài xiànshí shēnghuó zhōng, tāmen dōu huì pīpíng nǐ, hékuàng zài wǎngluò de shìjiè li ne?
그들은 현실세계에서도 너를 비난했는데, 하물며 인터넷 세계에서는 어떻겠니?

⑤ 再大的困难我们都可以解决，更何况这一点小事？
Zài dà de kùnnán wǒmen dōu kěyǐ jiějué, gèng hékuàng zhè yìdiǎn xiǎoshì?
더 큰 어려움도 우리는 모두 해결할 수 있는데, 이렇게 작은 일쯤이야?

용법 (1) 부사 '更'이 '何况' 앞에 놓이는 경우가 많다. (예문 ①, ②와 ⑤ 참조)

(2) '何况'은 뒷절에 쓰이며, 앞절에는 '连…都…' 문형이 자주 사용된다.

① 连那些艺术家都看不懂，更何况我呢？
Lián nàxiē yìshùjiā dōu kàn bù dǒng, gèng hékuàng wǒ ne?
그 예술가들도 이해하지 못하는데, 하물며 나는 어떻겠니?

② 连学了十年小提琴的你都不敢表演了，更何况我才学了一年啊？
Lián xué le shí nián xiǎotíqín de nǐ dōu bù gǎn biǎoyǎn le, gèng hékuàng wǒ cái xué le yìnián a?
10년간 바이올린을 배운 너도 공연하지 못하는데, 겨우 1년 배운 나는 어떻겠니?

③ 连我都觉得穿这种衣服不足为奇，更何况你这种追求流行的人？
Lián wǒ doū juéde chuān zhè zhǒng yīfu bùzú wéiqí, gèng hékuàng nǐ zhè zhǒng zhuīqiú liúxíng de rén?
나조차도 이런 옷을 입는 것이 놀랄 일은 아니라고 생각하는데, 하물며 당신처럼 유행을 추구하는 사람은 어떻겠니?

很. hěn. 부사. 강조 표지

기능 부사 '很'은 상태동사(state verb)의 의미를 강화한다.

① 我很好。
Wǒ hěn hǎo.
나는 괜찮다.

② 他很喜欢台湾。
Tā hěn xǐhuan Táiwān.
그는 타이완을 좋아한다.

③ 台湾人很喜欢喝乌龙茶。
Táiwān rén hěn xǐhuan hē Wūlóng chá.
타이완사람들은 우롱차 마시는 걸 좋아한다.

구조 부사 '很'은 '주어+很+상태동사'와 같이 상태동사 앞에 놓인다.

① 乌龙茶很好喝。
Wūlóng chá hěn hǎohē.
우롱차는 맛있다.

② 他很喜欢日本人。
Tā hěn xǐhuan Rìběn rén.
그는 일본사람을 좋아한다.

③ 我们很好。
Wǒmen hěn hǎo.
우리는 괜찮다.

용법 일반적으로 상태동사가 술어 역할을 하는 경우에는 부정부사 '不' 또는 강조 성분이 상태동사 앞에 놓여야 한다. 만약 특별한 강조를 나타내지 않을 때는

‘很’이 상태동사 앞에 놓이게 되는데, 이때 ‘很’은 실제로 ‘매우’를 의미하지 않는다. 실제로 ‘매우’를 강조하는 경우에는 ‘好’를 이용하는 경우가 많다. 끝으로 ‘The cat is pretty.’를 중국어로 표현하는 경우에는 ‘The cat 很 pretty.’의 형식으로 나타낸다.

恨不得. hènbude. 간절히 바라다

기능 ‘恨不得’는 모든 역경을 딛고 무언가 하고 싶은 강한 욕망을 표현한다.

① 住在美国时，我真恨不得每天早上都能吃到烧饼油条或中式饭团。

Zhù zài Měiguó shí, wǒ zhēn hènbude měitiān zǎoshang dōu néng chīdào shāobǐng yóutiáo huò Zhōngshì fàntuán.

미국에 살 때, 나는 매일 아침 사오빙, 요우티아오 혹은 중국식 주먹밥을 먹을 수 있기를 간절히 원했다.

② 他好不容易考上了热门科系。念了一个学期却发现兴趣不合，念得很痛苦，恨不得能马上转系。

Tā hǎobù róngyì kǎoshàng le rèmén kēxì. Niàn le yí ge xuéqī què fāxiàn xìngqù bù hé, niàn dé hěn tòngkǔ, hènbude néng mǎshàng zhuǎnxì.

그는 힘들게 인기학과에 합격했는데, 한 학기를 보내고 적성에 맞지 않는 것을 알게 되서 매우 힘들게 공부하며 바로 전과할 수 있기를 간절히 바랐다.

③ 水饺被我煮破了不少，不够的话怎么办？真恨不得我们还有时间能再包一些。可是我们得出门了。

Shuǐjiǎo bèi wǒ zhǔpò le bù shǎo, bú gòu dehuà zěnmebàn? Zhēn hènbude wǒmen hái yǒu shíjiān néng zàibāo yìxiē. Kěshì wǒmen děichūmén le.

만두를 삶다가 많이 터뜨려서 부족하면 어쩌죠? 시간이 있어 좀 더 빚을 수 있기를 바랐는데, 우리는 나가야만 해요.

④ 要不是我妈妈反对，我也恨不得能跟你们一起去参加反核游行。

Yàobú shì wǒ māma fǎnduì, wǒ yě hènbude néng gēn nǐmen yìqǐ qù cānjiā fǎnhé yóuxíng.

만약 엄마가 반대하지 않았다면, 나도 너희들과 함께 반핵 시위에 참여하기를 간절히 바랐다.

⑤ 走路走得腿痛死了，真恨不得能坐出租车过去，可惜钱包里只有50块钱。

Zǒulù zǒu de tuǐ tòngsǐ le, zhēn hènbude néng zuò chūzūchē guòqu, kěxī qiánbāo li zhǐ yǒu 50 kuài qián.

너무 많이 걸어 다리가 아프다. 정말 택시를 타고 가고 싶었지만, 아쉽게도 지갑 안에는 50원 밖에 없었다.

용법 (1) 대부분 조동사 '想, 要, 可以, 能' 등과 함께 쓰이며, 부정형으로 쓸 수 없다.

*我恨不得不可以马上回家。

Wǒ hènbude bù kěyǐ mǎshàng huí jiā.

(2) 대명사 '我'와 가장 많이 쓰이지만, 모든 대명사가 주어 역할을 할 수 있다.

后来. hòulái. 부사. 나중에, 훗날

기능 부사 '然后', 부사 '后来'와 명사 '以后'는 모두 어떤 시점 후의 사건을 나타낸다. 시간의 기준은 아래 표를 참고하시오.

	과거	미래
然后	✓	✓
后来	✓	×
以后	×	✓

① 我们先去台中玩了一天, 然后去了垦丁。

Wǒmen xiān qù Táizhōng wán le yì tiān, ránhòu qù le Kěndīng.

우리는 먼저 타이종에서 하루 동안 놀다가, 컨딩에 갈 것이다.

② 请你把菜洗一洗, 然后开始煮汤!

Qǐng nǐ bǎ cài xǐ yi xǐ, ránhòu kāishǐ zhǔ tāng!

먼저 채소를 씻고, 그런 다음에 국을 끓이기 시작하세요.

③ 我本来不想学太极拳, 后来发现有趣得不得了, 就去学了。

Wǒ běnlái bù xiǎng xué Tàijíquán, hòulái fāxiàn yǒuqù de bùdéliǎo, jiù qù xué le.

나는 원래 태극권을 배우고 싶지 않았는데, 나중에 그게 너무나 재미있다는 것을 발견하고 배우러 갔다.

④ 我以为弟弟今天回国, 后来才知道他明天才回来。

Wǒ yǐwéi dìdi jīntiān huí guó, hòulái cái zhīdao tā míngtiān cái huílai.

나는 오늘 남동생이 귀국하는 줄 알았는데, 나중에 그가 내일에서야 귀국한다는 것을 알았다.

⑤ 虽然现在我还不会骑自行车, 可是以后一定能学会。

Suīrán xiànzài wǒ hái bú huì qí zìxíngchē, kěshì yǐhòu yídìng néng xuéhuì.

비록 지금 나는 자전거를 탈 줄 모르지만, 나중에는 반드시 배울 수 있을 것이다.

⑥ 今年我们去日本, 以后再去越南。

Jīnnián wǒmen qù Rìběn, yǐhòu zài qù Yuènán.

올해는 우리 일본에 가고, 나중에 베트남에 가자.

구조 **【의문형】**

① 你本来想去日月潭, 后来怎么没去呢?

Nǐ běnlái xiǎng qù Rìyuètán, hòulái zěnme méi qù ne?

너는 원래 르웨탄에 가려 했는데, 나중에 어째서 가지 않았니?

② 昨天你的钱包不见了，后来怎么找到的？

Zuótiān nǐ de qiánbāo bú jiàn le, hòulái zěnme zhǎodào de?

어제 네 지갑이 없어졌었는데, 나중에 어떻게 찾았니?

③ 垦丁真的那么浪漫吗？值得你以后再去一趟啊？

Kěndīng zhēnde nàme làngmàn ma? Zhídé nǐ yǐhòu zài qù yí tàng a?

컨딩이 정말 그렇게 낭만적이니? 네가 나중에 다시 갈 만한 가치가 있니?

④ 学费越来越高了，我们的小孩以后会不会念不起大学？

Xuéfèi yuè lái yuè gāo le, wǒmen de xiǎohái yǐhòu huì bu huì niàn bù qǐ dàxué?

학비가 갈수록 오르니, 우리 아이들은 나중에 대학이 너무 비싸서 다닐 수 없게 되는 건 아닐까?

용법

(1) '然后'와 '后来'는 모두 부사이며 비슷한 상황에서 사용된다. 그러나 '然后'는 연속적으로 발생하는 두 사건을 연결하는데 사용되는 반면, '后来'는 두 사건 사이에 일정 시간이 경과되었음을 나타낸다.

① 我们明天早上先去传统市场买菜，然后再去超市买水果。

Wǒmen míngtiān zǎoshang xiān qù chuántǒng shìchǎng mǎi cài, ránhòu zài qù chāoshì mǎi shuǐguǒ.

우리는 내일 오전에 먼저 전통시장에 가서 채소를 사고, 그런 다음에 슈퍼에 가서 과일을 살 것이다.

② 我们昨天早上去传统市场买菜，后来又去超市买了水果。

Wǒmen zuótiān zǎoshang qù chuántǒng shìchǎng mǎi cài, hòulái yòu qù chāoshì mǎi le shuǐguǒ.

우리는 어제 오전에 전통시장에 가서 채소를 샀고, 나중에 또 슈퍼에 가서 과일을 샀다.

(2) '以后'는 과거 또는 미래에서 두 가지 사건을 연결하는 데도 사용할 수 있다는 것을 유의해야 한다.

① 白小姐到了台湾以后，就没回过国。

Bái xiǎojie dào le Táiwān yǐhòu, jiù méi huí guo guó.

미스 빠이는 타이완에 온 이후로 귀국한 적이 없다.

② 你们到了韩国以后，要打电话给我。

Nǐmen dào le Hánguó yǐhòu, yào dǎ diànhuà gěi wǒ.

너희들 한국에 도착한 후에 나에게 전화 해야한다.

会. huì. 조동사. 숙달된 기술, 할 수 있다 (1)

기능 조동사 '会'는 학습을 통해 습득한 기술, 즉 인지적 능력을 말한다. 예를 들어, 어떻게 하는지 안다는 것을 말한다.

① 陈小姐会做饭。

Chén xiǎojie huì zuò fàn.

미스 천은 요리를 할 줄 안다.

② 他哥哥会踢足球。

Tā gēge huì tī zúqiú.

그의 형은 축구를 할 줄 안다.

③ 他们兄弟姊妹都会游泳。

Tāmen xiōngdì jiěmèi dōu huì yóuyǒng.

그 형제자매는 모두 수영을 할 줄 안다.

구조 '会'는 조동사로 부정부사를 취할 수 있으며, 'A-不-A' 의문문 형식을 취할 수 있다.

【부정형】

① 他的妈妈不会做饭。

Tā de māma bú huì zuò fàn.

그의 엄마는 요리를 할 줄 모른다.

② 我妈妈不会做甜点。

Wǒ māma bú huì zuò tiándiǎn.

내 엄마는 디저트를 만드실 줄 모르다.

③ 我的家人都不会打棒球。

Wǒ de jiārén dōu bú huì dǎ bàngqiú.

내 가족은 모두 야구를 할 줄 모른다.

【의문형】

① 你会做甜点吗?

Nǐ huì zuò tiándiǎn ma?

너는 디저트를 만들 줄 아니?

② 他弟弟会踢足球吗?

Tā dìdi huì tī zúqiú ma?

그의 남동생을 축구를 할 줄 아니?

③ 你会不会说中文?

Nǐ huì bu huì shuō Zhōngwén?

너는 중국어를 말할 줄 아니?

④ 你的姐姐会不会做饭?

Nǐ de jiějie huì bu huì zuò fàn?

네 누나는 요리를 할 줄 아니?

용법 ‘会’가 타동사로 쓰여 문장에서 술어로 쓰이는 경우도 간혹 있다.

① 我不会俄文。
Wǒ bú huì É wén.
나는 러시아어를 하지 못 한다.

② 日语，我们都不会。
Rìyǔ, wǒmen dōu bú huì.
일본어, 우리는 모두 하지 못 한다.

会. huì. 조동사. ~할 것이다 (2)

기능 조동사 ‘会’은 어떤 사건이 일어날 것임을 나타낼 수 있다.

① 明天大概会下雨。
Míngtiān dàgài huì xià yǔ.
내일 아마 비가 올 것이다.

② 新出来的手机一定会涨价。
Xīn chūlai de shǒujī yídìng huì zhǎngjià.
새로 출시되는 핸드폰은 반드시 가격이 오를 것이다.

③ 坐飞机会比开车快很多。
Zuò fēijī huì bǐ kāichē kuài hěn duō.
비행기를 타는 것이 운전하는 것보다 많이 빠를 것이다.

구조 会의 이 의미와 관련된 구조는 ‘会$_1$’과 같은 구조로 사용된다.

会. huì. 조동사. 보어용법 (3)

기능

'会'는 대부분 조동사로 쓰이지만, 간혹 '学 xué, 教 jiāo, 练 liàn' 등과 같은 동사의 보어로 사용되어, '능숙, 숙달' 등의 결과를 표현한다.

① 我在大学的时候学会怎么开车。

Wǒ zài dàxué de shíhou xuéhuì zěnme kāichē.

나는 대학교 때 어떻게 운전하는지 배웠다.

② 只有一个钟头的课，老师要教会学生怎么写书法很难。

Zhǐyǒu yí gè zhōngtóu de kè, lǎoshī yào jiāohuì xuésheng zěnme xiě shūfǎ hěn nán.

한 시간의 수업만으로, 선생님이 학생들에게 서예를 어떻게 하는지 가르치는 것은 어려운 일이다.

③ 学生学会了用中文介绍自己。

Xuésheng xuéhuìle yòng Zhōngwén jièshào zìjǐ.

학생들은 중국어로 자신을 소개하는 것을 배웠다.

구조

【부정형】

① 我学游泳只学了一个礼拜，还没学会。

Wǒ xué yóuyǒng zhǐ xué le yíge lǐbài, hái méi xuéhuì.

나는 수영을 1주일만 배워서, 아직 제대로 익히지는 못했다.

② 师父教了两个星期了，还没教会他太极拳最难的动作。

Shīfu jiāo le liǎng gè xīngqī le, hái méi jiāohuì tā Tàijíquán zuì nán de dòngzuò.

사부는 2주동안 가르치고 있고, 그에게 태극권에서 가장 어려운 동작은 아직 가르치지 못했다.

③ 我们都没学会怎么骑自行车。

Wǒmen dōu méi xuéhuì zěnme qí zìxíngchē.

우리는 모두 자전거를 어떻게 타는지 익히지 못했다.

【의문형】

① 这些字你是不是都学会了?

Zhèxiē zì nǐ shì bu shì dōu xuéhuì le?

이 글자들을 너는 모두 익혔니?

② 太极拳学了这么久, 你还没学会啊?

Tàijíquán xué le zhème jiǔ, nǐ hái méi xuéhuì a?

태극권을 이렇게 오랫동안 배웠는데, 너는 아직 익히지 못했니?

③ 你教会了那些小孩踢足球了没有?

Nǐ jiāohuì le nàxiē xiǎohái tī zúqiú le méi yǒu?

너는 그 아이들에게 축구를 가르치는 데 성공했니?

J

既 A 又 B. jì(부사) A yòu (부사) B. A뿐만 아니라 B하다

기능　이 구조는 주어가 같은 시간에 두 가지 사항과 연관이 있음을 나타낸다.

① 打工的好处很多。既可以赚钱，又可以交朋友。

Dǎgōng de hǎochù hěn duō. Jì kěyǐ zhuànqián, yòu kěyǐ jiāo péngyou.

아르바이트의 장점은 아주 많다. 돈을 벌 수 있으면서, 친구도 사귈 수 있다.

② 单亲爸爸既要赚钱养家，又要照顾孩子，非常辛苦。

Dānqīn bàba jì yào zhuàn qián yǎngjiā, yòu yào zhàogù háizi, fēicháng xīnkǔ.

홀아버지는 가족을 부양하기 위해 돈을 벌어야 할 뿐만 아니라 아이들을 돌봐야 해서 정말 힘들다.

③ 广告上这种最新型的手机，款式既新，功能又多，应该很快就会流行起来。

Guǎnggào shang zhè zhǒng zuì xīn xíng de shǒujī, kuǎnshì jì xīn, gōngnéng yòu duō, yīnggāi hěn kuài jiù huì liúxíng qǐlai.

광고에 나온 이런 최신 기종의 핸드폰은 디자인이 새롭고, 기능이 많아, 아주 빠르게 유행할 것이다.

④ 她人既长得漂亮，外语能力又强，难怪是学校里的风云人物。

Tā rén jì zhǎng de piàoliang, wàiyǔ nénglì yòu qiáng, nánguài shì xuéxiào lǐ de fēngyún rénwù.

그녀는 외모가 예쁠 뿐만 아니라 외국어 능력도 좋다. 그녀가 학교 전체에 그렇게 잘 알려진 것은 놀랄 일이 아니다.

⑤ 张先生对吃特别讲究，他吃的东西既要味道好，颜色又要美。

Zhāng xiānsheng duì chī tèbié jiǎngjiu, tā chī de dōngxi jì yào wèidào hǎo, yánsè yòu yào měi.

장 선생은 특히 먹는 것에 대해 까다롭다. 그가 먹는 음식은 맛있어야 하고 색깔도 예뻐야 한다.

용법

(1) '既'와 '又'는 모두 부사이며, 이 문형을 사용한 문장은 하나의 동일한 주어를 가리킨다.

(2) '既 A 又 B', '不但 A 也 B'와 '又 A 又 B'의 쓰임은 매우 유사하지만, 화자가 '既 A 又 B'를 사용한 경우에는 분명하게 추가되는 느낌을 들게 한다. 아래 예문을 비교해 보자.

① 学习外语不但要练习听和说, 也要认字写字。
Xuéxí wàiyǔ búdàn yào liànxí tīng hé shuō, yě yào rèn zì xiě zì.
외국어를 공부할 때는 듣기와 말하기 연습을 해야 할 뿐만 아니라 읽고 쓰는 것도 배워야 한다. (두 사항이 비슷하게 중요하다)

② 学习外语既要练习听和说, 又要认字写字。
Xuéxí wàiyǔ jì yào liànxí tīng hé shuō, yòu yào rèn zì xiě zì.
외국어를 공부할 때는 듣기와 말하기 연습을 해야 할 뿐만 아니라 읽고 쓰는 것도 배워야 한다. (언어를 공부하는 것은 많은 일을 필요로 한다.)

(3) 연결되는 동사는 정도부사를 취할 수 없다.

*既很好看, 又很漂亮。
Jì hěn hǎokàn, yòu hěn piàoliang.

(4) '既 A, 又 B'는 '又 A, 又 B'보다 형식적이고 문어체이다. 따라서 이 문형에서는 대칭이 중요함으로 '既'와 '又'로 연결되는 동사의 음절수는 동일해야 한다.

(5) '既'와 '又'가 연결하는 동사의 의미는 한쪽이 긍정을 나타내면 다른 한쪽도 긍정이어야 하며, 한쪽이 부정이면 다른 한쪽도 부정이어야 한다. 다음과 같이 말해서는 안 된다.

*农夫的社会地位既不高, 收入又很稳定。
Nóngfū de shèhuì dìwèi jì bù gāo, shōurù yòu hěn wěndìng.

既然 A 就 B. jìrán (접속사) A jiù B. 이왕 이렇게 된 바에야

기능 이 문형은 화자가 상황을 받아들이고, 이후의 계획을 제시한다.

① 既然天气这么不稳定, 我们就别去海边了吧。
Jìrán tiānqì zhème bù wěndìng, wǒmen jiù bié qù hǎibiān le ba.
날씨가 이렇게 오락가락하니, 우리는 바닷가에 가지 말자.

② 既然网络塞车, 那就先去运动, 晚一点再上网。
Jìrán wǎngluò sāichē, nà jiù xiān qù yùndòng, wǎn yìdiǎn zài shàngwǎng.
인터넷 트래픽 양이 많으니, 먼저 운동 갔다가 나중에 다시 인터넷에 접속하자.

③ 既然刷 Visa卡可以再打九五折, 当然要刷 Visa卡。
Jìrán shuā Visa kǎ kěyǐ zài dǎ jiǔwǔ zhé, dāngrán yào shuā Visa kǎ.
Visa 카드를 쓰면 5%를 더 할인을 받을 수 있으니, 당연히 Visa 카드를 사용할 것이다.

④ 既然吃素对保护地球环境有帮助, 以后我们就常吃素食吧。
Jìrán chī sù duì bǎohù dìqiú huánjìng yǒu bāngzhù, yǐhòu wǒmen jiù cháng chī sùshí ba.
채식하면 지구의 환경을 보호하는데 도움이 된다니, 우리는 이제부터 자주 채식을 하자.

⑤ 既然你整天都会待在这里, 我就先去一趟银行, 再回来找你。
Jìrán nǐ zhěngtiān dōu huì dāi zài zhèli, wǒ jiù xiān qù yí tàng yínháng, zài huílai zhǎo nǐ.
여기에 종일 계실 테니까 먼저 은행에 갔다가 다시 올게요.

용법 다른 접속사들처럼 '既然'도 주어의 앞과 뒤에 모두 올 수 있다.

① 既然你不去, 我就不去了。 你既然不去, 我就不去了。
Jìrán nǐ bú qù, wǒ jiù bú qù le. Nǐ jìrán bú qù, wǒ jiù bú qù le.
네가 가지 않는다니, 나도 가지 않을래.

见. jiàn. 조사. 보어용법. 지각이 있는

기능 '见'이 지각동사와 결합하는 경우, 지각동사가 나타내는 행위(보거나 듣는 것 등)에 의해 대상이 인식됨을 나타낸다.

① 昨天我在夜市看见小美了。

Zuótiān wǒ zài yèshì kànjiàn Xiǎoměi le.

어제 나는 야시장에서 샤오메이를 봤다.

② 你跟别人说的话, 我都听见了。

Nǐ gēn biéren shuō de huà, wǒ dōu tīngjiàn le.

네가 다른 사람에게 한 말을 나는 모두 들었다.

③ 我们都看见你把书拿回去了。

Wǒmen dōu kànjiàn nǐ bǎ shū ná huíqu le.

우리는 네가 책을 가지고 돌아간 것을 모두 봤다.

구조 **【부정형】**

부정부사 '没'만 사용이 가능하다.

① 东西在哪里?我没看见啊!

Dōngxi zài nǎli? Wǒ méi kànjiàn a!

물건이 어디 있니? 난 안 보이는데!

② 我没听见他说什么。

Wǒ méi tīngjiàn tā shuō shénme.

나는 그가 뭐라고 했는지 못 들었다.

③ 请你再说一次, 我没听见。

Qǐng nǐ zài shuō yí cì, wǒ méi tīngjiàn.

다시 한 번 말씀해 주세요. 저는 못 들었습니다.

【의문형】

① 我的背包, 你看见了没有?

Wǒ de bēibāo, nǐ kànjiàn le méi yǒu?

내 가방 봤니?

② 老师说的, 你是不是听见了?

Lǎoshī shuō de, nǐ shì bu shì tīngjiàn le?

선생님 말씀을 너는 들었니?

③ 张先生呢?你看见他走出来了吗?

Zhāng xiānsheng ne? Nǐ kànjiàn tā zǒu chūlai le ma?

장 선생은? 너는 그가 걸어 나오는 것을 봤니?

용법 지각동사를 단독으로 사용하는 경우와 지각동사 뒤에 보어 '见'을 사용했을 때는 명확한 차이가 있다.

① a. 我没听他说话。

Wǒ méi tīng tā shuōhuà.

나는 그의 말을 듣지 않았다.

b. 我没听见他说话。

Wǒ méi tīngjiàn tā shuōhuà.

나는 그가 말하는 것을 듣지 못했다.

② a. 他想去动物园看熊猫。

Tā xiǎng qù dòngwùyuán kàn xióngmāo.

그는 동물원에 가서 팬더를 보고 싶어 한다.

b. 他在动物园看见两只熊猫。

Tā zài dòngwùyuán kànjiàn liǎng zhī xióngmāo.

그는 동물원에서 판다 두 마리를 봤다.

渐渐. jiànjiàn. 부사. 점점

기능 부사 '渐渐'은 과정이 점진적인 완료를 나타낸다.

① 这里以前种族歧视的情况非常严重。现在这种现象可以说已经渐渐成为了历史。

Zhèli yǐqián zhǒngzú qíshì de qíngkuàng fēicháng yánzhòng. Xiànzài zhè zhǒng xiànxiàng kěyǐ shuō yǐjīng jiànjiàn chéngwéng le lìshǐ.

이곳은 예전에 인종차별이 매우 심했다. 현재 이런 현상은 점점 역사 속으로 사라지고 있다고 말할 수 있다.

② 现在跨国企业的合作已渐渐成为一种趋势了。

Xiànzài kuà guó qǐyè de hézuò yǐ jiànjiàn chéngwéi yì zhǒng qūshì le.

현재 다국적 기업 간의 협력은 점차 트렌드가 되어가고 있다.

③ 我回国后, 因为工作忙碌, 很少有机会跟那个组织联络, 就渐渐失去了交流的机会。

Wǒ huí guó hòu, yīnwèi gōngzuò mánglù, hěn shǎo yǒu jīhuì gēn nàge zǔzhī liánluò, jiù jiànjiàn shīqu le jiāoliú de jīhuì.

내가 귀국을 한 후, 일이 너무 바빠서 그 단체와 연락이 뜸해져서, 교류의 기회를 점점 잃었다.

④ 台湾的生育率创下了历史新低的纪录, 将来生产力会渐渐不足。

Táiwān de shēngyùlǜ chuàngxià le lìshǐ xīn dī de jìlù, jiānglái shēngchǎnlì huì jiànjiàn bù zú.

타이완의 출산율은 사상 최저를 기록했고, 미래 생산성은 점차 부족해질 것이다.

⑤ 通过大量地练习, 他的口音已渐渐改善。

Tōngguo dàliàng de liànxí, tā de kǒuyīn yǐ jiànjiàn gǎishàn.

많은 연습을 통해, 그의 억양은 점점 좋아졌다.

용법 '渐渐'은 '*渐'이 존재하지 않기 때문에 중첩형식이 아니다. '渐渐'은 자주 부사어 표지 '地'와 함께 쓰이는데, 주어보다 앞에 쓰이는 경우에는 반드시 '渐渐地' 형식으로 쓰여야 한다. '渐渐地' 뒤에는 짧은 휴지(일시 정지)가 온다.

渐渐地, 我越来越了解他了。
Jiànjiàn de, wǒ yuè lái yuè liǎojiě tā le.
점점, 나는 갈수록 그를 이해해 갔다.

简直. jiǎnzhí. 부사. 그야말로, 정말로

기능 이 부사를 통해, 화자는 사실이 아닌 과장된 표현을 쓴다.

① 昨天看的那个房子脏得要命, 简直不能住。我决定不租了。
Zuótiān kàn de nàge fángzi zāng de yàomìng, jiǎnzhí bù néng zhù. Wǒ juédìng bù zū le.
어제 본 그 집은 너무 더러워서 거의 사람이 살 수가 없을 지경이라, 나는 빌리지 않기로 결정했다.

② 他很爱狗, 简直把狗当自己的孩子。
Tā hěn ài gǒu, jiǎnzhí bǎ gǒu dāng zìjǐ de háizi.
그는 개를 거의 자기 자식처럼 취급할 정도로 정말 좋아한다.

③ 在这么大的地方, 没有车简直就像没有脚。
Zài zhème dà de dìfang, méiyǒu chē jiǎnzhí jiù xiàng méiyǒu jiǎo.
이렇게 큰 곳에서 차가 없는 것은 정말이지 다리가 없는 것과 같다.

④ 大明为了考试, 最近每天熬夜看书, 简直快累死了。
Dàmíng wèile kǎoshì, zuìjìn měitiān áoyè kàn shū, jiǎnzhí kuài lèi sǐ le.
따밍은 시험을 위해, 요즘 매일 늦게까지 공부하느라. 거의 과로로 쓰러질 지경이다.

⑤ 他又帅，性格又好，简直就是我理想中的男朋友！

Tā yòu shuài, xìnggé yòu hǎo, jiǎnzhí jiùshì wǒ lǐxiǎng zhōng de nánpéngyou!

그는 잘생기고, 성격도 좋아서, 그야말로 남자친구로서 딱 내 이상형이다.

叫. jiào. 동사. 명령 동사

기능 이런 용법의 '叫'는 누군가에게 무엇을 요청하거나 지시하는 타동사이다.

① 妈妈叫我先把包水饺的材料准备好。

Māma jiào wǒ xiān bǎ bāo shuǐjiǎo de cáiliào zhǔnbèi hǎo.

엄마는 내게 먼저 쟈오쯔를 빚을 재료를 준비하게 하셨다.

② 房东叫我们把新家具都搬到楼上房间去。

Fángdōng jiào wǒmen bǎ xīn jiājù dōu bāndào lóushàng fángjiān qu.

집주인은 우리에게 새 가구를 윗층 방으로 나르게 했다.

③ 老师叫学生进教室参加考试。

Lǎoshī jiào xuésheng jìn jiàoshì cānjiā kǎoshì.

선생님은 학생들에게 교실로 들어가 시험을 보게 했다.

④ 医生叫我多休息。

Yīshēng jiào wǒ duō xiūxi.

의사는 나에게 많이 휴식을 취하게 했다.

⑤ 妈妈叫我少吃油腻的食物。

Māma jiào wǒ shǎo chī yóunì de shíwù.

엄마는 내게 기름기 있는 음식을 적게 먹으라고 했다.

구조 **【부정형】**

'没'는 과거 사건에 사용되고, '别'는 미래 사건에 사용되며, '不'는 모두 사용할 수 있다.

① 别叫小孩一个人去超市买饮料。

Bié jiào xiǎohái yí ge rén qù chāoshì mǎi yǐnliào.

아이 혼자 슈퍼에 가서 음료수를 사게 하지 마라.

② 别叫新来的学生参加演讲比赛。

Bié jiào xīn lái de xuésheng cānjiā yǎnjiǎng bǐsài.

새로 온 학생에게 말하기 대회에 참여하라고 하지 마라.

③ 你们不喜欢喝酒, 我以后不叫你们来了。

Nǐmen bù xǐhuan hē jiǔ, wǒ yǐhòu bú jiào nǐmen lái le.

너희들은 술 마시는 걸 좋아하지 않으니, 나는 다음부터 너희를 오라고 하지 않겠다.

④ 爸爸不叫他看书, 他是不会看的。

Bàba bú jiào tā kàn shū, tā shì bú huì kàn de.

아빠가 그에게 책을 보라고 시키지 않으면, 그는 공부를 하지 않는다.

⑤ 老师没叫你出去, 你怎么自己跑出去了?

Lǎoshī méi jiào nǐ chūqu, nǐ zěnme zìjǐ pǎo chūqu le?

선생님은 너에게 나가라고 하지 않았는데, 너는 어째서 스스로 뛰어 나갔니?

⑥ 主任没叫小美介绍自己的工作经验。

Zhǔrèn méi jiào Xiǎoměi jièshào zìjǐ de gōngzuò jīngyàn.

주임은 샤오메이에게 자신의 업무경험을 소개하라고 요구하지 않았다.

【의문형】

① 是不是主任叫你来参加这个活动的?

Shì bu shì zhǔrèn jiào nǐ lái cānjiā zhège huódòng de?

주임이 네가 이 행사에 참여하게 했니?

② 医生是不是叫你别天天喝酒?你还是少喝一点吧!

Yīshēng shì bu shì jiào nǐ bié tiāntiān hē jiǔ? Nǐ háishi shǎo hē yìdiǎn ba!

의사가 네게 날마다 술을 마시지 말라고 하지 않았니? 너는 아무래도 좀 적게 마시는 것이 좋겠어.

③ 老师没叫你把功课带来吗?

Lǎoshī méi jiào nǐ bǎ gōngkè dàilai ma?

선생님은 너에게 숙제를 가지고 오라고 하지 않았니?

용법 **(1)** 동사로서 '叫'는 여러 가지 의미를 지니고 있다. 아래 예문을 참조하자.

① 他肚子痛得大叫。(비명을 지르다)

Tā dùzi tòng de dà jiào.

그는 배가 너무 아파서 비명을 질렀다.

② 你没听到我叫你吗? (~를 부르다)

Nǐ méi tīngdào wǒ jiào nǐ ma?

너는 내가 널 부르는 걸 못 들었니?

③ 她叫王美美。(~라는 이름으로 불린다)

Tā jiào Wáng Měimei.

그녀는 이름이 왕 메이메이이다.

④ 脚踏车也叫自行车。(~라고 부른다)

Jiǎotàchē yě jiào zìxíngchē.

'Jiaotache'는 'zixingche'라고도 부른다.

(2) '请'은 '叫'와 비슷한 의미로 사용할 수 있지만, 훨씬 공손한 느낌을 준다.

① 张老师叫你去找他。(일반적인 명령)

Zhāng lǎoshī jiào nǐ qù zhǎo tā.

장 선생님이 네게 그를 찾아 오라고 했다.

② 张老师请你去找他。(공손한 요청)

Zhāng lǎoshī qǐng nǐ qù zhǎo tā.

장 선생님이 네게 그를 찾아 오라고 부탁했다.

结果. jiéguǒ. 부사. 결과적으로. 접속사. 결국

기능 '结果'는 두 번째 절과 첫 번째 절을 연결한다. 대부분의 경우, 두 번째 절의 내용은 바람직하지 않은 결과로 구성된다.

(1) 부사: 결과적으로

① 他每天熬夜打游戏, 结果成绩不理想, 得了 F。

Tā měitiān áoyè dǎ yóuxì, jiéguǒ chéngjì bù lǐxiǎng, dé le F.

그는 매일 밤새도록 컴퓨터 게임을 했다. 결국은 성적이 좋지 않아, F를 받았다.

② 店员没把合约的内容解释清楚, 结果害他多花了好几千块钱。

Diànyuán méi bǎ héyuē de nèiróng jiěshì qīngchu, jiéguǒ hài tā duō huāle hǎojǐ qiān kuài qián.

점원이 계약서 내용을 잘 설명해 주지 않아서, 그가 몇 천 위안을 더 쓰게 만들었다.

③ 他没买除湿器, 结果雨季的时候, 衣服, 鞋子都发霉了。

Tā méi mǎi chúshīqì, jiéguǒ yǔjì de shíhou, yīfu, xiézi dōu fāméi le.

그는 제습기를 사지 않았다. 그 결과 장마철에 옷과 신발에 모두 곰팡이가 슬었다.

(2) 접속사: 결국

① 他们在媒体上做了不少广告, 结果生意还是不好。

Tāmen zài méitǐ shang zuò le bù shǎo guǎnggào, jiéguǒ shēngyì háishi bù hǎo.

그들은 매체에 많은 광고를 했지만, 결국 장사는 잘 되지 않았다.

② 他带了发票, 结果店员还是拒绝让他退换。

Tā dàile fāpiào, jiéguǒ diànyuán háishi jùjué ràng tā tuìhuàn.

그는 영수증을 가지고 왔지만, 결국 점원은 그에게 환불해 주는 것을 거절했다.

용법 '结果'가 들어 있는 문장은 항상 과거의 사건과 관련이 있다. '结果'가 들어 있는 일부 문장(결과를 나타내는 문장)은 '因为… 所以…'를 사용한 문장과 의미가 유사할 수 있다.

① 他借钱常常不还,结果再也没有人要借他了。
Tā jiè qián chángcháng bù huán, jiéguǒ zài yě méi yǒu rén yào jiè tā le.
그는 돈을 빌리고 자주 갚지 않았다. 그 결과 더 이상 누구도 그에게 돈을 빌려 주려 하지 않았다.

② 因为他借钱常常不还,所以再也没有人要借他了。
Yīnwèi tā jiè qián chángcháng bù huán, suǒyǐ zài yě méi yǒu rén yào jiè tā le.
그가 자주 빌린 돈을 돌려주지 않기 때문에, 아무도 그에게 더 이상 돈을 빌려주고 하지 않는다.

几乎. jīhū. 부사. 거의

기능 부사 '几乎'는 근접성을 나타낸다. 한국어의 '거의'와 의미가 비슷하다.

① 这几天几乎每天都下雨。
Zhè jǐ tiān jīhū měitiān dōu xià yǔ.
요 며칠 거의 매일 비가 내린다.

② 他为了省钱几乎每天都在学生食堂吃饭。
Tā wèile shěng qián jīhū měitiān dōu zài xuésheng shíngtáng chī fàn.
그는 돈을 아끼기 위해 거의 매일 학생식당에서 밥을 먹는다.

③ 这里的人她几乎都认识。
Zhèli de rén tā jīhū dōu rènshi.
그녀는 이곳의 사람들을 거의 다 안다.

④ 他的婚礼几乎花光了他所有的钱。
Tā de hūnlǐ jīhū huāguāng le tā suǒyǒu de qián.
그의 결혼식에 그의 모든 돈을 거의 다 썼다.

⑤ 他很节省。衣服几乎都是朋友穿不下送他的。

Tā hěn jiéshěng. Yīfu jīhū dōu shì péngyou chuān bú xià sòng tā de.

그는 매우 검소하다. 그의 옷은 거의 모두 친구들이 더 이상 입을 수 없게 되자 그에게 준 것이다.

용법 (1) '差不多'가 '거의'라는 의미를 나타낼 때는 '几乎'와 '差不多'를 바꿔 쓸 수 있다.

他差不多每天都运动。

Tā chàbuduō měitiān dōu yùndòng.

그는 거의 매일 운동을 한다.

他几乎每天都运动。

Tā jīhū měitiān dōu yùndòng.

그는 거의 매일 운동을 한다.

(2) '差不多'는 숫자와 함께 쓰일 때는 '대략'이라는 의미를 나타낼 수 있다. 그러나 '几乎'는 '대략'이라는 의미로 사용할 수 없다. '我吃了差不多二十个水饺。(Wǒ chīle chàbuduō èrshí gè shuǐjiǎo.)'는 '나는 대략 물만두 20개를 먹었다.'라는 의미인데, 이때 그 사람은 물만두를 20개 보다 적게 혹은 많게 먹었음을 나타낸다. 그러나 '我吃了几乎二十个水饺。(Wǒ chīle jīhū èrshí gè shuǐjiǎo.)'는 '나는 물만두를 거의 20개 먹었다.'라는 의미인데, 이때 이 사람은 물만두를 20개 보다 적게 먹었다는 것을 의미한다.

经过. jīngguò. 전치사. ~한 이후에

기능 아래 예문에서 쓰인 '经过'는 전치사로 쓰여, '~한 후' 혹은 '~한 다음에'라는 의미로 쓰였다.

① 经过父母多次的说明，她才明白要成功非努力不可。

Jīngguò fùmǔ duō cì de shuōmíng, tā cái míngbái yào chénggōng fēi nǔlì bù kě.

부모가 여러 번 설명한 후에야 그녀는 성공하려면 노력하지 않으면 안 된다는 것을 이해했다.

② 他的喉咙经过多天的休息，最近好一点了。

Tā de hóulong jīngguò duō tiān de xiūxi, zuìjìn hǎo yìdiǎn le.

그의 목은 며칠 동안 휴식을 취한 후에, 최근 조금 나아졌다.

③ 我是经过两年的准备，才考上公务员的。

Wǒ shì jīngguò liǎng nián de zhǔnbèi, cái kǎoshàng gōngwùyuán de.

나는 2년간 준비한 후에, 비로소 공무원에 합격했다.

용법 '经过'는 동사로 쓰여, '어느 지점을 거치다'라는 의미를 나타내기도 한다.

从台北去高雄，要经过台南。

Cóng Táiběi qù Gāoxióng, yào jīngguò Táinán.

타이뻬이에서 까오시옹을 가려면, 타이난을 거쳐야 한다.

竟然. jìngrán. 부사. 화자가 믿을 수 없을 정도로 놀랍게도, 믿을 수 없게도

기능 두 번째 절에 쓰인 부사 '竟然'은 화자가 어떤 사실에 대해 놀랐음을 나타낸다.

① 食品安全影响人民的健康，可是政府竟然不好好管理。

Shípǐn ānquán yǐngxiǎng rénmín de jiànkāng, kěshì zhèngfǔ jìngrán bù hǎohāo guǎnlǐ.

식품 안전은 국민의 건강에 영향을 미치지만, 정부는 놀랍게도 이를 세대로 관리하지 않았다.

② 政客为了自己的利益，竟然妨碍公平的政策与制度。

Zhèngkè wéile zìjǐ de lìyì, jìngrán fáng'ài gōngpíng de zhèngcè yǔ zhìdù.

정치인들은 개인의 이익을 위해, 놀랍게도 공정한 정책과 제도를 방해한다.

③ 他拥有那么大的企业，但是他的学历竟然只是小学毕业。

Tā yōngyǒu nàme dà de qǐyè, dànshì tā de xuélì jìngrán zhǐshì xiǎoxué bìyè.

그는 그렇게 큰 기업을 소유하고 있지만, 놀랍게도 그의 학력은 초졸에 불과하다.

용법 (1) '竟然'에 비해 '居然'이 좀 더 구어적인 표현이지만, 많은 경우에 이 두 부사를 바꿔서 사용할 수 있다.

(2) '竟然'은 '竟'으로 줄여 쓸 수 있지만, '居然'은 줄여 쓸 수 없다.

没想到现在每八个婴儿中，竟有一个双亲之一不是本国国籍。

Méi xiǎngdào xiànzài měi bā ge yīng'ér zhōng, jìng yǒu yí ge shuāngqīn zhī yī bú shì běnguó guójí.

뜻밖에도 현재 8명의 신생아 중에서 1명의 부모 중 1명은 본국 국적이 아니다.(*居)

(3) '竟然'은 일반적인 부사로 주어와 술어 사이에 위치한다. 반면에 '居然'은 움직일 수 있는 부사로 주어 앞이나 뒤에 모두 올 수 있다. 이런 종류의 부사로는 '难道 nándào 설마', '毕竟 bìjìng 어쨌든', '到底 dàodǐ 도대체', '难得 nándé 드문'과 '大概 dàgài 대략' 등이 있다.

① 我说的都是真的，他居然不相信。/ 我说的都是真的，居然他不相信。

Wǒ shuō de dōu shì zhēnde, tā jūrán bù xiāngxìn. / Wǒ shuō de dōu shì zhēnde, jūrán tā bù xiāngxìn.

내가 말한 것은 모두 사실인데, 그는 뜻밖에도 믿지 않는다.

② 我说的都是真的，他竟然不相信。/ *我说的都是真的，竟然他不相信。

Wǒ shuō de dōu shì zhēnde, tā jìngrán bù xiāngxìn. / *Wǒ shuō de dōu shì zhēnde, jìngrán tā bù xiāngxìn.

내가 말한 것은 모두 사실인데, 그는 뜻밖에도 믿지 않는다.

就. jiù. 부사. 기대했던 것보다 이르다 (1)

기능 부사 '就'가 시간이나 장소와 함께 언급될 때, 이야기되는 사건은 예상보다 빨리 일어남을 나타낸다.

① 学校很近。走路十分钟就到了。
Xuéxiào hěn jìn. Zǒulù shí fēnzhōng jiù dào le.
학교는 매우 가깝다. 걸어서 10분이면 도착한다.

② 那个地方不远。很快就到了。
Nàge dìfang bù yuǎn. Hěn kuài jiù dào le.
그 곳은 멀지 않다. 금방 도착한다.

③ 他等一下就来。
Tā děng yíxià jiù lái.
그는 조금 있으면 올 것이다.

구조 '就'는 문장 끝에 쓰이는 '了'와 함께 쓰이는 경우가 많은데, 위에 나온 예문에서는 '了'가 있건 없건 의미에 차이가 없다.

용법 '就'는 사용빈도가 아주 높은 부사로 여러 가지 기능과 의미를 갖고 있다. 하나의 문장 혹은 인과관계를 나타내는 문장을 연결하는 기능을 할 수 있다.

就. jiù. 부사. 'V 了 A 就 B (V le A jiù B)'에서 A를 마치자 바로 B하다 (2)

기능 'V 了 A 就 B' 문형은 사건1(A)이 완료된 직후에 사건2(B)가 일어남을 나타낸다. '즉시' 혹은 '곧'의 느낌을 준다.

① 我放了假就去旅行了。
Wǒ fàng le jià jiù qù lǚxíng le.
나는 방학을 하자마자 바로 여행을 갔다.

② 他吃了药就睡觉了。

Tā chī le yào jiù shuìjiào le.

그는 약을 먹자마자 바로 잤다.

③ 我下了飞机就打电话给你。

Wǒ xià le fēijī jiù dǎ diànhuà gěi nǐ.

나는 비행기에서 내리자마자 너에게 전화를 했다.

구조 두 사건은 독립적이어서, 긍정적이거나 부정적일 수 있다.

① 他到了台北, 就去台北101看看。

Tā dàole Táiběi, jiù qù Táiběi yāo líng yāo kànkan.

그는 타이베이에 도착하자 바로 타이베이 101 빌딩을 보러 갔다.

② 妹妹喝了一碗热汤, 就不觉得冷了。

Mèimei hē le yì wǎn rè tāng, jiù bù juéde lěng le.

여동생은 따뜻한 국물을 마시자 춥다고 생각하지 않았다.

③ 姐姐吃了臭豆腐, 肚子就不舒服。

Jiějie chī le chòudòufu, dùzi jiù bù shūfu.

언니는 초우또우푸를 먹자 배가 아파왔다.

[의문형]

'A-不-A' 형식의 정반의문문은 사용할 수 없고, '吗' 혹은 '是不是' 형식을 이용해 의문문을 만들 수 있다.

① 他们见了面, 就去喝咖啡吗?

Tāmen jiàn le miàn, jiù qù hē kāfēi ma?

그들은 만나서 바로 커피를 마시러 갔니?

② 你弟弟是不是下了课，就去KTV唱歌？

Nǐ dìdi shì bu shì xià le kè, jiù qù KTV chànggē?

네 남동생은 수업이 끝나자 바로 노래방에 노래 부르러 갔니?

③ 他是不是去纽约玩了两个星期，就不想回来了？

Tā shì bu shì qù Niǔyuē wán le liǎng gè xīngqī, jiù bù xiǎng huílai le?

그는 2주 동안 뉴욕에 가서 놀더니 돌아오기 싫어졌지?

용법 'V 了 A 就 B' 문형은 아래 설명한 '一…就'와 유사점과 차이점이 있다.

(1) '一'는 '一出来就…' 혹은 '一看就…'처럼 비교적 짧은 동사구 앞에 쓰여 두 동작이 연이어 발생함을 나타낸다. 반면에 'V 了'는 뒤따르는 성분에 제한이 없다.

(2) '以后'는 'V了… 就…' 문형과 함께 쓰일 수 있지만, '一…就' 문형과는 함께 쓸 수 없다.

① 他吃了药以后，就去睡觉。

Tā chī le yào yǐhòu, jiù qù shuìjiào.

그는 약을 먹은 후, 바로 잠들었다.

② *他一吃了药以后，就去睡觉。

Tā yì chī le yào yǐhòu, jiù qù shuìjiào.

就. jiù. 부사. 그와는 반대로 (3)

기능 이 문형의 부사 '就'는 화자가 언급하고 있는 규칙에 예외가 있음을 나타낼 때 사용하는데, 이런 경우에는 '就'를 강하게 발음한다.

A B C D E F G H I J K L M

① A: 女生都不敢看恐怖片。

Nǚshēng dōu bù gǎn kàn kǒngbù piàn.

여자들은 무서워서 공포영화를 보지 못한다.

B: 并不是所有的女生都不敢看恐怖片, 我就很喜欢看。

Bìng bú shì suǒyǒu de nǚshēng dōu bù gǎn kàn kǒngbù piàn, wǒ jiù hěn xǐhuan kàn.

모든 여자들이 공포영화를 보지 못하는 것은 아니다. 나는 오히려 보는 것을 좋아한다.

② A: 你的工作那么忙, 大概每天都要加班吧?

Nǐ de gōngzuò nàme máng, dàgài měitiān dōu yào jiābān ba?

너는 일이 그렇게 바쁘니, 거의 매일 야근해야하지?

B: 也不一定, 今天就没加班。

Yě bù yídìng, jīntiān jiù méi jiābān.

꼭 그렇지는 않아. 오늘은 야근이 없었어.

③ A: 小林家是不是每个人都瘦瘦的?

Xiǎolín jiā shì bu shì měi ge rén dōu shòushòu de?

샤오린의 가족은 모두 다 말랐지?

B: 不是, 大儿子就胖胖的。

Bú shì, dà érzi jiù pàngpàng de.

아니야. 큰 아들은 뚱뚱해.

④ A: 看漫画书对功课一点帮助都没有。

Kàn mànhuà shū duì gōngkè yìdiǎn bāngzhù dōu méi yǒu.

만화책을 보는 것은 공부에 조금도 도움이 되지 않아.

B: 谁说的! 我看的漫画书就可以让我了解历史。

Shéi shuō de! Wǒ kàn de mànhuà shū jiù kěyǐ ràng wǒ liǎojiě lìshǐ.

누가 그래! 내가 본 만화책은 역사를 이해하게 해 줬어.

⑤ A: 所有的限制级电影都是色情片。

Suǒyǒu de xiànzhì jí diànyǐng dōu shì sèqíng piàn.

모든 청소년 관람불가 영화는 애로 영화다.

B: 不一定吧。我们上星期看的那部就不是。

Bù yídìng ba. Wǒmen shàng xīngqī kàn de nà bù jiù bú shì.

꼭 그렇지는 않지. 우리가 지난주에 본 그 영화는 아니야.

就算 S_1, 也 S_2. jiùsuàn S_1, yě S_2. ~하더라도, 그래도~

기능 이 문형은 상황 S_1이 그렇지 않은 경우라도, S_2는 여전히 사실임을 나타낸다.

① 我爸爸常说: 就算我做不动了, 也不要靠孩子。

Wǒ bàba cháng shuō: Jiùsuàn wǒ zuò bú dòng le, yě bú yào kào háizi.

내 아버지는 자주 '내가 움직이지 못한다 하더라도 아이들에게 의지하지 않을 것이다'라고 말씀하셨다.

② 就算你的能力比老板强, 你也应该听老板的意见。

Jiùsuàn nǐ de nénglì bǐ lǎobǎn qiáng, nǐ yě yīnggāi tīng lǎobǎn de yìjiàn.

네 능력이 사장님보다 뛰어나다 하더라도, 너도 사장님의 의견을 따라야 한다.

③ 就算男人有养家的责任, 家庭经济也不能完全让男人负担啊!

Jiùsuàn nánrén yǒu yǎngjiā de zérèn, jiātíng jīngjì yě bù néng wánquán ràng nánrén fùdān a!

남자가 가족을 부양할 책임이 있다고 하더라도 가정경제를 모두 남자에게 부담시켜서는 안 되지!

④ 他的婚礼, 我就算再忙, 也要参加。

Tā de hūnlǐ, wǒ jiùsuàn zài máng, yě yào cānjiā.

그의 결혼식에 내가 아무리 바빠도 참가해야 한다.

⑤ 就算你觉得孤单, 也不能随便打扰别人。

Jiùsuàn nǐ juéde gūdān, yě bù néng suíbiàn dǎrǎo biéren.

네가 아무리 외롭더라도 제멋대로 다른 사람을 방해해서는 안 되지.

용법 이 문형은 구어에서 자주 사용되며, 주어는 '就算'의 앞쪽 혹은 뒤쪽 모두에 올 수 있다. 예문 ①은 '就算'의 뒤쪽에 주어가 나온 경우이고, 예문 ④는 앞쪽에 주어가 나온 경우이다.

就要…了. jiù yào… le. 곧 ~할 것이다

기능 이 문형은 사건이 곧 발생할 것임을 나타내기 위해 사용된다.

① 我们已经四年级了, 就要毕业了。

Wǒmen yǐjīng sì niánjí le, jiù yào bìyè le.

우리는 벌써 4학년이니, 곧 졸업할 것이다.

② 林爱丽大学毕业以后, 就要去读研了。

Lín Àilì dàxué bìyè yǐhòu, jiù yào qù dú yán le.

린 아이리는 대학을 졸업한 후에 곧 대학원에 들어갈 것이다.

③ 下个月就要放暑假了。

Xiàge yuè jiù yào fàng shǔjià le.

다음 달이면 여름방학을 할 것이다.

구조 **[의문형]**

① 你毕业以后, 就要离开台湾了吗?

Nǐ bìyè yǐhòu, jiù yào líkāi Táiwān le ma?

너는 졸업 후에 바로 타이완을 떠날 거니?

② 爸爸今年是不是就要六十岁了?
Bàba jīnnián shì bu shì jiù yào liùshí suì le?
아빠는 올해 60세가 되시죠?

③ 客人已经都到了, 婚礼是不是就要开始了?
Kèren yǐjīng dōu dào le, hūnlǐ shì bu shì jiù yào kāishǐ le?
손님은 이미 모두 도착했습니다. 결혼식은 곧 시작하죠?

용법 (1) 단문에서는 '就要'와 '快要'를 바꾸어도 같은 의미를 나타낸다.

① a. 我们快要毕业了。
Wǒmen kuàiyào bìyè le.
우리는 곧 졸업할 것이다.

b. 我们就要毕业了。
Wǒmen jiù yào bìyè le.
우리는 곧 졸업할 것이다.

② a. 妹妹快要二十岁了。
Mèimei kuàiyào èrshí suì le.
여동생은 곧 20살이 된다.

b. 妹妹就要二十岁了。
Mèimei jiù yào èrshí suì le.
여동생은 곧 20살이 된다.

(2) '就要'만 두 개의 문장을 연결할 수 있다.

① a. 我们下了课, 就要去吃晚饭。
Wǒmen xià le kè, jiù yào qù chī wǎnfàn.
우리는 수업이 끝난 후에 저녁을 먹으러 갈 것이다.

b. *我们下了课, 快要去吃晚饭。
Wǒmen xià le kè, kuàiyào qù chī wǎnfàn.

(3) 시간을 나타내는 단어가 나오면 '就要'만 사용할 수 있다.

① a. 下个礼拜, 我们就要考试了。
Xiàge lǐbài, wǒmen jiù yào kǎoshì le.
다음 주에 우리는 시험을 볼 것이다.

b. *下个礼拜, 我们快要考试了。
Xiàge lǐbài, wǒmen kuàiyào kǎoshì le.

A B C D E F G H I J K L M

② a. 大家把饺子包好了以后, 就要准备吃饭了。
Dàjiā bǎ jiǎozi bāohǎo le yǐhòu, jiù yào zhǔnbèi chī fàn le.
쟈오쯔를 다 빚은 후에, 밥 먹을 준비를 할 것이다.

b. *大家把饺子包好了以后, 快要准备吃饭了。
Dàjiā bǎ jiǎozi bāohǎole yǐhòu, kuàiyào zhǔnbèi chī fàn le.

究竟. jiūjìng. 부사. 도대체, 대관절

기능 부사 '究竟'은 무엇인가의 진상을 규명하고 싶어 하는 화자의 욕망을 표현한다.

① 万一发生核能灾害, 我们究竟该如何应变?
Wànyī fāshēng hénéng zāihài, wǒmen jiūjìng gāi rúhé yìngbiàn?
만일 핵 재앙이 일어난다면, 우리는 도대체 어떻게 대처해야 하나?

② 那个问题究竟要怎么解决?
Nàge wèntí jiūjìng yào zěnme jiějué?
그 문제는 도대체 어떻게 해결해야 하나?

③ 云端科技究竟会不会带来负面的影响?
Yúnduān kējì jiūjìng huì bu huì dàilai fùmiàn de yǐngxiǎng?
클라우드 기술은 과연 부정적 영향을 초래할까 아니면 초래하지 않을까?

④ 台湾究竟有多少家便利店?
Táiwān jiūjìng yǒu duōshao jiā biànlìdiàn?
타이완에는 도대체 몇 개의 편의점이 있나요?

⑤ 李教授的理想究竟能不能实现?
Lǐ jiàoshòu de lǐxiǎng jiūjìng néng bu néng shíxiàn?
리 교수님의 이상은 과연 실현할 수 있을까요?

용법 (1) '究竟'은 비교적 격식체적인 표현이고, '到底'는 보다 구어적인 표현이다.

(2) '究竟' 역시 '到底'와 마찬가지로 '吗'와 함께 쓸 수 없다.

*究竟什么是微整型吗?
Jiūjìng shénme shì wēizhěngxíng ma?

(3) 주어의 앞과 뒤 양쪽 모두에 위치할 수 있지만, 의문사가 주어인 경우에는 '究竟'은 주어 앞쪽에만 위치할 수 있다.

究竟谁了解这个问题?
Jiūjìng shéi liǎojiě zhège wèntí?
도대체 누가 이 문제를 이해하느냐?

*谁究竟了解这个问题?
Shéi jiūjìng liǎojiě zhège wèntí?

究竟谁的条件比较好?
Jiūjìng shéide tiáojiàn bǐjiào hǎo?
도대체 누구의 조건이 비교적 낫니?

*谁的条件究竟比较好?
Shéide tiáojiàn jiūjìng bǐjiào hǎo?

居然. jūrán. 부사. 뜻밖에, 놀랍게도

기능 부사 '居然'은 어떤 일이 일어난 것에 대해 화자의 놀라움을 나타낸다.

A. 今天气温只有十度, 可是小美没穿外套。
Jīntiān qìwēn zhǐyǒu shí dù, kěshì Xiǎoměi méi chuān wàitào.
오늘 기온은 10도 밖에 되지 않는데, 샤오메이는 외투를 입지 않았다.

(A는 명백하고 사실적인 진술.)

B. 今天气温只有十度, 可是小美居然没穿外套。
Jīntiān qìwēn zhǐyǒu shí dù, kěshì Xiǎoměi jūrán méi chuān wàitào.
오늘은 겨우 10도 밖에 되지 않는데, 샤오메이는 놀랍게도 코트를 입고 있지 않다.

(규칙에 대한 예기치 않은 예외)

① 他是韩国人，居然不吃辣。

Tā shì Hánguó rén, jūrán bù chī là.

그는 한국인이지만, 놀랍게도 매운 것을 먹지 않는다.

② 语言中心主任约他今天早上面谈，他居然忘了。

Yǔyán zhōngxīn zhǔrèn yuē tā jīntiān zǎoshang miàntán, tā jūrán wàng le.

언어센터 원장이 오늘 아침에 그와 면담하기로 약속했는데, 그는 놀랍게도 잊었다.

③ 我们看电影的时候，大家都感动得哭了，只有他居然睡着了。

Wǒmen kàn diànyǐng de shíhou, dàjiā dōu gǎndòng de kū le, zhǐyǒu tā jūrán shuìzháo le.

우리가 영화를 보고 있을 때, 모든 사람들이 감동해서 눈물을 흘렸는데, 놀랍게도 그는 잠이 들었다.

④ 他收到账单的时候，才发现「吃到饱」居然只是网络，不包括打电话。

Tā shōudào zhàngdān de shíhou, cái fāxiàn ‘chī dào bǎo’ jūrán zhǐshì wǎngluò, bù bāokuò dǎ diànhuà.

그는 고지서를 받고 나서야 데이터만 무제한이고 전화통화는 포함되지 않는다는 것을 발견했다.

⑤ 他好不容易才找到一件他想要的外套，居然不买。

Tā hǎobù róngyì cái zhǎodào yí jiàn tā xiǎng yào de wàitào, jūrán bù mǎi.

그는 어렵게 그가 원하던 외투를 발견했는데, 뜻밖에도 사지 않는다.

용법 (1) '居然'은 보통의 부사들처럼 주어와 술어 사이에 위치한다.

(2) '居然'은 비슷한 의미의 '没想到'와 함께 쓰이는 경우가 많은데, 중국어에서는 이처럼 의미를 보강하는 경우가 흔히 볼 수 있다.

今天天气这么冷。没想到你居然没穿外套。

Jīntiān tiānqì zhème lěng. Méi xiǎngdào nǐ jūrán méi chuān wàitào.

오늘 날씨가 이렇게 추운데, 네가 놀랍게도 외투를 입지 않을 줄은 생각 못했다.

K

看. kàn. 동사. ‘V+V+看’에서 ~을 해 보다 (1)

기능 동사 ‘看’은 중첩된 동작동사 뒤에 나온다. 그것은 동사가 나타내는 동작을 시도해 볼 것을 나타낸다. ‘看’의 사용 때문에 문장은 매우 머뭇거리는 어조를 띤다.

① 这杯咖啡很香。你喝喝看。
Zhè bēi kāfēi hěn xiāng. Nǐ hēhe kàn.
이 커피는 향이 너무 좋다. 너 마셔봐.

② 听说你唱歌唱得很好。我想听听看。
Tīngshuō nǐ chàngē chàng de hěn hǎo. Wǒ xiǎng tīngting kàn.
네가 노래를 아주 잘 부른다고 하던데, 들어보고 싶다.

③ 那家餐厅的菜很好吃。我想去吃吃看。
Nà jiā cāntīng de cài hěn hǎochī. Wǒ xiǎng qù chīchi kàn.
그 식당의 요리는 맛있어. 나는 가서 먹어 보고 싶다.

④ 台湾的夜市很有名。这个周末我想去逛逛看。
Táiwān de yèshì hěn yǒumíng. zhège zhōumò wǒ xiǎng qù guàngguang kàn.
타이완의 야시장은 매우 유명하다. 이번 주말에 가서 구경하고 싶다.

용법 ‘吃 chī’, ‘喝 hē’, ‘打 dǎ’, ‘写 xiě’, ‘穿 chuān’, ‘学 xué’, ‘做 zuò’, ‘听 tīng’, ‘唱 chàng’, ‘逛 guàng’, ‘住 zhù’ 같은 기본적인 단음절 동작동사가 이 문형에서 사용되며, 이음절 동사는 이 문형에서 쓰이지 않는다.

看. kàn. 동사. ~에 달려 있다 (2)

기능 동사 '看'에는 많은 의미가 있다. 여기에서는 쟁점을 결정하는 요소를 제시한다.

① 考不考得上公职, 除了努力以外, 还得看运气。

Kǎo bu kǎo de shàng gōngzhí, chúle nǔlì yǐwài, hái děi kàn yùnqì.

공무원 시험에 합격할 수 있는지는 노력 이외에도 운에 달려있다.

② 伤口多久会好, 得看是哪里受伤。

Shāngkǒu duō jiǔ huì hǎo, děi kàn shì nǎli shòushāng.

상처가 얼마 만에 낫는지는 어디를 다쳤는지에 달려있다.

③ 产品有没有竞争力, 要看价格。要是价格太高怎么会有人想买?

Chǎnpǐn yǒu méi yǒu jìngzhēng lì, yào kàn jiàgé. Yàoshi jiàgé tài gāo zěnme huì yǒurén xiǎng mǎi?

상품이 경쟁력이 있는지는 가격에 달려있다. 만약 가격이 너무 높다면 사람들이 사려 하겠는가?

④ 在网络上卖东西生意好不好, 要看卖家的信用好不好。

Zài wǎngluò shang mài dōngxi shēngyì hǎo bu hǎo, yào kàn màijiā de xìnyòng hǎo bu hǎo.

인터넷에서 물건을 팔 때, 영업이 잘되는지는 판매자의 신용이 좋은지 안 좋은지에 달려있다.

⑤ 台湾的学费贵不贵, 很难说。得看是私立的还是公立的学校。

Táiwān de xuéfèi guì bu guì, hěn nán shuō. Děi kàn shì sīlì de háishi gōnglì de xuéxiào.

타이완의 학비가 비싼지 싼지는 말하기는 어렵다. 사립학교인지 공립학교인지 봐야 한다.

용법 위의 예문에는 모두 '看' 앞에 의문형식을 띠는데, 이는 필수사항은 아니다. 아래 예문에서는 의문형이 나오지 않는다.

① 微整型没有伤口，什么时候都可以做，不必看什么时候放假。

Wēizhěngxíng méi yǒu shāngkǒu, shénme shíhou dōu kěyǐ zuò, búbì kàn shénme shíhou fàngjià.

쁘띠성형은 상처가 없어 언제든지 할 수 있어서, 휴일이 언제 있는지는 볼 필요가 없다.

② 这是一件小事，不必看老板的意见吧。

Zhè shì yí jiàn xiǎo shì, búbì kàn lǎobǎn de yìjiàn ba.

이건 작은 일이니, 사장님의 의견을 들을 필요가 없겠지.

靠. kào. 동사/ 전치사. 기대다, ~에 의지해

기능 문장에서 주요동사로 쓰일 때의 '靠'는 '기대다, 의지하다'라는 의미를 나타낸다. 하지만, 동사가 두 개 있는 문장에서 첫 번째 동사로 쓰이면, '靠'는 전치사처럼 쓰여 '~의 도움으로, ~에 의지해'라는 의미로 쓰인다.

(1) 주동사로 쓰인 경우

① 有句话说，「在家靠父母，出外靠朋友」，说明了家人和朋友的重要性。

Yǒu jù huà shuō, 'zàijiā kào fùmǔ, chūwài kào péngyou', shuōmíng le jiārén hé péngyou de zhòngyàoxìng.

'집에 있을 때는 부모에게 의지하고, 나가서는 때는 친구에게 의지하라.' 라는 말이 있는데, 그것은 가족과 친구의 중요성을 설명하는 것이다.

(2) 전치사로 쓰인 경우

① 他靠自己的努力赚钱买了这栋房子。

Tā kào zìjǐ de nǔlì zhuànqián mǎi le zhè dòng fángzi.

그는 스스로의 노력으로 돈을 벌어 이 집을 샀다.

② 现在工作非常难找。我是靠朋友帮忙才找到的。

Xiànzài gōngzuò fēicháng nánzhǎo. Wǒ shì kào péngyou bāngmáng cái zhǎodào de.

현재 일을 찾기가 매우 힘들다. 나는 친구의 도움을 받아서야 찾을 수 있었다.

③ 他靠打工赚的钱养家。生活过得并不轻松。

Tā kào dǎgōng zhuàn de qián yǎngjiā. Shēnghuó guò de bìng bù qīngsōng.

그는 아르바이트로 번 돈에 의지해 가족을 부양한다. 그의 생활은 결코 쉽지 않다.

④ 张太太的孩子在国外工作。她靠电子邮件跟网络电话了解孩子生活的情况。

Zhāng tàitai de háizi zài guó wài gōngzuò. Tā kào diànzǐ yóujiàn gēn wǎngluò diànhuà liǎojiě háizi shēnghuó de qíngkuàng.

장 부인의 자녀는 해외에서 일한다. 그녀는 이메일과 인터넷 전화로 자녀의 생활 상황을 이해하고 있다.

可. kě. 부사. 그러나 다른 한편으로는, 가벼운 경고를 나타냄

기능 '可'는 부사로 두 가지 기능을 갖는다.

(1) 일반적으로 사람들이 기대하거나 가정하는 것에 대한 화자의 반박을 나타낸다.

① 你可是男生, 怎么胆子比我还小!

Nǐ kě shì nánshēng, zěnme dǎnzi bǐ wǒ hái xiǎo!

너는 남자인데, 어떻게 나보다 담이 작니!

② 我可跟她们不一样。我觉得恐怖片一点也不可怕。

Wǒ kě gēn tāmen bù yíyàng. Wǒ juéde kǒngbù piàn yìdiǎn yě bù kěpà.

나는 그녀들과 달라. 나는 공포영화가 조금도 무섭지 않다고 느껴.

③ 那位画家得奖以后, 他的画可贵了。我们怎么买得起!

Nà wèi huàjiā dé jiǎng yǐhòu, tā de huà kě guì le. Wǒmen zěnme mǎideqǐ!

그 화가가 상을 받은 이후로 그의 그림은 매우 비싸졌어. 우리가 어떻게 살 수 있겠니!

④ 台湾的大学生可很少人化了妆去上课的。

Táiwān de dàxuésheng kě hěn shǎo rén huà le zhuāng qù shàngkè de.

타이완의 대학생들은 수업하러 갈 때 화장하는 사람이 아주 드물다.

(2) 화자는 제안, 약한 경고 또는 주의사항을 제시한다.

① 最近食品安全出了不少问题。买东西可要小心啊!

Zuìjìn shípǐn ānquán chū le bù shǎo wèntí. Mǎi dōngxi kě yào xiǎoxīn a!

최근 식품 안전에 많은 문제가 나타났다. 물건을 살 때 조심해야 한다.

② 开慢一点。你可别因为要赶时间而出车祸。

Kāi màn yìdiǎn. Nǐ kě bié yīnwèi yào gǎn shíjiān ér chū chēhuò.

천천히 운전해라. 시간에 쫓겨 교통사고를 내지 마라.

③ 嘘, 小声一点。这件事很重要, 你可不能告诉别人。

Xū, xiǎo shēng yìdiǎn. Zhè jiàn shì hěn zhòngyào, nǐ kě bù néng gàosu biéren.

쉬, 조용히 해. 이 일은 아주 중요하니 다른 사람에게 알리지 마라.

④ 你可要表现得好一点。可别再出问题了。

Nǐ kě yào biǎoxiàn de hǎo yìdiǎn. Kě bié zài chū wèntí le.

너는 좀 더 잘해야 한다. 더 이상 문제를 일으키면 안 된다.

용법 '可'는 명령문에서 자주 사용되며, 위에 제시된 예문에서처럼 '要, 得, 不能 혹은 别'와 함께 쓰인다. '可'는 '可是'처럼 접속사 기능을 하는 경우도 있다.

可见. kějiàn. 접속사. 그러므로 …라고 단정할 수 있다

기능 '可见'은 두 번째 문장에 쓰이는 접속사로, 첫 번째 문장에서 관찰된 내용을 통해 자연스럽게 판단 혹은 결론에 이름을 나타낸다.

① 经过人民这么多年的抗议, 政府总算愿意正视这个问题了, 可见环境污染的情况已很严重了。

Jīngguò rénmín zhème duō nián de kàngyì, zhèngfǔ zǒngsuàn yuànyì zhèngshì zhège wèntí le, kějiàn huánjìng wūrǎn de qíngkuàng yǐ hěn yánzhòng le.

국민이 다년간의 항의를 한 끝에 정부는 드디어 이 문제를 직시하려 한다. 이는 환경오염이 이미 심각하다고 볼 수 있다.

② 连我那么怕看恐怖片的人都不怕, 可见这部电影一点也不可怕。

Lián wǒ nàme pà kàn kǒngbù piàn de rén dōu bú pà, kějiàn zhè bù diànyǐng yídiǎn yě bù kěpà.

나처럼 공포영화를 무서워하는 사람조차도 무섭다고 생각하지 않으니, 이 영화는 조금도 무섭지 않다고 할 수 있다.

③ 李先生那么年轻就在餐饮业拥有了一片天, 可见他多么努力。

Lǐ xiānsheng nàme niánqīng jiù zài cānyǐn yè yōngyǒu le yí piàn tiān, kějiàn tā duōme nǔlì.

리 선생은 그렇게 젊은 나이에도 식음료 업계의 거물이 되었다. 그것은 그가 얼마나 열심히 노력했는지 알 수 있다.

④ 有钱的人越来越有钱, 穷人越来越穷, 可见贫富不均的情况越来越严重了。

Yǒuqián de rén yuè lái yuè yǒu qián, qióngrén yuè lái yuè qióng, kějiàn pínfù bù jūn de qíngkuàng yuè lái yuè yánzhòng le.

부자들은 점점 더 부유해지고 가난한 사람들은 점점 더 가난해지고 있으니, 빈부의 불균형이 갈수록 심해지고 있다는 것을 알 수 있다.

⑤ 现在有些硕士毕业生去夜市摆地摊, 可见工作多难找啊!

Xiànzài yǒuxiē shuòshì bìyèshēng qù yèshì bǎi dìtān, kějiàn gōngzuò duō nànzhǎo a!

현재 일부 석사학위를 받은 사람들이 야시장에서 노점을 하고 있으니, 일을 찾기가 얼마나 힘든지 알 수 있다.

可以. kěyǐ. 조동사. 허가 (1)

기능 '可以'는 동작을 해도 되는지에 대한 허가를 나타낸다.

① 放假的时候, 你们可以来我家打篮球。

Fàngjià de shíhou, nǐmen kěyǐ lái wǒ jiā dǎ lánqiú.

쉬는 날엔 너희들 우리 집에 와서 농구를 해도 돼.

② 王老师说我们任何时候都可以找他讨论期末报告。

Wáng lǎoshī shuō wǒmen rènhé shíhou dōu kěyǐ zhǎo tā tǎolùn qīmò bàogào.

왕 선생님은 우리가 언제든지 그를 찾아가서 기말 보고서에 대해 의논해도 된다고 말했다.

③ 我叫王美美, 你可以叫我小美。

Wǒ jiào Wáng Měimei, nǐ kěyǐ jiào wǒ Xiǎoměi.

저는 왕 메이메이라고 합니다. 저를 샤오메이라고 부르셔도 됩니다.

구조 '可以'는 조동사로 동사 앞에 위치한다.

【부정형】

① 这块手表是我父亲留给我的, 不可以卖。

Zhè kuài shǒubiǎo shì wǒ fùqin liú gěi wǒ de, bù kěyǐ mài.

이 손목시계는 아버지께서 내게 남겨 주신 것이어서, 팔 수 없습니다.

② 你不可以在图书馆里面吃东西。

Nǐ bù kěyǐ zài túshūguǎn lǐmian chī dōngxi.

당신은 도서관에서 음식을 먹으면 안 됩니다.

③ 先生, 对不起。你不可以在这里照相。

Xiānsheng, duìbuqǐ. Nǐ bù kěyǐ zài zhèli zhàoxiàng.

선생님, 실례지만 여기에서 사진을 찍으면 안 됩니다.

【의문형】

① A: 我可以不可以去看你们的篮球比赛?

Wǒ kěyǐ bù kěyǐ qù kàn nǐmen de lánqiú bǐsài?

내가 너희들의 농구경기를 보러 가도 되니?

B: 没问题!

Méi wèntí!

문제없어!

② A: 可以借一支笔吗?

Kěyǐ jiè yì zhī bǐ ma?

펜 하나 빌릴 수 있을까요?

B: 可以啊。

Kěyǐ a.

그럼요.

A B C D E F G H I J K L M

③ A: 这是你的书吗? 我可以看看吗?

Zhè shì nǐ de shū ma? Wǒ kěyǐ kànkan ma?

이거 네 책이니? 내가 좀 봐도 될까?

B: 对不起, 那不是我的。

Duìbuqǐ, nà bú shì wǒ de.

미안해요. 그건 제 것이 아니에요.

용법 질문에 대답할 때는, 다른 조동사와 마찬가지로 단독으로 대답할 수 있다.

A: 我可不可以后天开始上班?

Wǒ kě bu kěyǐ hòutiān kāishǐ shàngbān?

모레부터 출근해도 될까요?

B: 可以。

Kěyǐ.

그럼요.

可以. kěyǐ. 조동사. 가능성 (2)

기능 조동사 '可以'는 사건의 가능성도 언급할 수 있다.

① 这个字也可以这样写。

Zhège zì yě kěyǐ zhèyàng xiě.

이 글자는 이렇게도 쓸 수 있다.

② 二手车可以卖给朋友啊!

Èrshǒu chē kěyǐ mài gěi péngyou a!

중고차는 친구에게 팔 수 있어요.

③ 我家不大, 但可以住五六个人。
Wǒ jiā bú dà, dàn kěyǐ zhù wǔ liù ge rén.
우리 집은 크지 않지만, 대여섯 사람이 살 수 있다.

구조 조동사 '可以2'는 '可以1'과 동일한 통사적 구조를 갖는다.

용법 (1) '可以'가 가능성을 나타낼 때는 긍정문으로만 사용된다는 점을 유의하여야 한다. '不可以'는 '可以1'의 부정에 해당한다.

你不可以天天吃肉。
Nǐ bù kěyǐ tiāntiān chī ròu.
너는 고기를 매일 먹으면 안 돼.

(2) '可以'는 여러 가지 다른 의미를 갖는다. 허가를 나타내는 '可以'는 위에서 이미 설명한 바 있다. 이는 가능을 나타내는 '可以'와 구별된다.

你可以教我吗?
Nǐ kěyǐ jiāo wǒ ma?
나를 가르쳐 줄 수 있어?

(3) '不可以'는 '허가'를 나타내지만 '가능성'은 나타내지 않는다. 부정은 허가만을 나타낸다. 예를 들어, '你不可以说老板不好。' Nǐ bù kěyǐ shuō lǎobǎn bù hǎo. '상사에 대해 나쁜 말을 해서는 안 된다.' '可不可以'나 '可以不可以'는 허가나 가능성을 모두 나타낼 수 있다.

① 你可不可以明天来?(가능성)
Nǐ kě bu kěyǐ míngtiān lái?
내일 올 수 있어요?

② 我可以不可以买一部新手机?(허가)
Wǒ kěyǐ bù kěyǐ mǎi yì bù xīn shǒujī?
새 핸드폰을 하나 사도 돼요?

恐怕. kǒngpà. 부사. 아마도, ~할까 염려스럽다

기능 부사 '恐怕'는 화자의 관점에서 일어날 듯한 상황을 가리킨다. 일반적으로 영어 'I am afraid that(~할까 염려스럽다)'와 같이 좋지 않은 상황을 나타낸다.

① 压力太大，恐怕会影响身体健康。
Yālì tài dà, kǒngpà huì yǐngxiǎng shēntǐ jiànkāng.
스트레스가 너무 커서 건강에 영향을 줄까 염려스럽다.

② 网络虽然把世界变小了，但是人跟人的关系恐怕更远了。
Wǎngluò suīrán bǎ shìjiè biàn xiǎo le, dànshì rén gēn rén de guānxi kǒngpà gèng yuǎn le.
비록 인터넷이 세계를 작게 만들었어도 대인 관계는 아마도 더욱 멀어졌을 것이다.

③ 我租的房子，合约快到期了，恐怕得搬家。
Wǒ zū de fángzi, héyuē kuài dào qī le, kǒngpà děi bānjiā.
내가 빌린 집, 계약 기간이 곧 만료되어서 아마도 이사를 가야할 것 같다.

④ 走快一点吧。去晚了，恐怕小陈会生气。
Zǒu kuài yìdiǎn ba. Qù wǎn le, kǒngpà Xiǎochén huì shēngqì.
좀 빨리 걸어요. 늦게 가면 샤오천이 화낼 지도 몰라요.

⑤ 明天的报告，我还没准备好，今天恐怕得熬夜。
Míngtiān de bàogào, wǒ hái méi zhǔnbèi hǎo, jīntiān kǒngpà děi áoyè.
내일 보고서는 제가 아직 준비되지 않아서 오늘 아마 밤을 새워야 될 거예요.

구조 이 부사는 부정형이 될 수 없고, 또한 화자 지향적인 의미를 갖기 때문에 의문형에도 사용할 수 없다.

용법 (1) '대략, 약'을 의미하는 '大概'와 '아마도'를 의미하는 '可能'은 모두 추정을 나타낸다. 그러나 이러한 표현들은 중립적이며 대체로 좋지 않은 상황은 나타내지 않는다.

我家离学校大概五百米。
Wǒjiā lí xuéxiào dàgài wǔbǎi mǐ.
우리 집은 학교에서 500미터 정도 떨어져 있다.

我大概等了十分钟就走了。
Wǒ dàgài děng le shí fēnzhōng jiù zǒu le.
나는 10분 정도 기다린 후 떠났다.

明天大概不会下雨。
Míngtiān dàgài bú huì xià yǔ.
내일은 아마 비가 오지 않을 것이다.

今天晚上可能会下雨。
Jīntiān wǎnshang kěnéng huì xià yǔ.
오늘 밤은 비가 올 수도 있다.

(2) '恐怕'는 화자의 추측을 나타낼 때 사용한다. 이에 비해 '怕'는 누구에게나 적용될 수 있으므로 '恐怕'와 대조적이다.

他怕熬夜会影响身体健康。
Tā pà áoyè huì yǐngxiǎng shēntǐ jiànkāng.
그는 밤을 새면 건강에 영향이 미칠까 봐 걱정한다.

你怕下雨的话, 就带伞吧。
Nǐ pà xià yǔ dehuà, jiù dài sǎn ba.
비가 올까 봐 걱정이 되면 우산을 가지고 가.

快一点(儿). kuài yìdiǎn(r). 서두르다

기능 화자는 이러한 문형을 사용하여 청자가 무언가를 서둘러야 한다고 재촉한다.

① 电影快开始了。我们快一点!

Diànyǐng kuài kāishǐ le. Wǒmen kuài yìdiǎn!

영화가 곧 시작됩니다. 우리 빨리 서둘러요.

② 哥哥跟弟弟说: "不要上网了, 快一点去睡觉! "

Gēge gēn dìdi shuō: "bú yào shàngwǎng le, kuài yìdiǎn qù shuìjiào!"

형이 동생에게 "인터넷 하지 말고 얼른 자!"라고 말했다.

③ 你最好快一点决定, 这个房间可能很快就有人租了。

Nǐ zuì hǎo kuài yìdiǎn juédìng, zhège fángjiān kěnéng hěn kuài jiù yǒu rén zū le.

당신은 빨리 결정하는 게 좋겠어요. 이 방은 바로 세가 나갈 수 있어요.

구조 **【부정문】**

오직 '不'만이 '快一点(동사)'를 부정할 수 있다. 부정문은 가벼운 경고를 나타낸다. '만약 네가 빨리 하지 않으면....'이라고 경고한다.

① 你不快一点吃完, 我们就不能看电影了。

Nǐ bú kuài yìdiǎn chīwán, wǒmen jiù bù néng kàn diànyǐng le.

당신이 빨리 다 먹지 않으면 우리는 영화를 볼 수 없어요.

② 我们不快一点去吃饭, 那家店可能就休息了。

Wǒmen bú kuài yìdiǎn qù chī fàn, nà jiā diàn kěnéng jiù xiūxi le.

우리가 빨리 식사하러 가지 않으면 그 식당은 곧 문을 닫을 거예요.(우리가 갈 때 쯤에는)

③ 你不快一点来尝尝这个甜点, 就被大家吃光了。

Nǐ bú kuài yìdiǎn lái chángchang zhège tiándiǎn, jiù bèi dàjiā chī guāng le.

당신이 빨리 와서 이 디저트를 맛보지 않으면 다른 사람들이 다 먹을 거예요.

용법 '快一点+동사'와 '동사+快一点'는 서로 관련이 없는 다른 두 구조이다. 첫 번째 '快'는 시간(서둘러!)을 나타내고, 반면 두 번째 '快'는 태도(빨리 vs. 천천히)를 나타낸다.

① 快一点跑!

Kuài yìdiǎn pǎo!

어서 도망가요!

② 跑快一点!

Pǎo kuài yìdiǎn!

좀 더 빨리 뛰어요.

③ 慢一点去!

Màn yìdiǎn qù!

천천히 (더 있다가) 가세요.

④ 走慢一点!

Zǒu màn yìdiǎn!

좀 더 천천히 걸어요.

L

来. lái. 오다(동사). '來+동사구'의 형식을 취함. 무엇을 하러 온다 (1)

기능 '来+동사구'는 어떤 일을 하기 위해 온다는 주어의 의도를 나타낸다.

① 我来学中文。
Wǒ lái xué Zhōngwén.
중국어를 배우러 왔다.

② 他来打篮球。
Tā lái dǎ lánqiú.
그는 농구하러 왔다.

③ 我和朋友来逛夜市。
Wǒ hé péngyou lái guàng yèshì.
나와 친구는 야시장을 둘러보러 왔다.

구조 부정 표지, 보조 동사, 부사는 첫 번째 동사 성분인 '来' 앞에 위치한다.

【부정형】

① 我明天有事不来上课。
Wǒ míngtiān yǒu shì bù lái shàngkè.
나는 내일 일이 있어서 수업하러 못 온다.

② 那些学生都不来看电影。
Nàxiē xuésheng dōu bù lái kàn diànyǐng.
그 학생들은 모두 영화를 보러 오지 않는다.

③ 他很忙，不来帮你装有线电视了。

Tā hěn máng, bù lái bāng nǐ zhuāng yǒuxiàn diànshì le.

그는 바빠서 당신이 케이블 TV를 설치하는 걸 도와주러 오지 못한다.

【의문형】

① 他不来吃晚饭吗?

Tā bù lái chī wǎnfàn ma?

그 사람은 저녁을 먹으러 오지 않습니까?

② 你们常来游泳吗?

Nǐmen cháng lái yóuyǒng ma?

당신들은 자주 수영하러 옵니까?

③ 你是不是来参观故宫博物院?

Nǐ shì bu shì lái cānguān Gùgōng Bówùyuàn?

고궁박물관을 참관하러 왔습니까?

용법 '来+동사구'의 기능은 '去+동사구'와 같다. 유일한 차이점은 주어의 행동 방향이다. '来'는 화자의 위치 쪽으로 향하고, '去'는 화자의 위치에서부터 멀어진다.

① 我星期四来 / 去上书法课。

Wǒ xīngqī sì lái / qù shàng shūfǎ kè.

나는 목요일에 서예수업을 받으러 옵니다 / 갑니다.

② 我妹妹不想来 / 去吃牛肉面。

Wǒ mèimei bù xiǎng lái / qù chī niúròumiàn.

내 동생은 소고기 면을 먹으러 오고 / 가고 싶어 하지 않는다.

来. lái. 동사 보어. 잘 지내다, 서로 좋은 관계를 유지할 수 있다 (2)

기능 '来'가 방향 보어로 사용되지 않은 경우, 'V得来'는 좋은 관계를, 'V不来'는 그 반대를 나타낸다.

① 他跟网友才见了一次面就觉得两人很合得来, 还约了下次一起去看电影。

Tā gēn wǎngyǒu cái jiàn le yí cì miàn jiù juéde liǎng rén hěn hé de lái, hái yuē le xià cì yìqǐ qù kàn diànyǐng.

그와 그의 인터넷 친구는 한 번만 만나고도 바로 서로 잘 맞는다고 생각해서, 다음에 같이 영화를 보러 가기로 약속했다.

② 我想我跟不爱干净的人一定合不来。

Wǒ xiǎng wǒ gēn bú ài gānjìng de rén yídìng hé bù lái.

나는 청결하지 않은 사람과는 절대 맞지 않는다고 생각한다.

③ 他们很聊得来, 尤其是一聊到吉他就聊个没完。

Tāmen hěn liáo de lái, yóuqí shì yì liáodào jítā jiù liáo ge méi wán.

그들은 이야기가 잘 통한다. 특히 기타 이야기를 한 번 하기 시작하면 끝도 없이 이야기를 나눈다.

④ 跟谈不来的人说话, 就连说一句话也嫌多。

Gēn tán bù lái de rén shuōhuà, jiù lián shuō yíjù huà yě xián duō.

말이 통하지 않는 사람과 이야기를 하면 한 마디도 길게 느껴진다.

⑤ 别打扰他, 他难得跟别人聊得来。你等一下再来找他吧。

Bié dǎrǎo tā, tā nándé gēn biéren liáo de lái. Nǐ děng yíxià zài lái zhǎo tā ba.

그가 다른 사람과 이야기를 잘 나누는 경우가 많지 않으니 그를 방해하지 마세요. 조금 후에 다시 그를 찾아 오세요.

용법 보어 '来'는 가능 보어형식에서만 사용될 수 있으며, '谈', '合', '聊', '处'와 같은 사회적 관계에 대한 동사에만 사용할 수 있다.

了1. le. 조사. 완료된 동작 (1)

기능 동사성 시태조사 '了'는 동사 뒤에 위치하여 동작이나 사건이 완료되었거나 발생했음을 나타낸다. 다음 사항을 비교해 보자.

我买了三张车票。	**vs.**	我买三张车票。
Wǒ mǎi le sān zhāng chēpiào.	vs.	Wǒ mǎi sān zhāng chēpiào.
나는 차표 세 장을 샀다.		나는 차표 세 장을 산다.

① 我刚在便利店喝了咖啡。
Wǒ gāng zài biànlìdiàn hē le kāfēi.
나는 아까 편의점에서 커피를 마셨다.

② 我昨天吃了很多东西。
Wǒ zuótiān chī le hěn duō dōngxi.
나는 음식을 많이 먹었다.

③ 今天早上我写了一封信。
Jīntiān zǎoshang wǒ xiě le yī fēng xìn.
오늘 아침에 나는 편지 한 통을 썼다.

④ 他租了一个漂亮的房子。
Tā zū le yí gè piàoliang de fángzi.
그는 예쁜 집을 한 채 빌렸다.

구조 **【부정형】**

동사 앞에 부정 표지인 '没 (有) méi (yǒu)'가 위치하여 부정을 나타낸다. 시태조사 '了'는 부정문에서 생략되는 것을 유의하여야 한다.

① 我今天没吃午餐。
Wǒ jīntiān méi chī wǔcān.
나는 오늘 점심을 먹지 않았다.

② 我最近很忙, 一星期都没看电视。

Wǒ zuìjìn hěn máng, yì xīngqī dōu méi kàn diànshì.

나는 요즘 바빠서 일주일 동안 TV도 보지 않았다.

③ 昨天跟朋友去过生日, 所以我没写功课 。

Zuótiān gēn péngyou qù guò shēngrì, suǒyǐ wǒ méi xiě gōngkè.

어제 친구와 생일을 축하하러 가서 숙제를 하지 못했다.

【의문형】

질문을 할 때 '没有 méi yǒu'는 문장의 끝에 위치한다.

① 弟弟吃了午餐没有?

Dìdi chī le wǔcān méi yǒu?

동생은 점심을 먹었습니까?

② 下个月的学费, 他付了没有?

Xiàge yuè de xuéfèi, tā fù le méi yǒu?

다음 달 학비를 그는 납부했습니까?

③ 今晚的篮球比赛开始了没有?

Jīn wǎn de lánqiú bǐsài kāishǐ le méi yǒu?

오늘 저녁 농구시합이 시작됐습니까?

용법 시태조사 '了'는 부정문에서 나타나지 않는다는 것을 주의해야 한다.

오류 문장	올바른 문장
*我没吃了晚饭。 *Wǒ méi le chī wǎnfàn.	我没吃晚饭。 Wǒ méi chī wǎnfàn. 나는 저녁을 먹지 않았다.
*我没买了车票。 *Wǒ méi mǎi le chēpiào.	我没买车票。 Wǒ méi mǎi chēpiào. 나는 차표를 사지 않았다.

了1. le. 조사. 시량 앞에 위치 (2)

기능 이 문형은 완료된 사건의 지속 기간을 나타낸다.

① 日本来的朋友在台北玩了三天。
Rìběn lái de péngyou zài Táiběi wán le sān tiān.
일본에서 온 친구는 타이뻬이에서 3일 동안 놀았다.

② 老师在美国住了一年。
Lǎoshī zài Měiguó zhù le yì nián.
선생님은 미국에서 1년을 살았다.

③ 李小姐在语言中心工作了十个月。
Lǐ xiǎojie zài yǔyán zhōngxīn gōngzuò le shí gè yuè.
미스 리는 어학원에서 10개월을 일했다.(그리고 그만두었다).

구조 주된 구조는 '동사+시량'이다.

(1) 동사가 타동사이고 그 뒤에 목적어가 있으면 반드시 동사를 반복해야 한다.

① 他租房子租了半年。
Tā zū fángzi zū le bàn nián.
그는 반 년 동안 집을 빌렸다.

② 他住台北住了三年。
Tā zhù Táiběi zhù le sān nián.
그는 타이뻬이에서 3년을 살았다.

(2) 목적어가 문장의 앞에 위치하면 동사를 반복할 필요가 없다.

① 房子他只租了半年。
Fángzi tā zhǐ zū le bàn nián.
집을 그는 반년만 빌렸다.

A B C D E F G H I J K L M

② 台北他只住了三年。

Táiběi tā zhǐ zhù le sān nián.

타이뻬이에서 그는 3년만 살았다.

【부정형】

자동사는 부정을 취한다. 타동사는 목적어가 있으면 부정하기 전에 반드시 동사를 반복해야 한다.

① 他没住几天(就走了)。

Tā méi zhù jǐ tiān (jiù zǒule).

그는 며칠 묵지 않았다. (그리고 떠났다).

② 他看书没看多久,眼睛就痛了。

Tā kàn shū méi kàn duō jiǔ, yǎnjīng jiù tòng le.

그는 책을 얼마 안 봤는데 눈이 아팠다.

【의문형】

① 那间房子你租了一年半吗?

Nà jiān fángzi nǐ zū le yì nián bàn ma?

그 집을 당신은 1년 반 빌렸습니까?

② 你是不是在这里等了一个钟头?

Nǐ shì bu shì zài zhèli děng le yí gè zhōngtóu?

여기에서 1시간을 기다렸습니까?

③ 陈老板去年是不是在纽约住了半年?

Chén lǎobǎn qùnián shì bu shì zài Niǔyuē zhù le bàn nián?

천 사장님은 작년에 뉴욕에 반 년 동안 머물렀습니까?

了₂. le. 조사. 상황의 변화 (3)

기능 문미조사 '了'는 상황의 변화를 나타낸다. 즉, 예전에 일어나지 않았던 상황의 변화를 암시한다.

① 咖啡贵了。
Kāfēi guì le.
커피가 전보다 비싸졌다.

② 我会打网球了。
Wǒ huì dǎ wǎngqiú le.
나는 이제 테니스를 칠 수 있다. (예전에는 못했다.)

③ 现在有手机的人多了。
Xiànzài yǒu shǒujī de rén duō le.
이제 핸드폰이 있는 사람이 많아졌다.

④ 我现在喜欢吃越南面了。
Wǒ xiànzài xǐhuan chī Yuènán miàn le.
나는 이제 베트남 쌀국수를 좋아한다. (전에는 좋아하지 않았다.)

구조 문미조사 '了'는 문장의 말미에 위치하는데 긍정문과 부정문에 모두 출현할 수 있다.

【부정형】

① 我妈妈不喝咖啡了。
Wǒ māma bù hē kāfēi le.
우리 엄마는 이제 커피를 마시지 않는다.

② 他不想买那部手机了。
Tā bù xiǎng mǎi nà bù shǒujī le.
그는 이제 그 핸드폰을 사고 싶어 하지 않는다.

③ 我们不要去参观故宫了。

Wǒmen bú yào qù cānguān Gùgōng le.

우리는 이제 고궁을 참관하러 가고 싶지 않아졌다.

【의문형】

① 现在学中文的学生多了吗?

Xiànzài xué Zhōngwén de xuésheng duō le ma?

지금 중국어를 배우는 학생이 많아졌습니까?

② 你们不去台东了吗?

Nǐmen bú qù Táidōng le ma?

너희는 타이똥에 안 가기로 했니?

③ 手机是不是又贵了?

Shǒujī shì bu shì yòu guì le?

핸드폰이 또 비싸졌습니까?

了2. 조사. 快…了. kuài…le. 막 ~하려고 하다 (4)

기능 문미조사 '了 le'는 부사가 포함된 문장에 자주 등장한다. '快 kuài', '要 yào' 혹은 '快要 kuài yào'는 '곧 무슨 일이 일어남'을 나타낸다. 이 '了'는 곧 상황이 바뀔 것임을 나타낸다.

① 快下雨了。

Kuài xià yǔ le.

곧 비가 오겠다.

② 电影要结束了。

Diànyǐng yào jiéshù le.

영화가 끝나간다.

A B C D E F G H I J K L M

③ 爸爸快要到家了。

Bàba kuài yào dào jiā le.

아빠가 거의 집에 다 와 간다.

구조 이 문형은 부정형이 될 수 없다.

【의문형】

① 你妈妈的生日快到了吗?

Nǐ māma de shēngrì kuài dào le ma?

곧 네 엄마의 생일이니?

② 比赛要开始了吗?

Bǐsài yào kāishǐ le ma?

시합이 곧 시작됩니까?

③ 哥哥的女朋友快要回法国了吗?

Gēge de nǚpéngyou kuài yào huí Fǎguó le ma?

형의 여자 친구가 곧 프랑스로 돌아옵니까?

용법 이 문형은 사건이 곧 발생함을 나타낸다.

我的生日快要到了。

Wǒde shēngrìkuài yào dào le.

곧 내 생일이 다가온다.

만약에 시간사가 있다면 '快要 kuài yào'를 사용할 수 없다.

*他明天快要回来了。

*Tā míngtiān kuài yào huílai le.

了1…了2. le (조사) … le (조사). 지금까지의 완료 (5)

기능 두 개의 '了+시량' 문형은 발화 시점까지의 행동 완료를 나타낸다. 문맥에 따라 동작이 지속되거나 그렇지 않을 수 있다.

① 她已经在台湾玩了一年了。
Tā yǐjīng zài Táiwān wánle yì nián le.
그녀는 지금까지 타이완에서 이미 1년을 놀았다.

② 陈小姐在美国住了五年了。
Chén xiǎojie zài Měiguó zhùle wǔ nián le.
미스 천은 지금까지 미국에서 5년을 살았다.

③ 我工作了两个月了。
Wǒ gōngzuò le liǎng gè yuè le.
나는 지금까지 2개월 일했다.

④ 这间房子, 他已经租了半年了。
Zhè jiān fángzi, tā yǐjīng zūle bàn nián le.
이 집을 그는 지금까지 이미 반년을 세내어 살고 있다.

⑤ 他们学中文学了三个星期了。
Tāmen xué Zhōngwén xuéle sān gè xīngqī le.
그들은 중국어를 지금까지 3주 배웠다.

离. lí. 전치사. ~로부터의 거리

기능 전치사 '离'는 두 지점 간의 거리를 나타낸다.

① 我家离学校很远。
Wǒ jiā lí xuéxiào hěn yuǎn.
우리 집은 학교에서 멀다.

② 离火车站很近的地方, 有一家 (牛肉) 面店的牛肉面很好吃。

Lí huǒchēzhàn hěn jìn de dìfang, yǒu yì jiā (niúròu) miàndiàn de niúròumiàn hěn hǎochī.

기차역에서 가까운 곳에는 (소고기) 국수집이 하나 있는데, 소고기 면이 아주 맛있다.

③ 你从这里往左边走, 离学校不远的地方, 可以看到海。

Nǐ cóng zhèli wǎng zuǒbian zǒu, lí xuéxiào bù yuǎn de dìfang, kěyǐ kàndào hǎi.

여기에서 왼쪽으로 가세요. 학교에서 멀지 않은 곳에서 바다를 볼 수 있어요.

구조

'离'는 대부분의 전치사와는 달리, 직접적으로 부정할 수 없다. '不是'를 사용하여 부정하여야 한다.

【부정형】

① 银行离学校不远。你应该走路去就可以了。

Yínháng lí xuéxiào bù yuǎn. Nǐ yīnggāi zǒu lù qù jiù kěyǐ le.

은행은 학교에서 멀지 않아. 걸어서 가면 될 거야.

② 花莲离台北不是很远, 可是到那里要花不少时间。

Huālián lí Táiběi bú shì hěn yuǎn, kěshì dào nàli yào huā bù shǎo shíjiān.

후아리앤은 타이뻬이에서 그리 멀지 않지만 거기까지 가려면 시간이 꽤 걸린다.

③ 我要找的房子, 不能离夜市太近。

Wǒ yào zhǎo de fángzi, bù néng lí yèshì tài jìn.

내가 찾는 집은 야시장에서 너무 가까우면 안 된다.

④ 他家不是离公交车站很远。

Tā jiā bú shì lí gōngjiāochē zhàn hěn yuǎn.

그의 집은 버스정류장에서 그리 멀지 않다.

【의문형】

① 学校离邮局远不远?

Xuéxiào lí yóujú yuǎn bu yuǎn?

학교가 우체국에서 멉니까?

② 你家离地铁站是不是很远?

Nǐ jiā lí dìtiě zhàn shì bu shì hěn yuǎn?

네 집은 전철역에서 머니?

③ 你们国家离中国远吗?

Nǐmen guójiā lí Zhōngguó yuǎn ma?

너희 나라는 중국에서 머니?

连 A 都 B. lián (전치사) A dōu (부사) B. 심지어

기능 전치사 '连'은 문맥에서 다른 모든 관련된 명사에 비해 하나의 명사를 강조하여 문장의 초점을 나타낸다. 긍정문은 최선의 가능성을 나타내는 명사를 강조하고 부정문은 최악의 가능성을 나타내는 명사를 강조한다.

① 他喜欢到处吃小吃, 连南部夜市都去过。

Tā xǐhuan dàochù chī xiǎochī, lián nánbù yèshì dōu qùguo.

그는 여기저기 다니며 간식을 먹는 것을 좋아해서 남부 야시장까지도 가봤다.

② 他把钱都花完了, 现在连三十块的咖啡都喝不起。

Tā bǎ qián dōu huāwán le, xiànzài lián sānshí kuài de kāfēi dōu hē bù qǐ.

그는 돈을 다 써서 이제는 30원짜리 커피도 사 마실 수 없다.

③ 夏天去旅行真麻烦, 连一家民宿都订不到。

Xiàtiān qù lǚxíng zhēn máfan, lián yì jiā mínsù dōu dìngbú dào.

여름에 여행을 가는 것은 정말 번거롭다. 민박집조차도 예약하기가 어렵다.

구조 이 문형에서 '都'는 '也'로 대체할 수 있다. 초점이 목적어이면 '连+초점' 부분은 주어 앞이나 뒤에 위치할 수 있다.

① 他连你都忘了。
Tā lián nǐ dōu wàng le.
그는 너조차도 잊어버렸다.

② 连你, 他也忘了。
Lián nǐ, tā yě wàng le.
너조차도 그는 잊어버렸다.

【부정형】

대부분의 중국어 전치사와는 달리, '连'은 '不'나 '没'에 의해 부정될 수 없고 오직 '不是'로만 부정이 가능하다. 예를 들면,

他不是连大学都没上。
Tā bú shì lián dàxué dōu méi shàng.
그가 대학조차도 다니지 않은 것은 아닙니다.

【의문형】

① 你学过经济, 但是这本讨论经济的书, 是不是连你也看不懂?
Nǐ xuéguo Jīngjì, dànshì zhè běn tǎolùn jīngjì de shū, shì bu shì lián nǐ yě kàn bù dǒng?
네가 경제를 배웠지만 경제를 논하는 이 책이 너조차도 이해하기 어렵지 않니?

② 你跟他认识, 怎么连他已经结婚了也不知道?
Nǐ gēn tā rènshi, zěnme lián tā yǐjīng jiéhūn le yě bù zhīdao?
너는 그 사람과 아는 사이인데 어떻게 그가 결혼한 것조차도 몰랐니?

③ 这次考试太难了, 连成绩好的学生也考得不好?
Zhè cì kǎoshì tài nán le, lián chéngjì hǎo de xuésheng yě kǎo de bù hǎo?
시험이 너무 어려워서 성적이 좋은 학생조차도 시험을 잘 보지 못했다고요?

A B C D E F G H I J K L M

용법 (1) '连'은 주어나 목적어를 취할 수 있다.

① 他学了两年法文，连用法文介绍自己都说不好。 (목적어)

Tā xué le liǎng nián Fǎwén, lián yòng Fǎwén jièshào zìjǐ dōu shuō bù hǎo.

그는 불어를 2년 동안 배웠지만 불어로 자신을 소개하는 것조차도 잘 못 한다. (목적어)

② 大家都去上课了，宿舍里连一个人都没有。 (목적어)

Dàjiā dōu qù shàngkè le, sùshè lǐ lián yí ge rén dōu méi yǒu.

모두 수업하러 가서 기숙사에는 한 명도 없다. (목적어)

③ 写汉字不容易，连大学生都不一定写得好。 (주어)

Xiě Hànzì bù róngyì, lián dàxuésheng dōu bù yídìng xiě de hǎo.

한자를 쓰는 것은 쉽지 않아서 대학생이라도 다 잘 쓰지는 못한다. (주어)

④ 饺子，连我都会包，妈妈当然包得更好。 (주어)

Jiǎozi, lián wǒ dōu huì bāo, māma dāngrán bāo de gèng hǎo.

만두는 나조차도 빚을 수 있으니 엄마는 당연히 더 잘 빚으신다.

(2) '连'이 강조하는 명사는 초점이고, 다른 명사에 비하여 함축 의미를 갖는다.

① 王老师什么菜都会做，连意大利菜也会。(함축의미: 이탈리안 음식이 만들기 어렵다.)

Wáng lǎoshī shénme cài dōu huì zuò, lián Yìdàlì cài yě huì.

왕 선생님은 어떤 음식도 다 잘해서 이탈리안 음식조차도 만들 수 있다.

② 谁都会做意大利菜，连王老师也会。(함축의미: 왕선생님은 요리를 잘 못한다.)

Shéi dōu huì zuò Yìdàlì cài, lián Wáng lǎoshī yě huì.

누구나 이탈리안 음식을 만들 수 있어서 왕 선생조차도 할 수 있다.

(3) 동사를 강조할 때, 부정의 경우 동사가 반복된다. 이러한 문장은 부정적이며 경멸적인 말투를 나타낸다.

① 我送了一本书给她, 她连看都不看, 我有点失望。

Wǒ sòng le yì běn shū gěi tā, tā lián kàn dōu bú kàn, wǒ yǒudiǎn shīwàng.

나는 책 한 권을 그녀에서 주었으나 그녀가 눈길도 주지 않아서 약간 실망했다.

② 小李连问也没问, 就把我的笔拿走了。

Xiǎolǐ lián wèn yě méi wèn, jiù bǎ wǒ de bǐ názǒu le.

샤오리는 내게 물어보지도 않고 내 펜을 가져가 버렸다.

了. liǎo. 조사. 동사 보어로. 능력

기능 '了 liǎo'는 능력을 나타내는 동사 보어로서, 가능보어 문형에만 사용된다. '了'는 결과가 달성될 수 있음을 의미한다.

① 这碗牛肉面, 我一个人吃得了。

Zhè wǎn niúròumiàn, wǒ yí gè rén chī de liǎo.

이 소고기면은 내가 혼자서 다 먹을 수 있다.

② 这么多书, 我拿不了。

Zhème duō shū, wǒ ná bu liǎo.

이 많은 책을 나는 들 수 없다.

③ 台风来了, 今天晚上的喜宴我们去不了了。

Táifēng lái le, jīntiān wǎnshang de xǐyàn wǒmen qù bu liǎo le.

태풍이 와서 오늘 저녁 결혼식 피로연은 가지 못하게 되었다.

④ 到现在我还忘不了第一个笔友。

Dào xiànzài wǒ hái wàng bu liǎo dìyī ge bǐyǒu.

지금까지 나는 여전히 첫 번째 펜팔을 잊지 못한다.

구조 **【의문형】**

① 还要走半个小时，你走得了走不了？
Hái yào zǒu bàn gè xiǎoshí, nǐ zǒu de liǎo zǒu bu liǎo?
30분을 더 걸어야 하는데 갈 수 있겠어?

② 我们点了五道菜，吃得了吃不了？
Wǒmen diǎnle wǔ dào cài, chī de liǎo chī bu liǎo?
우리가 다섯 가지 요리를 주문했는데 다 먹을 수 있을까?

③ 雪这么大，今天我们到得了山顶吗？
Xuě zhème dà, jīntiān wǒmen dào de liǎo shāndǐng ma?
눈이 이렇게 많이 오는데 오늘 우리가 산 위에 도착할 수 있을까?

용법 '了 liǎo'는 가능보어에만 사용할 수 있는 불규칙적인 보어이다. 아래 나타낸 바와 같이, 규칙적인 보어는 결과 보어에서도 사용할 수 있다.

	결과보어		가능보어	
	V-	没 V-	V得-	V不-
了 liǎo	×	×	吃得了 chī de liǎo 먹을 수 있다	吃不了 chī bu liǎo 먹을 수 없다
完 wán	吃完 chīwán 다 먹었다	没吃完 méi chīwán 다 먹지 않았다	吃得完 chī de wán 다 먹을 수 있다	吃不完 chī bu wán 다 먹을 수 없다

另外的. lìngwài de. 다른 ('别的 biéde' 참조)

乱. luàn. 부사. '乱+Verb'에서, 바람직하지 않은 결과를 초래하는 것을 감수하며 무책임한 태도로 무언가를 하다

기능 '乱'은 부사로서, 무질서하고 무책임하며, 파괴적인 방식으로 어떤 행동을 하여 바람직하지 않은 결과를 초래함을 의미한다. 이러한 의미는 상태동사로서의 '乱'에서 유래한다.

아래 번역을 통해 사용 가능한 의미의 범위를 유의하여야 한다.

① 你不能乱倒垃圾, 得等垃圾车来才能倒。

Nǐ bù néng luàn dào lājī, děi děng lājīchē lái cái néng dào.

쓰레기는 아무 데나 버리지 마세요. 쓰레기차가 오기를 기다렸다가 버려야 해요.

② 功课要好好地写, 不能乱写。

Gōngkè yào hǎohāo de xiě, bù néng luàn xiě.

숙제는 열심히 해야 해요. 엉망으로 하지 마세요.

③ 这些座位都有人坐, 不能乱坐。

Zhèxiē zuòwèi dōu yǒu rén zuò, bù néng luàn zuò.

이 좌석들은 모두 앉을 사람들이 정해져 있어요. 마음대로 앉으면 안돼요.

④ 你的感冒虽然不严重, 可是不能自己乱买药吃。

Nǐ de gǎnmào suīrán bù yánzhòng, kěshì bù néng zìjǐ luàn mǎi yào chī.

감기가 심하지는 않지만 네가 함부로 약을 사서 먹으면 안돼.

⑤ 妈妈怕孩子乱花钱, 不敢给孩子太多钱。

Māma pà háizi luàn huā qián, bù gǎn gěi háizi tài duō qián.

엄마는 아이가 돈을 함부로 쓰는 것을 걱정해서 아이에게 너무 많은 돈을 주지는 못한다.

용법 (1) '乱'은 본질적으로 항상 부정적이다.

乱写 luàn xiě '성의없이 쓰다',
乱做 luàn zuò '조심성 없이 무언가를 하다',
乱选 luàn xuǎn '생각없이 수강 신청을 하다',
乱走 luàn zǒu '생각없이 걷다',
乱交朋友 luàn jiāo péngyou '무분별하게 친구를 사귀다',
乱打电话 luàn dǎ diànhuà '아무 생각 없이 전화하다'

이 예문들은 부정적이고, 성의 없고, 우연한 태도 또는 무언가를 하는 방식을 나타낸다. 그러나 '乱'은 随便走走 suíbiàn zǒuzou '정해진 목적지 없이 자유롭게 걷다', 随便拿一个 suíbiàn ná yí ge '원하는대로 아무거나 하나 가지다', 随便坐 suíbiàn zuò '원하는 자리에 어디든지 앉다'에서의 随便 suíbiàn '원하는대로'와 다르다. '随便'은 부정적인 의미를 가지지 않는다.

(2) '乱+동사'는 때때로 자기비하에도 사용되며 종종 겸손을 암시하는 데 사용된다.

① A: 你真会穿, 你的衣服都很讲究。
Nǐ zhēn huì chuān, nǐ de yīfu dōu hěn jiǎngjiu.
너는 옷을 정말 잘 입어. 옷이 굉장히 세심하게 매치되어 멋지다.

B: 哪里, 我是乱穿的。
Nǎli, wǒ shì luàn chuān de.
아니야. 그냥 대충 입는 거야.

② A: 你的报告写得真好, 拿到了 A。
Nǐ de bàogào xiě de zhēn hǎo, ná dào le A.
네 보고서는 정말 잘 써서 A를 받았어.

B: 哪里, 乱写的, 只是运气好。
Nǎli, luàn xiě de, zhǐshì yùnqì hǎo.
아니야. 대충 쓴 건데 운이 좋았을 뿐이야.

M

吗. ma. 조사. 질문 (1)

기능 의문 조사 '吗 ma'를 사용하여 의문문을 구성할 수 있다. 일반적으로 짧은 의문문에서 사용된다.

① 你好吗?
Nǐ hǎo ma?
잘 지내세요?

② 你来接我们吗?
Nǐ lái jiē wǒmen ma?
우리를 데리러 왔어요?

③ 他是日本人吗?
Tā shì Rìběn rén ma?
그는 일본사람입니까?

구조 '문장+吗?' '吗'가 있는 의문문은 긍정문이나 부정문이 될 수 있다.

【부정형】

① 他不姓陈吗?
Tā bú xìng Chén ma?
그는 성이 천이 아닙니까?

② 你不是台湾人吗?
Nǐ bú shì Táiwān rén ma?
당신은 타이완 사람이 아닙니까?

③ 他不喝咖啡吗?

Tā bù hē kāfēi ma?

그는 커피를 마시지 않습니까?

용법 'A-不-A' 의문형은 질문에 어떤 가정을 포함하지 않는다. 중립적인 질문 또는 비교적 긴 의문문에 사용되고 문장의 말미에 의문 조사 '吗'를 취하지 않는다. '*这是不是茶吗?*Zhèshìbu shìcháma?'라고 말할 수 없다. 이에 반해, 의문 조사 '吗'는 주로 짧은 의문문에 사용한다.

① 你好吗?

Nǐ hǎo ma?

잘 지내세요?

② 你要喝茶吗?

Nǐ yào hē chá ma?

당신은 차를 마십니까?

③ 你们要不要喝乌龙茶?

Nǐmen yào bu yào hē Wūlóng chá?

너희들 우롱차 마실래?

吗. ma. 조사. 대립 (2)

기능 규칙적인 의문문을 만드는 데 사용되는 것 외에도 '吗'는 가벼운 대립에서도 사용될 수 있다. 화자는 질문하는 것이 아니라, 약간 도전적으로 말하는 것이다.

① 你觉得这个汉字很难写吗?

Nǐ juéde zhège Hànzì hěn nán xiě ma?

너는 이 한자가 쓰기 어렵다고 생각해?

② 她不知道今天要考试吗?

Tā bù zhīdao jīntiān yào kǎoshì ma?

그녀는 오늘 시험을 보는 것을 모릅니까?

③ 马先生已经在这里住了两个月, 还不知道丢垃圾的时间吗?

Mǎ xiānsheng yǐjīng zài zhèli zhùle liǎng ge yuè, hái bù zhīdao diū lājī de shíjiān ma?

마 선생님은 여기에서 이미 2개월을 살았는데 아직도 쓰레기 버리는 시간을 모릅니까?

구조 이 문형은 긍정문과 부정문에 모두 사용할 수 있다. 부정사 '不' 또는 '没'로 부정할 수 있다.

① 你不知道外国人不可以打工吗?

Nǐ bù zhīdao wàiguó rén bù kěyǐ dǎgōng ma?

당신은 외국인이 아르바이트를 하면 안된다는 것을 모릅니까?

② 他结婚的事, 他没告诉过你吗?

Tā jiéhūn de shì, tā méi gàosuguo nǐ ma?

자신이 결혼한 일을 그가 당신한테 말하지 않았습니까?

③ 你没看见我正在忙吗?

Nǐ méi kànjiàn wǒ zhèngzài máng ma?

너는 내가 바쁜 게 보이지 않아?

용법 도전적이거나 수사적인 질문은 항상 화자의 놀람 또는 성가심을 암시한다. 이러한 질문들은 영어와 마찬가지로 상승조 억양으로 표현한다. 따라서 의문 조사 '吗'는 'A-不-A' 문형보다 복잡하다.

嘛. ma. 조사. ~인 것이 명백하지 않나요!

기능

'嘛'는 문장의 말미에 사용하는 조사로서, 화자에게나 문맥상으로 명백함을 확인하는 기능을 한다.

① 我愿意帮你忙, 因为我们是好朋友嘛!

Wǒ yuànyì bāng nǐ máng, yīnwèi wǒmen shì hǎo péngyou ma!

나는 너를 돕고 싶어. 우리는 좋은 친구잖아.

② 王先生是为了做生意, 才不得不喝酒嘛!

Wáng xiānsheng shì wèile zuò shēngyì, cái bùdébù hē jiǔ ma!

왕 선생님은 사업을 하기 위해 술을 마실 수밖에 없잖아요.

③ 他的叔叔出来竞选, 是想为大家做事嘛!

Tā de shūshu chūlai jìngxuǎn, shì xiǎng wèi dàjiā zuò shì ma!

그의 삼촌이 선거에 나온 것은 여러분을 위해 봉사하고 싶어서이지 않겠습니까!

④ 看表演的时候穿着整齐, 是为了尊重演出者嘛!

Kàn biǎoyǎn de shíhou chuānzhuó zhěngqí, shì wèile zūnzhòng yǎnchūzhě ma!

공연을 볼 때 복장이 단정해야 하는 것은 공연하는 사람들을 존중하기 위해서 이지요!

⑤ 哥哥常常打篮球, 是因为他对篮球感兴趣嘛!

Gēge chángcháng dǎ lánqiú, shì yīnwèi tā duì lánqiú gǎn xìngqù ma!

오빠가 농구를 자주 하는 것은 농구에 흥미가 있기 때문이겠죠!

满. mǎn. 상태동사. 동사 보어. ~로 가득찬 (1)

기능

상태동사 '满'(차다)는 이 문형에서 결과 보어 역할을 한다. 이 문형은 과장을 사용하여 주어진 장소에 많은 수량의 개체가 있음을 나타낸다.

① 街道的两边盖满了新的建筑。
Jiēdào de liǎngbiān gàimǎn le xīn de jiànzhù.
길거리 양쪽으로 새 건물이 가득 지어졌다.

② 101大楼前面挤满了看跨年烟火的年轻人。
Yāo líng yāo dà lóu qiánmìan jǐmǎn le kàn kuànián yānhuǒ de niánqīngrén.
101빌딩 앞에 새해 맞이 불꽃놀이를 보러온 젊은 사람들로 가득 찼다.

③ 客厅墙上挂满了他去花莲拍的照片。
Kètīng qiáng shang guàmǎn le tā qù Huālián pāi de zhàopiàn.
거실 벽에 그가 후아리앤에 가서 찍은 사진들이 가득 걸려 있다.

④ 不到八点, 教室里就坐满了学生。
Bú dào bā diǎn, jiàoshì li jiù zuòmǎn le xuésheng.
8시도 안 돼서 교실에는 학생들이 가득 앉아 있었다.

⑤ 这个袋子里怎么塞满了垃圾?
Zhège dàizi lǐ zěnme sāimǎn le lājī?
이 봉지에 왜 쓰레기가 가득 채워져 있지?

용법 이런 유형의 존현문은 명사가 어떠한 장소에 존재함을 나타낸다.

满. mǎn. 타동성 변화동사. 최대한계에 다다르다 (2)

기능 '满'은 타동성 변화동사로서, '필요한 양을 충족시킴'을 나타낸다. 일부 개념은 학습자가 이해하기 어렵거나 생소할 수 있다. 이는 문화와 관련이 있기 때문이다. 아기가 '满月 mǎnyuè'라면 정확히 1개월이 된 것이다. '满月'는 꽉찬 30일을 의미한다.

① 台湾的法律规定, 满18岁才可以接受医美手术。
Táiwān de fǎlǜ guīdìng, mǎn shíbā suì cái kěyǐ jiēshòu yīměi shǒushù.
타이완의 법률 규정으로는 만 18세가 되어야 성형수술을 받을 수 있다.

② 按照我们公司的规定, 工作满一年可以休七天假。

Ànzhào wǒmen gōngsī de guīdìng, gōngzuò mǎn yì nián kěyǐ xiū qī tiān jià.

우리 회사의 규정에 의하면 만 1년을 일하면 7일의 휴가를 얻을 수 있다.

③ 最近百货公司周年庆, 不但最高打五折, 消费满三千块钱, 还另外再送礼物。

Zuìjìn bǎihuò gōngsī zhōuniánqìng, búdàn zuì gāo dǎ wǔ zhé, xiāofèi mǎn sānqiān kuài qián, hái lìng wài zài sòng lǐwù.

요즘 백화점 1주년 행사가 있어서 최고 50% 세일을 할 뿐만 아니라 NT 3,000원을 소비하면 별도로 선물을 증정한다.

④ 时间过得真快。再有一个月, 我来台湾就满两年了。

Shíjiān guò de zhēn kuài. Zài yǒu yí ge yuè, wǒ lái Táiwān jiù mǎn liǎng nián le.

시간이 정말 빠르다. 한 달만 지나면 내가 타이완에 온 지 만 2년이 된다.

⑤ 外国人在台湾住满六个月就可以申请加入健康保险了。

Wàiguó rén zài Táiwān zhùmǎn liù ge yuè jiù kěyǐ shēnqǐng jiārù jiànkāng bǎoxiǎn le.

외국 사람들은 타이완에서 만 6개월을 살면 의료보험 가입 신청을 할 수 있다.

용법

(1) 위에서 제시한 예문들 중 '满'은 대부분 전체 문장의 본동사이다. 또한 동작동사의 보어 역할을 하기도 한다. 예를 들면 다음과 같다.

① 服务员, 麻烦你帮我把杯子加满水。谢谢。

Fúwùyuán, máfan nǐ bāng wǒ bǎ bēizi jiāmǎn shuǐ. Xièxie.

웨이터, 컵에 물 좀 채워주세요. 감사합니다.

② 要是每天能睡满八小时, 身体一定会很健康。

Yàoshi měitiān néng shuìmǎn bā xiǎoshí, shēntǐ yídìng huì hěn jiànkāng.

만약 매일 8시간을 충분히 잘 수 있다면 몸이 반드시 건강해질 수 있을 것이다.

③ 妈妈在屋子前面种满了花。

Māma zài wūzi qiánmian zhòngmǎn le huā.

엄마는 집 앞에 꽃을 가득 심었다.

(2) 이 문형에서 사용된 '满'은 다른 '满'의 쓰임과 다르다. '满'은 존재문에서 동사 보어 역할을 한다. (满(1) 참조)

没有. méi yǒu. 열등 비교에서 사용

기능

'A 没有 B (那么 nàme / 这么 zhème)…' 문형은 A와 B의 두 가지를 비교하는 데 사용되며 A가 B만큼 (형용사)가 아님을 나타낸다.

① 哥哥没有爸爸高。

Gēge méi yǒu bàba gāo.

우리 오빠는 아빠만큼 크지 않다.

② 火车没有高铁快。

Huǒchē méi yǒu gāotiě kuài.

기차는 고속철도만큼 빠르지 않다.

③ 我的中文没有老师那么好。

Wǒ de Zhōngwén méi yǒu lǎoshī nàme hǎo.

나는 중국어를 선생님만큼 잘하지 못한다.

④ 这次的台风没有上次那么可怕。

Zhè cì de táifēng méi yǒu shàng cì nàme kěpà.

이번 태풍은 저번처럼 무섭지는 않다.

구조

이 문형에서 일반적으로 '没 (有) méi (yǒu)' 부정문에서 사용됨을 유의해야 한다. 가끔 '那么 nàme'나 '这么 zhème'가 생략된다. 긍정형은 '吗' 의문형 외에는 거의 사용되지 않다.

【의문형】

의문형으로는 'A-不-A' 문형이 사용된다.

① 妹妹有没有姊姊那么漂亮?
Mèimei yǒu méi yǒu jiějie nàme piàoliang?
여동생이 언니만큼 그렇게 예쁜가요?

② 花莲的房租有没有台北的那么贵?
Huālián de fángzū yǒu méi yǒu Táiběi de nàme guì?
후아리앤의 집세는 타이뻬이만큼 그렇게 비쌉니까?

③ 日本的工作有没有美国的那么难找?
Rìběn de gōngzuò yǒu méi yǒu Měiguó de nàme nánzhǎo?
일본에서 일을 찾기가 미국만큼 그렇게 어렵습니까?

④ 夏天的天气有没有春天的舒服?
Xiàtiān de tiānqì yǒu méi yǒu chūntiān de shūfu?
여름 날씨가 봄 날씨처럼 그렇게 쾌적합니까?

용법 이 문형은 A가 B만큼 (형용사)하지 않음, 말하자면 열등함을 나타낸다. A와 B가 같으면 '동등한 수준'을 나타내는 문형, 'A 跟 gēn B 一样 yíyàng…'을 사용한다. '우월한 수준'을 나타내는 문형은 'A 比 bǐ B…'이다. '今天有没有昨天热? Jīntiān yǒu méi yǒu zuótiān rè? 오늘은 어제만큼 덥니?'와 같이 질문하면 어제는 꽤 더웠다는 것을 전제하는 것이다. 이 질문에 대해 아래 세 가지 답변이 가능하다.

① 今天跟昨天一样热。 (동등한 수준)
Jīntiān gēn zuótiān yíyàng rè.
오늘은 어제만큼 덥다.

② 今天没有昨天那么热。 (열등한 수준)
Jīntiān méi yǒu zuótiān nàme rè.
오늘은 어제만큼 덥지 않다.

③ 今天比昨天热。 (우월한 수준)

Jīntiān bǐ zuótiān rè.

오늘은 어제보다 덥다.

每. měi. 한정사. 각각, 모든 (1)

기능 한정사 '每 měi'는 '각각'과 '모든'을 나타낸다.

① 他妹妹每天都上班。不休息。

Tā mèimei měitiān dōu shàngbān. Bù xiūxi.

그의 여동생은 매일 출근한다. 쉬는 날이 없다.

② 他朋友每个周末都去游泳。

Tā péngyou měi gè zhōumò dōu qù yóuyǒng.

그의 친구는 매주 주말마다 수영하러 간다.

③ 每一间教室都可以上网。

Měi yì jiān jiàoshì dōu kěyǐ shàngwǎng.

모든 교실에서 다 인터넷을 할 수 있다.

④ 他家人，每个人都会说法语。

Tā jiārén, měi ge rén dōu huì shuō Fǎyǔ.

그의 가족은 모두 프랑스어를 할 수 있다.

구조 '每'는 한정사이다. 한정사는 숫자 앞에 위치한다. '每'는 거의 항상 '都 dōu 모든'와 같이 출현하여 '예외 없음'을 강조한다. '每+M+N+都…'의 구조로 나타난다. 위의 예문들을 참조하라.

【부정형】

(1) 한정사 자체를 부정할 수는 없지만 그 뒤에 출현하는 변화동사는 부정할 수 있다.

① 他每天都不忙。

Tā měitiān dōu bù máng.

그는 매일 바쁘지 않다.

② 我妈妈每个周末都没空。

Wǒ māma měi ge zhōumò dōu méi kòng.

우리 엄마는 매주 주말마다 시간이 없다.

③ 这家商店, 每部手机都不便宜。

Zhè jiā shāngdiàn, měi bù shǒujī dōu bù piányi.

이 상점은 모든 핸드폰이 싸지 않다.

(2) '…는 것은 아니다'를 나타내기 위해 '不是 búshì'가 한정사 앞에 사용된다.

① 他朋友不是每天都去看电影。

Tā péngyou bú shì měitiān dōu qù kàn diànyǐng.

그의 친구는 매일 영화를 보러가는 것은 아니다.

② 我们不是每天都有书法课。

Wǒmen bú shì měitiān dōu yǒu shūfǎ kè.

우리는 매일 서예 수업이 있지는 않다.

③ 他的兄弟姐妹不是每个人都喜欢打球。

Tā de xiōngdì jiěmèi bú shì měi ge rén dōu xǐhuan dǎ qiú.

그의 형제자매가 모두 공을 치는 것을 좋아하지는 않는다.

【의문형】

① 他每个周末都去哪里运动?

Tā měi gè zhōumò dōu qù nǎli yùndòng?

그는 매주 어디에 가서 운동을 합니까?

② 你爸爸每天都在家吃晚饭吗?

Nǐ bàba měitiān dōu zài jiā chī wǎnfàn ma?

너희 아빠는 매일 집에서 저녁식사를 하시니?

③ 他的照片，每张都很好看吗？

Tā de zhàopiàn, měi zhāng dōu hěn hǎokàn ma?

그의 사진은 모두 멋진가요?

용법 '每天 měitiān'은 '每一天 měi yì tiān 모든 날'과 같다. '一 yī 하나'는 종종 생략된다. 마찬가지로 '每个 měi ge'는 '每一个 měi yí ge 모든 (단일)' 등과 동일하다.

每. měi. 한정사. 每+시간 표현, 빈도 (2)

기능 이 문형은 특정 간격으로 사건이 발생했음을 나타낸다. '나는 3일에 한 번씩 수영장을 청소한다.'와 같은 경우이다. 빈도는 '每' 뒤에 시간 표현을 써서 나타낸다.

① 学校的游泳池每一个星期换一次水。

Xuéxiào de yóuyǒngchí měi yí ge xīngqī huàn yí cì shuǐ.

학교 수영장은 매주 한 번 물을 바꾼다. (즉, 학교 수영장 물은 한 주에 한 번 갈아 준다.)

② 他每三天就去一次健身房。

Tā měi sān tiān jiù qù yí cì jiànshēnfáng.

그는 3일마다 한 번씩 헬스장에 간다.

③ 我姐姐每六个月就到外国旅行一次。

Wǒ jiějie měi liù ge yuè jiù dào wàiguó lǚxíng yí cì.

우리 누나는 6개월마다 한 번씩 외국으로 여행 간다.

구조 每+시간 표현+동사구.

주어는 빈도 구문의 앞이나 뒤에 출현할 수 있다.

① 每一个星期我打一次电话回家。

Měi yí ge xīngqī wǒ dǎ yí cì diànhuà huí jiā.

나는 1주일에 한 번씩 집에 전화 한다.

② 他每三天就去健身房运动一次。

Tā měi sān tiān jiù qù jiànshēnfáng yùndòng yí cì.

그는 3일에 한 번씩 헬스장에 가서 운동한다.

③ 每一个月语言中心考两次试。

Měi yí ge yuè yǔyán zhōngxīn kǎo liǎng cì shì.

매달 어학당에서는 시험을 두 번 본다.

④ 我每两三天就去吃一次牛肉面。

Wǒ měi liǎng sān tiān jiù qù chī yí cì niúròumiàn.

나는 이삼일에 한 번 소고기면을 먹으러 간다.

【부정형】

부정은 '不是'를 사용하는 것이 표준이다.

① 我们不是每半年交一次房租, 是每两个月交一次。

Wǒmen bú shì měi bàn nián jiāo yí cì fángzū, shì měi liǎng gè yuè jiāo yí cì.

우리는 반년에 한 번씩 집세를 내는 것이 아니라 두 달에 한 번 집세를 낸다.

② 他不是每两年换一部手机。

Tā bú shì měi liǎng nián huàn yí bù shǒujī.

그는 2년에 한 번 핸드폰을 교체하는 것은 아니다.

③ 我的电脑不是每三分钟就存一次资料。

Wǒ de diànnǎo bú shì měi sān fēnzhōng jiù cún yí cì zīliào.

나의 컴퓨터는 3분에 한 번씩 데이터를 저장하지는 않는다.

【의문형】

① 他每个月上几次教堂?
Tā měi gè yuè shàng jǐ cì jiàotáng?
그는 매달 몇 번 교회에 갑니까?

② 我们是不是每三个月有一次假期?
Wǒmen shì bu shì měi sān gè yuè yǒu yí cì jiàqí?
우리는 3개월에 한 번씩 휴가가 있습니까?

③ 你去旅行的时候是不是每天都发很多次短信给女朋友?
Nǐ qù lǚxíng de shíhou shì bu shì měitiān dōu fā hěn duō cì duǎnxìn gěi nǚpéngyou?
너는 여행을 갈 때 여자 친구에게 매일 문자를 많이 보내니?

용법 (1) 일상 회화에서 '每'는 때때로 생략되지만, 시간 표현이 강조된다.

① 小明(每)半年跟大学朋友吃一次饭。
Xiǎomíng (měi) bàn nián gēn dàxué péngyou chī yí cì fàn.
샤오밍은 반년에 한 번씩 대학동기들과 밥을 먹는다.

② 老师(每)三天就考一次听写。
Lǎoshī (měi) sān tiān jiù kǎo yí cì tīngxiě.
선생님은 삼일에 한 번씩 받아쓰기 시험을 본다.

(2) 동사의 단위사('次', '趟'과 같은)는 동사 옆이나 목적어 뒤에 위치한다. 동사 옆에 출현하는 것이 더 선호된다.

① a. 张先生每半个月去一趟越南。
Zhāng xiānsheng měi bàn ge yuè qù yí tàng Yuènán.
장 선생님은 반달에 한 번씩 베트남에 간다.

b. 张先生每半个月去越南一趟。
Zhāng xiānsheng měi bàn ge yuè qù Yuènán yí tàng.
장 선생님은 반달에 한 번씩 베트남에 간다.

② a. 你每个月上几次教堂?

Nǐ měi ge yuè shàng jǐ cì jiàotáng?

너는 매달 교회에 몇 번 가니?

b. 你每个月上教堂几次?

Nǐ měi ge yuè shàng jiàotáng jǐ cì?

너는 매달 교회에 몇 번 가니?

③ 他每个月送两次礼物给女朋友。

Tā měi ge yuè sòng liǎng cì lǐwù gěi nǚpéngyou.

그는 매달 두 번씩 여자친구에게 선물을 준다.

*他每个月送礼物给女朋友两次。

*Tā měi ge yuè sòng lǐwù gěi nǚpéngyou liǎng cì.

(3) '就 jiù'가 이 문형에서 사용되면 빈도가 예상보다 높음을 나타낸다. 만약 빈도가 예상보다 낮으면 '才 cái'를 사용할 수 있다. 다음 예문들을 비교해 보자.

① 张主任每半年请我们吃一次饭。(사실적인 진술)

Zhāng zhǔrèn měi bàn nián qǐng wǒmen chī yí cì fàn.

장 주임은 반년에 한 번 우리에게 밥을 산다.

② 张主任每半年就请我们吃一次饭。(그는 넉넉한 사람이다)

Zhāng zhǔrèn měi bàn nián jiù qǐng wǒmen chī yí cì fàn.

장 주임은 반년에 한 번 (그렇게 자주) 우리에게 밥을 산다.

③ 张主任每半年才请我们吃一次饭。(그는 인색한 사람이다)

Zhāng zhǔrèn měi bàn nián cái qǐng wǒmen chī yí cì fàn.

장 주임은 겨우 반년에 한 번 우리에게 밥을 산다.

A B C D E F G H I J K L M

免得. miǎnde. 부사. ~하지 않도록, ~을 피하기 위해

기능 바람직하지 않은 일이 발생하지 않도록 조언할 때 사용한다. '免得' 앞에 제시된 사건이 제대로 실현되면 '免得' 뒤에 나오는 상황을 피할 수 있다.

① 你又咳嗽又发烧。快去看医生吧, 免得感冒越来越严重。

Nǐ yòu késou yòu fāshāo. Kuài qù kàn yīshēng ba, miǎnde gǎnmào yuè lái yuè yánzhòng.

기침도 나고 열도 나니 감기가 갈수록 심해지지 않도록 빨리 의사한테 가보세요.

② 你有空的话去帮一下忙, 免得他一个人忙不过来。

Nǐ yǒu kòng dehuà qù bāng yíxià máng, miǎnde tā yí gè rén máng bú guòlái.

그 사람 혼자서 힘들어 하지 않도록 네가 시간이 나면 가서 좀 도와 줘.

③ 我们最好注意一下食材的产地, 免得买到有问题的食品。

Wǒmen zuì hǎo zhùyì yíxià shícái de chǎndì, miǎnde mǎi dào yǒu wèntí de shípǐn.

문제가 있는 식품을 사게 되지 않도록 식자재의 생산지를 주의하는 것이 좋겠어.

④ 我建议你多去参加一些社交活动, 免得你一个人在家无聊。

Wǒ jiànyì nǐ duō qù cānjiā yìxiē shèjiāo huódòng, miǎnde nǐ yí gè rén zàijiā wúliáo.

당신 혼자 집에서 심심하지 않도록 사교활동을 자주 참가하러 가는 걸 권해요.

⑤ 好好准备吧, 免得口头报告时太紧张而忘了要说什么。

Hǎohāo zhǔnbèi ba, miǎnde kǒutóu bàogào shí tài jǐnzhāng ér wàngle yào shuō shénme.

구두 발표할 때 너무 긴장해서 무슨 말을 해야할 지 잊어버리지 않도록 잘 준비하세요.

明明. míngmíng. 부사. …라는 것은 모든 사람에게 명백한 사실이다

기능 부사 '明明'은 화자에게 명백한 진실인 것처럼 보이는 것에 대해서 명시적이든 암시적이든 다른 사람의 모순에 대한 화자의 불만을 나타낸다.

① 小玉明明暗恋小王, 可是不敢向他告白。
Xiǎoyù míngmíng ànliàn Xiǎowáng, kěshì bù gǎn xiàng tā gàobái.
샤오위는 분명히 샤오왕을 남몰래 사랑하지만 차마 그에게 고백하지 못한다.

② 明明你们都知道他只在乎自己的利益, 为什么要选他?
Míngmíng nǐmen dōu zhīdao tā zhǐ zàihu zìjǐ de lìyì, wèishéme yào xuǎn tā?
당신들은 분명히 그가 자신의 이익만을 생각한다는 것을 알면서 왜 그를 선출했습니까?

③ 小玉明明胆子很小, 却爱看恐怖片。
Xiǎoyù míngmíng dǎnzi hěn xiǎo, què ài kàn kǒngbù piàn.
샤오위는 분명히 겁이 많은데 공포영화 보는 것을 좋아한다.

④ 昨天的事, 明明是你的错。为什么说是我的错?
Zuótiān de shì, míngmíng shì nǐ de cuò. Wèishéme shuō shì wǒ de cuò?
어제 일은 너의 잘못이 분명한데 왜 나의 잘못이라고 말하니?

⑤ 这个房间里都是垃圾。明明很脏, 他还说很干净。
Zhège fángjiān lǐ dōu shì lājī. Míngmíng hěn zāng, tā hái shuō hěn gānjìng.
이 방은 쓰레기로 가득하다. 더러운 게 명백한데도 그는 깨끗하다고 말한다.

용법 부사 '明明'을 사용하여 화자는 청자에게 맞서고 도전한다. 이는 다소 무례한 표현이므로 가볍게 사용해서는 안 된다. '明明'은 일반적으로 두 개의 문장이 연결된 구조에서 사용되며, '明明'은 화자가 진리라고 믿는 사실과 같이 출현한다. 아래에 더 많은 예문들이 제시되어 있다.

① 你为什么说这个蛋糕不好吃?明明很好吃啊!
Nǐ wèishéme shuō zhège dàngāo bù hǎochī? Míngmíng hěn hǎochī a!
너는 왜 케이크가 맛이 없다고 말하니? 분명히 맛있는데.

② 谁说单身不好? 她明明过得很好。

Shéi shuō dānshēn bù hǎo? Tā míngmíng guò de hěn hǎo.

누가 독신은 나쁘다고 그래? 그녀는 분명히 잘 지내고 있는데.

③ 她哪里买不起房子? 她明明是有钱人。

Tā nǎli mǎi bù qǐ fángzi? Tā míngmíng shì yǒu qián rén.

그녀가 어디 집을 살 여유가 안 됩니까? 그녀는 분명히 부자입니다.

④ 你明明想买那种新手机, 为什么你说不想买?

Nǐ míngmíng xiǎng mǎi nàzhǒng xīn shǒujī, wèishéme nǐ shuō bù xiǎng mǎi?

분명히 그 기종의 새 핸드폰을 사고 싶으면서 왜 사고 싶지 않다고 말하니?

⑤ 你明明去过日本, 可是你为什么说没去过?

Nǐ míngmíng qùguo Rìběn, kěshì nǐ wèishéme shuō méi qùguo?

분명히 일본에 갔으면서 왜 간 적이 없다고 말합니까?

⑥ 小玉明明生病了, 却不去看医生。

Xiǎoyù míngmíng shēngbìng le, què bú qù kàn yīshēng.

샤오위는 분명히 아픈데 의사에게 가지 않는다.

N

拿…来说. ná. 전치사. …láishuō. …을 예로 들다

기능 이러한 문형을 사용하여 화자는 주어진 관점에서 상황을 진술한다.

① 我们公司的产品最有竞争力。拿价钱来说, 我们的产品是市场上最便宜的。
Wǒmen gōngsī de chǎnpǐn zuì yǒu jìngzhēnglì. Ná jiàqian láishuō, wǒmen de chǎnpǐn shì shìchǎng shang zuì piányi de.
저희 회사 제품이 가장 경쟁력이 있습니다. 가격 면에서 예를 들면 저희 제품이 시장에서 가장 저렴합니다.

② 我最怕参加比赛了。拿上次演讲比赛来说, 我紧张得把要说的话全忘了。
Wǒ zuì pà cānjiā bǐsài le. Ná shàng cì yǎnjiǎng bǐsài láishuō, wǒ jǐnzhāng de bǎ yào shuō de huà quán wàng le.
나는 대회에 참가하는 것을 제일 두려워한다. 지난번 웅변대회에서는 너무 긴장해서 할 말을 모두 잊어버렸다.

③ 车祸的原因常常都是车速太快。拿王大明上次出车祸来说, 他的车速几乎超过规定的一倍。
Chēhuò de yuányīn chángcháng dōu shì chēsù tài kuài. Ná Wáng Dàmíng shàng cì chū chēhuò láishuō, tā de chēsù jīhū chāoguò guīdìng de yí bèi.
교통사고의 원인은 주로 차의 속력이 너무 빨라서이다. 왕따밍이 저번에 난 교통사고를 예로 들면 그의 차의 속력이 거의 규정의 두 배가 넘었다.

④ 这家公司的待遇真不错。拿休假来说, 只要工作两年就能休十天的假。
Zhè jiā gōngsī de dàiyù zhēn búcuò. Ná xiūjià láishuō, zhǐyào gōngzuò liǎng nián jiù néng xiū shí tiān de jià.
이 회사의 처우는 매우 좋다. 휴가를 예로 들자면 2년만 일하면 열흘의 휴가를 받을 수 있다.

N O P Q R S T U V W X Y Z

⑤ 丽丽对穿很讲究。拿外套来说，黑色的就有十件不同的款式。

Lìli duì chuān hěn jiǎngjiu. Ná wàitào láishuō, hēisè de jiù yǒu shí jiàn bù tóng de kuǎnshì.

리리는 복장에 신경을 많이 쓴다. 외투를 예로 들자면 검은색만 다른 스타일로 열 벌이 있다.

哪里. nǎli. 부사. 반어적 의문문

기능

'哪里'는 반박이나 의심을 나타내는 반어적 의문문도 표현할 수 있다. 예를 들면, '어떻게 그게 가능합니까?' 또는 '…이 가능하지 않다'라는 의미이다.

① 一般大学刚毕业的年轻人哪里有钱买房子?

Yìbān dàxué gāng bìyè de niánqīngrén nǎli yǒu qián mǎi fángzi?

일반적으로 대학을 막 졸업한 젊은이가 집을 살 돈이 어디 있겠어요?

② 这件事哪里稀奇了? 这种现象越来越普遍了。

Zhè jiàn shì nǎli xīqí le? Zhè zhǒng xiànxiàng yuè lái yuè pǔbiàn le.

이 일이 뭐가 희한해요? 이런 현상은 갈수록 보편적이 되어가고 있어요.

③ 我哪里是盲目升学? 我以后还要念博士呢。

Wǒ nǎli shì mángmù shēngxué? Wǒ yǐhòu hái yào niàn bóshì ne.

내가 언제 맹목적으로 진학을 했어? 나는 앞으로 박사도 할 거야.

④ 你穿起来哪里不好看? 你穿起来跟模特儿一样漂亮。

Nǐ chuān qǐlai nǎli bù hǎokàn? Nǐ chuān qǐlai gēn mótèr yíyàng piàoliang.

네가 입은 게 뭐가 보기 안 좋아? 네가 입으니 모델만큼 예뻐.

⑤ 我妈妈连电脑都不会用，哪里会上网购物?

Wǒ māma lián diànnǎo dōu bú huì yòng, nǎli huì shàngwǎng gòuwù?

우리 엄마는 컴퓨터도 할 줄 모르시는데, 어디 인터넷 쇼핑을 하시겠어?

용법 '哪里'는 원래 공간을 가리키는 의문대명사이지만 여기에서는 '가능하지 않음'을 나타낸다. 이 '哪里'는 '감사합니다.'에 대해 일반적으로 쓰이는 대답과 구별되어야 한다.

A: 谢谢。

Xièxie.

B: 哪里! 哪里!

Nǎli! Nǎli!

难. nán. '难+동사' 구조에서 특별한 의미를 가진다. (好(1) 참조)

难道. nándào. 부사. 어떻게 그것이 사실일 수 있단 말인가?

기능 부사 '难道'를 사용하여 화자가 자신이 생각하기 어려운 일이 일어날 수 있다는 의심을 표명한다. 기본적으로 반어적 표현의 의문이다.

① 动了微整型手术以后, 难道就真能变得更有自信?

Dòng le wēizhěngxíng shǒushù yǐhòu, nándào jiù zhēn néng biàn de gèng yǒu zìxìn?

쁘띠 성형 시술을 한 후에 설마 정말 훨씬 더 자신감이 있어질 수 있단 말인가?

② 难道他是因为赶时间才出车祸的?

Nándào tā shì yīnwèi gǎn shíjiān cái chū chēhuò de?

설마 그는 서두르다가 교통사고가 난 겁니까?

③ 因为父母反对就放弃念理想的科系, 难道你不觉得遗憾?

Yīnwèi fùmǔ fǎnduì jiù fàngqì niàn lǐxiǎng de kēxì, nándào nǐ bù juéde yíhàn?

너는 부모님이 반대한다고 바로 희망하는 학과를 포기하는 게 정말 유감스럽지 않아?

N O P Q R S T U V W X Y Z

④ 这么有名的凤梨酥, 难道你不想尝尝看?
Zhème yǒumíng de fènglísū, nándào nǐ bù xiǎng chángchang kàn?
이렇게 유명한 펑리수를 너는 정말 맛보고 싶지 않아?

⑤ 今天是星期一, 你怎么有空来看我?难道你真的辞掉工作了?
Jīntiān shì xīngqī yī, nǐ zěnme yǒu kòng lái kàn wǒ? Nándào nǐ zhēnde cídiào gōngzuò le?
오늘은 월요일인데 어떻게 시간이 나서 저를 보러 왔습니까? 설마 일을 그만둔 겁니까?

용법 (1) '难道'는 동일한 문장에서 '吗'와 함께 출현할 수 있다. 예를 들면 다음과 같다.

① 他宁可跟女朋友分手也不愿意结婚。难道结婚真的那么可怕吗?
Tā nìngkě gēn nǚpéngyou fēnshǒu yě bú yuànyì jiéhūn. Nándào jiéhūn zhēnde nàme kěpà ma?
그는 차라리 여자친구와 헤어지는 한이 있더라도 결혼을 원치 않습니다. 설마 결혼이 정말 그렇게 무섭습니까?

② 阿姨让小李每天喝鱼汤。难道鱼汤可以让伤口好得快一点吗?
Āyí ràng Xiǎolǐ měitiān hē yútāng. Nándào yútāng kěyǐ ràng shāngkǒu hǎo de kuài yìdiǎn ma?
이모는 샤오리에게 매일 생선탕을 마시게 한다. 설마 생선탕이 상처를 빨리 낫게 해 준 건가?

③ 欧洲人很容易地占领了台湾的土地。难道那时候台湾没有政府吗?
Ōuzhōu rén hěn róngyì de zhànlǐngle Táiwān de tǔdì. Nándào nà shíhou Táiwān méi yǒu zhèngfǔ ma?
유럽 사람들은 타이뻬이 땅을 쉽게 점령하였다. 설마 그 시절 타이완은 정부가 없었나?

(2) '难道'는 '到底 dàodǐ', '居然 jūrán'과 같이 동일하게 부사의 하위 범주에 속한다. 이런 유형의 부사는 주어의 앞이나 뒤에 출현할 수 있다. 예를 들면 다음과 같다. 你难道还下不了决心吗? Nǐ nándào hái xiàbùliǎo juéxīn ma? ~难道你还下不了决心吗? Nándào nǐ hái xiàbùliǎo juéxīn ma? '아직도 결

정을 내릴 수 없습니까?' 전자는 주어가 전체 문장의 화제이다. 후자의 경우 '你'는 주어이지만 화제는 아니다.

(3) 회화에서 '难道' 등을 사용하면 다소 퉁명스럽고, 도전적이거나, 심지어 무례할 수도 있다. 화자는 가장 가능성이 적은 상황, 극단적인 상황을 나열하여 상대방에게 이의를 제기한다. 예를 들면 다음과 같다.

① 难道你要我把所有的钱都给你?
Nándào nǐ yào wǒ bǎ suǒyǒu de qián dōu gěi nǐ?
너는 설마 내가 가진 돈을 모두 너에게 주기를 바라는 거야?

② 难道你穷得连一杯豆浆都喝不起?
Nándào nǐ qióng de lián yì bēi dòujiāng dōu hē bù qǐ?
설마 당신은 가난해서 또우쟝 한 잔도 사 마실 여유가 없습니까?

③ 难道你预期他的得票率会超过百分之百?
Nándào nǐ yùqī tā de dépiàolǜ huì chāoguò bǎi fēn zhī bǎi?
설마 당신은 그의 득표율이 100%가 넘을 거라고 예측합니까?

难得, nándé. 부사. 드물게

기능 '难得'는 부사로서 일반적으로 경험할 수 없는 사건에 대한 화자의 관찰을 나타낸다.

① 他给自己很大的压力。难得看到他轻松的样子。
Tā gěi zìjǐ hěn dà de yālì. Nándé kàndào tā qīngsōng de yàngzi.
그는 자신에게 스트레스를 많이 주는데, 모처럼 그가 편안한 모습을 봤습니다.

② 我难得来这附近的商业广场。没想到这里这么热闹。
Wǒ nándé lái zhè fùjìn de shāngyè guǎngchǎng. Méi xiǎngdào zhèli zhème rènao.
나는 어렵사리 이 부근의 상점가에 왔다. 여기가 이렇게 번화한지 미처 생각지 못했다.

③ 你们难得听古典音乐吧?觉得怎么样?喜欢吗?

Nǐmen nándé tīng gǔdiǎn yīnyuè ba? Juéde zěnmeyàng? Xǐhuan ma?

모처럼 클래식 음악을 듣지요? 어때요? 좋아요?

④ 他的想法总是很正面, 难得有负面的想法。

Tā de xiǎngfǎ zǒngshì hěn zhèngmiàn, nándé yǒu fùmiàn de xiǎngfǎ.

그의 생각은 항상 긍정적인데 간만에 부정적으로 생각했다.

⑤ 我难得看到他焦虑不安的样子。发生了什么事?

Wǒ nándé kàndào tā jiāolǜ bù'ān de yàngzi. Fāshēng le shénme shì?

간만에 그가 초조하고 불안한 모습을 봅니다. 무슨 일이 생겼습니까?

N

O

P

Q

R

S

T

U

V

W

X

Y

Z

용법 '难得'는 '很'이나 '真'의 수식을 받는 상태동사가 되기도 한다.

真难得, 那么年轻就自食其力, 不靠父母了。

Zhēn nándé, nàme niánqīng jiù zìshí-qílì, bú kào fùmǔ le.

정말 보기 드문 일이군요, 그렇게 젊은데 부모에게 의지하지 않고 혼자 힘으로 살다니.

难怪. nánguài. 부사. 어쩐지

기능 부사 '难怪'는 두 구절의 문장에서 두 번째 구절 앞에 쓰인다. 두 번째 구절은 화자의 예전 의문과 관련되는데 첫 번째 구절에 제시된 새로운 관찰로 이러한 의문이 해결되었음을 나타낸다. 의미론적 구조는 바로 '새로운 사실'이 '오래된 의문'을 말끔히 해결해 주었다는 것이다.

① 他家过年过节都要拜祖先, 难怪那么早回家帮忙。

Tā jiā guònián guòjié dōu yào bài zǔxiān, nánguài nàme zǎo huí jiā bāngmáng.

그의 집은 새해와 명절을 지낼 때 조상에게 제사를 지낸다. 어쩐지 그가 왜 그렇게 일찍 집에 가서 일을 돕나 하고 생각했었다.

② 他下个星期有口头报告，难怪这几天都熬夜学习。

Tā xiàge xīngqī yǒu kǒutóu bàogào, nánguài zhè jǐ tiān dōu áoyè xuéxí.

그는 다음 주에 구두 발표가 있다. 어쩐지 요 며칠 계속 밤을 새워 공부를 하더라니.

③ 美美要申请奖学金，难怪她请教授写推荐信。

Měimei yào shēnqǐng jiǎngxuéjīn, nánguài tā qǐng jiàoshòu xiě tuījiànxìn.

메이메이가 장학금을 신청하려고 한다. 어쩐지 교수님께 추천서를 써달라고 부탁 드리더라니.

④ 他刚才跟店员发生了一点纠纷，难怪说话的声音那么大。

Tā gāngcái gēn diànyuán fāshēng le yìdiǎn jiūfēn, nánguài shuōhuà de shēngyīn nàme dà.

그가 방금 점원과 약간의 논쟁이 생겼다. 그래서 말소리가 그렇게 컸던 거였다.

⑤ 美美的爸爸最近没工作了，难怪她哥哥放弃去法国留学。

Měimei de bàba zuìjìn méi gōngzuò le, nánguài tā gēge fàngqì qù Fǎguó liúxué.

메이메이의 아빠가 요즘 실직하셨다. 어쩐지 그녀의 오빠가 프랑스 유학을 포기했더라니.

难免. nánmiǎn. 부사. 필연적으로, ~하는 것이 당연하다

기능 '难免'은 부사로, 어떤 상황이 불가피하며 어쩔 수 없거나 피할 수 없음을 나타낸다.

① 很多学生好不容易考上了大学，难免想玩个够，不想念书。

Hěn duō xuésheng hǎobùróngyì kǎoshàng le dàxué, nánmiǎn xiǎng wán gc gòu, bù xiǎng niànshū.

많은 학생들이 어렵게 대학에 합격해도 실컷 놀고 싶고, 공부하기 싫기 마련이다.

② 有时候媒体的报导难免会有问题，所以大家要想一想，不能完全相信。

Yǒushíhou méitǐ de bàodǎo nánmiǎn huì yǒu wèntí, suǒyǐ dàjiā yào xiǎng yi xiǎng, bù néng wánquán xiāngxìn.

때로는 언론보도에 문제가 있기 마련이라서, 모두가 한 번 생각해 봐야지 완전히 믿을 수는 없다.

③ 张先生夫妇都失业了，难免会让人担心他们的未来。

Zhāng xiānsheng fūfù dōu shīyè le, nánmiǎn huì ràng rén dānxīn tāmen de wèilái.

장 선생 부부는 모두 실직 상태여서 사람들이 그들의 미래를 걱정하기 마련이다.

④ 年轻的一代已没有重男轻女的观念了，但老一辈的人难免还有这种想法。

Niánqīng de yídài yǐ méi yǒu zhòngnán qīngnǚ de guānniàn le, dàn lǎo yí bèi de rén nánmiǎn hái yǒu zhè zhǒng xiǎngfǎ.

젊은 세대는 이미 남존여비 관념은 없지만 기성세대는 아직 그런 생각을 갖고 있기 마련이다.

⑤ 由于「少子化」的关系，有些高中难免也受到了影响。

Yóuyú 'shǎozǐhuà' de guānxi, yǒuxiē gāozhōng nánmiǎn yě shòudào le yǐngxiǎng.

'저출산 인구감소' 관계로, 일부 고등학교는 영향을 받기 마련이다.

용법 '难免'은 대부분의 부사와 달리, 다양한 통사 구조를 갖는다. 예를 들면 다음과 같다.

① 刚开始学中文时，难免会觉得很难。(조동사 앞)

Gāng kāishǐ xué Zhōngwén shí, nánmiǎn huì juéde hěn nán.

막 중국어를 배우기 시작할 때는 어렵게 느껴지기 마련이다.

② 刚开始学中文时，写错字是难免的。(서술어)

Gāng kāishǐ xué Zhōngwén shí, xiěcuò zì shì nánmiǎn de.

막 중국어를 배우기 시작할 때는 글자를 잘못 쓰기 마련이다.

③ 虽然他的脾气好, 但对这件事也难免(会)生气。(전치사구 뒤에)
Suīrán tā de píqì hǎo, dàn duì zhè jiàn shì yě nánmiǎn (huì) shēngqì.
비록 그는 성격이 좋지만 이 일에는 화를 낼 수도 있다.

难以. nányǐ. 조동사. …하기가 어렵다

기능 이 조동사는 무언가를 책임지는 것이 거의 불가능함을 나타낸다.

① 大学的学费涨了不少, 使很多学生难以负担。
Dàxué de xuéfèi zhǎng le bù shǎo, shǐ hěn duō xuésheng nányǐ fùdān.
대학 학비가 많이 올라 많은 학생들이 부담하기 어렵게 되었다.

② 由于语言的障碍, 他们两个人一直难以沟通。
Yóuyú yǔyán de zhàng'ài, tāmen liǎng gè rén yìzhí nányǐ gōutōng.
언어 장벽으로 인해 그 두 사람은 줄곧 의사소통하기 어려웠다.

③ 政府的政策不够有弹性, 所以难以改善失业的情况。
Zhèngfǔ de zhèngcè bú gòu yǒu tánxìng, suǒyǐ nányǐ gǎishàn shīyè de qíngkuàng.
정부의 정책은 유연성이 부족하여 실업 문제를 개선하기 어렵다.

④ 要是该国再持续发展下去, 我国将难以跟他们一较长短了。
Yàoshi gāi guó zài chíxù fāzhǎn xiàqu, wǒ guó jiāng nányǐ gēn tāmen yíjiào chángduǎn le.
해당 국가가 계속 지속적으로 발전해 나가면 장차 우리나라는 그들과 겨루기 힘들어질 것이다.

⑤ 这个周末他请我去吃他表哥的喜酒。我实在难以拒绝。
Zhège zhōumò tā qǐng wǒ qù chī tā biǎogē de xǐjiǔ. Wǒ shízài nányǐ jùjué.
이번 주말에 그는 그의 사촌형의 결혼식에 나를 초대했다. 정말 거절하기 어렵다.

용법 (1) '难以'는 격식체이며 이음절 동사가 따라온다. 예를 들면 다음과 같다.

事情太复杂了, 目前还难以处理。
shìqing tài fùzá le, mùqián hái nányǐ chǔlǐ.
일이 너무 복잡해서 지금은 아직 처리하기 어렵다.

(2) '难以' 뒤에는 항상 동사구가 출현한다. 위 예문 참조.

呢. ne. 조사. 대조 부가 의문문

기능 조사 '呢'는 부가 의문문을 만든다. 즉, '~는 어때?'와 같은 의미이다.

① 我要喝茶, 你呢?
Wǒ yào hē chá, nǐ ne?
나는 차를 마셔. 너는?

② 他不喝咖啡, 陈小姐呢?
Tā bù hē kāfēi, Chén xiǎojie ne?
그는 커피를 안 마셔요. 미스 천은요?

③ 王先生是日本人, 李先生呢?
Wáng xiānsheng shì Rìběn rén, Lǐ xiānsheng ne?
왕 선생님은 일본인입니다. 이 선생님은요?

구조 (1) 동일한 술어, 다른 주어들

주어1 동사 목적어, 주어2 呢?

① 他是美国人, 你呢?
Tā shì Měiguó rén, nǐ ne?
그는 미국인이야. 너는?

② 他喜欢日本菜, 你呢?
Tā xǐhuan Rìběn cài, nǐ ne?
그는 일본음식을 좋아해. 너는?

(2) 동일한 주어, 다른 목적어들

주어 동사 목적어1, 목적어2 呢?

① 你喜欢喝茶, 咖啡呢?
Nǐ xǐhuan hē chá, kāfēi ne?
차 마시는 거 좋아하지? 커피는?

② 他不喝咖啡, 茶呢?
Tā bù hē kāfēi, chá ne?
그는 커피를 안 마시는데 차는?

能1. néng. 조동사. 능력 (1)

기능 조동사 '能'은 주어의 능력을 표현한다.

① 新手机能上网。
Xīn shǒujī néng shàngwǎng.
새 핸드폰은 인터넷 접속을 할 수 있다.

② 那部手机能照相。
Nà bù shǒujī néng zhàoxiàng.
그 핸드폰은 사진을 찍을 수 있다.

③ 他弟弟能吃四十个饺子。
Tā dìdi néng chī sìshí ge jiǎozi.
그의 남동생은 만두 40개를 먹을 수 있다.

④ 我的车能坐八个人。

Wǒ de chē néng zuò bā ge rén.

나의 차는 여덟 명이 탈 수 있다.

구조 **【부정형】**

부정 표지 '不'는 조동사 앞에 위치하여야 하며 뒤에 위치하면 안 된다.

① 我的手机不能上网。

Wǒ de shǒujī bù néng shàngwǎng.

내 핸드폰은 인터넷 접속이 안 된다.

② 我的小车不能坐那么多人。

Wǒ de xiǎo chē bù néng zuò nàme duō rén.

내 작은 차는 그렇게 많은 사람이 탈 수 없다.

【의문형】

조동사 '能'은 'A-不-A' 문형에서 A 위치에 출현한다.

① 你的手机能不能照相?

Nǐ de shǒujī néng bu néng zhàoxiàng?

당신의 핸드폰은 사진을 찍을 수 있습니까?

② 那部手机能不能上网?

Nà bù shǒujī néng bu néng shàngwǎng?

그 핸드폰은 인터넷에 접속할 수 있습니까?

③ 你的手机能不能用十个小时?

Nǐ de shǒujī néng bu néng yòng shí ge xiǎoshí?

당신의 핸드폰은 열 시간을 사용할 수 있습니까?

能2. néng. 조동사. 허가 (2)

기능 '能'은 허락도 나타낸다. 예를 들면 다음과 같다.

① 明天, 我能不能请一天假?

Míngtiān, wǒ néng bu néng qǐng yì tiān jià?

내일 제가 휴가를 하루 낼 수 있습니까?

② 我能借一下笔吗?

Wǒ néng jiè yíxià bǐ ma?

펜 좀 빌릴 수 있을까요?

③ 他也能一起来吗?

Tā yě néng yìqǐ lái ma?

그도 같이 올 수 있습니까?

구조 '能1'과 같다

용법 허가를 나타내는 '能'은 허가를 나타내는 '可以'와 많이 겹쳐서 '能'이 '可以'로 대체되는 경우가 많으며 특히 부정의 경우 그러하다. 예를 들면 위의 예문 ①이나 ③에 대한 부정적인 대답은 종종 '不可以'가 될 수 있다.

能3, néng. 조동사. 가능성 (3)

기능 '能3'은 상황이 유리할 때 어떤 것을 시행할 가능성을 말한다.

① 我明天不能来开会。(다른 일이 있다)

Wǒ míngtian bù néng lái kāihuì.

나는 내일 회의하러 올 수 없다.

② 咖啡也能外带。(잘 포장될 수 있다)

Kāfēi yě néng wàidài.

커피도 포장이 가능하다.

③ 小孩能不能在这里玩手机? (허가하지 않는 어떤 규칙이 있나요?)

Xiǎohái néng bu néng zài zhèli wán shǒujī?

아이가 여기에서 핸드폰을 가지고 놀 수 있습니까?

④ 他的脚受伤了, 今天不能踢足球。

Tā de jiǎo shòushāng le, jīntiān bù néng tī zúqiú.

그의 발이 다쳐서 오늘 축구를 할 수 없다.

구조 ‘能$_3$’도 ‘조동사’이며 ‘조동사’의 문법적 규칙에 따라 사용된다. ‘能$_1$’ 참조. ‘能$_1$’과 ‘能$_3$’은 모두 자유롭게 부정형을 취할 수 있지만 ‘能$_2$’는 부정형을 취할 때 제한이 있음을 유의하여야 한다. 아래 ‘能$_2$’ 참조.

용법 ‘能’, ‘会’, ‘可以’는 모두 ‘～할 수 있다’로 번역할 수 있으므로 중국어에서는 반드시 올바른 선택을 해야 한다. 선택은 의미(즉, 의미론)에 의해 엄격하게 통제된다.

① 지금 들어와도 돼. → 可以

② 크게 말해도 돼! → 能

③ 요리할 수 있어? → 会

④ 잠시 후에 올 수 있어? → 可以/能

⑤ 들려? → 得- 보어

⑥ 그녀의 아이가 걸을 수 있어? → 会

⑦ 얼마나 많은 햄버거를 먹을 수 있어?? → 能

⑧ 그가 가르칠 수 있어? → 能

⑨ 미안해, 올 수 없어. → 能

⑩ 너를 위해 요리할 수 있어. → 可以

⑪ 나를 기다려줄 수 있어? → 可以/能

宁可 A 也要 B. nìngkě(부사) A, yě(부사) yào(조동사) B. B 하기 위해서 차라리 A한다

기능 이 문형에서 '宁可'는 주어가 중요한 어떠한 것을 성취하기 위해 기꺼이 무언가를 견딤을 나타낸다.

① 父母宁可自己辛苦一点, 也要让孩子快乐。

Fùmǔ nìngkě zìjǐ xīnkǔ yìdiǎn, yě yào ràng háizi kuàilè.

부모는 차라리 본인이 고생스럽더라도 아이를 즐겁게 해주려고 한다.

② 小农宁可收成少, 也要种出安全, 健康的食材。

Xiǎonóng nìngkě shōuchéng shǎo, yě yào zhòngchū ānquán, jiànkāng de shícái.

소농은 차라리 수확이 적을지언정 안전하고 건강한 식자재를 재배하려고 한다.

③ 她宁可薪水少, 也要做自己感兴趣的工作。

Tā nìngkě xīnshuǐ shǎo, yě yào zuò zìjǐ gǎn xìngqù de gōngzuò.

그녀는 차라리 월급이 적을지언정 자신이 흥미 있는 일을 하려고 한다.

④ 表哥宁可不睡觉, 也要把报告写完。

Biǎogē nìngkě bú shuìjiào, yě yào bǎ bàogào xiěwán.

사촌 형은 차라리 잠을 안 잘지언정 리포트를 다 완성하려고 한다.

⑤ 美美宁可餐餐吃面包, 也要省钱准备旅行。

Měimei nìngkě cāncān chī miànbāo, yě yào shěng qián zhǔnbèi lǚxíng.

메이메이는 차라리 매 끼니마다 빵을 먹을지언정 돈을 아껴 여행 준비를 하려고 한다.

弄. nòng. 동사. 일반 대동사 (1)

기능 ‘弄’은 구체적인 의미의 동사 대신 사용되는 일반 동사이다. 영어 ‘doing the dishes 요리를 하는 것’에서의 일반적인 대동사 ‘do, 하다’와 같이 ‘弄’은 주어진 문맥에서 동사의 의미가 명확하지 않거나 그다지 중요하지 않을 때 사용된다. ‘弄’ 뒤에 목적어를 나타내는 명사가 올 수 있다. (예, 弄饭 ‘밥을 짓다’)

① 你坐一下, 我去弄饭。等一下就可以吃了。
Nǐ zuò yíxià, wǒ qù nòng fàn. Děng yíxià jiù kěyǐ chī le.
좀 앉아 계세요. 저는 밥하러 갈게요. 곧 먹을 수 있어요.

② 你别一直弄我的衣服。
Nǐ bié yìzhí nòng wǒ de yīfu.
자꾸 내 옷 만지작거리지 마.

③ 你休息一下。我去弄衣服。
Nǐ xiūxi yíxià. Wǒ qù nòng yīfu.
좀 쉬세요. 저는 빨래하러 가요.

弄. nòng. 동사. 일반 원인 동사 (2)

기능 ‘弄’은 영어의 ‘make’와 같은 결과를 일으키는 동사이다. 이 동사는 무언가의 원래 속성을 변화시킨다.

① 是谁把我的玻璃瓶弄破的?
Shì shéi bǎ wǒ de bōlí píng nòngpò de?
누가 내 유리병을 깨뜨렸어요?

② 雨好大, 把我的衣服弄湿了。
Yǔ hǎo dà, bǎ wǒ de yīfu nòngshī le.
비가 아주 많이 와서 내 옷이 모두 젖었다.

③ 这一课的语法好难, 我看了半天还是弄不清楚。

Zhè yí kè de yǔfǎ hǎo nán, wǒ kànle bàntiān háishi nòng bu qīngchu.

이 과의 문법은 아주 어려워서 반나절을 봐도 여전히 잘 모르겠다.

구조 '弄' 뒤에는 항상 상태동사 또는 변화동사가 온다. (위의 예문들 참조).

【부정형】

오직 '没' 부정형이나 가능보어의 부정형만 사용된다.

① 没弄清楚。

Méi nòng qīngchu.

확실히 하지 못했다.

② 弄不清楚。

Nòng bù qīngchu.

분명하지 않다.

【의문형】

① 你弄好了吗?

Nǐ nònghǎo le ma?

다 됐어요?

② 他弄干净了没有?

Tā nòng gānjìng le méi yǒu?

그가 깨끗이 치웠어요?

③ 这个东西, 弄不弄得熟?

Zhège dōngxi, nòng bu nòng de shóu?

이거 푹 익혀질 수 있나요?

용법 (1) '弄'은 일반적으로 결과가 과정 자체보다 더 중요할 때 사용된다. 예를 들면 다음과 같다. 弄干净 nòng gānjìng '깨끗하게 하다', 弄好 nònghǎo '잘 하다', 또는 취해진 조치가 알려지지 않은 경우.

(2) '弄' 뒤에 상태동사나 변화동사가 출현할 때 '很'과 같은 정도부사는 동사를 수식하는 데 사용되지 않는다. 그래서 '*弄很干净 *nòng hěn gānjìng'은 '弄' 뒤에 '得'를 사용하지 않아 비문이 된다. 예를 들면,

弄得干干净净的。
nòng de gānganjìngjìng de.
깨끗이 하다.

弄得很湿。
nòng de hěn shī.
젖게 하다.

弄得好极了。
nòng de hǎo jí le.
아주 잘 했다.

N O P Q R S T U V W X Y Z

P

偏偏. piānpiān. 부사. 예상과는 달리, 일부러, 불만스럽게

기능

'偏偏'은 화자의 예상과 반대되는 상황이 발생하는 데 대한 화자의 불만을 표현하는 부사이다.

① 我今天没带雨伞。希望别下雨, 偏偏下午下起大雨来了。

Wǒ jīntiān méi dài yǔsǎn. Xīwàng bié xià yǔ, piānpiān xiàwǔ xià qǐ dàyǔ lái le.

나는 오늘 우산을 가지고 오지 않았다. 비가 오지 않기를 바랐는데 기어코 오후에 큰 비가 내리기 시작했다.

② 真气人, 我准备的都是考古题。这次的考试偏偏一题考古题也没有, 害我没考好。

Zhēn qìrén, wǒ zhǔnbèi de dōu shì kǎogǔtí. Zhè cì de kǎoshì piānpiān yìtí kǎogǔtí yě méi yǒu, hài wǒ méi kǎohǎo.

정말 화가 나. 내가 준비한 건 모두 기출문제야. 이번 시험은 하필이면 기출문제가 한 문제도 안 나와서 내가 시험을 잘 못봤어.

③ 我请他别穿西装来参加。他却偏偏穿了黑色西装来了。

Wǒ qǐng tā bié chuān xīzhuāng lái cānjiā. Tā què piānpiān chuān le hēisè xīzhuāng lái le.

나는 그에게 양복을 입고 참석하지 말라고 부탁했다. 그러나 그는 기어코 검은 양복을 입고 왔다.

④ 我们告诉他应该配一条素色的领带。他偏偏要配一条花的。

Wǒmen gàosu tā yīnggāi pèi yì tiáo sù sè de lǐngdài. Tā piānpiān yào pèi yì tiáo huā de.

우리는 그에게 수수한 색상의 넥타이를 매야 한다고 말했다. 하지만 그는 기어코 화려한 넥타이를 매려고 한다.

⑤ 为了在这里做生意，我告诉他最好先和本地人建立良好的关系。他偏偏不听。

Wèile zài zhèli zuò shēngyì, wǒ gàosu tā zuì hǎo xiān hé běndì rén jiànlì liánghǎo de guānxi. Tā piānpiān bù tīng.

이곳에서 장사하기 위해서는 먼저 현지인과 좋은 관계를 맺는 것이 좋다고 내가 그에게 말했다. 하지만 그는 기어코 듣지 않았다.

용법 (1) 이 부사는 '倒'나 '却'보다 강한 불만의 어조를 갖는다.

(2) 의도적인 행동에 사용할 경우 '偏'은 중첩 없이 단독으로 사용할 수 있지만 이러한 경우 주어 앞에 위치할 수 없다. 예를 들면 다음과 같다.

① 我不想被家庭束缚，但她偏要生儿育女，所以我们就分手了。

Wǒ bù xiǎng bèi jiātíng shùfù, dàn tā piān yào shēng'ér yùnǚ, suǒyǐ wǒmen jiù fēnshǒu le.

나는 가정에 속박 당하고 싶지 않지만 그녀가 한사코 자식을 낳아 키우겠다고 해서 우리는 헤어졌다.

② 我希望他不要去参加晚会。他偏要去。

Wǒ xīwàng tā bú yào qù cānjiā wǎnhuì. Tā piān yào qù.

나는 그가 저녁 만찬에 참석하러 가지 않기를 바란다. 하지만 그는 기어코 가려 한다.

③ 我跟她说会下雨，但她偏不带伞。

Wǒ gēn tā shuō huì xià yǔ, dàn tā piān bú dài sǎn.

나는 그녀에게 비가 올 거라고 말했지만 그녀는 기어코 우산을 가지고 나가지 않았다.

Q

起. qǐ. 조사. 동사 보어. 감당할 수 있는 (1)

기능

'起'는 '뭔가를 할 여유가 있는(충분한 돈을 가지고 있는)'이라는 의미의 동사 보어이다.

① 公寓太贵, 我当然买不起。
Gōngyù tài guì, wǒ dāngrán mǎi bu qǐ.
아파트가 너무 비싸서 나는 당연히 구매할 여유가 없다.

② 虽然套房不太便宜, 但是我租得起。
Suīrán tàofáng bú tài piányi, dànshì wǒ zū de qǐ.
원룸은 그렇게 싸지는 않지만, 나는 세를 낼 만은 하다.

③ 谁都吃得起台湾小吃。
Shéi dōu chī de qǐ Táiwān xiǎochī.
누구나 대만 간식을 사 먹을 여유가 있다.

구조

'起'는 오직 가능보어 구조에서만 사용할 수 있다. 즉, 'V+得+起', 'V+不+起'; *买起 *mǎi qǐ, *没买起 *méi mǎi qǐ.

【부정형】

① 我是学生, 付不起一个月两万块的房租。
Wǒ shì xuésheng, fù bù qǐ yí gè yuè liǎngwàn kuài de fángzū.
나는 학생이라서 한 달에 2만 위안의 집세를 낼 여유가 없다.

② 虽然我开始工作了, 但是还买不起台北市区的房子。
Suīrán wǒ kāishǐ gōngzuòn le, dànshì hái mǎi bù qǐ Táiběi shìqū de fángzi.
내가 비록 일을 시작했지만 타이뻬이 시내에 있는 집을 살 여유는 아직 없다.

③ 有名的法国车, 我开不起。

Yǒumíng de Fǎguó chē, wǒ kāi bu qǐ.

나는 유명한 프랑스 자동차를 운전할 여력이 없다.

【의문형】

① 这件新娘礼服这么贵, 要结婚的人租得起吗?

Zhè jiàn xīnniáng lǐfú zhème guì, yào jiéhūn de rén zū de qǐ ma?

이 웨딩드레스가 이렇게 비싸서야 결혼할 사람이 빌릴 여유가 있겠어?

② 我们住得起住不起一个晚上一万多块的旅馆?

Wǒmen zhùdeqǐ zhù bù qǐ yí ge wǎnshang yíwàn duō kuài de lǚguǎn?

우리가 하룻밤에 만 위안이 넘는 여관에 묵을 여유가 있어?

③ 那种照相机, 我们买得起买不起?

Nà zhǒng zhàoxiàngjī, wǒmen mǎideqǐ mǎi bu qǐ?

저런 카메라를 우리가 구매할 여유가 있을까?

용법

(1) 오직 일정한 수량의 동사만 '起'와 결합할 수 있다. '吃 chī 먹다', '喝 hē 마시다', '买 mǎi 사다', '住 zhù 살다', '租 zū 빌리다', '穿 chuān 입다', '用 yòng 쓰다', '付 fù 비용을 내다' 등이 이에 해당한다. '起'의 의미는 변함이 없다. 즉, 그러한 추구에 대한 재정적 능력을 갖는 것이다.

(2) '起'는 '看 kàn 보다'와도 결합하여 관용구 '看得起 kàn de qǐ 존중하다', '看不起 kàn bùqǐ 업신여기다'를 구성할 수 있다. 예를 들면 다음과 같다.

① 他做了那么多坏事, 朋友怎么看得起他。

Tā zuòle nàme duō huàishì, péngyou zěnme kàn de qǐ tā.

그가 그렇게 많은 나쁜 짓을 했으니 친구가 어떻게 그를 존중하겠어?

② 对父母不好的人, 大家会看不起。

Duì fùmǔ bù hǎo de rén, dàjiā huì kàn bu qǐ.

부모님에게 나쁘게 대하는 사람은 사람들이 모두 업신여긴다.

起. qǐ. 조사. 동조사. ~을 언급하다 (2)

기능 '起'는 동조사(verb particle)로 동작동사와 결합하며, '~에 대하여'를 의미한다.

聊起

liǎoqi

~에 대한 이야기가 나오다

想起

xiǎngi

~에 대한 기억이 떠오르다, 기억이 나다

谈起

tánqi

~에 대한 이야기를 나누다

说起

shuōqi

~에 대해 말하다

① 他常跟朋友说起在非洲的事。

Tā cháng gēn péngyou shuōqi zài Fēizhōu de shì.

그는 자주 친구와 아프리카에 대한 일을 말하곤 한다.

② 美美一个人在台湾。她想起越南的家人时, 有点难过。

Měimei yí ge rén zài Táiwān. Tā xiǎngqi Yuènán de jiārén shí, yǒudiǎn nánguò.

메이메이는 혼자 대만에 있다. 그녀는 베트남의 가족이 생각날 때면 약간 슬퍼진다.

③ 小李跟朋友谈起找房子的事, 朋友告诉他可以上网找。

Xiǎolǐ gēn péngyou tánqi zhǎo fángzi de shì, péngyou gàosu tā kěyǐ shàngwǎng zhǎo.

샤오리가 친구한테 집 찾는 일에 대해 이야기를 꺼내자 친구는 그에게 인터넷으로 찾을 수 있다고 말해 주었다.

구조 **【부정형】**

① 老板在办公室的时候, 别说起薪水的事。

Lǎobǎn zài bàngōngshì de shíhou, bié shuōqi xīnshuǐ de shì.

사장님이 사무실에 계실 때는 월급 이야기를 꺼내지 마세요.

② 他没跟我谈起结婚的事, 所以我不能给他什么建议。

Tā méi gēn wǒ tánqi jiéhūn de shì, suǒyǐ wǒ bù néng gěi tā shénme jiànyì.

그가 나에게 결혼 이야기를 꺼내지 않아서 나는 그에게 아무런 조언을 할 수 없다.

③ 我以为他会告诉我旅行的事, 可是今天他来家里都没聊起。

Wǒ yǐwéi tā huì gàosu wǒ lǚxíng de shì, kěshì jīntiān tā lái jiā li dōu méi liáoqǐ.

나는 그가 여행에 대해 나에게 말할 거라고 생각했는데 오늘 그는 집에 와서 말을 꺼내지 않았다.

【의문형】

① 中午的时候, 她们是不是聊起昨天看的电影了?

Zhōngwǔ de shíhou, tāmen shì bu shì liáoqǐ zuótiān kàn de diànyǐng le?

점심 때 그녀들이 어제 본 영화 이야기를 꺼냈어요?

② 他又谈起他从前的女朋友了?

Tā yòu tánqi tā cóngqián de nǚpéngyou le?

그가 또 예전 여자친구에 대해 이야기를 했습니까?

③ 我忘了我们是怎么谈起吃素的事了。

Wǒ wàng le wǒmen shì zěnme tánqi chīsù de shì le.

나는 우리가 채식을 하는 것에 대해 어떻게 이야기를 꺼냈었는지 잊어버렸다.

起来. qǐlai. 동사 보어. 상황 평가 (1)

기능 동사 보어 '起来'는 상황에 대한 화자의 판단이나 평가를 전달한다.

① 白小姐笑起来很美。
Bái xiǎojie xiào qǐlai hěn měi.
미스 빠이는 웃는 게 아름답다.

② 那里卖的小吃看起来很好吃。
Nàli mài de xiǎochī kàn qǐlai hěn hǎochī.
저기에서 파는 간식이 맛있어 보인다.

③ 这个房子很小, 我住起来不习惯。
Zhège fángzi hěn xiǎo, wǒ zhù qǐlai bù xíguàn.
이 집은 작아서 내가 사는 데 잘 적응 되지 않는다.

구조 **【부정형】**

평가 부분은 부정형을 취할 수 없지만 뒤에 따라오는 상태동사, 판단은 부정할 수 있다.

① 王先生的脸色今天看起来不好。
Wáng xiānsheng de liǎnsè jīntiān kàn qǐlai bù hǎo.
왕 선생의 안색이 오늘 안 좋아 보인다.

② 越南菜看起来很辣, 吃起来不太辣。
Yuènán cài kàn qǐlai hěn là, chī qǐlai bú tài là.
베트남 음식은 너무 매워 보이는데 먹어 보면 그리 맵지 않다.

③ 你说的事听起来不难。不过, 做起来有点困难。
Nǐ shuō de shì tīng qǐlai bù nán. Búguò, zuò qǐlai yǒudiǎn kùnnán.
네가 말하는 일은 그냥 듣기에는 어렵지 않게 들린다. 그렇지만 막상 하기는 좀 어려워.

【의문형】

① 臭豆腐吃起来怎么样?

Chòudòufu chī qǐlai zěnmeyàng?

초우또우푸는 먹기에 어떻습니까?

② 你昨天买的衣服穿起来好不好看?

Nǐ zuótiān mǎi de yīfu chuān qǐlai hǎo bu hǎokàn?

네가 어제 산 옷은 입으면 잘 어울리니?

③ 他的新车坐起来是不是很舒服?

Tā de xīnchē zuò qǐlai shì bu shì hěn shūfu?

그의 새 차는 타기에 편하니?

용법 이 기능에서 '起来' 앞에 위치하는 동사는 다음과 같다.

看 kàn '보다' 听 tīng '듣다' 吃 chī '먹다' 喝 hē '마시다' 坐 zuò '앉다' 穿 chuān '입다' 写 xiě '쓰다' 笑 xiào '웃다' 说 shuō '말하다' 学 xué '공부하다, 배우다' 念 niàn '공부하다' 住 zhù '살다, 머무르다' 走 zǒu '걷다'

起来. qǐlai. '想起来 xiǎng qǐlai'에서 동사 보어. 기억나다 (2)

기능 이 문형은 동사 '想'과 그 뒤에 동사 조사 '起(来)'로 구성된다. 어떠한 일이 상기되었다는 사실을 언급한다.

① 他的电话, 我想起来了。

Tā de diànhuà, wǒ xiǎng qǐlai le.

그의 전화번호, 이제 생각이 났다.

② 那位小姐姓张, 我想起来了。

Nà wèi xiǎojie xìng Zhāng, wǒ xiǎng qǐlai le.

저 아가씨의 성은 장씨다. 이제 생각이 났다.

③ 回到学校以后, 以前的事我都想起来了。

Huí dào xuéxiào yǐhòu, yǐqián de shì wǒ dōu xiǎng qǐlai le.

학교로 돌아오니 예전 일이 모두 생각이 났다.

구조 **【부정형】**

① 他姓张, 早上见面的时候我怎么没想起来。

Tā xìng Zhāng, zǎoshang jiànmiàn de shíhou wǒ zěnme méi xiǎng qǐlai.

그의 성이 장 씨인데 아침에 만났을 때는 도무지 생각이 나지 않았다.

② 他是谁, 我还没想起来。

Tā shì shéi, wǒ hái méi xiǎng qǐlai.

그가 누구인지 아직 생각이 나지 않는다.

③ 摩托车在哪里, 他一直没想起来。

Mótuōchē zài nǎli, tā yìzhí méi xiǎng qǐlai.

오토바이가 어디에 있는지 그는 계속 생각이 나지 않았다.

【의문형】

① 我们见过面。你想起来了吗?

Wǒmen jiànguo miàn. Nǐ xiǎng qǐlai le ma?

우리 만난 적이 있습니다. 기억이 납니까?

② 他叫什么名字?你是不是想起来了?

Tā jiào shénme míngzi? Nǐ shì bu shì xiǎng qǐlai le?

그의 이름이 무엇입니까? 기억이 났습니까?

③ 你的东西在哪里, 想起来了没有?

Nǐ de dōngxi zài nǎli, xiǎng qǐlai le méi yǒu?

당신의 물건은 어디에 있는지 생각이 났습니까?

용법 '起来'는 많은 기능을 가지는데 동사에 따라 해석이 다르다.

起来. qǐlai. 동사 보어. 기동상(저절로 일어나는 상태의 변화)의 의미로 사용 (3)

기능 '起来'는 보어로서 동사 뒤에 위치한다. 이때 한 동작이나 상태의 시작점을 나타낸다.

① 春节快到了。鱼，肉都贵起来了。
Chūnjié kuài dào le. Yú, ròu dōu guì qǐlai le.
새해가 다가온다. 생선, 고기가 모두 비싸졌다.

② 一到夏天，旅行的人就多起来了。
Yí dào xiàtiān, lǚxíng de rén jiù duō qǐlai le.
여름이 되면 여행하는 사람의 수가 늘어난다.

③ 因为垃圾分类的关系，环境干净起来了。
Yīnwèi lājī fēnlèi de guānxi, huánjìng gānjìng qǐlai le.
쓰레기분리수거로 인해 환경이 깨끗해졌다.

구조 '起来' 앞에 위치하는 동사는 상태동사(위의 3가지 예와 같이)가 될 수 있고, 또는 동작동사(아래 3가지 예와 같이)도 될 수 있다. '了'는 동사 뒤나 '起来'의 뒤에 위치할 수 있다.

① 他们进了教室坐下来，就聊起来了。
Tāmen jìnle jiàoshì zuò xìalai, jiù liáo qǐlai le.
그들이 교실에 들어와 앉아서 대화를 나누기 시작했다.

② 他想到昨天喜宴上的事，就笑了起来。
Tā xiǎngdào zuótiān xǐyàn shang de shì, jiù xiào le qǐlai.
그는 어제 결혼식 피로연에서의 일이 생각나서 웃기 시작했다.

③ 他不等兄弟姐妹回来，自己吃了起来。
Tā bù děng xiōngdì jiěmèi huílai, zìjǐ chī le qǐlai.
그는 형제자매들이 돌아오는 걸 기다리지 않고 혼자 먹기 시작했다.

【부정형】

이 문형의 부정은 '没'가 사용되며 가능보어의 경우 'V不起来'가 사용된다.

① 他身体不好，虽然吃得很多，可是还是胖不起来。

Tā shēntǐ bù hǎo, suīrán chī de hěn duō, kěshì háishi pàng bù qǐlai.

그는 몸이 좋지 않아서 많이 먹지만 여전히 살이 찌지 않는다.

② 我吃药吃了很久，可是身体一直好不起来。

Wǒ chī yào chī le hěn jiǔ, kěshì shēntǐ yìzhí hǎo bù qǐlai.

나는 오랫동안 약을 복용했지만 몸이 계속 좋아지지 않는다.

③ 他们两个人的想法不一样，所以聊不起来。

Tāmen liǎng ge rén de xiǎngfǎ bù yíyàng, suǒyǐ liáo bù qǐlai.

그들 두 사람은 생각이 달라서 이야기를 잘 나누지 못한다.

④ 暖气是刚刚才开的，所以房间还没热起来。

Nuǎnqì shì gānggāng cái kāi de, suǒyǐ fángjiān hái méi rè qǐlai.

난방을 좀 전에서야 틀어서 방이 아직 따뜻해지지 않았다.

【의문형】

① 买了糖给弟弟，他是不是就高兴起来了？

Mǎi le táng gěi dìdi, tā shì bu shì jiù gāoxīng qǐlai le?

동생에게 사탕을 사주니 동생이 기분이 좋아졌습니까?

② 他们是不是一见面就聊起来了？

Tāmen shì bu shì yí jiànmiàn jiù liáo qǐlai le?

그들은 만나자마자 이야기를 나누었습니까?

③ 你看，来旅行的人是不是多起来了？

Nǐ kàn, lái lǚxíng de rén shì bu shì duō qǐlai le?

보세요. 여행을 오는 사람이 많아지지 않았습니까?

N O P Q R S T U V W X Y Z

其他的. qítā de. 나머지(别的 biéde 참조)

去. qù. 자동사. 去+동사구. 무엇을 하러 가다

기능 '去+VP' 문형은 다른 곳으로 가서 무언가를 하려는 의도를 나타낸다.

① 我去打网球。
Wǒ qù dǎ wǎngqiú.
나는 테니스를 치러 갔다.

② 他去踢足球。
Tāqùtīzúqiú.
그는 축구를 하러 갔다.

③ 我们都要去看电影。
Wǒmen dōu yào qù kàn diànyǐng.
우리는 모두 영화를 보러 가려고 한다.

구조 부정 표지, 조동사, 부사가 모두 '去' 앞에 위치한다.

【부정형】

① 他星期日不去打篮球了。
Tā xīngqī rì bú qù dǎ lánqiú le.
그는 이제 일요일에 농구를 하러 가지 않는다.

② 明天早上我不去游泳。
Míngtiān zǎoshang wǒ bú qù yóuyǒng.
내일 아침에 나는 수영하러 가지 않는다.

【의문형】

① 你要去看电影吗?

Nǐ yào qù kàn diànyǐng ma?

당신은 영화를 보러 갈 겁니까?

② 你们是不是常去吃越南菜?

Nǐmen shìbu shìcháng qùchīYuènán cài?

여러분은 베트남 음식을 자주 먹으러 갑니까?

③ 他去不去打棒球?

Tā qù bu qù dǎ bàngqiú?

그는 야구를 하러 갑니까?

却. què. 부사. 그러나

기능 예상과 상반되는 사건을 나타내는 문장에서, 부사 '却'는 주로 두 번째 절의 동사구 앞에 위치한다.

① 他的成绩不错, 可是却没通过研究所的面试。

Tā de chéngjì búcuò, kěshì què méi tōngguò yánjiūsuǒ de miànshì.

그의 성적은 좋은데도 대학원의 면접을 통과하지 못했다. (모두 그가 합격하리라고 예상했다)

② 在那家面包店当学徒, 虽然辛苦, 却让他大开眼界。

Zài nà jiā miànbāodiàn dāng xuétú, suīrán xīnkǔ, què ràng tā dàkāi yǎnjiè.

그가 그 제과점에서 견습생이 되었을 때 비록 힘들었지만 견문을 넓히는 좋은 기회가 되었다.

③ 我昨天买的外套, 里面破了一个洞, 但是店员却不让我退换。

Wǒ zuótiān mǎi de wàitào, lǐmian pò le yí ge dòng, dànshì diànyuán què bú ràng wǒ tuìhuàn.

내가 어제 산 외투 안에 구멍이 뚫렸는데도 점원이 교환을 해주지 않았다.

④ 早上出门的时候还出太阳，没想到现在却下起雨来了。

Zǎoshang chūmén de shíhou hái chū tàiyáng, méi xiǎngdào xiànzài què xià qǐ yǔ lái le.

아침에 집을 나설 때만 해도 해가 있었는데, 생각지도 않게 지금은 비가 오기 시작했다.

⑤ 那家小吃店虽然没有招牌，生意却好得不得了。

Nà jiā xiǎochīdiàn suīrán méi yǒu zhāopai, shēngyì què hǎo de bùdéliǎo.

저 음식점은 간판이 없는데도 장사가 정말 잘 된다.

용법 '却'는 문장에서 '可是 kěshì', '但是 dànshì', 또는 '没想到 méi xiǎngdào'와 함께 자주 사용된다.

R

让. ràng. 동사. 누군가에게 무언가를 하게 하다

기능 동사 '让'은 문장과 문맥에 따라 여러 다른 의미들을 가지지만 서로 관련된 의미들이다. 예를 들면 다음과 같다.

① 租房子的事, 请你让我想一想。(~하게 하다)
Zū fángzi de shì, qǐng nǐ ràng wǒ xiǎng yi xiǎng.
집을 빌리는 일은 내가 좀 생각해 볼 수 있게 해주세요.

② 天气这么冷, 冷得让我感冒了。(~하게 만들다)
Tiānqì zhème lěng, lěng de ràng wǒ gǎnmào le.
날씨가 이렇게 추워서 감기가 걸렸어요.

③ 让小孩一个人去旅行, 不太安全吧! (허락하다)
Ràng xiǎohái yí ge rén qù lǚxíng, bú tài ānquán ba!
어린이 혼자 여행을 가게 하는 건 그리 안전하지 않을텐데요!

④ 老板让我做这份工作。(허가하다)
Lǎobǎn ràng wǒ zuò zhè fèn gōngzuò.
사장님이 나에게 이 일을 하게 했다.

⑤ 老师说我说中文说得很流利, 让我很高兴。
Lǎoshī shuō wǒ shuō Zhōngwén shuō de hěn liúlì, ràng wǒ hěn gāoxìng.
선생님이 내가 중국어를 유창하게 한다고 말씀하셔서 매우 기뻤다.

⑥ 吃太辣会让妹妹的喉咙不舒服。
Chī tài là huì ràng mèimei de hóulong bù shūfu.
여동생은 너무 맵게 먹으면 목구멍이 아프다고 한다.

⑦ 这次旅行让我更了解台东这个地方了。

Zhè cì lǚxíng ràng wǒ gèng liǎojiě Táidōng zhège dìfang le.

이번 여행은 나로 하여금 타이똥이라는 곳을 더 잘 알게 해주었다.

구조 **【부정형】**

① 我跟小王借钱的事, 我不让他告诉别人。

Wǒ gēn Xiǎowáng jiè qián de shì, wǒ bú ràng tā gàosu biéren.

내가 샤오왕에게 돈을 빌린 일을 나는 그가 다른 사람에게 말하지 못하게 하였다.

② 台风来了。妈妈不让我们出去踢足球。

Táifēng lái le. Māma bú ràng wǒmen chūqu tī zúqiú.

태풍이 와서 엄마가 우리한테 축구하러 나가지 못하게 했다.

③ 他不让我在泡菜里放太多辣椒。

Tā bú ràng wǒ zài pàocài lǐ fàng tài duō làjiāo.

그는 내가 김치에 고추를 너무 많이 넣지 못하게 했다.

【의문형】

'A不A'나 '是不是'를 사용할 수 있다.

① 老板让不让你把公司的车开回家去?

Lǎobǎn ràng bu ràng nǐ bǎ gōngsī de chē kāi huí jiā qu?

사장님이 회사 차를 집에 가져가지 못하게 합니까?

② 你妈妈让不让你跟我去潜水?

Nǐ māma ràng bu ràng nǐ gēn wǒ qù qiánshuǐ?

당신 엄마는 당신이 나와 함께 잠수하러 가지 못하게 합니까?

③ 你女朋友是不是让你踢完足球再去找她?

Nǐ nǚpéngyou shì bu shì ràng nǐ tīwán zúqiú zài qù zhǎo tā?

당신 여자친구가 당신이 축구하고 나서 그녀를 찾아오라고 했습니까?

然后. ránhòu. 부사. 순차적으로 다음(后来 hòulái 참조)

仍然. réngrán. 부사. 여전히 똑같이, 전과 같이

기능 부사 '仍然'은 상황이 변하지 않고, 여전히 예전과 같은 상태임을 나타낸다.

① 百货公司周年庆虽然有折扣, 可是价钱仍然很高。

Bǎihuò gōngsī zhōuniánqìng suīrán yǒu zhékòu, kěshì jiàqian réngrán hěn gāo.

백화점 기념일은 비록 할인이 있지만 가격은 여전히 매우 높다.

② 母亲已经劝了他许多次, 他却仍然不听。

Mǔqīn yǐjīng quàn le tā xǔduō cì, tā què réngrán bù tīng.

어머니가 이미 그를 여러 번 타일렀지만 그는 여전히 듣지 않는다.

③ 王先生在生活上碰到很多困难, 但是他仍然不放弃理想。

Wáng xiānsheng zài shēnghuó shang pèngdào hěn duō kùnnán, dànshì tā réngrán bú fàngqì lǐxiǎng.

왕 선생은 생활에 많은 어려움을 겪고 있지만, 그는 여전히 이상을 포기하지 않는다.

④ 虽然现在科技发达, 可地震仍然是没有办法避免的天灾。

Suīrán xiànzài kējì fādá, kě dìzhèn réngrán shì méi yǒu bànfǎ bìmiǎn de tiānzāi.

비록 현재 과학기술이 발달했지만 지진은 여전히 피할 방법이 없는 천재지변이다.

⑤ 政府已经提出多项鼓励生育的政策, 但是「少子化」的问题却仍然很严重。

Zhèngfǔ yǐjīng tíchū duōxiàng gǔlì shēngyù de zhèngcè, dànshì 'shǎozǐhuà' de wèntí què réngrán hěn yánzhòng.

정부가 이미 여러 가지 출산 장려 정책을 제안했지만 '저출산' 문제는 여전히 심각하다.

용법 (1) '仍然'은 자주 두 번째 문장에서 많이 출현하며 '可是', '但是', '却'를 동반한다.

(2) '仍然'은 격식체이며 구어체 '还是'와 자유롭게 대체 가능하다. 예를 들면 다음과 같다.

① 虽然他来晚了，我们仍然 / 还是玩得很开心。
Suīrán tā lái wǎn le, wǒmen réngrán / háishi wán de hěn kāixīn.
비록 그가 늦게 왔지만 우리는 여전히 즐겁게 놀았다.

② 爷爷虽然年纪老了，仍然 / 还是很有精神。
Yéye suīrán niánjì lǎo le, réngrán / háishi hěn yǒu jīngshen.
할아버지는 비록 연세가 드셨지만 여전히 원기 왕성하시다.

③ 已经下课了，他仍然 / 还是舍不得离开教室。
Yǐjīng xiàkè le, tā réngrán / háishi shěbudé líkāi jiàoshì.
이미 수업이 끝났지만 그는 여전히 교실을 떠나기를 아쉬워한다.

S

似乎. sìhū. 부사. ~인 것 같다. ~라는 인상을 주다

기능　이 부사는 상황에 대한 화자의 판단이나 평가를 표현한다.

① 看他跟你说话的样子, 他似乎很喜欢你。你要不要给他一个机会?
Kàn tā gēn nǐ shuōhuà de yàngzi, tā sìhū hěn xǐhuan nǐ. Nǐ yào bu yào gěi tā yí ge jīhuì?
그와 당신이 말하는 모습을 보니 그는 당신을 좋아하는 것 같습니다. 당신은 그에게 기회를 한 번 주겠습니까?

② 听你这么说, 你似乎不太相信他的话。
Tīng nǐ zhème shuō, nǐ sìhū bú tài xiāngxìn tā de huà.
당신이 그렇게 말하는 걸 보니 당신은 그 사람 말을 잘 믿지 않는 것 같습니다.

③ 我以前根本没来过这里。为什么我觉得似乎来过?
Wǒ yǐqián gēnběn méi láiguo zhèli. Wèishéme wǒ juéde sìhū láiguo?
나는 전에 여기 온 적이 전혀 없다. 나는 왜 여기에 와본 것 같다고 느낄까?

④ 跟高中同学聊到以前在学校的事, 让大家似乎又回到十七八岁。
Gēn gāozhōng tóngxué liáodào yǐqián zài xuéxiào de shì, ràng dàjiā sìhū yòu huídào shíqī bā suì.
고등학교 동창들과 예전 학교에 있었던 일을 이야기 나누면 마치 모두 17, 8세로 돌아간 것 같다.

⑤ 他每天吃喝玩乐, 似乎都不需要担心养家活口的问题。
Tā měitiān chīhē wánlè, sìhū dōu bù xūyào dānxīn yǎngjiā húkǒu de wèntí.
그는 매일 먹고 마시며 노는 것이 마치 가족을 부양하는 문제는 걱정할 필요가 없는 것 같다.

所. suǒ. 조사. 동사 표지

기능 조사 '所'는 명사를 수식하는 관계절의 주동사를 표지한다.

① 这本书所介绍的方法, 我早就学过了。

Zhè běn shū suǒ jièshào de fāngfǎ, wǒ zǎo jiù xuéguo le.

이 책에 소개된 방법을 나는 벌써 배웠다.

② 他们所关心的价格问题, 其实我们觉得并不重要。

Tāmen suǒ guānxīn de jiàgé wèntí, qíshí wǒmen juéde bìng bú zhòngyào.

그들의 관심사인 가격문제를 사실 우리는 중요하게 생각하지 않는다.

③ 我们已经把王先生所订购的产品寄出去了。

Wǒmen yǐjīng bǎ Wáng xiānsheng suǒ dìnggòu de chǎnpǐn jì chūqu le.

우리는 왕 선생이 주문한 제품을 이미 부쳤다.

용법 '所'를 사용하는 것은 격식체에 가까우며, 그 사용은 완전히 선택적이다.

上. shàng. 동사. 다양한 의미를 갖는 동사 (1)

기능 동사 '上'은 다양한 의미를 가지며, 상승 운동을 나타내는 것이 가장 전형적인 의미이다. 전형적이지 않은 경우들은 개별적으로 학습되어야 한다. 일반적인 규칙은 적용되지 않는다.

① 春天的时候, 很多人上阳明山泡温泉, 欣赏樱花。

Chūntiān de shíhou, hěn duō rén shàng Yángmíngshān pào wēnquán, xīnshǎng yīnghuā.

봄에는 많은 사람들이 양밍산에 가서 온천을 하고 벚꽃 구경을 한다.

② 下课以后, 我要上楼去找同学讨论功课。

Xiàkè yǐhòu, wǒ yào shànglóu qù zhǎo tóngxué tǎolùn gōngkè.

수업이 끝난 후 나는 윗층으로 학우를 찾아가서 과제를 의논할 것이다.

③ 车子来了。快上车吧!

Chēzi lái le. Kuài shàngchē ba!

차가 왔어요. 어서 차에 타세요.

④ 早点睡吧。明天6点要上飞机呢。

Zǎodiǎn shuì ba. Míngtiān liù diǎn yào shàng fēijī ne.

일찍 주무세요. 내일 6시에 비행기를 타야해요.

⑤ 他习惯周末上超市买菜。

Tā xíguàn zhōumò shàng chāoshì mǎicài.

그는 주말에 슈퍼마켓에 가서 식재료를 사곤 한다.

⑥ 为了身体健康, 晚上最好11点以前上床。

Wèile shēntǐ jiànkāng, wǎnshang zuì hǎo shíyī diǎn yǐqián shàngchuáng.

건강을 위해 밤 11시 이전에 잠자리에 드는 것이 좋다.

⑦ 上班时间, 地铁上人很多, 挤死了。

Shàngbān shíjiān, dìtiě shang rén hěn duō, jǐ sǐ le.

출근시간에 전철에 사람이 많아 너무 부대낀다.

⑧ 他每星期六都上教堂。

Tā měi xīngqī liù dōu shàng jiàotáng.

그는 매주 토요일에 교회를 간다.

⑨ 台北101跨年放烟火活动, 昨天晚上上电视新闻了。

Táiběi yāo líng yāo kuànián fàng yānhuǒ huódòng, zuótiān wǎnshang shàng diànshì xīnwén le.

타이뻬이 101 빌딩의 새해 폭죽 행사가 어제 저녁에 텔레비전 뉴스에 나왔다.

上. shàng. 조사. 동사 보어. 접촉하게 되다 (2)

기능 '上'은 동조사 역할을 할 때, 두 명사 사이의 '접근'을 가리킨다.

① 王先生穿上西装, 准备去上班。
Wáng xiānsheng chuānshang xīzhuāng, zhǔnbèi qù shàngbān.
왕 선생은 양복을 입고 출근 준비를 한다.

② 新娘换上了另外一件漂亮的礼服。
Xīnniáng huànshang le lìngwài yí jiàn piàoliang de lǐfú.
신부는 다른 아름다운 드레스로 갈아입었다.

③ 他跑了好久。最后, 追上了垃圾车。
Tā pǎole hǎojiǔ. Zuìhòu, zhuīshang le Lājīchē.
그는 한참을 뛰었다. 결국 쓰레기차를 따라 잡았다.

④ 小林到台湾以后就喜欢上了台湾的芒果。
Xiǎolín dào Táiwān yǐhòu jiù xǐhuanshang le Táiwān de mángguǒ.
샤오린은 타이완에 온 이후로 타이완의 망고를 좋아하게 되었다.

⑤ 我们一走进店里去, 姐姐就看上了那个红色的背包。
Wǒmen yì zǒujìn diàn lǐ qù, jiějie jiù kànshang le nàge hóngsè de bēibāo.
우리가 가게에 들어서자마자 언니는 그 빨간 배낭을 마음에 들어 했다.

⑥ 哥哥爱上了她, 想跟她结婚。
Gēge àishang le tā, xiǎng gēn tā jiéhūn.
오빠는 그녀와 사랑하게 되었고 그녀와 결혼하고 싶어 했다.

구조 **【부정형】**

① 你不写上你的名字, 没有人知道这本作业本是你的。
Nǐ bù xiěshang nǐ de míngzi, méi yǒu rén zhīdao zhè běn zuòyèběn shì nǐ de.
당신의 이름을 쓰지 않으면 이 숙제공책이 당신의 것이라는 것을 아무도 모릅니다.

② 妈妈没搭上最后那班地铁。

Māma méi dāshang zuì hòu nà bān dìtiě.

엄마는 마지막 전철을 타지 못했다.

③ 我没追上垃圾车, 只能明天再丢垃圾了。

Wǒ méi zhuīshang lājīchē, zhǐ néng míngtiān zài diū lājī le.

나는 쓰레기차를 따라 잡지 못해서 내일 다시 쓰레기를 버릴 수밖에 없다.

【의문형】

① 你是不是在履历表上写上了名字?

Nǐ shì bu shì zài lǚlìbiǎo shang xiěshang le míngzi?

이력서에 이름을 적으셨습니까?

② 爸爸看上的东西就一定很好吗?

Bàba kànshang de dōngxi jiù yídìng hěn hǎo ma?

아버지 눈에 드신 물건은 반드시 좋습니까?

③ 老板爱上王小姐了吧? 要不然怎么对她那么好呢?

Lǎobǎn àishang Wáng xiǎojie le ba? Yàobùrán zěnme duì tā nàme hǎo ne?

사장님은 미스 왕을 사랑하게 되신거죠? 그렇지 않으면 어떻게 그녀에게 그렇게 잘할 수 있습니까?

용법

(1) 오직 특정 동사만이 '上'과 결합할 수 있다. 신체적 또는 심리적으로 두 명사가 서로 접촉하게 할 수 있는 동사여야 한다. 예를 들면, 穿 chuān '입다', 爱 ài '사랑하다', 그리고 追 zhuī '추격하다'가 일반적인 상황이다.

(2) 모든 '동사+上' 조합이 결과보어(긍정, '没' 부정형) 또는 가능보어 형식(동사1得동사2는 가능, 동사1不동사2는 불가능)에서 모두 사용될 수 있는 것은 아니다. 아래 표를 참고.

동사+上	결과 보어(_, 没)	가능 보어(得/不)
追 zhuī '쫓다'	✓	✓
看 kàn '보다'	✓	✓
爱 ài '사랑하다'	✓	×
穿 chuān '입다'	✓	✓
送 sòng '주다'	✓	×
换 huàn '바꾸다'	✓	×
喜欢 xǐhuan '좋아하다'	✓	×

① 皮包虽然贵, 可是不好看。妈妈还看不上呢。

Píbāo suīrán guì, kěshì bù hǎokàn. Māma hái kàn bú shàng ne.

가방은 비싸지만 보기에는 별로이다. 어머니께서는 아직 마음에 들어하지 않으신다.

② 虽然很多人给他介绍女朋友, 但是没有一个他看得上的。

Suīrán hěn duō rén gěi tā jièshào nǚpéngyou, dànshì méi yǒu yí ge tā kàn de shàng de.

비록 많은 사람들이 그에게 여자 친구를 소개시켜 주었지만 그가 마음에 드는 사람은 하나도 없었다.

上. shàng. 조사. 在+명사구+上. 명사구에 관하여 (3)

이 '在+명사구+上' 문형은 그 명사구의 범위에 주요 술어의 내용이 해당됨을 의미한다.

① 有机蔬果在价格上虽然比较贵一点。但是一般来说, 它的质量, 顾客也比较信任。

Yǒujī shūguǒ zài jiàgé shang suīrán bǐjiào guì yìdiǎn. Dànshì yìbān láishuō, tā de zhìliang, gùkè yě bǐjiào xìnrèn.

유기농 채소와 과일은 가격 면에서 좀 비싸다. 그렇지만 일반적으로 그 품질은 고객들도 비교적 신뢰한다.

② 有机蔬果在市场上的价钱虽然很高，但是实际上农夫的利润并不高。

Yǒujī shūguǒ zài shìchǎng shang de jiàqian suīrán hěn gāo, dànshì shíjì shang nóngfū de lìrùn bìng bù gāo.

유기농 채소와 과일은 비록 시장에서의 가격은 매우 높지만 실제로 농부의 이윤은 높지 않다.

③ 中国人习惯上都是先吃饭再喝汤。你们呢?

Zhōngguó rén xíguàn shang dōu shì xiān chī fàn zài hē tāng. Nǐmen ne?

중국인들은 습관상 항상 밥부터 먹고 나서 탕을 마십니다. 당신들은 어떤가요?

④ 我跟我最好的朋友在性格上很不一样，她个性比我急。

Wǒ gēn wǒ zuì hǎo de péngyou zài gèxìng shang hěn bù yíyàng, tā xìnggé bǐ wǒ jí.

나와 나의 가장 친한 친구는 성격면에서 매우 다르다. 그녀는 나보다 성격이 급하다.

⑤ 我来台湾快一年了，生活上都没问题了，学习上也相当顺利，中文进步了不少。

Wǒ lái Táiwān kuài yì nián le, shēnghuó shang dōu méi wèntí le, xuéxí shang yě xiāngdāng shùnlì, Zhōngwén jìnbù le bù shǎo.

내가 대만에 온지 거의 1년이 다 되어서 생활상으로 문제가 없고, 학습상으로도 상당히 순조로우며, 중국어도 많이 향상되었다.

용법 (1) 대부분의 경우에 명사 하나가 '在'와 '上' 사이에 위치한다.

(2) 이 문형에서 '在'는 생략할 수 있으나 '上'은 생략할 수 없다. 예를 들면 다음과 같다. 在文化上 zài wénhuà shang '문화적으로'→ 文化上 → *在文化。

少. shǎo. 부사. 少+동사. 계획보다 덜…(多(2) 참조)

谁知道. sheí zhīdao. 누가 …라고 생각을 했겠는가!

기능 이 문형은 어떤 일이 일어난 것에 대한 화자의 놀라움을 나타낸다.

① 早上天气那么好。谁知道下午雨会下得那么大, 连鞋子都湿了。

Zǎoshang tiānqì nàme hǎo. shéi zhīdao xiàwǔ yǔ huì xià de nàme dà, lián xiézi dōu shī le.

아침에는 날씨가 좋았는데. 오후에 비가 그렇게 많이 내려서 신발까지 젖을 줄 누가 알았겠어요.

② 她亲手做了巧克力, 想送给小王。谁知道他桌上已经有一大堆巧克力了。

Tā qīnshǒu zuòle qiǎokèlì, xiǎng sòng gěi Xiǎowáng, shéi zhīdao tā zhuōshang yǐjīng yǒu yí dà duī qiǎokèlì le.

그녀는 손수 초콜릿을 만들어서 샤오왕에게 주고 싶었다. 그의 책상 위에 이미 한 무더기의 초콜릿이 있을 줄 누가 알았겠는가!

③ 小王对女朋友那么好。谁知道她居然想分开。

Xiǎowáng duì nǚpéngyou nàme hǎo, shéi zhīdao tā jūrán xiǎng fēnkāi.

샤오왕이 여자친구한테 그렇게 잘했는데. 그녀가 헤어지려 할 줄을 누가 알았겠는가!

④ 他以为永远都回不去了。谁知道过了四十年后能再回到老家。

Tā yǐwéi yǒngyuǎn dōu huí bú qù le. Shéi zhīdao guò le sìshí nián hòu néng zài huídào lǎojiā.

그는 영원히 돌아가지 못할 줄 알았다. 40년이 지나 다시 고향에 돌아갈 수 있을지 누가 알았겠는가!

용법 '谁知道' 뒤에 오는 내용은 긍정적이거나 부정적일 수 있고, 원하지 않는 상황이거나 (가끔) 원하는 상황이 올 수도 있다.

① 他做的面包看起来并不特别，谁却知道得了世界面包大赛冠军。

Tā zuò de miànbāo kàn qǐlai bìng bú tèbié, shéi què zhīdao dé le shìjiè miànbāo dàsài guànjūn.

그가 만든 빵은 그리 특별해 보이지 않았는데, 세계 제빵 대회에서 우승할지 누가 알았겠는가!

② 她说话的声音并不好听，谁知道她唱歌唱得那么好听。

Tā shuōhuà de shēngyīn bìng bù hǎotīng, shéi zhīdao tā chànggē chàng de nàme hǎotīng.

그녀는 말할 때의 목소리가 좋지 않은데 노래를 그렇게 잘 부를 줄 누가 알았겠어요!

③ 他看起来很瘦，谁知道他吃那么多。

Tā kàn qǐlai hěn shòu, shéi zhīdao tā chī nàme duō.

그는 보기엔 말라 보이는데 그렇게 많이 먹을 줄 누가 알았겠어요!

什么都…，就是…. shénme dōu…, jiùshì…. …을 제외한 모든 것

기능 이 문형은 전에 말한 것에 대한 예외를 나타낸다.

① 她什么都买了，就是忘了买盐。

Tā shénme dōu mǎi le, jiùshì wàng le mǎi yán.

그녀는 뭐든지 다 사는가 했는데, 소금 사는 것을 잊었다.

② 这家商店今天什么都打八折，就是我要买的东西不打折。

Zhè jiā shāngdiàn jīntiān shénme dōu dǎ bā zhé, jiùshì wǒ yào mǎi de dōngxi bù dǎzhé.

이 상점은 오늘 뭐든지 20% 할인해 주는데, 내가 구입하고 싶은 물건만 할인하지 않는다.

③ 他对什么都不讲究，就是讲究吃。

Tā duì shénme dōu bù jiǎngjiu, jiùshì jiǎngjiu chī.

그는 아무것도 별로 신경 쓰지 않는데, 먹는 것에만 공을 들인다.

④ 这条街上什么店都有，就是没有书店。

Zhè tiáo jiē shang shénme diàn dōu yǒu, jiùshì méi yǒu shūdiàn.

이 거리에는 어떤 상점도 다 있는데 서점만 없다.

⑤ 他做什么他父母都支持，就是不让他休学去打工。

Tā zuò shénme tā fùmǔ dōu zhīchí, jiùshì bú ràng tā xiūxué qù dǎgōng.

그가 무슨 일을 하든지 그의 부모는 모두 지지하지만, 그가 휴학하고 아르바이트를 하는 것은 허락하지 않는다.

甚至. shènzhì. 부사. 심지어

기능 '甚至'는 문장에서 어떤 것을 비범한 것으로 표지하는 부사다.

① 这种款式的包包非常受欢迎，甚至连续剧的女主角都拿过。我非买不可。

Zhè zhǒng kuǎnshì de bāobāo fēicháng shòu huānyíng, shènzhì liánxùjù de nǚ zhǔjiǎo dōu náguo. Wǒ fēi mǎi bù kě.

이런 스타일의 가방은 인기가 매우 많아서, 심지어 드라마 속 여주인공도 들고 나온 적이 있다. 꼭 사지 않으면 안 된다.

② 很多小农为了友善对待土地，最近甚至连农药都不用了。

Hěn duō xiǎonóng wèile yǒushàn duìdài tǔdì, zuìjìn shènzhì lián nóngyào dōu bú yòng le.

많은 소농들이 땅을 잘 가꾸기 위해 요즘은 심지어 농약조차도 사용하지 않는다.

③ 菠萝对台湾经济发展一直有很大的帮助，台湾出口的菠萝甚至曾经占世界第二位。

Bōluó duì Táiwān jīngjì fāzhǎn yìzhí yǒu hěn dà de bāngzhù, Táiwān chūkǒu de bōluó shènzhì céngjīng zhàn shìjiè dì èr wèi.

파인애플은 타이완의 경제 발전에 지속적으로 큰 도움이 되어 왔으며, 타이완에서 수출한 파인애플은 심지어 세계 2위를 차지한 적도 있다.

④ 十六世纪时, 欧洲人不但到中南美洲做生意, 甚至到东方来从事贸易活动。

Shíliù shìjì shí, Ōuzhōu rén búdàn dào Zhōngnán Měizhōu zuò shēngyì, shènzhì dào Dōngfāng lái cóngshì màoyì huódòng.

16세기에 유럽인들은 중남미에 가서 사업을 했을 뿐만 아니라, 심지어 동양에 와서 무역 활동도 하였다.

⑤ 台湾的微整型做得非常好, 价钱又合理, 甚至连外国人都利用假期来台湾做微整型。

Táiwān de wēizhěngxíng zuò de fēicháng hǎo, jiàqian yòu hélǐ, shènzhì lián wàiguó rén dōu lìyòng jiàqī lái Táiwān zuò wēizhěngxíng.

타이완의 쁘띠 성형 시술은 기술도 매우 좋고 가격도 합리적이라서, 심지어 외국인들도 휴가를 이용해 타이완에 와서 성형 시술을 한다.

용법 (1) '甚至'는 종종 예외적인 상황을 나타내는 '连 lián'이 뒤따른다('连 A都 B' 참조).

(2) '甚至'는 전환할 새로운 주제를 소개하는 '至于'와 관련이 없다('至于 zhìyu' 참조).

是. shì. 조사. ~는 정말 사실이다

기능 이러한 경우 '是'는 완전한 동사가 아니고, 동의의 표지에 속한다. '是' 뒤에 따라오는 것은 구정보이다. 화자는 이 문형을 사용하여 자신의 견해가 앞의 화자의 것 동일함을 나타낸다.

① A: 买鞋子是不是先试穿, 才知道合适不合适?

Mǎi xiézi shì bu shì xiān sh ìchuān, cái zhīdao héshì bù héshì?

신발을 사면 먼저 신어봐야 맞는지 안 맞는지 알지요?

B: 是应该先试穿, 而且还要穿着走一走。

Shì yīnggāi xiān shì chuān, érqiě hái yào chuān zhe zǒu yi zǒu.

당연히 우선 입어보고, 또 입은 상태에서 한 번 걸어봐야 합니다.

② A: 这位老师把语法解释得很清楚, 大家都很快地就理解了。

Zhè wèi lǎoshī bǎ yǔfǎ jiěshì de hěn qīngchu, dàjiā dōu hěn kuài de jiù lǐjiě le.

이 선생님은 문법 해석이 매우 명료해서 모두가 빠르게 이해한다.

B: 她解释得是很清楚, 而且她说话很有趣。

Tā jiěshì de shì hěn qīngchu, érqiě tā shuōhuà hěn yǒuqù.

그녀는 설명하는 것이 정말 명확하고, 또 말하는 것도 재미있다.

③ A: 你有居留证, 可以打工了吧?

Nǐ yǒu jūliúzhèng, kěyǐ dǎgōng le ba?

당신은 거류증이 있어서 아르바이트를 할 수 있지요?

B: 我是有居留证了, 可是还不能打工, 得再等八个月。

Wǒ shì yǒu jūliúzhèng le, kěshì hái bù néng dǎgōng, děi zài děng bā ge yuè.

나는 거류증이 있긴 있지만, 아직 아르바이트를 할 수 없어요. 8개월을 더 기다려야 해요.

④ A: 你说话的声音不对。你感冒了吗?

Nǐ shuōhuà de shēngyīn bú duì. Nǐ gǎnmào le ma?

당신이 말하는 소리가 이상합니다. 감기에 걸렸습니까?

B: 我是感冒了, 今天喉咙好痛。

Wǒ shì gǎnmào le, jīntiān hóulong hǎo tòng.

감기에 걸려서 오늘 목이 정말 아픕니다.

⑤ A: 这个牌子的衣服品质很好。

Zhège páizi de yīfu pǐnzhì hěn hǎo.

이 브랜드의 옷은 품질이 좋다.

B: 他们的质量是很好, 可是打八折以后还很是贵。

Tāmen de zhìliàng shì hěn hǎo, kěshì dǎ bāzhé yǐhòu háishi hěn guì.

그 브랜드의 품질이 좋긴 하지만, 20% 세일을 해도 여전히 비싸다.

용법 동의한다는 표지로서의 '是'는 가볍게 강세를 준다. 예를 들면 다음과 같다.

百货公司的东西是比其他的商店贵，可是都是有名的牌子，质量跟样子都比较好。
Bǎihuò gōngsī de dōngxi shì bǐ qítā de shāngdiàn guì, kěshì dōushì yǒumíng de páizi, zhìliàng gēn yàngzi dōu bǐjiào hǎo.
백화점에서 파는 물건이 다른 상점의 물건보다 비싸긴 비싸지만, 모두 유명 브랜드여서 품질과 스타일이 비교적 좋다.

是…的. shì…de. 초점 제시. B한 것은 A였다

기능 이 문형은 과거 사건에서 문장성분 중 하나를 강조하여 이를 초점, 즉 문장의 주요 메시지로 표지한다.

구조 (1) 이 문형에서 초점 표지 '是'는 초점이 되는 성분 바로 앞에 위치하고 '的'는 문장의 말미에 위치한다. '주어+是+초점+활동+的'이다.

① 他是昨天晚上到台湾的。
Tā shì zuótiān wǎnshang dào Táiwān de.
그는 어제 저녁에 대만에 도착한 것이다.

② 他是在学校附近吃晚饭的。
Tā shì zài xuéxiào fùjìn chī wǎnfàn de.
그는 학교 근처에서 저녁을 먹었다.

③ 我是坐地铁来学校的。
Wǒ shì zuò dìtiě lái xuéxiào de.
나는 전철을 타고 학교에 온 것이다.

(2) 이 문형의 목적어는 종종 문장의 맨 앞으로 이동된다.

① 学费是公司替我付的。
Xuéfèi shì gōngsī tì wǒ fù de.
학비는 회사에서 나 대신 지불한 것이다.

② 这部手机是在夜市买的。

Zhè bù shǒujī shì zài yèshì mǎi de.

이 핸드폰은 야시장에서 산 것이다.

(3) 초점이 되는 성분은 주어, 시간, 장소, 태도, 그리고 때때로 동사가 될 수 있으나 목적어는 될 수 없다.

① 是我打电话给房东的。 (주어)

Shì wǒ dǎ diànhuà gěi fángdōng de.

내가 집주인에게 전화한 것이다.

② 我是昨天晚上去看电影的。 (시간)

Wǒ shì zuótiān wǎnshang qù kàn diànyǐng de.

나는 어제 저녁에 영화를 보러 간 것이다.

③ 他是在那家便利店买咖啡的。 (장소)

Tā shì zài nà jiā biànlìdiàn mǎi kāfēi de.

그는 그 편의점에서 커피를 산 것이다.

④ 我是坐公交车来上课的。 (방법)

Wǒ shì zuò gōngjiāochē lái shàngkè de.

나는 버스를 타고 수업에 온 것이다.

⑤ *我是这间房间最近租的。 (목적어)

*Wǒ shì zhè jiān fángjiān zuìjìn zū de.

【부정형】

부정 표지 '不 bú'는 항상 '是 shì' 앞에 위치한다.

① 他不是今天早上去美国的。

Tā bú shì jīntiān zǎoshang qù Měiguó de.

그는 오늘 아침에 미국으로 간 것이 아니다.

② 不是我打电话给房东的。

Bú shì wǒ dǎ diànhuà gěi fángdōng de.

내가 집주인에게 전화한 것은 아니다.

③ 我不是在图书馆看书的。

Wǒ bú shì zài túshūguǎn kàn shū de.

나는 도서관에서 책을 읽은 것이 아니다.

【의문형】

① 你是一个人来的吗?

Nǐ shì yí gè rén lái de ma?

당신은 혼자 온 것입니까?

② 他是不是坐高铁去台南的?

Tā shì bu shì zuò Gāotiě qù Táinán de ma?

그가 고속철도를 타고 타이난으로 간 것입니까?

③ 你的房租是不是自己付的?

Nǐ de fángzū shì bu shì zìjǐ fù de?

당신의 집세는 당신이 지불하는 것입니까?

용법

(1) '是'는 때때로 '是…的' 문형에서 생략할 수 있다.

① 我(是)跟朋友一起来的。

Wǒ (shì) gēn péngyou yìqǐ láide.

나는 친구와 함께 왔다.(나는 친구와 함께 온 것이다.)

② 我(是)坐出租车来的。

Wǒ (shì) zuò chūzūchē lái de.

나는 택시를 타고 왔다.(나는 택시를 타고 온 것이다.)

(2) 이 문형은 과거에 어떤 사건에 대한 질문(누가, 언제, 어떻게, 어디)을 하는 데 사용될 수 있다. 그러나 '무엇'이 목적어일 때는 사용하지 않는다.

N O P Q R S T U V W X Y Z

① 是谁打电话给你的? (누가)
Shì shéi dǎ diànhuà gěi nǐ de?
누가 당신에게 전화한 것입니까?

② 他是什么时候来学校的? (언제)
Tā shì shénme shíhou lái xuéxiào de?
그는 언제 학교에 온 것입니까?

③ 你是怎么去的? (어떻게)
Nǐ shì zěnme qù de?
당신은 어떻게 간 것입니까?

④ 你是在哪里吃饭的? (어디)
Nǐ shì zài nǎli chī fàn de?
당신은 어디에서 식사를 한 겁니까?

⑤ *你是什么东西看的? (목적어)
*Nǐ shì shénme dōngxi kàn de?

是不是. shì bu shì. …이 사실인가?

기능 이러한 문형을 사용하여 화자는 이미 알려진 정보나 문맥상 분명한 정보에 대한 확인을 구한다.

① 你是不是在家等我?
Nǐ shì bu shì zài jiā děng wǒ?
집에서 날 기다린 겁니까?

② 那家餐厅是不是很有名?
Nà jiā cāntīng shì bu shì hěn yǒumíng?
그 식당이 유명한 집입니까?

③ 你是不是刚旅行回来?

Nǐ shì bu shì gāng lǚxíng huílai?

막 여행에서 돌아왔습니까?

용법

(1) 의문 '是不是'는 의문사 '吗'와 'A-不-A' 질문과는 매우 다르다. 신정보를 요구하는 것이 아니라 구정보의 확인을 요구하는 것이다. 아래의 차이점을 살펴보자.

① 你银行有钱吗?

Nǐ yínháng yǒu qián ma?

은행에 잔고가 있습니까?

② 你银行有没有钱?

Nǐ yínháng yǒu méi yǒu qián?

은행에 잔고가 있습니까?

③ 你银行是不是有钱?

Nǐ yínháng shì bu shì yǒu qián?

(우리에게 문제가 생겨 약간의 돈이 필요하다.) 은행에 잔고가 있지요?

(2) 다음 문장에서 'A-不-A'를 사용할 수 없고 '是不是 shìbu shì'나 '吗 ma'는 사용할 수 있다.

① 你比他高。 *你比不比他高? *你比他高不高?

Nǐ bǐ tā gāo. *Nǐ bǐ bu bǐ tā gāo? *Nǐ bǐ tā gāo bu gāo?

당신이 그보다 큽니다.

你是不是比他高?

Nǐ shì bu shì bǐ tā gāo?

당신이 그보다 크지요?

② 你最近太忙了。 *你最近太忙不忙?

Nǐzuìjìn tài máng le. *Nǐzuìjìn tài máng bu máng?

당신은 요즘 너무 바빠요.

你最近是不是太忙了?

Nǐ zuìjìn shì bu shì tài máng le?

요즘 너무 많이 바쁘지요?

使得. shǐdé. 타동 상태동사. 무엇을 초래함을 표현, 그래서 ~하게 만들다

기능 상태동사 '使得'는 사역동사다. 그 앞에 출현하는 것은 원인으로서, 명사구나 절에 의해 표현될 수 있다. 사역동사 뒤에 출현하는 것은 결과로서 언제나 문장으로 표현된다.

① 因为老板决定裁员, 使得他不得不另谋发展。

Yīnwèi lǎobǎn juédìng cáiyuán, shǐdé tā bùdébù lìngmóu fāzhǎn.

사장이 감원을 결정해서 그는 다른 길을 모색하지 않을 수 없게 되었다.

② 该国虽然已不施行一胎化政策, 但并未使得少子化的问题得到解决。

Gāiguó suīrán yǐ bù shīxíng yìtāihuà zhèngcè, dàn bìngwèi shǐdé shǎozǐhuà de wèntí dédào jiějué.

이 나라는 이미 한 자녀 정책을 시행하고 있지는 않지만 '저출산' 의 문제가 해결된 것은 아니다.

③ 她的婆婆还有传宗接代的观念, 使得她的压力更大了。

Tā de pópo hái yǒu chuánzōng-jiēdài de guānniàn, shǐdé tā de yālì gēng dà le.

그녀의 시어머니는 아직도 대를 잇는 관념이 있어서 그녀의 스트레스가 더욱 심해졌다.

④ 今年因为奇怪的气候, 使得农民收成减少。

Jīnnián yīnwèi qíguài de qìhòu, shǐdé nóngmín shōuchéng jiǎnshǎo.

올해는 이상 기후로 인해 농민들의 수확량이 감소되었다.

용법 (1) '使得'와 '使'는 모두 사역동사이다. 종종 서로 바꾸어 쓸 수 있다. 예를 들면 다음과 같다.

① 听说小王病得很严重, 使 / 使得我们非常担心。

Tīngshuō Xiǎowáng bìng dé hěn yánzhòng, shǐ / shǐdé wǒmen fēicháng dānxīn.

샤오왕의 병이 심각하다고 해서 우리는 매우 걱정이 된다.

② 有话直说的人, 有时真使 / 使得大家讨厌。

Yǒu huà zhí shuō de rén, yǒu shí zhēn shǐ / shǐdé dàjiā tǎoyàn.

직언하는 사람은 어떤 때에는 사람들이 싫어한다.

③ 因为没念大学的关系, 使 / 使得我一直害怕比不上别人。

Yīnwèi méi niàn dàxué de guānxi, shǐ / shǐdé wǒ yìzhí hàipà bǐ bú shàng biéren.

내가 대학을 다니지 않은 것이 나를 계속 다른 사람만 못할까 두렵게 만들었다.

(2) '가상'의 사건(가설 상황), 아직 발생하지 않은 사건에서 종종 '使'가 사용된다.

① 人民希望政府能施行新政策, 使物价稳定。

Rénmín xīwàng zhèngfǔ néng shīxíng xīn zhèngcè, shǐ wùjià wěndìng.

국민들은 정부가 새로운 정책을 시행하여 물가를 안정시킬 수 있기를 희망한다.

② 如果想使头发看起来多一点的话, 可以使用这种产品。

Rúguǒ xiǎng shǐ tóufa kàn qǐlai duō yìdiǎn dehuà, kěyǐ shǐyòng zhè zhǒng chǎnpǐn.

머리카락이 좀 더 많아 보이게 하려면 이 제품을 사용할 수 있다.

③ 如果去医院动手术也不能使人恢复健康, 那么谁还愿意去呢?

Rúguǒ qù yīyuàn dòng shǒushù yě bù néng shǐ rén huīfù jiànkāng, nàme shéi hái yuànyì qù ne?

병원에 가서 수술을 해도 건강을 회복시킬 수 없다면 누가 가고 싶겠습니까?

(3) '使得'는 자주 이미 발생한 '실제' 사건들과 함께 사용된다.

① 这次台风, 由于民众事前毫无准备, 使得灾情惨重。

Zhè cì táifēng, yóuyú mínzhòng shìqián háowú zhǔnbèi, shǐdé zāiqíng cǎnzhòng.

이번 태풍은 일반 민중들이 사전에 전혀 준비가 되어 있지 않아, 재해 상황을 더 심각하게 만들었다.

② 因为同学积极参与, 使得这门课更加热闹, 活泼。

Yīnwèi tóngxué jījí cānyù, shǐdé zhè mén kè gèngjiā rènao, huópō.

학우들이 적극적으로 참여하여서 이 수업이 더욱 흥미롭고 활발해졌다.

③ 低收入, 高物价的情况使得年轻人成了无壳蜗牛。

Dī shōurù, gāo wùjià de qíngkuàng shǐdé niánqīngrén chéng le wúké wōniú.

낮은 소득, 높은 물가 상황은 젊은이들로 하여금 껍질 없는 달팽이가 되게 한다. (집을 장만하는 것이 불가능하게 만든다.)

(4) 현대중국어에는 다른 사역동사도 있다. 예를 들면 '让'과 '叫'는 매우 구어적인 표현이다. '使'는 비교적 격식체이기는 하지만 '使得'만큼 격식체는 아니다.

① 汉堡吃多了对健康不好, 而且容易让你变胖。

Hànbǎo chī duō le duì jiànkāng bù hǎo, érqiě róngyì ràng nǐ biàn pàng.

햄버거는 너무 많이 먹으면 건강에 좋지 않을 뿐만 아니라, 당신을 살찌게 하기 쉽다.

② 这个消息叫我很难过。

Zhège xiāoxí jiào wǒ hěn nánguò.

이 소식은 나를 우울하게(슬프게) 만들었다.

受. shòu. 타동성 상태동사. 피동 표지('被 bèi' 항목도 참조할 것)

기능 타동사 '受'가 출현한 문장은 피동적인 의미, 즉 '…가 되는 것, …을 받다'를 의미한다.

① 在台湾, 教授是个受人尊敬的工作。
Zài Táiwān, jiàoshòu shì ge shòu rén zūnjìng de gōngzuò.
타이완에서 교수는 사람들에게 존경받는 직업이다.

② 五月天的歌很受大学生欢迎, 他们演唱会的票很快就卖完了。
Wǔyuètiān de gē hěn shòu dàxuésheng huānyíng, tāmen yǎnchànghuì de piào hěn kuài jiù mài wán le.
우위에톈의 노래는 대학생들의 사랑을 많이 받았고, 그들의 콘서트 표는 매우 빠르게 매진되었다.

③ 他的能力很强, 老板很喜欢他, 所以他在公司里越来越受重视。
Tā de nénglì hěn qiáng, lǎobǎn hěn xǐhuan tā, suǒyǐ tā zài gōngsī lǐ yuè lái yuè shòu zhòngshì.
그는 능력이 뛰어나서 사장이 그를 매우 좋아한다. 그래서 회사는 그를 점점 더 중시하고 있다.

④ 有一位医生常上电视, 她不但经验多, 而且口才好, 非常受欢迎。
Yǒu yí wèi yīshēng cháng shàng diànshì, tā búdàn jīngyàn duō, érqiě kǒucái hǎo, fēicháng shòu huānyíng.
TV에 자주 나오는 의사가 하나 있는데, 그녀는 경험이 많을 뿐만 아니라 입담도 좋아서 매우 인기가 많다.

⑤ 他一向按照规定办事情, 今天不遵守规定, 应该是受了很大的刺激。
Tā yíxiàng ànzhào guīdìng bàn shìqing, jīntiān bù zūnshǒu guīdìng, yīnggāi shì shòule hěn dà de cìji.
그는 항상 규정에 따라 일을 처리했는데 오늘은 규정을 지키지 않았다. 아마도 충격을 많이 받은 것 같다.

용법 A. '受'는 두 가지 구조에서 출현 가능하다. 목적어를 취하거나 다른 동사의 주어가 뒤따른다.

(1) 受+목적어

① 她受过很好的教育。
Tā shòuguo hěn hǎo de jiàoyù.
그녀는 좋은 교육을 받았다.

② 他选择放弃, 应该是受了很大的压力。
Tā xuǎnzé fàngqì, yīnggāi shì shòule hěn dà de yālì.
그가 포기를 선택했는데 아마도 많은 압력을 받은 것 같다.

(2) 受+주어+동사

① 他教书很活泼, 很受学生(的)欢迎。
Tā jiāoshū hěn huópō, hěn shòu xuésheng (de) huānyíng.
그는 활기 있게 가르쳐서 학생들에게 인기가 많다.

② 她写的歌受大家(的)喜爱。
Tā xiě de gē shòu dàjiā (de) xǐ'ài.
그녀가 쓴 노래는 모두의 사랑을 받는다.

③ 他提出的想法很受店长(的)重视。
Tā tíchū de xiǎngfǎ hěn shòu diànzhǎng (de) zhòngshì.
그가 제시하는 의견은 점장이 매우 중시한다.

B. '受'와 '被 béi'의 비교.

(1) '被'는 피동 조사이고, '受'는 동사이다. '很', '非常', '大'와 같은 단어들은 부사어로, '受' 앞에 위치할 수 있지만 '被' 앞에는 위치할 수는 없다.

① 比赛的时候天气不好, 他的成绩大受影响。
Bǐsài de shíhou tiānqì bù hǎo, tā de chéngjì dà shòu yǐngxiǎng.
시합 때 날씨가 좋지 않아서 그의 성적이 크게 영향을 받았다.

② 听了李宝春的故事, 他很受感动。

Tīng le Li Bǎochūn de gùshi, tā hěn shòu gǎndòng.

리 바오춘의 이야기를 듣고 그는 매우 감동했다.

③ 他把学生当做自己的孩子, 所以非常受学生尊敬。

Tā bǎ xuésheng dāngzuò zìjǐ de háizi, suǒyǐ fēicháng shòu xuésheng zūnjìng.

그는 학생들을 자신의 아이처럼 대하여 학생들의 많은 존경을 받는다.

(2) '被' 피동문은 종종 문장의 주어나 화자에게 불행한 사건들과 관련되는 반면, '受' 피동문은 항상 그렇지는 않다.

① 她的手机被朋友弄坏了。

Tā de shǒujī bèi péngyou nònghuài le.

그녀의 휴대전화는 친구에 의해 망가졌다.

② 这件事情被她发现就麻烦了。

Zhè jiàn shìqing bèi tā fāxiàn jiù máfan le.

이 일이 그녀에게 들키면 번거로워진다(큰일이다).

③ 他偷东西的时候被人看见了。

Tā tōu dōngxi de shíhou bèi rén kànjiàn le.

그는 물건을 훔치다가 다른 사람에게 들켰다.

④ 她很喜欢这个电影, 看了以后很受感动。

Tā hěn xǐhuan zhège diànyǐng, kànle yǐhòu hěn shòu gǎndòng.

그녀는 이 영화를 매우 좋아한다. 보고 나서 매우 감동을 받았다.

⑤ 我喜欢接近自然, 是受她影响。

Wǒ xǐhuan jiējìn zìrán, shì shòu tā yǐngxiǎng.

내가 자연과 가까이 하는 것을 좋아하는 것은 그녀의 영향을 받은 것이다.

⑥ 她念书很专心，不受别人打扰。

Tā niànshū hěn zhuānxīn, bú shòu biéren dǎrǎo.

그녀는 공부할 때 집중을 잘해서 다른 사람의 방해를 잘 받지 않는다.

(3) '受'는 대부분의 경우 타동성 상태동사와 함께 출현한다. 반면 '被'는 대부분의 경우 동작 동사와 함께 출현한다.

① 他把卖菜赚的钱都给了穷人，很受人尊敬。

Tā bǎ màicài zhuàn de qián dōu gěi le qióngrén, hěn shòu rén zūnjìng.

그는 채소를 팔아 번 돈을 모두 가난한 사람들에게 주어서 사람들의 존경을 받는다.

② 他说话很有意思，很受朋友欢迎。

Tā shuōhuà hěn yǒu yìsi, hěn shòu péngyou huānyíng.

그는 말하는 것이 재미있어서 친구들에게 인기가 있다.

③ 这种游戏很有意思，很受高中学生喜爱。

Zhè zhǒng yóuxì hěn yǒu yìsi, hěn shòu gāozhōng xuésheng xǐ'ài.

이런 종류의 게임은 재미있어서 고등학교 학생들에게 매우 인기가 있다.

④ 他没把事情做好，被老板骂了一顿。

Tā méi bǎ shìqing zuòhǎo, bèi lǎobǎn mà le yí dùn.

그는 일을 제대로 하지 않아서 사장에게 한 차례 혼이 났다.

⑤ 我的车上个周末停在路边，结果被撞坏了。倒霉死了！

Wǒ de chē shàngge zhōumò tíng zài lù biān, jiéguǒ bèi zhuànghuài le. Dǎoméi sǐ le!

내 차는 지난 주말에 길가에 주차했다가 결국 부딪쳐서 망가졌다. 정말 재수가 없다!

⑥ 他安静地走进办公室，不想被发现。

Tā ānjìng de zǒujìn bàngōngshì, bù xiǎng bèi fàxiàn.

그는 들키지 않으려고 조용히 사무실로 걸어 들어갔다.

受到…影响. shòudào…yǐngxiǎng. ~영향을 받다

기능　이런 문형을 가진 문장에서 주어는 '受到' 뒤에 오는 것의 영향을 받는다.

① 王小明受到父母的影响, 也很喜欢音乐。

Wáng Xiǎomíng shòudào fùmǔ de yǐngxiǎng, yě hěn xǐhuan yīnyuè.

왕샤오밍은 부모님의 영향을 받아서 음악도 매우 좋아한다.

② 台湾人受到西方文化的影响, 喜欢喝咖啡的人越来越多了。

Táiwān rén shòudào xīfāng wénhuà de yǐngxiǎng, xǐhuan hē kāfēi de rén yuè lái yuè duō le.

타이완 사람들은 서양 문화의 영향을 받아서 커피를 즐기는 사람들이 점점 많아졌다.

③ 他的公司受到经济不好的影响, 快要做不下去了.

Tā de gōngsī shòudào jīngjì bù hǎo de yǐngxiǎng, kuàiyào zuò bú xiaqu le.

그의 회사는 경제가 안 좋아서 곧 버틸 수 없게 될 것 같다.

④ 小孩子容易受到广告的影响, 总是要买一些对健康不好的东西。

Xiǎo háizi róngyì shòudào guǎnggào de yǐngxiǎng, zǒngshì yào mǎi yìxiē duì jiànkāng bù hǎo de dōngxi.

어린이는 광고의 영향을 받기 쉬워서 항상 건강에 좋지 않은 것들을 사고 싶어 한다.

⑤ 台风快要来了。天气受到影响, 变得很不稳定。

Táifēng kuàiyào lái le. Tiānqì shòudào yǐngxiǎng, biàn de hěn bù wěndìng.

태풍이 곧 온다. 날씨가 영향을 받아서 매우 불안정해졌다.

⑥ 今年的气温特别高, 雨又下得特别少。柚子的收成受到影响, 比去年少了很多。

Jīnnián de qìwēn tèbié gāo, yǔ yòu xià de tèbié shǎo. Yòuzi de shōuchéng shòudào yǐngxiǎng, bǐ qùnián shǎole hěn duō.

올해의 기온은 유난히 높고 비도 특히 적게 내렸다. 유자의 수확이 영향을 받아서 작년보다 많이 줄었다.

⑦ 地球的污染越来越严重, 有的人的健康已经受到影响了。

Dìqiú de wūrǎn yuè lái yuè yánzhòng, yǒu de rén de jiànkāng yǐjīng shòudào yǐngxiǎng le.

지구의 오염은 점점 심해지고 있어서 어떤 사람들은 이미 건강에 영향 받았다.

용법 '受到'는 약간 격식체이지만 여전히 많이 사용된다. '影响' 외에 다른 많은 명사와 결합한다. 예를 들면 教育 jiàoyù '교육', 鼓励 gǔlì '격려', 刺激 cìjī '충격' 등이 있다.

说. shuō. 동사. 말하다 vs. 谈 tán. 동사. 이야기하다

기능 현대중국어에서는 '말하다'를 의미하는 몇 개의 동사가 있다. 정확히 선택해야 예의바르게 숙달된 언어로 전달할 수 있다. 대부분의 경우 목적어의 유형에 따라 동사를 결정한다. 동사가 목적어를 결정하는 것이 아니다. 매우 드문 경우지만, 의미에 차이가 있든 없든 두 가지 선택이 다 가능한 경우도 있다.

说		谈
说话 shuōhuà (말하다, 언급하다)	vs.	谈话 tánhuà (이야기를 하다, 대화를 나누다)
他说明天天气会很好。 Tā shuō míngtiān tiānqì huì hěn hǎo. (말했다)	vs.	谈天气 tán tiānqì (~에 대해 이야기하다. 토론하다)
说外语 shuō wàiyǔ (구사하다)	vs.	谈外语教育 tán wàiyǔ jiāoyù (~에 대해 이야기하다. 논하다)
说故事 shuō gùshi (~에게 이야기 해주다)	vs.	谈理想 tán lǐxiǎng (~에 대해 이야기하다. 논하다)
我们刚刚说了很多话。 Wǒmen gānggāng shuōle hěn duō huà. (말했다, ~에 대해 말했다)	vs.	老师想找你谈话。 Lǎoshī xiǎng zhǎo nǐ tánhuà. (~와 이야기 나누다)
请你说一说这次旅行有趣的事。 Qǐng nǐ shuō yi shuō zhè cì lǚxíng yǒuqù de shì. (~에게 말해 주다, ~에 대해 말하다)	vs.	请你谈一谈你对这件事的想法。 Qǐng nǐ tán yi tán nǐ duì zhè jiàn shì de xiǎngfǎ. (우리에게 말해 주다, 설명하다)

他们正在说哪里好玩。 Tāmen zhèngzài shuō nǎli hǎowán. (말하고 있다)	vs.	他们正在谈台北的经济, 建筑。 Tāmen zhèngzài tán Táiběi de jīngjì, jiànzhú. (~에 대해 이야기하고 있다. 토론하고 있다)

용법 '说'는 즉흥적인 사건과 더 관련이 있다. 반면, '谈'은 준비되고 예정된 사건과 더 관련이 있다. '说'는 거의 항상 일방적이고 '谈'은 양방향이다(두 명 이상의 사람 사이에 대화가 왔다 갔다 하는 것, 그래서 '~와 대화하다, 토론하다'와 비슷하다). 빈도상으로 볼 때, '说'는 '谈'보다 감상적 목적어를 더 많이 취한다.

说到. shuōdào. ~에 대해 말하자면

기능 대화하는 의미를 가지는 동사가 조사 '到'와 결합할 때, 이러한 문형은 화제를 도입하여 '…에 대해 말하자면', '…에 대해 이야기 하자면'을 의미한다.

① 说到台湾小吃, 大家都会想起臭豆腐来。
Shuōdào Táiwān xiǎochī, dàjiā dōu huì xiǎngqi chòudòufu lai.
대만음식이라고 하면 사람들은 모두 초우또우푸를 생각한다.

② 一谈到旅行, 我马上想起垦丁的太阳。
Yì tándào lǚxíng, wǒ mǎshàng xiǎngqi Kěndīng de tàiyáng.
여행 이야기만 나오면 나는 바로 컨딩의 태양이 떠오른다.

③ 说到台湾有名的饮料, 外国学生都认为是珍珠奶茶。
Shuōdào Táiwān yǒumíng de yǐnliào, wàiguó xuésheng dōu rènwéi shì zhēnzhū nǎichá.
대만에서 유명한 음료라면 외국학생들은 모두 블랙밀크티(펄 추가)라고 생각한다.

④ 谈到怎么教小孩, 每个父母都有说不完的话。

Tándào zěnme jiāo xiǎohái, měi gè fùmǔ dōu yǒu shuō bu wán de huà.

어린이를 어떻게 가르칠지에 대해 이야기하면 모든 부모들은 할 이야기가 끝도 없이 많다.

용법 '说到'나 '谈到'는 종종 문장의 맨 앞에 출현하여 주제를 소개한다.

① A: 我喜欢去旅行, 一放暑假就要去。

Wǒ xǐhuan qù lǚxíng, yí fàng shǔjià jiù yào qù.

나는 여행을 좋아해서 여름방학만 되면 갈 거야.

B: 说到放假, 我们还有多久才放假?

Shuōdào fàngjià, wǒmen hái yǒu duō jiǔ cái fàngjià?

방학 이야기가 나와서 말인데, 우리가 얼마나 더 있어야 방학이지?

② 谈到准备结婚的事, 他有很多抱怨。

Tándào zhǔnbèi jiéhūn de shì, tā yǒu hěn duō bàoyuàn.

결혼 준비에 대한 이야기가 나오면, 그는 불만이 아주 많다.

说 A 就 A. shuō A jiù A. 사전 경고 없이 즉시 발생하는

기능 이 문형은 사전 경고 없이 예상치 못한 일이 발생하거나 (화자의 관점에서) 예상보다 빨리 일어나는 것을 의미한다. 이 문형은 '(아무런 경고나 설명없이) 갑자기'과 '네가 알기 전에'라는 뜻과 같다.

① 你不喜欢你的班吗?怎么说换班就换班?

Nǐ bù xǐhuan nǐ de bān ma? Zěnme shuō huànbān jiù huànbān?

네 학급이 싫니? 왜 그렇게 갑자기 반을 바꾸겠다고 말하니?

② 台北的天气真奇怪, 说下雨就下雨。

Táiběi de tiānqì zhēn qíguài, shuō xià yǔ jiù xià yǔ.

타이뻬이의 날씨는 정말 이상해서 정말 예고도 없이 바로 비가 온다.

③ 小明怎么了?怎么说走就走?

Xiǎomíng zěnme le? Zěnme shuō zǒu jiù zǒu?

샤오밍이 왜 그래? 왜 그렇게 갑자기 가려고 해?

④ 美美上个月刚来台湾, 怎么说回国就回国?

Měimei shàngge yuè gāng lái Táiwān, zěnme shuō huí guó jiù huí guó?

메이메이는 지난달에 대만에 막 왔는데 왜 그렇게 갑자기 귀국한다고 해?

⑤ 李老师很严, 常常说考试就考试, 学生都觉得压力很大。

Li lǎoshī hěn yán, chángcháng shuō kǎoshì jiù kǎoshì, xuésheng dōu juéde yālì hěn dà.

리 선생님은 매우 엄해서 자주 갑자기 시험을 보곤하다. 학생들이 모두 스트레스를 많이 받는다.

死了. sǐ le. 동사 뒤에서 강조. 끔찍하게

기능 동사 후 강조어 '死了'는 극도로 어떠한 것을 나타내며 보통 불평을 할 때 쓰인다.

① 他念的是自己不感兴趣的系, 痛苦死了。

Tā niàn de shì zìjǐ bù gǎn xìngqù de xì, tòngkǔ sǐ le.

그는 자신이 흥미가 없는 학과를 전공해서 너무나 고통스러워한다.

② 申请居留证的手续麻烦死了, 他不想办居留证了。

Shēnqǐng jūliúzhèng de shǒuxù máfan sǐ le, tā bù xiǎng bàn jūliúzhèng le.

거류증을 신청하는 수속이 끔찍하게 번거로워서 그는 거류증을 만들고 싶지 않아 졌다.

③ 这条路好长，走起来累死了。

Zhè tiáo lù hǎo chǎng, zǒu qǐlai lèi sǐ le.

이 길은 정말 멀어서 걸어가기 힘들어 죽겠어요.

④ 柠檬酸死了。我的烤鱼上面不要加柠檬。

Níngméng suān sǐ le. Wǒ de kǎoyú shàngmian bú yào jiā níngméng.

레몬이 너무 시어요. 제 생선구이 위에 레몬을 뿌리지 마세요.

⑤ 你别再打电脑了，吵死了。

Nǐ bié zài dǎ diànnǎo le, chǎo sǐ le.

컴퓨터 좀 그만해. 시끄러워 죽겠어.

용법 (1) 동사 뒤에서 강조를 나타내는 '死了 sǐle'는 '极了 jíle', '得不得了 de bùdéliǎo', '得很 de hěn'과 유사하다. 이들은 모두 강렬함을 표현하는데 '死了'는 부정적인 표현으로 가장 높은 강도를 나타낸다.

(2) '死了'를 사용할 때 대부분의 경우 부정적이지만 몇 가지 예외가 있다. 예) 高兴死了 gāoxìng sǐ le '기뻐 죽겠다', 羡慕死了 xiànmù sǐ le '부러워 죽겠다', 乐死了 lè sǐ le '즐거워 죽겠다.'.

(3) 한국어에도 유사한 문형이 있다. 예) 오래 걸었더니 힘들어 죽겠다.

四字格. sìzìgé. 네 글자 고정표현(成语 chéngyǔ 참조)

算了. suàn le. 잊어 버려, 마음 쓰지 마

기능 관용적 문형 '算了'는 불쾌한 사실을 무시하고자 하는 화자의 욕구를 나타낸다.

① A: 你不是要跟女朋友去听五月天的演唱会吗?怎么还在这里?

Nǐ bú shì yào gēn nǚpéngyou qù tīng Wǔyuètiān de yǎnchànghuì ma? Zěnme hái zài zhèli?

여자친구하고 우위에톈 콘서트를 보러 가겠다고 하지 않았어? 왜 아직도 여기 있어?

B: 气死我了。她说要准备明天的报告, 不去了。

Qìsǐ wǒ le. Tā shuō yào zhǔnbèi míngtiān de bàogào, bú qù le.

화가 나서 죽겠어. 그녀가 내일 보고서를 준비해야한다고 안 간대.

A: 她不去算了, 你不要生气了。

Tā bú qù suànle, nǐ bú yào shēngqì le.

그녀가 가지 않으면 그만이지. 화내지 마.

② A: 你昨天会计考试, 成绩怎么样?

Nǐ zuótiān kuàijì kǎoshì, chéngjì zěnmeyàng?

너 어제 회계시험, 성적이 어때?

B: 真不好。算了, 算了。今天不说这个。

Zhēn bù hǎo. Suànle, suànle. Jīntiān bù shuō zhège.

정말 안 좋아. 됐어, 됐어. 오늘은 그 일에 대해 말하지 말자.

③ A: 小王说他对唱歌没兴趣, 晚上不去 KTV了。

Xiǎowáng shuō tā duì chànggē méi xìngqù, wǎnshang bú qù KTV le.

샤오왕이 노래에 흥미가 없어서 저녁에 KTV에 가지 않겠다고 했어요.

B: 那就算了。我自己去。

Nà jiù suànle. Wǒ zìjǐ qù.

그럼 됐어요. 나 혼자 갈게요.

④ A: 没想到我最喜欢的羊毛外套破了一个大洞。

Méi xiǎngdào wǒ zuì xǐhuan de yángmáo wàitào pòle yí gè dà dòng.

내가 제일 좋아하는 양털 외투에 큰 구멍이 뚫렸는 줄 몰랐어요.

B: 既然破了一个大洞, 就丢了算了。

Jìrán pòle yí gè dà dòng, jiù diūle suànle.

이미 큰 구멍이 나버렸는데 그냥 버리세요.

⑤ A: 我告诉小明炸的东西对身体不好, 不要常吃, 他总是不听。

Wǒ gàosu Xiǎomíng zhá de dōngxi duì shēntǐ bù hǎo, bú yào cháng chī, tā zǒng shì bù tīng.

나는 샤오밍에게 튀긴 음식은 몸에 좋지 않으니 자주 먹지 말라고 말했는데 그는 항상 듣지 않아요.

B: 他不听算了, 你别难过了。

Tā bù tīng suànle, nǐ bié nánguò le.

그가 듣지 않으면 그만이니 기분 상해하지 마세요.

용법 '算了'는 문장의 맨 앞, 가운데, 심지어 맨 끝에도 출현할 수 있음을 유의하여야 한다. 현대중국어에서도 이러한 문법적 유연성은 드문 편에 속한다.

算是. suànshì. 동사. …인 셈이다

기능 '算是'는 주제를 다른 (비교 가능한) 사물과 비교한 후 추측을 소개하는 동사이다.

① 教书算是稳定的工作。

Jiāoshū suànshì wěndìng de gōngzuò.

가르치는 일은 안정된 직업인 셈이다.

② 这里的樱花算是多的, 所以来玩的人不少。

Zhèli de yīnghuā suànshì duō de, suǒyǐ lái wán de rén bù shǎo.

벚꽃이 많은 편이라서 놀러오는 사람이 적지 않다.

③ 最近气温都很低，而且每天下雨。今天雨停了，天气算是不错的。

Zuìjìn qìwēn dōu hěn dī, érqiě měitiān xià yǔ. Jīntiān yǔ tíng le, tiānqì suànshì búcuò de.

요즘은 기온이 낮을 뿐만 아니라 비도 매일 온다. 오늘은 비가 그쳐서 날씨가 좋은 편이다.

④ 台北的建筑每一栋都差不多，101大楼算是有特色的。

Táiběi de jiànzhù měi yí dòng dōu chàbuduō, yāo líng yāo dà lóu suànshì yǒu tèsè de.

타이뻬이의 건물은 모두 비슷하게 생겼는데, 101빌딩은 특색이 있는 편이다.

⑤ 国际关系系算是热门的科系吗？

Guójì guānxixì suànshì rèmén de kēxì ma?

국제관계학과가 인기 있는 편입니까?

용법 '算是'의 부정형은 '不算'이다. 따라서. '休学手续不算麻烦。Xiūxué shǒuxù bú suàn máfan. 휴학 수속은 그리 번거로운 편이 아니다.'라고 말할 수 있다. 그러나 '*休学手续算是不麻烦。*Xiūxué shǒuxù suànshì bù máfan.'는 비문이다.

① 跟乡下比起来，这里的蚊虫不算多。

Gēn xiāngxia bǐ qǐlai, zhèli de wénchóng bú suàn duō.

시골에 비하면 모기가 많은 편은 아니다.

② 他只有一点发烧，感冒不算严重。

Tā zhǐyǒu yìdiǎn fāshāo, gǎnmào bú suàn yánzhòng.

그는 열이 조금밖에 없어서 감기가 심한 편은 아니다.

③ 这家店的饺子不算好吃。我带你去别家吃。

Zhè jiā diàn de jiǎozi bú suàn hǎochī. Wǒ dài nǐ qù biéjiā chī.

이 집의 만두는 맛있는 편은 아닙니다. 제가 다른 집으로 모실게요.

随着. S_1, S_2也…. suízhe (전치사) S_1, S_2 yě(부사) …. …의 결과로 …이다

기능 이 문형은 S_1이 S_2의 실현에 상당히 크게 기여하였다는 의미이다.

① 随着中国的经济越来越好, 中国在国际上的地位也越来越重要。
Suízhe Zhōngguó de jīngjì yuè lái yuè hǎo, Zhōngguó zài guójì shang de dìwèi yě yuè lái yuè zhòngyào.
중국의 경제가 계속 좋아짐에 따라, 중국의 국제적 지위도 갈수록 중요해지고 있다.

② 随着她的中文越来越好, 她参加的活动也越来越多。
Suízhe tā de Zhōngwén yuè lái yuè hǎo, tā cānjiā de huódòng yě yuè lái yuè duō.
그녀는 중국어 능력이 계속 좋아짐에 따라, 참가하는 활동도 점점 많아졌다.

③ 随着大家对农药越来越了解, 买有机产品的人也越来越多了。
Suízhe dàjiā duì nóngyào yuè lái yuè liǎojiě, mǎi yǒujī chǎnpǐn de rén yě yuè lái yuè duō le.
모두 농약에 대해 갈수록 더 잘 이해하고 있기 때문에, 유기농 상품을 사는 사람들 역시 갈수록 많아지고 있다.

④ 随着研究所考试的时间越来越近, 他的压力也越来越大。
Suízhe yánjiūsuǒ kǎoshì de shíjiān yuè lái yuè jìn, tā de yālì yě yuè lái yuè dà.
대학원 시험 시간이 갈수록 가까워짐에 따라, 그의 스트레스 역시 갈수록 커지고 있다.

⑤ 随着年纪越来越大, 她越来越想在美国工作的孩子。
Suízhe niánjì yuè lái yuè dà, tā yuè lái yuè xiǎng zài Měiguó gōngzuò de háizi.
나이가 점점 많아짐에 따라, 그녀는 미국에서 일하고 있는 아이가 점점 더 보고 싶어 졌다.

용법 이 문형은 일상적인 대화에서 사용되기 보다는, 격식적인 상황에서 많이 쓰인다.

T

太…了. tài (부사) …le. 너무, 지나치게

기능

太…了는 너무, 지나치게 혹은 대단히, 진짜로의 의미이다. 어떤 자동성 상태동사(Vs)를 선택하느냐에 따라, 말하는 사람의 부정적 혹은 긍정적인 관찰을 나타낸다.

부정	긍정
太贵了。Tài guì le.	太好了。Tài hǎo le.
太大了。Tài dà le.	太漂亮了。Tài piàoliang le.
太热了。Tài rè le.	太舒服了。Tài shūfu le.

용법

(1) '太 tài+자동성 상태동사(Vs)'는 말하는 사람의 부정적인 평가를 표시한다. 那部手机太贵 Nà bù shǒujī tài guì. 그 핸드폰은 너무 비싸요. 이 구조는 오직 '지나치게 ~하다'는 의미만 가능하다.

(2) '太 tài+자동성 상태동사(Vs)+了'는 보다 주관적이다. 말하는 사람이 어떤 것에 대해 지나치게 어떠하거나(형용사) 혹은 칭찬할 가치가 있다고 느끼는 것을 나타낸다.

那部手机太贵了。
Nà bù shǒujī tài guì le.
저 핸드폰은 너무 비쌉니다.

这部手机太便宜了。
Zhè bù shǒujī tài piányi le.
이 핸드폰은 정말 싸군요.

谈. tán. 동사. 이야기하다. 그리고 说. shuō. 동사. 말하다. (说 shuō 참조)

谈到. tándào. …에 관해 이야기 하다(说到 shuōdào 참조)

透过. tòuguò. 전치사. …에 의하여/도움으로

기능 전치사 透过는 중간의 수단에 의해 어떤 일의 수행이 촉진됨을 나타낸다. 즉, 어떤 것이 수행되는 방법, 수단 또는 방식을 설명한다.

① 我们能透过网络知道世界各地的消息。
Wǒmen néng tòuguò wǎngluò zhīdao shìjiè gèdì de xiāoxi.
우리는 인테넷을 통하여 세계 각지의 소식을 알 수 있다.

② 他透过参加社团活动认识了很多朋友。
Tā tòuguò cānjiā shètuán huódòng rènshi le hěn duō péngyou.
그는 동아리 활동에 참가함으로서 많은 친구를 알게 되었다.

③ 我透过李教授才找到这个工作。
Wǒ tòuguò Lǐ jiàoshòu cái zhǎodào zhège gōngzuò.
나는 리교수를 통하여 비로소 이 일을 찾았다.

구조 '透过'는 문장의 처음이나 혹은 동사구(VP) 앞에도 위치할 수 있는 몇 개 안되는 전치사 중의 하나이다.

① 透过这次参观, 外国学生知道怎么做纸伞了。
Tòuguò zhè cì cānguān, wàiguó xuésheng zhīdao zěnme zuò zhǐsǎn le.
이번의 참관을 통하여, 외국학생들은 어떻게 종이우산을 만드는지 알게 되었다.

② 中国人相信透过食物能让身体越来越健康。

Zhōngguó rén xiāngxìn tòuguò shíwù néng ràng shēntǐ yuè lái yuè jiànkāng.

중국 사람들은 음식을 통해 신체가 점점 건강하게 될 수 있다고 믿는다.

③ 很多人透过电视节目练习听的能力。

Hěn duō rén tòuguò diànshì jiémù liànxí tīng de nénglì.

많은 사람들은 텔레비전 프로그램을 통하여 듣기 능력을 연습한다.

【부정형】

① 不透过考试, 有的老师不能了解学生学得好不好。

Bú tòuguò kǎoshì, yǒu de lǎoshī bù néng liǎojiě xuésheng xué de hǎo bu hǎo.

시험을 통하지 않고서는, 어떤 선생님들은 학생들이 잘 배우고 있는지 알 수가 없다.

② 听说不透过介绍是很难到那家公司工作的。

Tīngshuō bú tòuguò jièshào shì hěn nán dào nà jiā gōngsī gōngzuò de.

듣자니 소개를 통하지 않고서 저 회사에서 일을 하는 것은 힘들다고 합니다.

③ 你不透过长时间的练习是学不会的。

Nǐ bú tòuguò cháng shíjiān de liànxí shì xuébúhuì de.

긴 시간 연습을 하지 않고는 잘 배울 수 없습니다.

【의문형】

① 你们是透过美美介绍认识的吗?

Nǐmen shì tòuguò Měimei jièshào rènshi de ma?

너희들은 메이메이가 소개하여 알게 된거니?

② 他到国外旅行都是透过这个网站找到适合的旅馆吗?

Tā dào guówài lǚxíng dōu shì tòuguò zhège wǎngzhàn zhǎodào shìhé de lǚguǎn ma?

그가 국외로 여행을 할 때는 항상 이 웹 사이트를 통하여 적당한 호텔을 찾죠?

③ 是不是有很多公司都透过网络，替自己的产品做广告。

Shì bu shì yǒu hěn duō gōngsī dōu tòuguò wǎngluò, tì zìjǐ de xīn chǎnpǐn zuò guǎnggào?

많은 회사들이 인터넷을 통하여, 자기의 상품을 광고합니까?

용법 전치사 '透过'와 비슷한 내부 구조를 가지고 있는 단어로는, '经过 jīngguò(전치사), …을 거쳐'. '超过 chāoguò(자동성 변화동사), …초과하다'. '越过 yuèguò(동사), …건너다' 등이 있다.

N O P Q R S T U V W X Y Z

W

完. wán. 조사. 동사 보어. 동작의 완료

기능 조사 '完'은 동작동사와 함께 하며, 동작의 완료를 표시한다.

① 他们已经喝完咖啡了。

Tāmen yǐjīng hēwán kāfēi le.

그들은 이미 커피를 다 마셨다.

② 你借给我的书, 我都看完了。

Nǐ jiè gěi wǒ de shū, wǒ dōu kànwán le.

나에게 빌려준 책을 나는 모두 다 읽었다.

③ 这个月的薪水, 我都用完了。

Zhège yuè de xīnshuǐ, wǒ dōu yòngwán le.

이번 달의 월급을 나는 모두 다 썼다.

④ 一千米我跑得完。

Yìqiān mǐ wǒ pǎo de wán.

천 미터를 나는 다 뛸 수 있다.

구조 **【부정형】**

① 别买水果了, 家里的还没吃完呢!

Bié mǎi shuǐguǒ le, jiā li de hái méi chīwán ne!

과일을 사지 마세요. 집에 있는 것을 아직 다 안 먹었습니다.

② 我还没说完, 可以再给我一点时间吗?

Wǒ hái méi shuōwán, kěyǐ zài gěi wǒ yìdiǎn shíjiān ma?

나는 아직 말을 다 하지 않았습니다. 나에게 시간을 조금 더 주실 수 있으신가요?

③ 他工作没做完，就去花莲旅行了，所以老板很不高兴。

Tā gōngzuò méi zuòwán, jiù qù Huālián lǚxíng le, suǒyǐ lǎobǎn hěn bù gāoxìng.

그는 일을 아직 다 끝내지 않고, 후아리앤에 여행을 갔습니다. 그래서 사장님이 매우 기분이 상하셨습니다.

【의문형】

① 你是不是考完试了？

Nǐ shì bu shì kǎowán shì le?

시험이 다 끝났죠?

② 老师给的功课，你写完了没有？

Lǎoshī gěi de gōngkè, nǐ xiěwán le méi yǒu?

선생님이 주신 숙제를 다 했습니까?

③ 那些电影，你看完了没有？

Nàxiē diànyǐng, nǐ kànwán le méi yǒu?

그 영화를 다 보았습니까?

용법 '完'은 동작동사 뒤에 오는 시상 표지phase maker이고, 동작동사에 붙는 시태aspect와 관련이 있다. 이합동사와 함께 할 때는 동사 사이에 삽입된다.

① 我考完试，想去看电影。(*我考试完，想去看电影。)

Wǒ kǎowán shì, xiǎng qù kàn diànyǐng. (*Wǒ kǎoshì wán, xiǎng qù kàn diànyǐng.)

나는 시험을 다 보면, 영화를 보러 가고 싶다.

② 你们吃完饭，可以去夜市逛逛。

Nǐmen chīwán fàn, kěyǐ qù yèshì guàngguang.

밥을 다 먹으면, 야시장에 가서 둘러보아도 됩니다.

③ 我们游完泳，就回家了。

Wǒmen yóuwán yǒng, jiù huí jiā le.

우리는 수영을 다 하고, 바로 집에 갔습니다.

万一. wànyī. 부사. 만약 …라면, 어떤 부정적인 사건

기능 이 부사는 문자 그대로 '만의 하나'의 가능성을 의미한다. 이것은 일어날 가능성이 없으나 그럼에도 불구하고 가능한 어떤 일을 언급한다.

① 他请我帮他买一本词典, 万一没买到, 那怎么办呢?

Tā qǐng wǒ bāng tā mǎi yì běn cídiǎn, wànyī méi mǎi dào, nà zěnme bàn ne?

그가 나에게 사전을 한 권 사다 달라고 부탁하였는데, 만약에 사지 못하면, 어떻게 하죠?

② 万一别人知道是我们弄错的, 那就糟了。可能不会再信任我们了。

Wànyī biéren zhīdao shì wǒmen nòngcuò de, nà jiù zāo le. Kěnéng bú huì zài xìnrèn women le.

만약에 다른 사람이 우리가 실수한 것인 줄 알게 된다면, 우리는 큰일납니다. 아마도 다시는 우리는 신임하지 않을 겁니다.

③ 你别太早去。万一她还没准备好, 就得在外面等了。

Nǐ bié tài zǎo qù. Wànyī tā hái méi zhǔnbèi hǎo, jiù děi zài wàimian děng le.

너무 일찍 가지 마세요. 만약에 그녀가 아직 준비를 하지 않았다면, 밖에서 기다려야 합니다.

④ 多练习几次吧。万一我们表演得很糟, 就太丢脸了。

Duō liànxí jǐ cì ba. Wànyī wǒmen biǎoyǎn de hěn zāo, jiù tài diūliǎn le.

몇 번 더 연습을 합시다. 만약 우리 공연이 형편없으면, 너무 창피합니다.

⑤ 带本漫画去吧。万一得等很久, 就可以看漫画杀时间。

Dài běn mànhuà qù ba. Wànyī děi děng hěn jiǔ, jiù kěyǐ kàn mànhuà shā shíjiān.

만화책을 한 권 가지고 가세요. 만약 오래 기다려야 되면, 만화를 보면서 시간을 보낼 수 있습니다.

용법 万一는 바람직하지 않은 사건에 대한 가정을 의미하며, 다른 부사 혹은 접속사와도 함께 사용할 수 있다. 예를 들면,

① 就算万一发生什么事, 也不要紧张。
Jiùsuàn wànyī fāshēng shénme shì, yě bú yào jǐnzhāng.
만약에 어떤 일이 발생하더라도, 긴장하지 마세요.

② 要是万一钱不够的话, 你可以跟朋友先借。
Yàoshi wànyī qián bú gòu dehuà, nǐ kěyǐ gēn péngyou xiān jiè.
만약에 돈이 부족하다면, 친구들에게 먼저 빌려도 된다.

往往. wǎngwǎng. 부사. 자주 …하는 경향이 있다

기능 부사 '往往'은 주어와 관련하여 어떤 것이 일반적으로 그리고 반복적으로 발생함을 말한다.

① 我在紧张的时候, 往往会说不出话来。
Wǒ zài jǐnzhāng de shíhou, wǎngwǎng huì shuō bù chū huà lái.
나는 긴장이 되었을 때, 자주 말을 하지 못한다.

② 跟能力比自己好的人一起工作往往会有压力。
Gēn nénglì bǐ zìjǐ hǎo de rén yìqǐ gōngzuò wǎngwǎng huì yǒu yālì.
능력이 자기보다 좋은 사람하고 함께 일하는 것은 자주 스트레스가 된다.

③ 对别人说出「对不起」往往是最难的。
Duì biéren shuōchū 'duìbuqǐ' wǎngwǎng shì zuì nán de.
다른 사람에 '미안합니다'라고 말하는 것은 대개 가장 어려운 일이다.

④ 每年的新年, 我父母往往会带我们回老家跟平常不常见面的亲戚拜年。
Měinián de xīnnián, wǒ fùmǔ wǎngwǎng huì dài wǒmen huí lǎojiā gēn píngcháng bù cháng jiànmiàn de qīnqi bàinián.
매년 설 때, 나의 부모는 자주 우리를 데리고 고향으로 돌아가 평소에 자주 만나지 않는 친척에게 새해 인사를 드린다.

⑤ 有一句话说，快乐的时候如果不小心一点，往往就会有倒霉的事发生。

Yǒu yí jù huà shuō, kuàilè de shíhou rúguǒ bù xiǎoxīn yìdiǎn, wǎngwǎng jiù huì yǒu dǎoméi de shì fāshēng.

즐거울 때 만약에 조심하지 않으면, 자주 재수 없는 일이 발생한다는 속담이 있다.

용법 '往往'과 '常常'

(1) '往往'과 '常常'는 자주 서로 바꾸어 쓸 수 있다.

我跟朋友聊天，往往 / 常常聊到很晚。

Wǒ gēn péngyou liáotiān, wǎngwǎng / chángcháng liáo dào hěn wǎn.

나와 친구는 이야기를 하면, 자주 / 항상 아주 늦게까지 이야기를 나눈다.

(2) '常常'은 높은 빈도를 나타낸다. 그리고 과거, 현재 혹은 미래의 사건을 나타내는데 사용될 수 있다. 반면에, '往往'은 미래의 일을 나타내는 사건에는 사용할 수 없다.

我到了美国以后会常常(*往往)给你打电话。

Wǒ dào le Měiguó yǐhòu huì chángcháng (*wǎngwǎng) gěi nǐ dǎ diànhuà.

나는 미국에 도착한 이후에, 자주 너에게 전화를 할 것이다.

(3) '常常'은 높은 빈도를 나타내고, '往往'은 습관적인 일상을 의미한다.

(4) '往往'은 문맥에 관계되어 있어야 한다. '往往'을 사용하려면 조건이 설정되어야 한다.

① 小玲常常去看恐怖片。

Xiǎolíng chángcháng qù kàn kǒngbù piàn.

샤오링은 자주 공포영화를 보러 간다.

② *小玲往往去看恐怖片。

Xiǎolíng wǎngwǎng qù kàn kǒngbù piàn.

③ 小玲不开心的时候，往往去看恐怖片。

Xiǎolíng bù kāixīn de shíhou, wǎngwǎng qù kàn kǒngbù piàn.

샤오링은 기분이 좋지 않을 때, 자주 공포영화를 보러 간다.

(5) 부정은 '常常'의 앞 혹은 뒤에 위치할 수 있다. 예를 들어, '不常'(不是常常…을 더 자주 사용한다) 혹은 '常常不'이라고 할 수 있다. 그러나 '往往'은 '*不往往 bù wǎngwǎng'과 같이 부정 되지 않는다.

(6) '一向', '向来'도 참고하자.

为. wèi. 전치사. 수혜자 표지. 동작의 수혜자

기능 문어체 전치사 '爲'는 문장의 수혜자 명사를 소개하며, 명사는 동사구의 문맥으로부터 이익을 본다. 영어 '수혜자'는 많은 의미를 가진다.

(1) 동작을 받는 사람Recipient. 이 용법에서는 为의 목적어는 동사의 진정한 목적어처럼 보인다.

① 为人民服务。

Wèi rénmín fúwù.

대중을 위해 일한다.

② 为大家加油。

Wèi dàjiā jiāyóu.

모두를 위하여 응원하다.

③ 为农夫带来许多好处。

Wèi nóngfū dài lái xǔduō hǎochù.

농부를 위해 많은 장점을 가져오다.

(2) …때문에. 이 용법에서 동사는 보통은 상태동사state verb이다.

① 为孩子担心。
Wèi háizi dānxīn.
아이 때문에 걱정하다.

② 为家人难过。
Wèi jiārén nánguò.
가족 때문에 안타깝게 생각하다.

③ 为朋友高兴。
Wèi péngyou gāoxìng.
친구로 인하여 기뻐하다.

(3) …를 위하여. 이 용법에서는 어떤 사람의 이익을 위해 어떤 일을 함을 나타낸다.

① 为他们买健康保险。
Wèi tāmen mǎi jiànkāng bǎoxiǎn.
그들을 위하여 건강보험에 가입하다.

② 为他翻译。
Wèi tā fānyì.
그를 위하여 번역을 하다.

③ 为谁辛苦?
Wèi shéi xīnkǔ?
누구를 위하여 고생 합니까?

为了. wèile. 전치사. …를 위하여

기능 전치사 '为了'는 '…를 위하여, …를 목적으로'를 가리킨다.

① 为了保护环境，大家都应该做垃圾分类。
Wèile bǎohù huánjìng, dàjiā dōu yīnggāi zuò lājī fēnlèi.
환경을 보호하기 위하여, 모두 다 쓰레기 분류를 해야만 한다.

② 为了去吃喜酒，美美买了一件新衣服。
Wèile qù chī xǐjiǔ, Měimei mǎile yí jiàn xīn yīfu.
결혼식에 참석하기 위하여, 메이메이는 새 옷 한 벌을 샀다.

③ 为了早一点回到家，还是坐地铁吧!
Wèile zǎo yìdiǎn huí dào jiā, háishi zuò dìtiě ba!
조금 일찍 집에 도착하기 위해서, 역시 전철을 타는 것이 좋겠다.

구조 '为了'의 목적어는 명사구이거나 혹은 동사구이다.

① 他为了父母，买了飞机票回去看他们。
Tā wèile fùmǔ, mǎi le fēijī piào huíqu kàn tāmen.
그는 부모님을 위하여 비행기표를 사서 집으로 돌아가 부모님을 뵈었다.

② 小明为了搬到便宜的套房去，花了很多时间找房子。
Xiǎomíng wèile bāndào piányi de tàofáng qù, huāle hěn duō shíjiān zhǎo fángzi.
샤오밍은 싼 아파트로 이사를 가기 위해서 많은 시간을 사용해서 방을 찾았다.

【부정형】

'别' 혹은 '不是' 부정이 사용된다.

① 别只为了钱去打工。
Bié zhǐ wèile qián qù dǎgōng.
돈만을 위해서 아르바이트를 하지 마세요.

② 他不是为了钱才回收汽水罐，是为了保护环境。
Tā bú shì wèile qián cái huíshōu qìshuǐ guàn, shì wèile bǎohù huánjìng.
그는 돈을 위해서 캔을 회수하는 것이 아니고, 환경보호를 위해서 하는 것이다.

③ 你们别为了去旅行就不工作了。

Nǐmen bié wèile qù lǚxíng jiù bù gōngzuò le.

여러분들은 여행을 가기 위해서 일을 미루지 마세요.

【의문형】

① 你是不是为了跟同学讨论功课, 所以晚上没回家吃饭?

Nǐ shì bu shì wèile gēn tóngxué tǎolùn gōngkè, suǒyǐ wǎnshang méi huí jiā chī fàn?

반 친구들과 숙제를 토론하느라 저녁에 집에 밥 먹으러 오지 않은거니?

② 他为了什么到台湾来?

Tā wèile shénme dào Táiwān lái?

그는 무엇 때문에 타이완에 왔습니까?

③ 你是不是为了帮女朋友照相, 所以买了新的照相机?

Nǐ shì bu shì wèile bāng nǚpéngyou zhàoxiàng, suǒyǐ mǎile xīn de zhàoxiàngjī?

당신은 여자 친구에게 사진을 찍어 주기 위해서, 새로운 카메라를 샀습니까?

용법 '为了'는 하나의 어휘이지, '为+了'가 아니다. '为了'는 문맥에 따라 다양하게 번역될 수 있다. 각별한 주의가 필요하다.

无论 A 都 B. wúlùn A dōu B. …에 관계없이

기능 이 문형은 모든 것을 포함하는, 예외는 가능하지 않은 선택상황을 의미한다. 예를 들어, 어떤 것이든, 어떤 사람이든지, 어디이든지 … 등등.

① 最近有食品安全的问题。无论吃什么都要小心。

Zuìjìn yǒu shípǐn ānquán de wèntí. Wúlùn chī shénme dōu yào xiǎoxīn.

최근 식품 안전에 대한 문제가 있다. 무엇을 먹든지 조심해야 한다.

② 工作了一天。无论是否疲倦都需要休息。

Gōngzuò le yì tiān. Wúlùn shìfǒu píjuàn dōu xūyào xiūxi.

하루 종일 일했다. 피곤하든지 그렇지 않든지 휴식이 필요하다.

③ 无论学历高还是学历低, 有实力, 有资金的人都可以创业。

Wúlùn xuélì gāo háishi xuélì dī, yǒu shílì, yǒu zījīn de rén dōu kěyǐ chuàngyè.

학력이 높든지 아니면 낮든지, 실력이 있고 자금이 있으면 모두 창업을 할 수 있다.

④ 风水师说: "无论是买房子还是租房子, 都要注意风水。"

Fēngshuǐ shī shuō: 'Wúlùn shì mǎi fángzi huáishi zū fángzi, dōu yào zhùyì fēngshuǐ.'

풍수 전문가는 "방을 사거나 혹은 임대하거나, 모두 풍수를 주의해야 한다"고 말하였다.

⑤ 在台湾无论什么地方都可以买到凤梨酥。

Zài Táiwān wúlùn shénme dìfang dōu kěyǐ mǎidào fènglísū.

타이완의 어디에서든 파인애플 케이크를 살 수 있다.

용법

(1) '无论'은 위의 예문과 같이 의문사, 'A-不-A', 반의어의 결합, '多'의 첨가 등과 함께 사용할 수 있다. 구조에 관계없이, 이 유형의 문장은 '다양한 환경에도 불구하고, 다음의 사실은 영향을 받지 않는다.'는 의미를 가지고 있다.

① 无论은 의문사와 같이 사용된다.(누구, 무엇, 언제, 어디)

a. 无论什么时候, 他都很忙碌。

Wúlùn shénme shíhou, tā dōu hěn mánglù.

언제든지, 그는 항상 바쁘다.

b. 无论哪里都有便利店。

Wúlùn nǎli dōu yǒu biànlìdiàn.

어디든지 모두 편의점이 있다.

② ‘无论’은 ‘A-不-A’ 의문구조와 같이 사용된다.

a. 无论能不能当选, 李先生都要出来竞选。
Wúlùn néng bu néng dāngxuǎn, Lǐ xiānsheng dōu yào chūlai jìngxuǎn.
당선이 될 수 있든 없든, 리 선생은 선거를 참가하려고 한다.

b. 无论学历高不高, 都应该自食其力。
Wúlùn xuélì gāo bu gāo, dōu yīnggāi zìshí-qílì.
학력이 높든 높지 않든, 모두 자기 힘으로 생활해야 한다.

③ ‘无论’은 상반되는 한 쌍의 어휘와 같이 사용된다.

a. 无论早晚, 你总是得自食其力。
Wúlùn zǎowǎn, nǐ zǒng shì děi zìshí-qílì.
이르든 늦든, 언젠가는 반드시 스스로 살아가야 한다.

b. 无论成绩好坏, 都可以升学。
Wúlùn chéngjì hǎo huài, dōu kěyǐ shēngxué.
성적이 좋든 나쁘든지 관계없이, 모두 진학할 수 있다.

④ ‘无论’은 부사 多와 함께 사용된다.

a. 无论他家多富裕, 他都不浪费。
Wúlùn tā jiā duō fùyù, tā dōu bú làngfèi.
그의 집이 얼마나 부유하든지 관계없이, 그는 항상 낭비하지 않는다.

b. 无论生活多困苦, 吴先生还是很快乐。
Wúlùn shēnghuó duō kùnkǔ, Wú xiānsheng háishi hěn kuàilè.
생활이 얼마나 빈곤하든지 관계없이, 우 선생은 여전히 즐겁게 지냅니다.

(2) '无论'와 '不管'는 동의어이다. '不管'은 좀 더 구어체 표현이고, '无论'은 보다 격식체적인 표현이다. 그러므로 '不管'은 '如何' 또는 '是否'와 같은 격식체적이거나 또는 문어체적인 구성에 자주 사용되지 않는다.

① 无论别人如何批评他, 他都无所谓。
Wúlùn biéren rúhé pīpíng tā, tā dōu wúsuǒwèi.
다른 사람이 그를 어떻게 비평하더라도, 그는 전혀 상관하지 않는다.

② 无论学生是否愿意, 都得参加考试。
Wúlùn xuésheng shìfǒu yuànyì, dōu děi cānjiā kǎoshì.
학생들이 원하든 원하지 않든, 모두 시험에 참가해야 한다.

③ 无论如何, 你都不能放弃。
Wúlùn rúhé, nǐ dōu bù néng fàngqì.
너는 어떤 경우에라도 포기해서는 안 된다.

无所谓. wúsuǒwèi. 자동성 상태동사(Vs). 중요하지 않다

기능 고대중국어 '无所谓'는 어휘가 된 상태동사이다. 말하는 사람 혹은 주어에 관련하여, 이 의미는 '중요하지 않다', '상관없다', '나는 별로 신경 안 써' 등이다.

① 候选人是什么背景我无所谓, 只要他有能力而且真的关心人民就好。
Hòuxuǎnrén shì shénme bèijǐng wǒ wúsuǒwèi, zhǐyào tā yǒu nénglì érqiě zhēnde guānxīn rénmín jiù hǎo.
후보자가 어떤 배경인지 나는 상관없다. 능력이 있고 진정으로 국민들에게 관심을 가지기만 하면 된다.

② 总统的外表好不好看无所谓。能实现承诺最重要。
Zǒngtǒng de wàibiǎo hǎo bu hǎokàn wúsuǒwèi. Néng shíxiàn chéngnuò zuì zhòngyào.
총통의 외모가 좋든 좋지 않든 관계가 없습니다. 약속을 실현할 수 있느냐하는 것이 가장 중요합니다.

③ 这件事他要怎么做我无所谓, 只要他尽到自己的责任就好。

Zhè jiàn shì tā yào zěnme zuò wǒ wúsuǒwèi, zhǐyào tā jìndào zìjǐ de zérèn jiù hǎo.

이 일은 그가 어떻게 하든지 나는 상관이 없습니다. 단지 그가 자기의 책임을 다하기만 하면 됩니다.

④ 她认为毕业以后能找到自己喜欢的工作就好。薪资多少无所谓。

Tā rènwéi bìyè yǐhòu néng zhǎodào zìjǐ xǐhuan de gōngzuò jiù hǎo. Xīnzī duōshao wúsuǒwèi.

그는 졸업한 후에 자기가 좋아하는 일을 찾았으면 좋겠다고 생각하였다. 월급이 얼마이든지 상관이 없다.

용법 이 구조의 문장은 하나의 방법이든 혹은 다른 방법이든 관여하지 않겠다는 의미이기 때문에, (흔히) 什么(1), 好不好(2), 怎么(3), 多少(4)와 같은 의문형태가 포함되어 있다.

X

下. xià. 조사. 동사 보어. 수용하기에 충분한 공간

기능 'V+得/不+下' 구조는 무언가를 수용하기에 공간이 충분한지를 나타낸다.

① 这个车子坐得下九个人。
Zhège chēzi zuò de xià jiǔ gè rén.
이 차는 아홉 사람이 앉을 수 있다.

② 小李一个人喝得下大杯咖啡。
Xiǎolǐ yí gè rén hē de xià dà bēi kāfēi.
샤오리는 혼자 큰 잔의 커피를 다 마실 수 있다.

③ 三十个饺子，美美都吃得下。
Sānshí ge jiǎozi, Měimei dōu chī de xià.
쟈오쯔 삼십 개를 메이메이는 모두 먹을 수 있다.

구조 **【부정형】**

① 背包太小了，装不下这个电脑。
Bēibāo tài xiǎo le, zhuāng bú xia zhège diànnǎo.
책가방이 너무 작아서, 이 컴퓨터를 넣을 수 없다.

② 这个资源回收桶放不下这么多塑料瓶子。
Zhège zīyuán huíshōutǒng fàng bú xia zhème duō sùliào píngzi.
이 재활용품 수거함은 이렇게 많은 플라스틱 병을 넣을 수 없다.

③ 这个教室坐不下那么多学生。
Zhège jiàoshì zuò bú xia nàme duō xuésheng.
이 교실은 그렇게 많은 학생이 다 앉을 수 없다.

【의문형】

가능보어 형태로 자주 사용되고, 조금 낮은 빈도로 출현하긴 하지만 'A-不-A' 문형도 사용 가능하다.

① 这个房间放得下放不下一张大床?
(=这个房间放不放得下一张大床?)
Zhège fángjiān fàng de xia fàng bú xia yì zhāng dà chuáng?
(=Zhège fángjiān fàng bu fàng de xià yì zhāng dà chuáng?)
이 방은 큰 침대를 넣을 수 있습니까?

② 这间教室坐得下坐不下五十个学生?
Zhè jiān jiàoshì zuò de xia zuò bú xia wǔshí gè xuésheng?
이 교실은 50명의 학생이 앉을 수 있습니까?

③ 你的U盘存不存得下这些照片?
Nǐ de Upán cún bù cún de xià zhèxiē zhàopiàn?
당신의 USB는 이 사진을 저장할 공간이 있습니까?

용법 동사 보어 '下' 그리고 '了 liǎo'는 같은 동사와 함께 사용될 수 있다. 의미의 차이는 아주 적다.

① 我的车坐不下五个人。(공간)
Wǒ de chē zuò bú xia wǔ ge rén.

② 我的车坐不了五个人。(수용)
Wǒ de chē zuò bù liǎo wǔ ge rén.

전자는 '공간이 충분하지 않다'는 것을 말하고, 후자는 '좌석에 앉지 못하고, 앉을 수 없다'는 의미를 가진다.

下来. xiàlai. 동사 보어. 下来의 다양한 의미의 요약

기능 '下来'가 $V_1V_2V_3$을 형성하며, 동사에 대한 보어로서 역할을 할 때, 의미는 장소(아래로, 위쪽으로), 시간(계속하다), 또는 상태에 대해 말할 수 있다.

(1) 장소(Locational)

① 王太太听见王先生在楼下叫她, 就从楼上走下来了。
Wáng tàitai tīngjiàn Wáng xiānsheng zài lóu xià jiào tā, jiù cóng lóu shàng zǒu xiàlai le.
왕 부인은 왕 선생이 아래층에서 그녀를 부르는 소리를 듣고, 위층에서 내려왔다.

② 那本书在柜子上, 请你把那本书从柜子上拿下来。
Nà běn shū zài guìzi shàng, qǐng nǐ bǎ nà běnshū cóng guìzi shàng ná xiàlai.
그 책은 책장에 있어요. 그 책을 책장에서 내려주세요.

(2) 시간(Temporal)

① 他从十年前来这家公司, 一直做下来, 到现在已经当主任了。
Tā cóng shí nián qián lái zhè jiā gōngsī, yìzhí zuò xiàlai, dào xiànzài yǐjīng dāng zhǔrèn le.
그는 십년 전에 이 회사로 와서, 계속 일을 해왔고, 지금은 이미 주임이 되었습니다.

② 这些都是古代的人传下来的习惯。
Zhèxiē dōu shì gǔdài de rén chuán xiàlai de xíguàn.
이 모든 것은 고대 사람들로부터 내려온 습관이다.

(3) 상태(State)

① 朋友想了很久, 最后决定留下来。
Péngyou xiǎng le hěn jiǔ, zuìhòu juédìng liú xiàlai.
친구는 오랫동안 생각했고, 결국 남기로 결정을 했다.

② 画家把乡下美丽的风景画了下来。

Huàjiā bǎ xiāngxia měilì de fēngjǐng huàle xiàlai.

화가는 시골의 아름다운 풍경을 그렸다.

용법 전형적인 $V_1V_2V_3$은 두 가지 형태가 있다.

(1) 결과 보어 형태(Actual form): V下来, 没 V下来

① 我把老板说的话都写下来了。

Wǒ bǎ lǎobǎn shuō de huà dōu xiě xiàlai le.

나는 사장님이 말한 것을 모두 적었습니다.

② 你把脏衣服脱下来洗一洗。

Nǐ bǎ zāng yīfu tuō xiàlai xǐ yi xǐ.

더러운 옷을 벗고 좀 씻으세요.

③ 虽然他看见山上有凶猛的动物, 可是他还在山上, 没跑下来。

Suīrán tā kànjiàn shānshang yǒu xiōngměng de dòngwù, kěshì tā hái zài shānshang, méi pǎo xiàlai.

비록 그는 산에 사나운 동물이 있는 것을 보았지만, 그는 여전히 산에 있고, 내려오지 않았다.

(2) 가능 보어 형태: ‘V得下来’, ‘V不下来’

① 月亮怎么摘得下来?

Yuèliàng zěnme zhāi de xiàlai?

달을 어떻게 딸 수 있어요?

② 车开得太快, 停不下来。

Chē kāi de tài kuài, tíng bú xiàlai.

차를 너무 빨리 운전하여, 정지할 수가 없었다.

③ 那个衣橱太大, 我一个人搬不下来。

Nàge yīchú tài dà, wǒ yí ge rén bān bú xiàlai.

그 옷장은 너무 커서, 나 혼자 옮겨 내려올 수 없다.

下去. xiàqu. 동사 보어. 무엇을 계속하다

기능 '下去'는 위치 V_1V_2이다. 여기에서는 '계속'이라는 동작동사에 대한 시간의 의미를 지닌 보어로 사용되었다.

① 你说得很好。请你继续说下去。

Nǐ shuō de hěn hǎo. Qǐng nǐ jìxù shuō xiàqu.

말을 아주 잘 하고 계십니다. 계속 해 주세요.

② 我们在夜市逛了很久了, 你还要逛下去吗?

Wǒmen zài yèshì guàngle hěn jiǔ le, nǐ hái yào guàng xiàqu ma?

우리는 야시장에서 오랜 시간동안 돌아다녔는데, 계속 더 구경하실 건가요?

③ 虽然学费不便宜, 但是我还想念下去。

Suīrán xuéfèi bù piányi, dànshì wǒ hái xiǎng niàn xiàqu.

비록 학비는 싸지 않지만, 저는 계속 공부하고 싶습니다.

④ 他还没说完, 请大家继续听下去。

Tā hái méi shuō wán, qǐng dàjiā jìxǜ tīng xiàqu.

그는 아직 말을 다 하지 않았습니다. 모두 계속 들어주세요.

⑤ 这份工作不错, 虽然薪水少, 可是我还要做下去。

Zhè fèn gōngzuò búcuò, suīrán xīnshuǐ shǎo, kěshì wǒ hái yào zuò xiàqu.

이 일은 좋습니다. 비록 월급은 적지만, 나는 계속 일하려고 합니다.

⑥ 已经三个小时了, 你还要等下去吗?我想他不会来了。

Yǐjīng sān ge xiǎoshí le, nǐ hái yào děng xiàqu ma? Wǒ xiǎng tā bú huì lái le.

이미 3시간이 되었습니다. 당신은 계속 기다리실 겁니까? 나는 그가 오지 않을 거라고 생각합니다.

구조 '下去'가 타동사와 함께 사용될 때, 타동사의 목적어는 문장의 앞으로 이동을 하거나 혹은 문맥이 충분히 이해가 된다면 생략이 된다.

① 这个工作我想一直做下去。

Zhège gōngzuò wǒ xiǎng yìzhí zuò xiàqu.

이 일을 나는 계속 하기 원합니다.

*我想一直做下去这个工作了。

Wǒ xiǎng yìzhí zuò xiàqu zhège gōngzuò le.

② 学中文虽然很难, 但我还是要念下去。

Xué Zhōngwén suīrán hěn nán, dàn wǒ háishi yào niàn xiàqu.

중국어를 배우는 것은 비록 힘들지만, 나는 여전히 계속 배울 겁니다.

*虽然很难, 我还要念下去中文。

Suīrán hěn nán, dàn wǒ háishi yào xiàqu Zhōngwén.

先 A 再 B. xiān (부사) A zài (A부사) B. 먼저 A, 그리고 후에 B

기능 이 문형은 연속적인 두 개의 연속적인 사건의 시간적 순서를 나타낸다.

① 弟弟打算先去旅行再找工作。

Dìdi dǎsuan xiān qù lǚxíng zài zhǎo gōngzuò.

남동생은 먼저 여행을 간 다음에 다시 일을 찾으려고 한다.

② 我想先吃晚饭再给妈妈打电话。

Wǒ xiǎng xiān chī wǎnfàn zài gěi māma dǎ diànhuà.

나는 먼저 저녁식사를 하고 난 다음에 엄마에게 전화를 하려고 한다.

③ 他计划在台湾先学语言再念大学。

Tā jìhuà zài Táiwān xiān xué yǔyán zài niàn dàxué.

그는 타이완에서 먼저 언어를 배운 후에 대학에 다닐 계획이다.

용법 이 문형은 과거 혹은 미래의 두 가지 사건의 순서를 나타낸다.

① 我昨天晚上先写完功课, 然后再看的电视。

Wǒ zuótiān wǎnshang xiān xiě wán gōngkè, ránhòuzài kàn de diànshì.

나는 어제 저녁 먼저 숙제를 한 후에 텔레비전을 보았다.

② 我明天先去图书馆看书, 再去超市买东西。

Wǒ míngtiān xiān qù túshūguǎn kàn shū, zài qù chāoshì mǎi dōngxi.

나는 내일 먼저 도서관에 가서 책을 본 후에, 슈퍼마켓에 가서 물건을 사려고 한다.

向. xiàng. 전치사. …을 향하여

기능 방향 전치사 '向'은 동작의 목표(사람 혹은 사물)를 가리킨다. 가끔 '向'은 '跟'으로 대체되기도 한다.

① 我想向那家公司争取实习的机会。

Wǒ xiǎng xiàng nà jiā gōngsī zhēngqǔ shíxí de jīhuì.

나는 그 회사에서 실습기회를 잡으려고 한다.

② 她居然敢向比她厉害的人挑战。

Tā jūrán gǎn xiàng bǐ tā lìhai de rén tiǎozhàn.

그녀는 뜻밖에도 그녀보다 뛰어난 사람에게 도전하려고 한다.

③ 警察向民众说明了堵车的原因。

Jǐngchá xiàng mínzhòng shuōmíng le dǔchē de yuányīn.

경찰은 시민들에게 교통 혼잡이 빚어진 이유를 설명하였다.

④ 新郎新娘向参加婚礼的人敬酒。

Xīnláng xīnniáng xiàng cānjiā hūnlǐ de rén jìngjiǔ.

신랑과 신부는 결혼식에 참가한 사람을 향해 건배를 했다.

용법

(1) '向'은 '前, 后, 左, 右, 东, 南, 上, 下' 등과 같이 장소를 가리키는 단어들과 함께 사용하여 동작의 방향을 표현한다. 이러한 구조에서는 '跟'으로 대체할 수 없다.

① 站在那栋房子前, 向前看, 会看到一条河; 向后看会看到一座山。

Zhàn zài nà dòng fángzi qián, xiàng qián kàn, huì kàndào yì tiáo hé; xiànghòu kàn huì kàndào yí zuò shān.

그 집 앞에 서서, 앞을 보면 강이 보이고, 뒤를 보면 산이 보인다.

② 司机先生, 请在下一个路口向右转。

Sījī xiānsheng, qǐng zài xiàyíge lùkǒu xiàng yòu zhuǎn.

기사 선생님, 다음 교차로에서 우회전해주시기 바랍니다.

(2) '向'이 동사 뒤에서 함께 사용될 때, 동사는 일반적으로 단음절어이다. 이 문형은 주로 격식체의 언어에서 사용된다.

① 台湾大部分的河都流向大海。

Táiwān dàbùfèn de hé dōu liúxiàng dàhǎi.

타이완 대부분의 강은 모두 큰 바다를 향해서 흐른다.

② 派对上来了一个美女, 大家的目光都转向了她。

Pàiduì shang lái le yí ge měinǚ, dàjiā de mùguāng dōu zhuǎnxiàng le tā.

파티에 미녀가 한 명 왔다. 모두의 눈이 그녀를 향해서 움직였다.

A 像 B 一样. A xiàng B yíyàng. A는 B와 같다

기능 이 문형은 우리가 두 가지 물건 혹은 두 가지 상황이 비슷하다고 지적하고자 할 때 사용된다. 예를 들면, A는 B와 같다, B가 사실인 것처럼 A도 사실이다. A / B는 명사구, 동사구 혹은 문장이다.

(1) A, B는 명사구

① 台湾的水果像越南的水果一样好吃。
Táiwān de shuǐguǒ xiàng Yuènán de shuǐguǒ yíyàng hǎochī.
타이완의 과일은 베트남 과일처럼 맛이 있다.

② 花莲的海边像我的国家的海边一样漂亮。
Huālián de hǎibiān xiàng wǒ de guójiā de hǎibiān yíyàng piàoliang.
후아리앤의 해변은 우리 나라의 해변처럼 아름답다.

③ 现在的手机像电脑一样方便, 都可以上网。
Xiànzài de shǒujī xiàng diànnǎo yíyàng fāngbiàn, dōu kěyǐ shàngwǎng.
지금의 핸드폰은 컴퓨터처럼 편리하여, 모두 인터넷을 할 수 있다.

(2) A, B는 동사구

① 他很有钱。买房子就像买车子一样容易。
Tā hěn yǒuqián. Mǎi fángzi jiù xiàng mǎi chēzi yíyàng róngyì.
그는 매우 돈이 많다. 집을 사는 것이 마치 차를 사는 것처럼 쉽다.

② 学语言像学做菜一样, 多练习就会学得好。
Xué yǔyán xiàng xué zuò cài yíyàng, duō liànxí jiù huì xué de hǎo.
언어를 배우는 것은 음식을 만드는 것과 같다. 많이 연습을 하면, 잘 배울 수 있다.

③ 他的体力很好。跑三千米就像走路一样轻松。
Tā de tǐlì hěn hǎo. Pǎo sānqiān mǐ jiù xiàng zǒulù yíyàng qīngsōng.
그는 체력이 매우 좋다. 3,000미터를 달리는 것이 걷는 것처럼 쉽다.

(3) A, B는 절

① 泰国有很多庙，就像法国有很多教堂一样。

Tàiguó yǒu hěn duō miào, jiù xiàng Fǎguó yǒu hěn duō jiàotáng yíyàng.

태국에는 절이 아주 많다. 마치 프랑스에 교회가 많은 것과 같다.

② 哥哥喜欢喝咖啡，就像爸爸喜欢喝乌龙茶一样。

Gēge xǐhuan hē kāfēi, jiù xiàng bàba xǐhuan hē Wūlóng chá yíyàng.

오빠 / 형은 커피를 좋아한다. 마치 아빠가 우롱차를 좋아하는 것과 같다.

③ 小李收到女朋友送的手机，就像他拿到奖学金一样高兴。

Xiǎolǐ shōudào nǚpéngyou sòng de shǒujī, jiù xiàng tā nádào jiǎngxuéjīn yíyàng gāoxìng.

샤오리는 여자 친구가 보낸 핸드폰을 받고서는, 그는 마치 장학금을 받은 것처럼 기뻐했다.

구조 **【부정형】**

① 妹妹不像姐姐那样，那么常买新衣服。

Mèimei bú xiàng jiejie yíyàng, nàme cháng mǎi xīnyīfu.

여동생은 언니처럼 그렇게 자주 새 옷을 사지 않는다.

② 小明今年过生日的气氛不像去年那样热闹。

Xiǎomíng jīnnián guò shēngrì de qìfen bú xiàng qùnián nàyàng rènao.

샤오밍의 올 해 생일은 분위기가 작년처럼 재미있지는 않았다.

③ 那个餐厅做的菜不像以前那么有特色。

Nàge cāntīng zuò de cài bú xiàng yǐqián yíyàng nàme yǒu tèsè.

그 레스토랑의 음식은 이전과 같이 그렇게 특색이 있지가 않다.

【의문형】

① 美美的中文是不是说得像台湾人一样好?

Měimei de Zhōngwén shì bu shì shuō de xiàng Táiwān rén yíyàng hǎo?

메이메이는 마치 타이완 사람처럼 중국어를 잘 하나요?

② 你觉得教英文是不是像教西班牙文一样容易?

Nǐ juéde jiāo Yīngwén shì bu shì xiàng jiāo Xībānyáwén yíyàng róngyì?

당신은 영어를 가르치는 것이 마치 스페인어를 가르치는 것과 같이 쉽다고 생각하십니까?

③ 你们家准备结婚是不是像我们家准备结婚一样麻烦?

Nǐmen jiā zhǔnbèi jiéhūn shì bu shì xiàng wǒmen jiā zhǔnbèi jiéhūn yíyàng máfan?

당신 집이 결혼을 준비하는 것이 우리 집이 결혼을 준비하는 것처럼 번거롭습니까?

용법 A-不-A 문형은 'A 跟 B 一样' 구조에 사용할 수 있지만, 'A 像 B 一样' 구조에는 사용할 수 없다. 跟은 비교와 관련이 있고, 像은 유사성과 연관이 있다.

① 小笼包跟包子一样不一样?

Xiǎolóngbāo gēn bāozi yíyàng bu yíyàng?

샤오롱빠오와 빠오쯔는 같습니까?

② *小笼包像包子一样不一样?

Xiǎolóngbāo xiàng bāozi yíyàng bù yíyàng?

像…的+명사. xiàng…de+명사. …와 같은/…처럼 …은 (명사)

기능 이 문형은 문장의 주어 혹은 목적어에 특별한 속성을 더한다.

① 像小笼包, 炸鸡排, 担仔面这样的小吃, 他都喜欢。

Xiàng xiǎolóngbāo, zhájīpái, dānzǎimiàn zhèyàng de xiǎochī, tā dōu xǐhuan.

샤오롱빠오, 치킨가스, 딴짜이미앤과 같은 간단한 음식은 그는 모두 좋아한다.

② 像你这样喜欢古迹的人，一定要去台南看看。

Xiàng nǐ zhèyàng xǐhuan gǔjì de rén, yídìng yào qù Táinán kànkan.

당신처럼 명승고적을 좋아하는 사람은 반드시 타이난에 가서 들러보아야 한다.

③ 像她那样有语言天分的人，一定能很快地学好中文。

Xiàng tā nàyàng yǒu yǔyán tiānfèn de rén, yīdìng néng hěn kuài de xuéhǎo Zhōngwén.

그녀처럼 언어재능이 있는 사람은, 분명히 중국어를 아주 빨리 배울 수 있을 거에요.

④ 像他这样友善对待土地的小农越来越多。

Xiàng tā zhèyàng yǒushàn duìdài tǔdì de xiǎonóng yuè lái yuè duō.

그처럼 이렇게 토지를 친환경적으로 대하는 소규모 농민들이 계속 증가하고 있다.

⑤ 像她这样在农村长大的人都喜欢接近自然。

Xiàng tā zhèyàng zài nóngcūn zhǎngdà de rén dōu xǐhuan jiējìn zìrán.

그녀처럼 이렇게 농촌에서 큰 사람들은 모두 자연과 가까이 하는 것을 좋아한다.

용법 이 문형은 두 명사를 비교하는 '像…一样'과 관련이 있는 것은 아니다.

他在乡下买了一片田。每天吃的都是自己种的新鲜蔬菜。我很羡慕他，希望能像他一样。

Tā zài xiāngxia mǎi le yí piàn tián. měitiān chī de dōu shì zìjǐ zhòng de xīnxiān shūcài. Wǒ hěn xiànmù tā, xīwàng néng xiàng tā yíyàng.

그는 시골에 밭을 샀다. 매일 먹는 것은 모두 자기가 기른 신선한 야채이다. 나는 그가 부러워서 그와 같이 되기를 희망한다.

N O P Q R S T U V W X Y Z

幸亏. xìngkuī. 부사. 다행히

기능 부사 '幸亏'는 앞 절의 부정적 효과를 무효화하는 상황을 소개한다.

① 这几天天天下雨。幸亏我买了除湿器, 要不然衣服都发霉了。

Zhè jǐ tiān tiāntiān xià yǔ. Xìngkuī wǒ mǎile chúshīqì, yàobùrán yīfu dōu fāméi le.

요 며칠은 매일 비가 왔다. 제습기를 사서 다행이지, 그렇지 않았다면 옷이 모두 곰팡이가 낄 뻔 했다.

② 我弄丢了报告。幸亏被朋友捡到, 这才不用再写一次。

Wǒ nòngdiūle bàogào. Xìngkuī bèi péngyou jiǎndào, zhè cái bú yòng zài xiě yí cì.

나는 리포트를 잃어버렸다. 다행히 친구가 주워서 다시 한 번 더 쓸 필요가 없게 되었다.

③ 他爸爸常说幸亏这几年生意还可以, 才有钱付他的学费。

Tā bàba cháng shuō xìngkuī zhè jǐ nián shēngyi hái kěyǐ, cái yǒu qián fù tā de xuéfèi.

그의 아빠는 다행히 이 몇 년간 사업이 그런대로 잘 되어서 그의 학비를 지불할 수 있었다고 자주 말하였다.

④ 幸亏我一到车站, 公交车就来了, 所以我才没有迟到。

Xìngkuī wǒ yí dào chēzhàn, gōngjiāochē jiù lái le, suǒyǐ wǒ cái méi yǒu chídào.

다행히 버스 정거장에 도착하자마자, 버스가 와서 지각을 하지 않았다.

⑤ 幸亏他有实际的经验, 才能这么快地找到工作。

Xìngkuī tā yǒu shíjì de jīngyàn, cái néng zhème kuài de zhǎodào gōngzuò.

다행히 그는 실제적인 경험이 있어서, 이렇게 빨리 일을 찾을 수가 있었다.

Y

要是 A 就 B. yàoshi A jiù B. 조건과 결과

기능 이 문형은 '要是'는 조건을 제시하고, 두 번째 절의 '就'는 그 결과를 나타낸다.

① 要是我有钱, 我就买大房子。
Yàoshi wǒ yǒu qián, wǒ jiù mǎi dà fángzi.
만약에 내가 돈이 있었다면, 큰 집을 샀을 것이다.

② 我要是不回国, 我就跟你们一起去玩。
Wǒ yàoshi bù huí guó, wǒ jiù gēn nǐmen yìqǐ qù wán.
내가 만약 귀국하지 않았다면, 나는 너희들과 같이 놀러갔을 것이다.

③ 要是我有空, 我就跟朋友一起去 KTV唱歌。
Yàoshi wǒ yǒu kòng, wǒ jiù gēn péngyou yìqǐ qù KTV chànggē.
만약에 내가 시간이 있다면, 나는 친구들과 함께 노래방에 가서 노래를 부를 것이다.

구조 '要是'는 첫 번째 절의 주어의 앞이나 혹은 뒤에 위치할 수 있는 접속사이다. 두 번째 절에서 '就'는 부사이며, 술어의 맨 앞에 위치한다.

① 你要是星期日有空, 你就跟我去旅行吧!
Nǐ yàoshi xīngqī rì yǒu kòng, nǐ jiù gēn wǒ qù lǚxíng ba!
당신이 만약에 일요일에 시간이 있다면, 나랑 같이 여행을 갑시다.

② 要是下个月不忙, 她就回国。
Yàoshi xiàge yuè bù máng, tā jiù huí guó.
만약 다음 달에 바쁘지 않다면, 그녀는 귀국할 것이다.

N O P Q R S T U V W X Y Z

③ 你要是没空, 我们就不要去逛夜市了。

Nǐ yàoshi méi kòng, wǒmen jiù bú yào qù guàng yèshì le.

당신이 시간이 없다면, 우리는 야시장 구경을 가지 맙시다.

以. yǐ. 전치사. 문언. 도구를 표시

기능 전치사 '以'는 목적어로 도구를 취한다. 현대중국어의 '用'과 비슷하다.

① 1990年, 她以很好的成绩毕业, 进入一家电脑公司工作。

Yī jiǔ jiǔ líng nián, tā yǐ hěn hǎo de chéngjì bìyè, jìnrù yì jiā diànnǎo gōngsī gōngzuò.

1990년 그녀는 좋은 성적으로 졸업을 하고, 컴퓨터 회사에 들어가서 일을 한다.

② 听到家里出事了, 妈妈以很快的速度跑了回去。

Tīngdào jiā li chūshì le, māma yǐ hěn kuài de sùdù pǎo le huíqu.

집에 일이 생겼다는 것을 듣고, 엄마는 아주 빠른 속도로 집으로 달려갔다.

③ 古代人用自己的东西跟别人换自己需要的东西, 叫做「以物易物」。

Gǔdài rén yòng zìjǐ de dōngxi gēn biéren huàn zìjǐ xūyào de dōngxi, jiàozuò 'yǐ wù yì wù'.

고대인들은 자기의 물건을 가지고 다른 사람과 자기가 필요한 물건으로 바꾸었다. 이를 '以物易物'(물물교환)라고 한다.

④ 我在夜市以很低的价钱买到这件好看的衣服。

Wǒ zài yèshì yǐ hěn dī de jiàqian mǎidào zhè jiàn hǎokàn de yīfu.

나는 야시장에서 아주 저렴한 가격으로 이 멋진 옷을 샀다.

⑤ 如果以简单容易懂的句子来说明, 孩子们比较容易理解。

Rúguǒ yǐ jiǎndān róngyì dǒng de jùzi lái shuōmíng, háizimen bǐjiào róngyì lǐjiě.

만약에 간단하고 쉽게 이해할 수 있는 문장으로 설명을 한다면, 아이들은 쉽게 이해할 것이다.

용법 현대중국어에서, 以는 위치 단어를 형성할 수 있다. 예를 들면, '以内(이내)', '以外(이외)', '以下(이하)', '以上(이상)'과 같은 단어들이다.

以后. yǐhòu. 명사. 미래, 이후. 后来 hòulái를 보기 바란다

기능 '以后'는 근본적으로 명사지만, 2개의 다른 기능을 가지고 있다. '以后'가 혼자 사용될 때는 미래의 어느 시간을 의미하는 단어와 같다. 2개의 사건과 함께 사용될 때는, 'A 이후에 B…'처럼 순차적으로 그들을 연결한다.

구조

① 我们以后都得工作。

Wǒmen yǐhòu dōu děi gōngzuò.

우리는 이후에 모두 일을 해야 한다.

② 他们以后还要再到台南去。

Tāmen yǐhòu hái yào zài dào Táinán qù.

그들은 이후에 또 타이난에 가야한다.

③ 回国以后, 我要找个有机会说中文的工作。

Huí guó yǐhòu, wǒ yào zhǎo ge yǒu jīhuì shuō Zhōngwén de gōngzuò.

귀국 이후에, 나는 중국어를 말할 기회가 있는 일을 찾을 것이다.

④ 来台湾以后, 我每星期上五天的中文课。

Lái Táiwān yǐhòu, wǒ měi xīngqī shàng wǔ tiān de Zhōngwén kè.

타이완에 온 이후, 나는 매 주 5일 중국어 수업을 듣는다.

⑤ 我下课以后, 常在图书馆上网。

Wǒ xiàkè yǐhòu, cháng zài túshūguǎn shàngwǎng.

나는 수업이 끝난 후에, 도서관에서 자주 인터넷을 사용한다.

⑥ 2010年以后, 他就不教书了。

Èr líng yī líng nián yǐhòu, tā jiù bù jiāoshū le.

2010년 이후로, 그는 더 이상 가르치지 않는다.

以及. yǐjí. 접속사. ~에 더하여, 게다가

기능 '以及'는 명사 혹은 문장을 연결하는 문어체 접속사이다.

① 我表哥念高中的时候最喜欢的课有英文, 历史以及艺术。

Wǒ biǎogē niàn gāozhōng de shíhou zuì xǐhuan de kè yǒu Yīngwén, lìshǐ yǐjí yìshù.

내 사촌형(오빠)이 고등학교를 다닐 때, 가장 좋아한 과목은 영어, 역사 그리고 예술이었다.

② 台北, 台中以及高雄都是人口两百万以上的大城市。

Táiběi, Táizhōng yǐjí Gāoxióng dōu shì rénkǒu liǎngbǎi wàn yǐshàng de dà chéngshì.

타이뻬이, 타이종 그리고 까오시옹은 모두 인구가 2백만 명이 넘는 대도시이다.

③ 这个城市的交通很乱, 怎么改善交通问题以及减少车祸的发生, 是这个城市的人民最关心的事情。

Zhège chéngshì de jiāotōng hěn luàn, zěnme gǎishàn jiāotōng wèntí yǐjí jiǎnshǎo chēhuò de fāshēng, shì zhège chéngshì de rénmín zuì guānxīn de shìqing.

이 도시의 교통은 아주 혼잡하다. 어떻게 교통의 문제를 개선할 것인지 그리고 어떻게 차량 사고의 발생을 감소할 것인지가 이 도시 사람들이 가장 큰 관심거리이다.

④ 这次台风, 台湾东部以及南部都会受到影响。

Zhè cì táifēng, Táiwān dōng bù yǐjí nánbù dōu huì shòudào yǐngxiǎng.

이번 태풍은 타이완 동부와 남부 모두 영향을 받을 것이다.

⑤ 明天要去旅行, 请你把外套, 鞋子以及日用品放在背包里。

Míngtiān yào qù lǚxíng, qǐng nǐ bǎ wàitào, xiézi yǐjí rìyòngpǐn fàng zài bēibāo lǐ.

내일 여행을 가니, 외투, 신발 그리고 일용품을 배낭에 넣으세요.

용법 중국어에서 접속사는 3가지 유형을 가진다. 예를 들면, 명사를 연결하는 접속사, 문장을 연결하는 접속사 그리고 둘 다를 연결할 수 있는 접속사이다. '以及'는 마지막 유형에 속한다.

유형 1: 명사를 연결. 예) 和, 跟

① 那家商店卖青菜, 水果和一些日用品。
Nà jiā shāngdiàn mài qīngcài, shuǐguǒ hé yìxiē rìyòngpǐn.
그 상점은 야채, 과일 그리고 일상용품들을 판다.

② 他刚去超市买了牛肉, 鱼跟面包。
Tā gāng qù chāoshì mǎile niúròu, yú gēn miànbāo.
그는 방금 슈퍼마켓에 가서 소고기, 생선 그리고 빵을 샀다.

유형 2: 문장을 연결. 예) 不过, 但是

① 这里白天的温度很高, 不过刚刚下过雨, 我觉得凉快多了。
Zhèli báitiān de wēndù hěn gāo, búguò gānggāng xiàguo yǔ, wǒ juéde liángkuai duō le.
이곳은 낮의 온도가 매우 높다. 그러나 방금 비가 내려서, 훨씬 시원해진 것 같다.

② 她想去国外旅行, 但是想到一个人旅行有点麻烦, 就下不了决心。
Tā xiǎng qù guówài lǚxíng, dànshì xiǎngdào yí gè rén lǚxíng yǒudiǎn máfan, jiù xià bù liǎo juéxīn.
그녀는 해외에 가서 여행을 하고 싶어 하지만, 혼자서 하는 여행을 생각하면 조금 번거로워서 결정을 내리지 못하고 있다.

유형 3: 명사나 문장을 연결

① 去国外念书, 当地的生活费以及学费, 是学生最关心的事。
Qù guówài niànshū, dāngdì de shēnghuófèi yǐjí xuéfèi, shì xuésheng zuì guānxīn de shì.
해외에 나가서 공부를 한다고 할 때, 현지의 생활비 그리고 학비문제는 학생들이 가장 관심을 가지는 일이다.

② 你要不要跟王先生见面，以及他来了以后，要跟他说什么，你最好想清楚。

Nǐ yào bu yào gēn Wáng xiānsheng jiànmiàn, yǐjí tā láile yǐhòu, yào gēn tā shuō shénme, nǐ zuì hǎo xiǎng qīngchu.

왕 선생님과 만나실 건지, 그리고 그가 온 이후에, 그와 무엇을 이야기할 것인지 등은 당신이 잘 생각해 보는 것이 좋습니다.

以内. yǐnèi. … 안에

기능 이것은 '시간적, 공간적 또는 수량적 범위의 안에'를 나타내는 격식체의 표현이다.

① 他让我在一个礼拜以内把这份报告写完。这怎么可能?

Tā ràng wǒ zài yí ge lǐbài yǐnèi bǎ zhè fèn bàogào xiěwán. Zhè zěnme kěnéng?

그는 내게 일주일 안에 이 리포트를 다 쓰라고 했다. 이게 어떻게 가능한가?

② 在台湾宅配(快递)很快，一般来说，下订单以后，24小时以内就能收到商品。

Zài Táiwān zháipèi(kuàidì) hěn kuài. Yìbān láishuō, xià dìngdān yǐhòu, èrshísì xiǎoshí yǐnèi jiù néng shōudào shāngpǐn.

타이완의 택배는 매우 빠르다. 일반적으로 말하자면, 주문한 후에 24시간 이내에 상품을 받을 수 있다.

③ 外套的价格只要是在两千块以内，我都能接受。

Wàitào de jiàgé zhǐyào shì zài liǎngqiān kuài yǐnèi, wǒ dōu néng jiēshòu.

외투의 가격은 2천원 이내이기만 하면 나는 받아들일 수 있다.

④ 他找的房子不但要在地铁站附近，而且离公司坐地铁一定要在十站以内。

Tā zhǎo de fángzi búdàn yào zài dìtiě zhàn fùjìn, érqiě lí gōngsī zuò dìtiě yídìng yào zài shí zhàn yǐnèi.

그가 찾는 집은 전철역 부근이어야 할뿐만 아니라, 회사에서 전철로 10개 정거장 이내이어야 한다.

⑤ 我的体力还不错, 三千米以内, 我想我都跑得完。

Wǒ de tǐlì hái búcuò, sānqiān mǐ yǐnèi, wǒ xiǎng wǒ dōu pǎo de wán.

나는 체력이 아직 좋다. 3,000미터 이내는 완주할 수 있다고 생각한다.

용법 '以内'는 문자 그대로 'X 그리고 이하'를 나타내고, X는 수량(예③), 공간(예④, ⑤), 시간(예①, ②)을 나타낼 수 있다.

一 A 就 B. yī A jiù B. …하자마자

기능 문형 '一 A 就 B'는 A 직후 B가 발생하는 일련의 사건들을 나타낸다.

① 我一下课, 就回来。

Wǒ yí xiàkè jiù huílai.

수업이 끝나자마자, 바로 돌아 올게.

② 他一回国, 就找工作。

Tā yì huí guó jiù zhǎo gōngzuò.

그는 귀국하자마자, 바로 일을 찾았다.

③ 我妹妹一回去, 就给妈妈打电话。

Wǒ mèimei yì huíqu jiù gěi māma dǎ diànhuà.

나의 여동생은 돌아가자마자, 엄마에게 전화를 했다.

구조 두 사건은 긍정문일 수도 있고 혹은 부정문일 수도 있다. '一'과 '就'는 모두 주어 뒤에 오는 부사이다. 아래의 예문과 같이, 중복되는 주어는 생략될 수 있음을 주의하자.

① 我一下课, 就去吃晚饭。

Wǒ yíxià kè, jiù qù chī wǎnfàn.

나는 수업을 마치자마자, 바로 가서 저녁식사를 먹었다.

② 他打算等那里一没人，就去拍照。

Tā dǎsuan děng nàli yì méi rén, jiù qù pāizhào.

그는 그곳에 사람이 사라지면 바로 가서 사진을 찍을 생각이다.

③ 老板今天早上一到公司，就不开心。

Lǎobǎn jīntiān zǎoshang yí dào gōngsī, jiù bù kāixīn.

사장은 오늘 아침 회사에 도착하자마자, 기분이 좋지 않았다.

【의문형】

'A-不-A' 문형은 가능하지 않다. 의문형으로 吗 ma 혹은 是不是가 사용된다.

① 他一下课，就去学校找你吗?

Tā yí xiàkè, jiù qù xuéxiào zhǎo nǐ ma?

그는 수업을 마치자마자, 학교로 당신을 찾아갔습니까?

② 我们今天是不是比赛一结束，就一起去 KTV唱歌?

Wǒmen jīntiān shì bu shì bǐsài yì jiéshù, jiù yìqǐ qù chànggē?

우리 오늘 경기가 끝나자마자, 함께 노래방에 가서 노래 부를까?

一般来说. yìbān láishuō. 일반적으로 말하자면

기능 이 표현은 진술할 것에 대한 일반적인 설정을 소개한다. 일반적으로 문장의 시작 부분에 위치한다.

① 一般来说，性格活泼，外语能力好的学生很适合念国际关系系。

Yìbān láishuō, xìnggé huópō, wàiyǔ nénglì hǎo de xuésheng hěn shìhé niàn guójì guānxixì.

일반적으로 말하자면, 성격이 활발하고 외국어 능력이 좋은 학생은 국제관계학을 공부하는 것이 매우 적합하다.

② 在台湾，一般来说，退换商品的时候都得要带发票。

Zài Táiwān, yìbān láishuō, tuìhuàn shāngpǐn de shíhou dōu děi yào dài fāpiào.

타이완에서는, 일반적으로, 상품을 교환할 때는 영수증을 반드시 가지고 가야한다.

③ 一般来说，有牌子的商品比较贵，但是质量也比较好。

Yìbān láishuō, yǒu páizi de shāngpǐn bǐjiào guì, dànshì zhìliàng yě bǐjiào hǎo.

일반적으로 말하자면, 브랜드가 있는 상품은 비교적 비싸지만, 품질 역시 비교적 좋다.

④ 一般来说，菜的味道不要太咸对身体就比较健康。

Yìbān láishuō, cài de wèidao bú yào tài xián duì shēntǐ jiù bǐjiào jiànkāng.

일반적으로 말하자면, 요리의 맛은 너무 짜지 않아야 더 건강하다.

⑤ 跟南部比起来，一般来说，台北市区的大楼比较多，马路也比较宽。

Gēn nánbù bǐ qǐlai, yìbān láishuō, Táiběi shìqū de dà lóu bǐjiào duō, mǎlù yě bǐjiào kuān.

남부와 비교하자면, 일반적으로, 타이뻬이 시의 빌딩이 더 많고, 길도 더 넓다.

용법 '一般来说'은 '一般说来'와 바꾸어 사용할 수 있다.

一边 A 一边 B. yìbiān A yìbiān B. 동시에 일어나는 두 사건을 연결, 같은 시간에 A와 B 수행

기능 이 문형은 같은 시간에 2개의 사건이 일어나는 것을 표현하는데 사용된다.

① 我常常一边走路，一边听歌。

Wǒ chángcháng yìbiān zǒulù, yìbiān tīng gē.

나는 자주 걸으면서 노래를 듣는다.

② 那个小姐喜欢一边吃饭, 一边看电视。
Nàge xiǎojie xǐhuan yìbiān chī fàn, yìbiān kàn diànshì.
그 아가씨는 밥을 먹으면서 텔레비전을 보는 것을 좋아한다.

③ 我们常常一边逛夜市, 一边照相。
Wǒmen chángcháng yìbiān guàng yèshì, yìbiān zhàoxiàng
우리는 자주 야시장을 돌아다니면서, 사진을 찍는다.

구조 '一边 A 一边 B' 구조는 두 개의 동작동사구를 연결한다.

【부정형】

① 你不可以一边骑摩托车, 一边打电话。
Nǐ bù kěyǐ yìbiān qí mótuōchē, yìbiān dǎ diànhuà.
오토바이를 타면서 전화를 하면 안 된다.

② 请你不要一边上课, 一边吃早餐。
Qǐng nǐ bú yào yìbiān shàngkè, yìbiān chī zǎocān.
수업을 하면서 아침식사를 먹지 마세요.

③ 他没一边工作, 一边玩手机。
Tā méi yìbiān gōngzuò, yìbiān wán shǒujī.
그는 일을 하면서, 핸드폰을 하지 않았다.

【의문형】

① 我们一边看电视, 一边喝茶吗?
Wǒmen yìbiān kàn diànshì, yìbiān hē chá ma?
우리 텔레비전을 보면서 차를 마실까요?

② 老板, 我可以一边工作, 一边学西班牙文吗?
Lǎobǎn, wǒ kěyǐ yìbiān gōngzuò, yìbiān xué Xībānyáwén ma?
사장님, 일을 하면서 스페인어를 배울 수 있습니까?

③ 你是不是一边上班, 一边念书?

Nǐ shì bu shì yìbiān shàngbān, yìbiān niànshū?

일을 하면서, 공부를 하십니까?

一点(儿). yìdiǎn(r). 명사. 조금

기능 명사 '一点'은 최소 수량 혹은 정도를 가리킨다.

① 他喝了一点咖啡。

Tā hē le yìdiǎn kāfēi.

그는 커피를 조금 마셨다.

② 这一点钱太少了。

Zhè yìdiǎn qián tài shǎo le.

이 돈은 너무 적다.

③ 她要吃一点炒饭。

Tā yào chī yìdiǎn chǎofàn.

그녀는 볶은 밥을 조금 먹고자 한다.

구조 '一点'은 아래의 예와 같이 다양한 구조로 나타날 수 있다.

(1) 一点+NP: 명사의 수식어로서 명사 앞에 위치

① 她在超市买了一点东西。

Tā zài chāoshì mǎi le yìdiǎn dōngxi.

그녀는 슈퍼마켓에서 물건을 조금 샀다.

② 我只喝了一点乌龙茶。

Wǒ zhǐ hēle yìdiǎn Wūlóng chá.

나는 우롱차를 조금만 마셨다.

③ 昨天下了一点雨。

Zuótiān xià le yìdiǎn yǔ.

어제 비가 조금 내렸다.

(2) 자동성 상태동사(Vs)+一点: 상태동사의 보어로서, 상태동사 뒤에서 '조금 더 / 조금 덜'과 같이 비교를 나타낸다.

① 他比我年轻一点。

Tā bǐ wǒ niánqīng yìdiǎn.

그는 나보다 조금 젊다.

② 请你早一点来!

Qǐng nǐ zǎo yìdiǎn lái!

조금 일찍 오세요!

③ 明天我会晚一点回家。

Míngtiān wǒ huì wǎn yìdiǎn huí jiā.

내일 나는 조금 늦게 집에 갑니다.

(3) 有(一)点+자동성 상태동사(Vs): 有와 함께 사용되어, 정도를 가리키는 형용사의 수식어로서, 상태동사의 앞에 위치한다.

① 牛肉面有一点辣。

Niúròumiàn yǒu yìdiǎn là.

소고기면은 조금 맵다.

② 这里, 冬天有一点冷。

Zhèli, dōngtiān yǒu yìdiǎn lěng.

여기는 겨울에 조금 춥다.

③ 这部手机有一点贵。

Zhè bù shǒujī yǒu yìdiǎn guì.

이 핸드폰은 조금 비싸다.

④ 他有(一)点想睡觉。

Tā yǒu (yì) diǎn xiǎng shuìjiào.

그는 조금 졸려한다.

(4) 동작동사+자동성 상태동사(Vs)+一点: 一点은 동작동사와 동사 보어로 결합된 자동성 상태동사(Vs)의 뒤에서, '어떤 것을 더 / 덜 하게 한다.'는 것을 의미하기도 한다.

① 你走慢一点!

Nǐ zǒu màn yìdiǎn!

조금 천천히 걸으세요!

② 你们吃快一点!

Nǐmen chī kuài yìdiǎn!

너희들 조금 빨리 먹어!

③ 你的字要写好看一点!

Nǐ de zì yào xiě hǎokàn yìdiǎn!

글자를 조금 보기 좋게 쓰세요.

용법 '一点'은 중첩되어 어조가 강조한 '一点点' 형태가 될 수 있다. 예를 들어, 무언가가 '아주 조금'이라는 것을 의미한다. '我只要一点点。 Wǒ zhǐ yào yìdiǎndiǎn. 나는 단지 정말 조금만 필요하다.'

一点也不+동사. yìdiǎn yě bù+V. 부정 강조

기능 이 문형은 '전혀 …', '절대 …않다' 혹은 '조금도…아닌'의 의미로 강하고 과장된 부정을 나타낸다.

① A: 你要坐公交车去吗?坐公交车去故宫博物院比较慢。
Nǐ yào zuò gōngjiāochē qù ma? Zuò gōngjiāochē qù Gùgōng Bówùyuàn bǐjiào màn.
버스로 갈 겁니까? 버스로 고궁박물관을 가면 더 느려요.

B: 一点也不慢, 比地铁方便。
Yìdiǎn yě bú màn, bǐ dìtiě fāngbiàn.
조금도 느리지 않아요. 전철보다 편리합니다.

② A: 他喝茶吗?
Tā hē chá ma?
그는 차를 마십니까?

B: 他一点茶也不喝。
Tā yìdiǎn chá yě bù hē.
그는 차를 조금도 마시지 않습니다.

③ 夜市的东西一点也不贵。
Yèshì de dōngxi yìdiǎn yě bú guì.
야시장의 물건은 조금도 비싸지 않습니다.(사람들이 말한 것과 반대로)

④ 已经晚上12点多了, 他们一点困意都没有。
Yǐjīng wǎnshang shí'èr diǎn duō le, tāmen yìdiǎn kùnyì dōu méi yǒu.
이미 저녁 12시가 넘었지만, 그들은 조금도 자고 싶지 않다.

구조 이 구문은 대응되는 긍정 문형이 없는 부정 문형이다. 이 문형은 동작동사나 상태동사와 함께 사용된다. 부사 '也'는 '都 dōu'로 대체될 수 있다. 만약 목적어가 화제(topic)가 되기 위해서 문장의 앞으로 이동하지 않는다면, 목적어는 부사 一点의 뒤, 동사 앞에 나타나야 하며, 동사의 뒤에 위치하지는 않는다.

① 他昨天一点饭都没吃。 (*他昨天一点都没吃饭。)
Tā zuótiān yìdiǎn fàn dōu méi chī. (*Tā zuótiān yìdiǎn dōu méi chī fàn.)
그는 어제 조금의 밥도 먹지 않았다.

② 我一点汤也没喝。 (*我一点也没喝汤。)

Wǒ yìdiǎn tāng yě méi hē. (*Wǒ yìdiǎn yě méi hē tāng.)

나는 조금의 국물도 마시지 않았다.

【의문형】

① 这种手机是不是一点也不好用, 所以没人买?

Zhè zhǒng shǒujī shì bu shì yìdiǎn yě bù hǎoyòng, suǒyǐ méi rén mǎi?

이 핸드폰은 정말 사용하기 편하지 않아서 사람들이 아무도 안사는 거죠?

② 他生病这几天一点东西都没吃吗?

Tā shēngbìng zhè jǐ tiān yìdiǎn dōngxi dōu méi chī ma?

그가 아픈 이 며칠 동안 조금의 음식도 먹지 않았습니까?

③ 他身体不好, 是不是一点酒都不能喝?

Tā shēntǐ bù hǎo, shì bu shì yìdiǎn jiǔ dōu bù néng hē?

그는 건강이 좋지 않아요. 조금의 술도 마시면 안되나요?

용법 (1) '也'는 이 문형에서 '都'로 대체가 가능하다.

① 我一点都不累。

Wǒ yìdiǎn dōu bú lèi.

나는 조금도 힘들지 않다.

② 地铁车票一点都不贵。

Dìtiě chēpiào yìdiǎn dōu bú guì.

전철표는 조금도 비싸지 않다.

③ 他一点都不想去。

Tā yìdiǎn dōu bù xiǎng qù.

그는 조금도 가고 싶지 않다.

(2) 어떤 경우에는, 都가 也보다 부정에 대한 더 강한 의지를 전달한다.

① 我刚刚一点西班牙文也 / 都没说。
Wǒ gānggāng yìdiǎn Xībānyáwén yě / dōu méi shuō.
나는 방금 조금의 스페인어도 말하지 않았다.

② 王先生生病了, 所以最近一点事也 / 都没做。
Wáng xiānsheng shēngbìng le, suǒyǐ zuìjìn yìdiǎn shì yě / dōu méi zuò.
왕 선생이 아팠습니다. 그래서 최근에 일을 조금도 하지 못했습니다.

(3) 也의 사용이 都보다 빈도가 높다.

一方面 A, 一方面 B. yì fāngmiàn A, yì fāngmiàn B. 다른 한편으로는 A를 하고, 다른 한편으로는 B를 한다

기능 이 문형은 한 사건에 대해서 두 가지 서로 다른 관점을 보여준다. 다시 말하자면, 같은 사건에 대해서 두 가지 다른 환경을 보여주고 있다.

① 她去听五月天的演唱会, 一方面想放松心情, 一方面也想了解为什么五月天这么受欢迎。
Tā qù tīng Wǔyuètiān de yǎnchànghuì, yì fāngmiàn xiǎng fàngsōng xīnqíng, yì fāngmiàn yě xiǎng liǎojiě wèishéme Wǔyuètiān zhème shòu huānyíng.
그녀는 우웨티앤의 콘서트를 보러 갔다. 한편으로 긴장을 풀기 위해서이고, 다른 한편으로 우웨티앤이 왜 이렇게 인기가 있는지를 알고 싶어서이다.

② 她暑假去打工, 一方面想赚点钱, 一方面也想积累一些社会经验。
Tā shǔjià qù dǎgōng, yì fāngmiàn xiǎng zhuàn diǎn qián, yì fāngmiàn yě xiǎng jīlěi yìxiē shèhuì jīngyàn.
그녀는 여름방학에 아르바이트를 하였다. 한편으로는 돈을 벌기 위해서이고, 다른 한편으로는 사회경험을 쌓기 위해서이다.

③ 这个款式的包包卖得这么好，一方面是因为连续剧里的女主角拿过，一方面是价钱也不太贵。

Zhège kuǎnshì de bāobāo mài de zhème hǎo, yì fāngmiàn shì yīnwèi liánxùjù lǐ de nǚ zhǔjiǎo náguo, yì fāngmiàn shì jiàqian yě bú tài guì.

이 스타일의 가방이 이렇게 잘 팔리는 것은 한편으로는 드라마의 여주인공이 가지고 있어서이고, 다른 한편으로는 가격 역시 그리 비싸지 않아서이다.

④ 去农夫市集买菜，一方面可以吃到最新鲜的蔬菜，水果，一方面也可以帮助小农。

Qù nóngfū shìjí mǎi cài, yì fāngmiàn kěyǐ chīdào zuì xīnxiān de shūcài, shuǐguǒ, yì fāngmiàn yě kěyǐ bāngzhù xiǎonóng.

농부시장에 가서 야채를 사면, 한편으로는 가장 신선한 채소, 과일을 먹을 수 있고, 다른 한편으로는 소규모 농민도 도울 수 있다.

⑤ 过节的时候回家乡，一方面可以跟家人团聚，一方面还可以看看老同学。

Guòjié de shíhou huí jiāxiāng, yì fāngmiàn kěyǐ gēn jiārén tuánjù, yì fāngmiàn hái kěyǐ kànkan lǎo tóngxué.

명절을 지낼 때 고향에 가면, 한편으로는 가족과 모일 수 있고, 다른 한편으로는 옛 동창생도 만날 수 있다.

용법 이 문형은 약간 문어체 구조이며, 구어체에서는 거의 사용하지 않는다.

一口气. yìkǒuqì. 단숨에, 방해받지 않고

기능 '一口气' 구가 갖는 글자 그대로의 의미는 '단숨에'이며, 방해 받지 않고 일정한 일을 다 성취하다는 의미이다.

① 今天我一口气游了两千米。

Jīntiān wǒ yìkǒuqì yóu le liǎngqiān mǐ.

오늘 나는 단숨에 2천 미터를 수영하였다.

② 他可以一口气喝完一大杯可乐。

Tā kěyǐ yìkǒuqì hēwán yí dà bēi kělè.

그는 단숨에 큰 잔의 콜라를 다 마실 수 있다.

③ 她这学期一口气修了28个学分。我看她是疯了。

Tā zhè xuéqī yìkǒuqì xiūle 28 gè xuéfēn. Wǒ kàn tā shì fēng le.

그녀는 이번 학기에 단숨에 28학점을 이수하였다. 내가 보기에 그녀는 미쳤다.

④ 这位舞者一口气跳了一个钟头, 都没有休息。

Zhè wèi wǔzhě yìkǒuqì tiàole yí gè zhōngtóu, dōu méiyǒu xiūxi.

이 무용수는 단숨에 한 시간 동안 무용을 하였고, 한 번도 쉬지 않았다.

⑤ 我爷爷一口气把他从年轻的时候到现在的事情都说给我听。听得我差一点儿睡着。

Wǒ yéye yìkǒuqì bǎ tā cóng niánqīng de shíhou dào xiànzài de shìqing dōu shuō gěi wǒ tīng. Tīng de wǒ chà yìdiǎnr shuìzháo.

나의 할아버지는 단숨에 그의 젊었을 때부터 지금까지의 일들을 모두 우리에게 이야기해 주셨다. 듣다가 하마터면 잠이 들 뻔했다.

一来 A, 二来 B. yī lái A, èr lái B. 한편으로는 A, 다른 한편으로는 B; 첫째는 A, 둘째는 B

기능 이 문형은 이미 제시된 진술에 대한 두 가지 이유 혹은 해석을 제공한다.

① 我不信任他, 一来我们认识不久, 二来听说他会骗人。

Wǒ bú xìnrèn tā, yī lái wǒmen rènshi bùjiǔ, èr lái tīngshuō tā huì piànrén.

나는 그를 신임할 수 없다. 첫째는 우리가 서로 알고 지내는 시간이 오래되지 않았기 때문이고, 둘째는 듣자하니 그는 사람을 속인다고 한다.

② 我不跟你们到绿岛去玩, 一来我怕坐船, 二来我不会游泳, 去了没意思。

Wǒ bù gēn nǐmen dào Lǜdǎo qù wán, yī lái wǒ pà zuòchuán, èr lái wǒ bú huì yóuyǒng, qùle méiyìsi.

나는 너희들과 같이 뤼따오에 놀러 가지 않을 거야. 첫째는 내가 배를 무서워하기 때문이고, 둘째는 수영을 하지 못해서 가봐야 재미가 없기 때문이야.

③ 我最近吃素, 一来天气太热, 吃不下油腻的东西, 二来吃青菜对健康比较好。

Wǒ zuìjìn chīsù, yī lái tiānqì tài rè, chī bú xia yóunì de dōngxi, èr lái chī qīngcài duì jiànkāng bǐjiào hǎo.

나는 최근에 채식을 한다. 첫째는 날씨가 너무 더워서 기름기가 있는 것을 먹지 못하기 때문이고, 둘째는 야채를 먹는 것이 건강에 좋기 때문이다.

④ 我们今年的收成不错, 一来天气好, 没有台风, 二来我种的是新品种。

Wǒmen jīnnián de shōuchéng búcuò, yī lái tiānqì hǎo, méi yǒu táifēng, èr lái wǒ zhòng de shì xīn pǐnzhǒng.

올해 우리는 수확이 좋았다. 한편으로는 날씨가 좋았고, 다른 한편으로는 내가 심은 것이 새로운 품종이었기 때문이다.

⑤ 养宠物, 一来让我们不孤单, 二来给我们很多快乐。所以现在养宠物的人越来越多。

Yǎng chǒngwù, yī lái ràng wǒmen bù gūdān, èr lái gěi wǒmen hěn duō kuàilè. Suǒyǐ xiànzài yǎng chǒngwù de rén yuè lái yuè duō.

애완동물을 키우는 것은 한편으로는 우리를 외롭지 않게 하고, 다른 한편으로는 우리에게 많은 즐거움을 준다. 그래서 애완동물을 키우는 사람이 갈수록 많아지고 있다.

용법 이 문형의 사용은 '一方面 A, 一方面 B'와 같다. 그러나 '一来 A, 二来 B'는 더 많은 이유를 제시하기 위해 사용될 수 있다. 예를 들어, '一来 A, 二来 B, 三来 C'. 또한, '一来 A, 二来 B'가 '一方面 A, 一方面 B'보다 더 구어적이다.

一连. yìlián. 부사. 중단 없이, 빠르게 연속으로

기능 부사 '一连'은 중단 없는 활동의 기간(예문 ②, ③) 또는 빠른 연속(예문 ①, ④, ⑤를 나타낸다.

① 学生一连问了五个问题, 老师听到第五个已经忘了第一个了。

Xuésheng yìlián wèn le wǔ ge wèntí, lǎoshī tīngdào dì wǔ ge yǐjīng wàngle dì yī ge le.

학생들은 연속으로 5개의 문제를 질문하였다. 선생님은 다섯 번째 문제를 들었을 때 이미 첫 번째 문제를 잊어버렸다.

② 我已经一连三天没睡觉了, 都快生病了。

Wǒ yǐjīng yìlián sān tiān méi shuìjiào le, dōu kuài shēngbìng le.

나는 이미 계속해서 삼일동안 잠을 자지 못해서, 병이 날 지경이다.

③ 昨天她一连工作了十六个小时, 回家的时候已经半夜一点了。

Zuótiān tā yìlián gōngzuò le shíliù gè xiǎoshí, huí jiā de shíhou yǐjīng bànyè yìdiǎn le.

어제 그녀는 연속해서 16시간을 일하였다. 집에 갈 때는 이미 새벽 1시였다.

④ 最近一连来了两个大台风, 上一个来的时候坏了的东西还来不及恢复, 这一个就来了。

Zuìjìn yìlián lái le liǎng ge dà táifēng, shàng yí ge lái de shíhou huài le de dōngxi hái láibují huīfù, zhè yí ge jiù lái le.

최근 연속으로 두 개의 큰 태풍이 왔다. 이전 태풍이 왔을 때 부서진 물건들을 아직 다 고치기도 전에 이번 태풍이 왔다.

⑤ 为了找一本很旧的书, 他一连问了好几家书店, 最后才在一家旧书店找到。

Wèile zhǎo yì běn hěn jiù de shū, tā yìlián wèn le hǎojǐ jiā shūdiàn, zuìhòu cái zài yì jiā jiùshūdiàn zhǎodào.

아주 오래된 책 한 권을 찾기 위해서, 그는 계속해서 몇 개의 서점에 문의하였고, 결국 한 중고서점에서 그 책을 찾았다.

용법 (1) '一连'은 항상 숫자로 이루어진 구(五个…, 三天, 十六个小时 등)와 함께 사용된다. 위의 예문을 참조하라.

(2) 동사가 부정될 때는, 숫자로 이루어진 구는 '一连'의 뒤로 이동한다. 예문 ②를 참조하라.

(3) '一口气'와 '一连': '一连'은 연속적인 동작과 사건 간에 중단을 허용한다. '一口气'는 중간을 허용하지 않는다. '一连'은 여러 사건에서 사용되고, '一口气'는 단일 사건에 사용된다.

一下 A, 一下 B. yíxià A, yíxià B. 번갈아 발생하는 사건을 가리킨다

기능 '下'는 단위사(동사구)이고, 매우 짧은 시간을 가리킨다. 이 문형은 일반적으로 두 가지 활동에 대해서 빠르게 변하는 상황에 대해 말하는 사람의 약간의 불쾌감을 묘사한다.

① 你别一下吃热的, 一下吃冰的, 肚子会不舒服喔!
Nǐ bié yíxià chī rè de, yíxià chī bīng de, dùzi huì bù shūfu o!
뜨거운 것을 먹다가 차가운 것을 먹다가 하지 마. 배가 아플 수 있어.

② 这个地方天气还真怪, 一下冷, 一下热。
Zhège dìfang tiānqì hái zhēn guài, yíxià lěng, yíxià rè.
이곳이 날씨는 정말 이상해요. 추웠다 더웠다 해요.

③ 我女朋友一下要我陪她去看电影, 一下要我陪她去逛夜市。她到底想去哪里?
Wǒ nǚpéngyou yíxià yào wǒ péi tā qù kàndiànyǐng, yíxià yào wǒ péi tā qù guàngyèshì. Tā dàodǐ xiǎng qù nǎli?
내 여자 친구는 금방 함께 영화를 보러 가 달라고 하다가, 또 야시장을 돌아다니자고 한다. 그녀는 도대체 어디를 가고 싶은 것인지 모르겠다.

④ 感冒的时候一下咳嗽, 一下流鼻涕, 真不舒服。
Gǎnmào de shíhou yíxià késou, yíxià liú bíti, zhēn bù shūfu.
감기가 들었을 때는 기침도 하고 콧물도 흘리고, 정말 힘들다.

⑤ 你一下写功课, 一下跟朋友玩, 功课当然写不完。

Nǐ yíxià xiě gōngkè, yíxià gēn péngyou wán, gōngkè dāngrán xiě bù wán.

숙제를 하다가, 친구들이랑 놀다가 하니 숙제를 당연히 다 못하지.

용법 '一下'는 두 글자가 합쳐져서, 부사와 같은 역할을 한다. 위의 예문에서 보이는 것과 같이, 부정문을 연결하지 않는다.

一向. yíxiàng. 부사. 항상, 내내

기능 부사 '一向'은 '지금까지 항상 …이다'의 의미를 가지며, 습관이나 태도를 가리킨다.

① 他一向很热心, 总是喜欢帮助别人。

Tā yíxiàng hěn rèxīn, zǒngshì xǐhuan bāngzhù biérén.

그는 항상 매우 열정적이며, 줄곧 다른 사람을 돕는 것을 좋아한다.

② 他对自己的能力一向有自信, 他不会放弃的。

Tā duì zìjǐ de nénglì yíxiàng yǒu zìxìn, tā bú huì fàngqì de.

그는 자기의 능력에 대해서 내내 자신이 있어서, 그는 포기하지 않을 것이다.

③ 这家公司一向重视质量。你可以放心买他们的产品。

Zhè jiā gōngsī yíxiàng zhòngshì zhìliàng. Nǐ kěyǐ fàngxīn mǎi tāmen de chǎnpǐn.

이 회사는 항상 품질을 중시한다. 그들의 상품은 마음 놓고 살 수 있다.

④ 他一向喜欢开玩笑, 他说的话, 都要打个折扣。

Tā yíxiàng xǐhuan kāiwánxiào, tā shuō dehuà, dōu yào dǎ ge zhékòu.

그는 항상 농담을 좋아한다. 그가 한 말은 모두 가감해서 들어야 한다.

⑤ 他一向很照顾学生。不管学生碰到什么问题, 他都尽量帮忙。

Tā yíxiàng hěn zhàogù xuésheng. Bùguǎn xuésheng pèngdào shénme wèntí, tā dōu jìnliàng bāngmáng.

그는 항상 학생들을 잘 돌봐준다. 학생들이 어떤 문제를 만났을지라도, 그는 최선을 다해 도와준다.

용법 (1) '一向'과 '一直 yìzhí'는 모두 동작의 지속 혹은 과거로부터 현재까지의 상태를 가리킨다. 그러나 '一向'은 어떤 습관에 역점을 두고, 반면에 '一直'은 중단이 없는 지속을 강조한다. 그러므로 이들이 항상 대체되어 사용될 수 있는 것은 아니다.

① 他一向一放假就出国旅游。(*一直)

Tā yíxiàng yí fàngjià jiù chūguó lǚyóu.

그는 항상 방학을 하자마자 출국하여 여행을 한다.

② 他一向不相信我说的话。 (??一直)

Tā yíxiàng bù xiāngxìn wǒ shuō de huà.

그는 항상 내가 한 말을 믿지 않았다.(습관)

③ 她一向不听别人的建议, 你别再说了。(*一直)

Tā yíxiàng bù tīng biéren de jiànyì, nǐ bié zài shuō le. (*yìzhí)

그녀는 항상 다른 사람의 충고를 듣지 않으니 더 말하지 마세요.

④ 他旅行以前, 一向先计划好。(*一直)

Tā lǚxíng yǐqián, yíxiàng xiān jìhuà hǎo. (*yìzhí)

그는 여행가기 전에, 항상 먼저 계획을 세운다.

(2) '一向'은 과거에 대한 어떤 것을 묘사하는데만 사용될 수 있고, 반면에 '一直'는 미래에 대한 어떤 것을 표현할 때도 사용될 수 있다.

① 他会一直陪着你走到学校。(*一向)

Tā huì yìzhí péizhe nǐ zǒu dào xuéxiào. (*yíxiàng)

그는 줄곧 당신과 학교까지 함께 걸어가 줄 겁니다.

② 他从昨天到现在一直在等你电话。(*一向)

Tā cóng zuótiān dào xiànzài yìzhí zài děng nǐ diànhuà. (*yíxiàng)

그는 어제부터 지금까지 줄곧 당신의 전화를 기다리고 있었습니다.

③ 小孩感冒了。妈妈今天会一直在家照顾他。(*一向)

Xiǎohái gǎnmào le. Māma jīntiān huì yìzhí zài jiā zhàogù tā. (*yíxiàng)

아이가 감기에 들었습니다. 엄마는 오늘 줄곧 집에서 아이를 보살필 겁니다.

④ 你要一直提醒他, 他才记得。(*一向)

Nǐ yào yìzhí tíxǐng tā, tā cái jìde. (*yíxiàng)

당신이 계속해서 그에게 상시시켜 주어야 그는 기억합니다.

以为. yǐwéi. 타동성 상태동사(Vst). …라고 잘못 생각하다

기능 동사 '以为'는 특히 구어체 대화에서 사용될 때, 말하는 사람 혹은 주어에 대한 잘못된 가정을 고백한다.

① 我以为那会是一场美食的飨宴, 结果, 菜没什么特色不说, 材料还不新鲜, 真是让人失望。

Wǒ yǐwéi nà huì shì yì chǎng měishí de xiǎng yàn, jiéguǒ, cài méi shénme tèsè bù shuō, cáiliào hái bù xīnxiān, zhēnshi ràng rén shīwàng.

나는 맛있는 음식의 향연이 될 줄 알았는데, 결과적으로 음식은 특색이 없었을 뿐만 아니라, 재료도 신선하지 않았다. 정말 실망이다.

② 我原来以为你们不熟, 没想到他居然提到了你们小时候常一起玩的事。

Wǒ yuánlái yǐwéi nǐmen bù shú, méi xiǎngdào tā jūrán tídào le nǐmen xiǎoshíhou cháng yìqǐ wán de shì.

나는 원래 너희들이 서로 잘 모른다고 생각했었어. 그가 너희들이 어렸을 때 자주 같이 놀았던 일을 이야기할 줄은 생각도 못했다.

③ 我们本来以为他会迟到; 没想到他今天很准时。

Wǒmen běnlái yǐwéi tā huì chídào; méi xiǎngdào tā jīntiān hěn zhǔnshí.

우리는 본래 그가 지각할거라고 생각했다. ; 그가 오늘 정시에 올 거라고는 생각지 못했다.

④ 我们都以为这家知名餐厅的服务生一定都很有礼貌, 没想到也有这么糟的。

Wǒmen dōu yǐwéi zhè jiā zhīmíng cāntīng de fúwùshēng yídìng dōu hěn yǒu lǐmào, méi xiǎngdào yě yǒu zhème zāo de.

우리는 이 유명한 레스토랑의 종업원들이 분명히 모두 예의가 있을 거라고 생각했었는데, 이렇게 엉망일 줄은 생각도 못했다.

⑤ 我们以为这些西红柿都是基因改造的, 现在才知道这些都是有机西红柿。

Wǒmen yǐwéi zhèxiē xīhóngshì dōu shì jīyīn gǎizào de, xiànzài cái zhīdao zhèxiē dōu shì yǒujī xīhóngshì.

우리는 이 토마토가 모두 유전자 변형으로 만든 것이라고 생각했었는데, 이제야 이것들이 유기농 토마토라는 것을 알게 되었다.

용법 (1) 격식체의 담화에서는 '以为'와 '认为'는 자유롭게 서로 교환할 수 있다.

(2) '以为'는 자주 사실을 제시하는 其实과 함께 사용된다.

① 我以为他还单身, 其实他已经结婚了。

Wǒ yǐwéi tā hái dānshēn, qíshí tā yǐjīng jiéhūn le.

나는 그가 아직 싱글이라고 생각했는데, 사실 그는 이미 결혼을 하였다.

② 他以为我还住在淡水, 其实我早就搬到台中了。

Tā yǐwéi wǒ hái zhù zài Dànshuǐ, qíshí wǒ zǎo jiù bāndào Táizhōng le.

그는 내가 아직 딴수이에 살고 있다고 생각하였는데, 사실 나는 한참 이전에 타이종으로 이사를 왔다.

因为 A, 所以 B. yīnwèi (접속사) A, suǒyǐ(접속사) B. 원인과 결과를 표현한다 (1)

기능 '因为 A, 所以 B'는 문형은 원인(A)과 결과(B)를 나타내기 위해 절들을 연결한다.

① 因为现在去玩的人比较少，所以旅馆不太贵。

Yīnwèi xiànzài qù wán de rén bǐjiào shǎo, suǒyǐ lǚguǎn bú tài guì.

현재 놀러가는 사람들이 적기 때문에, 여관은 그리 비싸지 않다.

② 因为火车太慢了，所以我想坐高铁。

Yīnwèi huǒchē tài màn le, suǒyǐ wǒ xiǎng zuò gāotiě.

기차가 너무 느리기 때문에, 나는 고속철도를 타고 싶다.

③ 因为我不会做饭，所以常去餐厅吃饭。

Yīnwèi wǒ bú huì zuò fàn, suǒyǐ cháng qù cāntīng chī fàn.

나는 밥을 할 줄 모르기 때문에 자주 음식점에 가서 밥을 먹는다.

④ 因为我不知道在哪里买票，所以想请你帮我买。

Yīnwèi wǒ bù zhīdao zài nǎli mǎi piào, suǒyǐ xiǎng qǐng nǐ bāng wǒ mǎi.

나는 어디에서 표를 사는지 몰라서, 표를 사달라고 부탁하고 싶은데요.

용법 두 개의 접속사 '因为 yīnwèi'와 '所以 suǒyǐ'는 거의 문장에서 한 쌍으로 나온다. 중국어에서는 원인(cause)이 주로 결과(effect) 앞에 온다.

因为 A 才 B. yīnwèi (접속사) A cái (부사) B. 단지 A 때문에, B이다; 단지 A가 이렇게 때문에 B는 사실이다 (2)

기능 이 문형은 단지 어떤 특별한 이유 때문에 사건이 발생한다는 것을 강조한다. 이것은 전형적인 원인-결과 구조이다.

① 因为卖保险，收入不稳定，她才想换工作的。

Yīnwèi mài bǎoxiǎn, shōurù bù wěndìng, tā cái xiǎng huàn gōngzuò de.

보험 영업으로는 수입이 안정적이지 않기 때문에, 그녀는 직업을 바꾸려고 하는 것이다.

② 因为教室里没人，我才把冷气关掉。

Yīnwèi jiàoshì lǐ méi rén, wǒ cái bǎ lěngqì guāndiào.

교실에 사람이 없었기 때문에, 에어컨을 끈 것이다.

③ 美美条件很好。因为工作一直很忙，才到现在还没有结婚。

Měimei tiáojiàn hěn hǎo. Yīnwèi gōngzuò yìzhí hěn máng, cái dào xiànzài hái méi yǒu jiéhūn.

메이메이의 조건은 매우 좋다. 일이 계속 바빴기 때문에, 지금까지 결혼을 못한 것이다.

④ 因为工作压力太大，健康出了问题，他才决定回乡下种田的。

Yīnwèi gōngzuò yālì tài dà, jiànkāng chūle wèntí, tā cái juédìng huí xiāngxia zhòngtián de.

일의 스트레스가 너무 많아서, 건강에 문제가 생겼기 때문에, 그는 비로소 시골로 내려가 농사를 짓기로 결정하였다.

⑤ 因为他不但热心，而且成绩好，才拿到奖学金的。

Yīnwèi tā búdàn rèxīn, érqiě chéngjì hǎo, cái nádào jiǎngxuéjīn de.

그는 열정이 있을 뿐만 아니라, 성적도 좋기 때문에, 장학금을 받은 것이다.

용법 才는 과거의 사건을 묘사할 때만 사용된다. '因为 A 所以 B' 문형은 원인과 결과를 나타내는데 사용된다. 이미 발생한 사건에 항상 사용하는 것은 아니다.

① A: 你不是最喜欢看烟火的吗？怎么没去？

Nǐ bú shì zuì xǐhuan kàn yānhuǒ de ma? Zěnme méi qù?

당신은 불꽃놀이를 가장 좋아하지 않았나요? 왜 안 갔어요?

B: 因为我不舒服，才没去看烟火的。

Yīnwèi wǒ bù shūfú, cái méi qù kàn yānhuǒ de.

몸이 좋지 않아서, 불꽃놀이를 보러 가지 못했어요.

② A: 你明天为什么不去看烟火了?

Nǐ míngtiān wèishéme bú qù kàn yānhuǒ le?

내일 왜 불꽃놀이를 보러 안 가나요?

B: 因为要去女朋友家, 所以不能去看烟火了。

Yīnwèi yào qù nǚpéngyou jiā, suǒyǐ bù néng qù kàn yānhuǒ le.

여자 친구의 집에 가야하기 때문에, 불꽃놀이를 보러 갈 수 없게 되었어요.

因为 명사구, 문장…. yīnwèi (전치사) 명사구, 문장…. (명사구) … 때문에, … (3)

기능 이 문형은 후속절을 위하여, 명사구(이유, 설명 혹은 동기)를 제시한다. 이 문형에서 '因为'는 전치사이지, 접속사가 아니다. 그래서 因为는 명사구와 같이 사용된다.

① 因为气温的变化, 今年的芒果熟得比较早。

Yīnwèi qìwēn de biànhuà, jīnnián de mángguǒ shóu de bǐjiào zǎo.

기온의 변화 때문에, 올해는 망고가 비교적 빨리 익었다.

② 因为工作的关系, 我需要懂越南语的翻译人员。

Yīnwèi gōngzuò de guānxi, wǒ xūyào dǒng Yuènányǔ de fānyì rényuán.

일 관계로, 나는 베트남어를 아는 통역사가 필요하다.

③ 因为成家晚的关系, 他的孩子年纪还很小。

Yīnwèi chéngjiā wǎn de guānxi, tā de háizi niánjì hái hěn xiǎo.

결혼이 늦어졌기 때문에, 그의 아이들의 나이가 아직 매우 어리다.

④ 因为周年庆的关系, 百货公司里挤满了人。

Yīnwèi zhōuniánqìng de guānxi, bǎihuò gōngsī lǐ jǐmǎn le rén.

백화점 창립기념일 행사 때문에, 백화점에는 사람들로 꽉 차 있다.

⑤ 因为连续剧的影响, 街上卖韩国炸鸡的店越来越多。

Yīnwèi liánxùjù de yǐngxiǎng, jiē shang mài Hánguó zhájī de diàn yuè lái yuè duō.

드라마의 영향으로, 거리에 한국 치킨집이 갈수록 많아지고 있다.

용법 위의 설명에 나타난 바와 같이, 이 문형에서 '因为'는 전치사이지만, 다음과 같이 접속사가 있는 문장이 뒤에 올 수 있다.

因为气温的变化, 因此(혹은 所以)今年的芒果熟得比较早。

Yīnwèi qìwēn de biànhuà, yīncǐ (suǒyǐ) jīnnián de mángguǒ shóu de bǐjiào zǎo.

기온의 변화 때문에, 올해는 망고가 비교적 빨리 익었다.

因为 A 而 B. yīnwèi. (접속사) A ér (부사) B. 그러므로, 그 결과 (4)

기능 부사 '而'는 문장의 다른 것에서 주어진 원인으로부터 비롯되는 결과를 말한다.

① 我奶奶一个人住, 因为怕孤单而养了两只狗。

Wǒ nǎinai yí gè rén zhù, yīnwèi pà gūdān ér yǎngle liǎng zhī gǒu.

나의 할머니는 혼자 사시는데, 혼자 계시면 외로울까 봐 개 두 마리를 키우신다.

② 很多人因为想学地道的西班牙文而去西班牙。

Hěn duō rén yīnwèi xiǎng xué dìdao de Xībānyáwén ér qù Xībānyá.

많은 사람이 진정한 스페인어를 배우고 싶어서, 스페인으로 간다.

③ 那个小镇因为今年芒果收成很好而打算举行庆祝活动。

Nàge xiǎo zhèn yīnwèi jīnnián mángguǒ shōuchéng hěn hǎo ér dǎsuan jǔxíng qìngzhù huódòng.

그 작은 마을은 올해 망고 수확이 매우 좋아서, 축하 행사를 열 생각이다.

④ 她因为衣服,鞋子都发霉了而决定去买除湿器。

Tā yīnwèi yīfu, xiézi dōu fāméile ér juédìng qù mǎi chúshīqì.

그녀는 옷, 신발에 모두 곰팡이가 생겨서, 제습기를 사기로 결정하였다.

⑤ 王小姐因为男朋友忘了送她生日礼物而气得不想跟他说话。

Wáng xiǎojie yīnwèi nánpéngyou wàngle sòng tā shēngrì lǐwù ér qì dé bù xiǎng gēn tā shuōhuà.

미스 왕은 남자친구가 그녀에게 생일선물 주는 것을 잊어서, 화가 나 그와 말도 하고 싶지 않았다.

용법 부사 '而'는 서면 문서 또는 공식장소에서 자주 사용된다.

由. yóu. 전치사. 행위자를 소개

기능 '由'는 행위자 혹은 동작을 한 사람을 표지하는 문어체 전치사이다.

① 今天晚上的演讲,我们请到张主任,由他来介绍语言学最新的发展。

Jīntiān wǎnshang de yǎnjiǎng, wǒmen qǐngdào Zhāng zhǔrèn, yóu tā lái jièshào yǔyánxué zuì xīn de fāzhǎn.

오늘 저녁 강연에 우리는 장주임을 초대하였고, 그는 언어학계 최신의 발전 상황을 소개할 것이다.

② 今天我们来包饺子。饺子馅儿,你准备,至于包呢,由我来吧。

Jīntiān wǒmen lái bāo jiǎozi. Jiǎozi xiànr, nǐ zhǔnbèi, zhìyú bāo ne, yóu wǒ lái ba.

오늘 우리는 쟈오쯔를 만들자. 쟈오쯔의 속은 네가 준비하고, 만드는 것은 내가 할게.

③ 外交方面的问题,当然还是由专业的外交人员处理比较合适。

Wàijiāo fāngmiàn de wèntí, dāngrán háishi yóu zhuānyè de wàijiāo rényuán chǔlǐ bǐjiào héshì.

외교의 문제는 당연히 역시 전문적인 외교관이 처리하는 것이 더 적합하다.

④ 张先生吗?今天由我为您检查身体。现在请您躺下。

Zhāng xiānsheng ma? Jīntiān yóu wǒ wèi nín jiǎnchá shēntǐ. Xiànzài qǐng nín tǎngxià.

장 선생님이신가요? 오늘은 제가 당신의 몸을 검사할 겁니다. 누워 주세요.

⑤ 李先生退休以后, 他的公司就由两个女儿经营。

Lǐ xiānsheng tuìxiū yǐhòu, tā de gōngsī jiù yóu liǎng gè nǚ'ér jīngyíng.

리 선생이 퇴직한 후, 그의 회사는 그의 두 딸이 경영한다.

용법 (1) 문형 순서: 由+행위자+来. '来 lái'는 동사를 소개한다.

由他来照顾这片土地。

Yóu tā lái zhàogù zhè piàn tǔdì.

그가 이 땅을 돌본다.

만약에 동사가 두 개의 음절로 구성되어 있다면, '來'는 생략될 수 있다. 만약에 한 개의 음절로 구성되어 있다면, '来'는 4개의 문자 조합인 '由 주어 来 동사'를 형성해야 한다. 예를 들어, '由我来做 yóu wǒlái zuò. 내가 하겠습니다.'와 같다. 아래의 예문을 더 참조하자.

① 既然是选民的意见, 还是由民意代表来反映吧。

Jìrán shì xuǎnmín de yìjiàn, háishi yóu mínyì dàibiǎo lái fǎnyìng ba.

유권자의 의견이라면, 역시 민의대표가 목소리를 내주는 것이 좋겠죠.

② 在传统的华人社会, 孩子念什么科系多半不是由孩子自己决定, 而是由父母决定。

Zài chuántǒng de huárén shèhuì, háizi niàn shénme kēxì duōbàn bú shì yóu háizi zìjǐ juédìng, ér shì yóu fùmǔ juédìng.

전통적인 중국인 사회에서는 아이들이 어떤 전공을 선택할 지는 대부분 아이들 스스로 결정하는 것이 아니라, 부모가 결정을 한다.

N O P Q R S T U V W X Y Z

③ 车祸受伤后的整型，一般来说，不是由外科医生来做，而是请整型医生处理。

Chēhuò shòushāng hòu de zhěngxíng, yìbān láishuō, bùshì yóu wàikē yīshēng lái zuò, ér shì qǐng zhěngxíng yīshēng chǔlǐ.

자동차 사고 후의 복원수술은 일반적으로 말하자면, 외과의사가 하는 것이 아니고, 성형외과의사가 처리하도록 요청한다.

④ 下一届的电脑展应该由谁来举办?

Xià yí jiè de diànnǎo zhǎn yīnggāi yóu shéi lái jǔbàn?

다음 번 컴퓨터 전시회는 누가 주최해야 할까요?

⑤ 这些公共议题是不是由当地人来投票决定比较合适?

Zhèxiē gōnggòng yìtí shì bu shì yóu dāngdì rén lái tóupiào juédìng bǐjiào héshì?

이런 공공 문제는 그 지역 사람들이 투표로 결정하는 것이 더 적절하지 않을까요?

⑥ 等一下是不是能由您代表说明大家的意见?

Děng yíxià shì bu shì néng yóu nín dàibiǎo shuōmíng dàjiā de yìjiàn?

조금 있다가 당신이 대표로 모두의 의견을 설명해 주실 수 있을까요?

(2) '由' 그리고 '被'는 이 둘이 모두 행위자를 표지하는 것으로 서로 관련이 있다. 그러나 '被'는 더 넓은 범위를 가지며, 다른 명사도 표지할 수 있다.

他被人发现了。

Tā bèi rén fāxiàn le.

그는 다른 사람에게 발견되었다.

*他由人发现了。

*Tā yóu rén fāxiàn le.

'由'는 동작동사와만 함께 사용되며, '被'는 여러 다른 동사와도 함께 사용된다.

(3) 마지막으로 의미적 측면으로, '被'는 불행하거나 불쾌한 일이 일어났음을 암시하는 반면에, 由는 그렇지 않다.

手机被人买走了。

Shǒujī bèi rén mǎizǒu le.

핸드폰을 다른 사람이 사갔다.(말하는 사람 입장에서는 정말로 손해이다)

被에 대한 더 자세한 내용은 被 항목을 참조하시오.

尤其是. yóuqí shì. 특별히

기능

부사 '尤其'는 당신이 말하고 있는 것이 다른 것보다 한 가지 일이나 상황에 더 많이 적용된다는 것을 보여주기 위해 사용된다. '尤其是'는 보통 문장의 후반부에서 사용된다.

① 这学期的功课给他很大的压力, 尤其是口头报告。

Zhè xuéqī de gōngkè gěi tā hěn dà de yālì, yóuqí shì kǒutóu bàogào.

이번 학기의 과제는 그에게 큰 스트레스를 준다. 특별히 프레젠테이션이 그렇다.

② 过春节, 小孩都很开心, 尤其是拿红包的时候。

Guò chūnjié, xiǎohái dōu hěn kāixīn, yóuqí shì ná hóngbāo de shíhou.

설을 보낼 때, 아이들은 모두 매우 즐거워 한다. 특히 세뱃돈을 받을 때 그렇다.

③ 中文很难学, 尤其是声调和发音, 得花很多时间练习。

Zhōngwén hěn nánxué, yóuqí shì shēngdiào hé fāyīn, děi huā hěn duō shíjiān liànxí.

중국어는 배우기 매우 어렵다. 특별히 성조와 발음을 배울 때는 많은 시간동안 연습을 해야 한다.

④ 他对网络上好几个征求教师的广告都很感兴趣，尤其是去美国大学教中文的广告。

Tā duì wǎngluò shang hǎojǐ gè zhēngqiú jiàoshī de guǎnggào dōu hěn gǎn xìngqù, yóuqí shì qù Měiguó dàxué jiāo Zhōngwén de guǎnggào.

그는 인터넷 상에 있는 교사를 구하는 많은 광고에 흥미를 느꼈다. 특히 미국 대학에 가서 중국어를 가르치는 광고에 큰 흥미를 느꼈다.

⑤ 最近他的中文进步了很多，尤其是发音。

Zuìjìn tā de Zhōngwén jìnbùle hěn duō, yóuqí shì fāyīn.

최근 그의 중국어가 많이 향상 되었다. 특히 발음이 많이 좋아졌다.

有. yǒu. 타동성 상태동사(Vst). 소유하다. 가지다 (1)

기능 동사 '有'는 소유물 혹은 소유권을 가리킨다.

① 我有很多照片。

Wǒ yǒu hěn duō zhàopiàn.

나는 사진이 많이 있다.

② 他们有好喝的茶。

Tāmen yǒu hǎo hē de chá.

그들은 맛이 좋은 차가 있다.

구조 **【부정형】**

'有 yǒu'는 항상 '没 méi'와 함께 부정한다.

① 他没有房子。

Tā méi yǒu fángzi.

그는 집이 없다.

② 我没有书。

Wǒ méi yǒu shū.

나는 책이 없다.

③ 对不起, 我们没有乌龙茶.

Duìbuqǐ, wǒmen méi yǒu Wūlóng chá.

죄송합니다. 저희는 우롱차가 없습니다.

④ 我没有兄弟姐妹.

Wǒ méi yǒu xiōngdì jiěmèi.

나는 형제자매가 없습니다.

【의문형】

동사 '有 yǒu'의 'A-不-A' 형태의 질문은 '有没有 yǒu méi yǒu'이다.

① 你们有没有好喝的咖啡?

Nǐmen yǒu méi yǒu hǎohē de kāfēi?

맛있는 커피가 있습니까?

② 你们有乌龙茶吗?

Nǐmen yǒu Wūlóng chá ma?

우롱차가 있습니까?

③ 你有几张照片?

Nǐ yǒu jǐ zhāng zhàopiàn?

사진이 몇 장 있습니까?

有. yǒu. 자동성 상태동사(Vs). 존현문에서, …이 있다 (2)(有의 존현문 참조)

有. yǒu. 자동성 상태동사(Vs). 존현문에서 주어를 표지한다, …이 있다 (3)

기능 동사 '有'는 불특정 주어(indefinite subject)의 존재를 소개한다. 문장에서 동사구(VP)는 주어가 하는 작업에 대해 설명한다.

① 有人住这里。
Yǒu rén zhù zhèli.
어떤 사람이 여기에 산다.

② 有两个学生来找你。
Yǒu liǎng ge xuésheng lái zhǎo nǐ.
두 명의 학생이 당신을 찾아왔습니다.

③ 早上有一个小姐打电话给你。
Zǎoshang yǒu yí ge xiǎojie dǎ diànhuà gěi nǐ.
아침에 어떤 한 여자 분이 당신에게 전화를 했습니다.

④ 昨天有一个先生来装有线电视。
Zuótiān yǒu yí ge xiānsheng lái zhuāng yǒuxiàn diànshì.
어제 한 남자분이 케이블 텔레비전을 설치했습니다.

⑤ 有一个人在外面唱歌。
Yǒu yí ge rén zài wàimian chànggē.
어떤 사람이 밖에서 노래를 부릅니다.

구조 중국어에서 주어는 자주 특정 명사(definite noun)이다. 주어가 불특정(indefinite)이라면, 有를 사용해서 주어를 특정형으로 만들어야 한다. 불특정 명사(indefinite noun)는 주어가 될 수 없고, 자동성 존재동사(intransitive existential verb) 뒤에 위치한다.

【부정형】

'有'는 항상 '没'로 부정된다.

① 这间没有人住。

Zhè jiān méi yǒu rén zhù.

이 방은 사람이 살지 않습니다.

② 没有人要跟我去逛夜市。

Méi yǒu rén yào gēn wǒ qù guàng yèshì.

나와 같이 야시장에 갈 사람이 없습니다.

③ 没有学生要去故宫。

Méi yǒu xuésheng yào qù Gùgōng.

고궁에 가고자 하는 학생이 없다.

【의문형】

① 有人在里面看书吗?

Yǒu rén zài lǐmian kàn shū ma?

안에서 누가 책을 보고 있습니까?

② 有没有人想去 KTV唱歌?

Yǒu méi yǒu rén xiǎng qù KTV chànggē?

노래방에 가서 노래를 부르고 싶은 사람이 있습니까?

③ 有没有人要跟我一起去花莲玩?

Yǒu méi yǒu rén yào gēn wǒ yìqǐ qù Huālián wán?

나랑 같이 후아리앤에 놀러 갈 사람이 있나요?

④ 有没有人不喜欢吃日本面?

Yǒu méi yǒu rén bù xǐhuan chī Rìběn miàn?

일본의 면을 안 좋아하는 사람이 있나요?

용법 '有+명사구+在+위치'는 '위치+有+명사구'와 동일한 표현이다.

有一部手机在地上。
Yǒu yí bù shǒujī zài dìshang.
핸드폰 하나가 바닥에 있다.

地上有一部手机。
Dìshang yǒu yí bù shǒujī.
바닥에 핸드폰 하나가 있다.

그러나 두 문장의 초점은 다르다. 아래의 첫 번째 예문(①A)은 존현문(存現文)이라고 부르며, 초점은 '핸드폰(有一部手机)'이고, 두 번째 예문(②A)문장의 초점은 '바닥(地上)'이다. 아래의 대화를 비교해보자.

① A: 地上有一部手机。
Dìshang yǒu yí bù shǒujī.
바닥에 핸드폰이 있다.

B: 是谁的?
Shì shéi de?
누구 것인가요?

② A: 有一部手机在地上。
Yǒu yí bù shǒujī zài dìshang.
핸드폰 하나가 바닥에 있다.

B: 地上?为什么在地上?
Dì shàng? Wèishénme zài dìshang?
바닥에? 왜 바닥에 있지?

有时候 A, 有时候 B. yǒu shíhou A, yǒu shíhou B. 어느 때는 A, 어느 때는 B

기능 '有时候 A, 有时候 B'는 주어진 상황 안에서 두 가지 사건이 번갈아 발생할 수 있는 가능성을 나타낸다.

① 我有时候吃中国菜, 有时候吃越南菜。
Wǒ yǒu shíhou chī Zhōngguó cài, yǒu shíhou chī Yuènán cài.
나는 어느 때는 중국음식을 먹고, 어느 때는 베트남 음식을 먹는다.

② 在图书馆的时候, 我有时候看书, 有时候上网。
Zài túshūguǎn de shíhou, wǒ yǒu shíhou kàn shū, yǒu shíhou shàngwǎng.
도서관에 있을 때, 나는 어느 때는 책을 보고, 어느 때는 인터넷을 한다.

③ 放假的时候, 我有时候在家写功课, 有时候出去玩。
Fàngjià de shíhou, wǒ yǒu shíhou zài jiā xiě gōngkè, yǒu shíhou chūqu wán.
방학을 했을 때, 나는 어느 때는 집에서 숙제를 하고, 어느 때는 나가서 논다.

有一点(儿). yǒu yìdiǎn(r). 조금

기능 '有一点+상태동사'는 약간의 부정적인 평가와 느낌, 부드러운 비평을 제시한다.

① 这碗牛肉面有一点辣。
Zhè wǎn niúròumiàn yǒu yìdiǎn là.
이 소고기면은 조금 맵다.

② 那部手机有一点贵。
Nà bù shǒujī yǒu yìdiǎn guì.
저 핸드폰은 조금 비싸다.

③ 他的房子有一点旧。
Tā de fángzi yǒu yìdiǎn jiù.
그의 집은 조금 낡았다.

④ 药有一点苦。

Yào yǒu yìdiǎn kǔ.

약이 조금 쓰다.

⑤ 我有一点意见。

Wǒ yǒu yìdiǎn yìjiàn.

나는 의견이 조금 있다.

⑥ 我有一点担心。

Wǒ yǒu yìdiǎn dānxīn.

나는 조금 걱정이 된다.

⑦ 他有一点骄傲。

Tā yǒu yìdiǎn jiāo'ào.

그는 약간 거만하다.

용법 이 표현이 부정적인 평가를 제시하기 때문에, 이 문형에는 부정형 표현이 없다. 또한, 긍정적인 의미를 갖는 상태동사(Vs)는, 이 문형에서 사용될 수 없다. 예를 들어, '这张照片有一点旧。Zhèzhāng zhàopiàn yǒu yìdiǎn jiù. 이 사진은 조금 오래되었다.'라고 말할 수 있지만, '*他妹妹有一点漂亮 Tā mèimei yǒu yìdiǎn piàoliang.'라고 말할 수 없다.

有助于. yǒu zhù yú. …에 도움이 된다

기능 '有助于' 문형은 어떤 것 혹은 어떤 사건이 다른 것의 실현에 도움이 된다고 구체적으로 명시한다.

기능 ① 有些人认为让孩子去打工有助于训练他们独立。

Yǒuxiē rén rènwéi ràng háizi qù dǎgōng yǒu zhù yú xùnliàn tāmen dúlì.

어떤 사람들은 아이들로 하여금 아르바이트를 하게 하는 것이 그들의 독립을 훈련하는데 도움이 된다고 생각한다.

② 有人说整型有助于改善人际关系。

Yǒurén shuō zhěngxíng yǒu zhù yú gǎishàn rénjì guānxi.

어떤 사람은 성형은 인간관계를 개선하는데 도움이 된다고 말한다.

③ 多吃蔬菜, 水果有助于身体健康。

Duō chī shūcài, shuǐguǒ yǒu zhù yú shēntǐ jiànkāng.

채소와 과일을 많이 먹는 것은 건강에 도움이 된다.

④ 妈妈说鱼汤有助于伤口的恢复。

Māma shuō yútāng yǒu zhù yú shāngkǒu de huīfù.

엄마는 생선탕이 상처의 회복에 도움이 된다고 말씀하셨다

⑤ 有人说多打篮球有助于长高。你认为呢?

Yǒurén shuō duō dǎ lánqiú yǒu zhù yú zhǎnggāo. Nǐ rènwéi ne?

어떤 사람은 농구를 많이 하는 것이 키가 크는데 도움이 된다고 해요. 당신 생각은 어때요?

용법 이 문형은 조금 더 격식을 차린 표현이다. 구어체적인 표현은 '对…有帮助'이다.

好的教育对提高国家竞争力有帮助。

Hǎo de jiàoyù duì tígāo guójiā jìngzhēnglì yǒu bāngzhù.

좋은 교육은 국가의 경쟁력을 높이는 데 도움이 된다.

又 A 又 B. yòu (부사) A yòu (부사) B. A 이고, B 이기도 하다

기능 문형 '又 A 又 B'는 어떤 사람이나 사물이두 개의 특성, 상황에서 그러하다,

혹은 두 가지의 행위를 함을 나타내는데 사용된다.

① 这家餐厅的菜, 又便宜又好吃, 所以我们常来吃。

Zhè jiā cāntīng de cài, yòu piányi yòu hǎochī, suǒyǐ wǒmen cháng lái chī.

이 음식점의 요리는 싸기도 하고 또 맛있기도 하다. 그래서 우리는 자주 와서 먹는다.

② 坐高铁又快又舒服, 可是有一点贵。

Zuò gāotiě yòu kuài yòu shūfu, kěshì yǒu yìdiǎn guì.

고속열차는 타는 것은 빠르기도 하고 편하기도 하다. 그러나 조금 비싸다.

③ 我又想喝茶又想喝咖啡, 但是这里没有便利店。

Wǒ yòu xiǎng hē chá yòu xiǎng hē kāfēi, dànshì zhèli méi yǒu biànlìdiàn.

나는 차를 마시고 싶기도 하고 또 커피를 마시고 싶기도 하다. 그러나 여기에는 편의점이 없다.

구조 又+자동성 상태동사(Vs)+又+자동성 상태동사(Vs)

[부정형]

부정표지 '不 bù'는 처음의 '又 yòu'와 두 번째의 '又 yòu'의 다음에 위치한다. '又 不 A 又 不 B yòu bù A, yòu bù B' 형태이다.

① 老板今天做的臭豆腐, 又不臭又不辣。我觉得不好吃。

Lǎobǎn jīntiān zuò de chòudòufu yòu bú chòu yòu bú là. Wǒ juéde bù hǎochī.

사장님이 오늘 만든 초우또우푸는 삭은 냄새가 나지도 않고, 맵지도 않아서, 나는 맛이 없는 것 같다.

② 我的旧手机又不能照相又不能上网。我想应该买新的了。

Wǒ de jiù shǒujī yòu bù néng zhàoxiàng yòu bù néng shàngwǎng. Wǒ xiǎng yīnggāi mǎi xīn de le.

내가 원래 쓰던 핸드폰은 사진을 찍을 수도 없고, 인터넷을 할 수도 없다. 새 핸드폰을 사야할 것 같다.

与其 A, 不如 B. yǔqí(접속사) A, bùrú(접속사) B. A하느니, B하는 것이 낫다

기능 '与其'는 (A)를 권하지 않는 것으로 제시한다. B를 선호함을 '不如'로 제시한다. 이것은 격식체의 문형이다.

① 恐怖片那么恐怖。与其看恐怖片，不如看爱情片。

Kǒngbù piàn nàme kǒngbù. Yǔqí kàn kǒngbù piàn, bùrú kàn àiqíng piàn.

공포영화는 그렇게 무서운데, 공포영화를 보느니 애정영화를 보는 것이 낫다.

② 逛街那么无聊。与其上街买东西，不如上网买。

Guàngjiē nàme wúliáo. Yǔqí shàngjiē mǎi dōngxi, bùrú shàngwǎng mǎi.

거리 구경하는 것이 그렇게 재미없는데. 거리에서 물건을 사느니 인터넷에서 사는 것이 낫다.

③ 百货公司的东西那么贵。与其去那里买，不如去夜市买。

Bǎihuò gōngsī de dōngxi nàme guì. Yǔqí qù nàli mǎi, bùrú qù yèshì mǎi.

백화점의 물건이 그렇게 비싼데, 거기 가서 사느니 야시장에 가서 사는 것이 낫다.

④ 有人认为养孩子太费钱太麻烦。与其养孩子，不如养只宠物。

Yǒu rén rènwéi yǎng háizi tàiguì tài máfan. Yǔqí yǎng háizi, bùrú yǎng zhī chǒngwù.

어떤 사람들은 아이를 키우는 것은 너무 비싸고 너무 힘들어, 아이를 키우느니 애완동물을 키우는 것이 낫다고 생각한다.

⑤ 球赛现场人那么多。与其去现场看，不如在家上网看。

Qiúsài xiànchǎng rén nàme duō. Yǔqí qù xiànchǎng kàn, bùrú zàijiā shàngwǎng kàn.

경기장에 사람이 저렇게 많으니, 경기장에 가서 보느니, 집에서 인터넷으로 보는 것이 낫다.

于是. yúshì. 접속사. 따라서, 결과적으로, 그 직접적인 결과로

기능 '于是'는 복문 중에서 두 번째 문장의 접속사이며, 첫 번째 문장에 주어진 사실(원인)에 의해 동기화된 행동(결과)를 연결한다.

① 妈妈看小明对音乐很感兴趣, 于是让他去学钢琴。
Māma kàn Xiǎomíng duì yīnyuè hěn gǎn xìngqù, yúshì ràng tā qù xué gāngqín.
엄마는 샤오밍이 음악에 흥미가 있다는 것을 발견하고는 그에게 피아노를 배우게 했다.

② 小林觉得这家公司的薪水太低, 于是决定换工作。
Xiǎolín juéde zhè jiā gōngsī de xīnshuǐ tài dī, yúshì juédìng huàn gōngzuò.
샤오린은 이 회사의 월급이 너무 낮다고 생각하여 직장을 바꾸기로 결정했다.

③ 因为小华成绩太差了, 于是妈妈决定帮他请个家教。
Yīnwèi Xiǎohuá chéngjì tài chā le, yúshì māma juédìng bāng tā qǐng ge jiājiào.
샤오후아의 성적이 너무 나빠서, 엄마는 가정교사를 부르기로 결정하였다.

④ 上个星期才买的手机坏了, 于是我拿到手机店要他们换新的给我。
Shàngge xīngqī cái mǎi de shǒujī huài le, yúshì wǒ nádào shǒujīdiàn yào tāmen huàn xīn de gěi wǒ.
지난주에 산 핸드폰이 고장 났다. 그래서 핸드폰 가게에 가서 그들에게 새로운 핸드폰으로 교환해 줄 것을 요구하였다.

용법 于是 vs. 所以.

所以는 순수한 원인/결과 관계에 사용된다. 于是는 복문의 두 번째 문장이 첫 번째 문장에 의하여 초래되었다기보다는 동기부여가 된 것이다. 따라서 于是는 시간의 순서에 따라서 다음 것을 제안하는 것이다.

因为台风来了，(所以 / *于是)房子有好几个地方被刮坏了，(于是 / *所以)我们请人来修理房子。

Yīnwèi táifēng lái le, (suǒyǐ / *yúshì) fángzi yǒu hǎo jǐge dìfang bèi guā huài le, (yúshì / *suǒyǐ) wǒmen qǐng rén lái xiūlǐ fángzi.

태풍이 와서, 집이 여러 곳이 부서졌다. 그래서 우리는 사람을 불러서 집을 수리하였다.

越 A 越 B. yuè(부사) A yuè(부사) B. A하면 할수록 …B하다

기능 이 문형은 A가 사실일 때, B 역시 사실이라는 것을 표현한다.

① 学生租房子，离学校越近越方便。

Xuésheng zū fángzi, lí xuéxiào yuè jìn yuè fāngbiàn.

학생들이 방을 빌릴 때, 학교에서 가까울수록 편리하다.

② 我听说辣椒越红越辣，是不是？

Wǒ tīngshuō làjiāo yuè hóng yuè là, shì bu shì?

고추는 빨간색이 짙을수록 더욱 맵다고 들었어요. 맞아요?

③ 很多台湾人说臭豆腐越臭越好吃。

Hěn duō Táiwān rén shuō chòudòufu yuè chòu yuè hǎochī.

많은 타이완 사람들은 초우또우푸는 냄새가 심할수록 더욱 더 맛이 좋다고 말한다.

구조 이 문형에서 A는 동작 혹은 상태일 수 있으나, B는 상태만 된다.

① 很多东西都是用得越久越容易坏。

Hěn duō dōngxi dōu shì yòng de yuè jiǔ yuè róngyì huài.

많은 물건들은 오래 사용할수록 쉽게 망가진다.

② 他忘了把资料存在哪里了，越急越找不到。

Tā wàng le bǎ zīliào cún zài nǎli le, yuè jí yuè zhǎo bú dào.

그는 자료를 어디에 저장했는지를 잊어버렸는데, 마음이 급할수록 찾을 수가 없었다.

③ 他们越走越远，已经不知道回民宿的路了。

Tāmen yuè zǒu yuè yuǎn, yǐjīng bù zhīdao huí mínsù de lù le.

그들은 걸을수록 민박집에서 멀어져서, 이미 어떻게 돌아가야 할지 알 수 없었다.

④ 弟弟现在包饺子，越包越好了。

Dìdi xiànzài bāo jiǎozi, yuè bāo yuè hǎo le.

동생은 현재 쟈오쯔를 만들고 있는데 만들수록 점점 잘한다.

⑤ 这个音乐，我越听越喜欢。

Zhège yīnyuè, wǒ yuè tīng yuè xǐhuan.

이 음악은 들으면 들을수록 점점 더 좋아진다.

【의문형】

'是不是'가 이 문형에서 사용할 수 있는 유일한 의문형 구조이다.

① 你的字是不是写得越快越不好看?

Nǐ de zì shì bu shì xiě de yuè kuài yuè bù hǎokàn?

너 글자를 빨리 쓰면 쓸수록 보기 싫어지지 않니?

② 越健康的食物是不是越不好吃?

Yuè jiànkāng de shíwù shì bu shì yuè bù hǎochī?

건강에 좋은 식품일수록 더 맛이 없죠?

③ 礼物是不是越贵，大家越喜欢?

Lǐwù shì bu shì yuè guì, dàjiā yuè xǐhuan?

선물은 비쌀수록 모두 다 더 좋아하죠?

용법 A와 B는 같은 주어 혹은 다른 주어 중의 하나를 지시한다.

① 你越忙, 越应该找时间运动运动。

Nǐ yuè máng, yuè yīnggāi zhǎo shíjiān yùndòng yùndòng.

바쁘면 바쁠수록 더 시간을 내어서 운동을 해야 해요.

② 泡菜放的时间越长, 味道越酸。

Pàocài fàng de shíjiān yuè cháng, wèidao yuè suān.

김치는 시간이 가면 갈수록 맛은 더 시어진다.

③ 离地铁站越近的房子, 房租越贵。

Lí dìtiě zhàn yuè jìn de fángzi, fángzū yuè guì.

전철역에서 가까운 방은 전세금도 더 비싸다.

④ 垃圾分类做得越好, 可以回收的资源越多。

Lājī fēnlèi zuò de yuè hǎo, kěyǐ huíshōu de zīyuán yuè duō.

쓰레기 분류를 잘하면 할수록 회수하는 자원도 더욱 많아진다.

Z

在. zài. 전치사. 위치 표지. …에, …에 위치하다, …에 위치하고 있다 (1)

기능 '在'는 어떤 사람이나 어떤 사물의 위치를 나타낸다.

① 我在台湾。
Wǒ zài Táiwān.
나는 타이완에 있다.

② 他们学校在花莲。
Tāmen xuéxiào zài Huālián.
그들의 학교는 후아리앤에 있다.

③ 餐厅在宿舍的一楼。
Cāntīng zài sùshè de yì lóu.
식당은 기숙사의 일층에 있다.

구조 기본 구조는 '명사+在+위치'이다. 다음과 같은 4가지 유형의 위치가 있다.

(1) A유형

장소 단어(Place Word)
台北 Táiběi 타이뻬이, 花莲 Huālián 후아리앤, 台湾 Táiwān 타이완… 学校 xuéxiào 학교, 餐厅 cāntīng 음식점, 宿舍 sùshè 기숙사…

① 我们学校在台北。
Wǒmen xuéxiào zài Táiběi.
우리 학교는 타이뻬이에 있다.

② 我爸爸早上在学校。

Wǒ bàba zǎoshang zài xuéxiào.

아빠는 아침에 학교에 있다.

(2) B유형

<table>
<tr><th>위치형태소(localizer)</th><th>접미사(suffix)</th></tr>
<tr><td>上 shàng 위</td><td rowspan="6">面 mian 혹은 边 bian</td></tr>
<tr><td>下 xià 아래</td></tr>
<tr><td>前 qián 앞</td></tr>
<tr><td>后 hòu 뒤</td></tr>
<tr><td>里 lǐ 안</td></tr>
<tr><td>外 wài 밖</td></tr>
<tr><td colspan="2">旁边 pángbiān 옆</td></tr>
<tr><td colspan="2">附近 fùjìn 근처</td></tr>
</table>

① 他在外面。

Tā zài wàimian.

그는 밖에 있다.

② 图书馆在后面。

Túshūguǎn zài hòumian.

도서관은 뒤에 있다.

(3) C유형

<table>
<tr><td rowspan="9">명사</td><td rowspan="9">(的)</td><th colspan="2">B유형 위치 단어</th></tr>
<tr><td>上 shàng</td><td rowspan="6">面 miàn 혹은 边 biān</td></tr>
<tr><td>下 xià</td></tr>
<tr><td>前 qián</td></tr>
<tr><td>后 hòu</td></tr>
<tr><td>里 lǐ</td></tr>
<tr><td>外 wài</td></tr>
<tr><td colspan="2">旁边 pángbian</td></tr>
<tr><td colspan="2">附近 fùjìn</td></tr>
</table>

① 我在宿舍里面。
Wǒ zài sùshè lǐmian.
나는 기숙사 안에 있습니다.

② 那家店在你家附近吗?
Nà jiā diàn zài nǐ jiā fùjìn ma?
그 상점은 우리 집 근처에 있습니까?

③ 咖啡店在宿舍的旁边, 不在里面。
Kāfēidiàn zài sùshè de pángbiān, bú zài lǐmian.
커피숍은 기숙사의 옆에 있습니다. 안에 있지 않습니다.

④ 游泳池在图书馆的后面, 不在前面。
Yóuyǒngchí zài túshūguǎn de hòumian, bú zài qiánmian.
수영장은 도서관 뒤에 있습니다. 앞에 있지 않습니다.

⑤ 他和朋友在图书馆后面的咖啡店。
Tā hé péngyou zài túshūguǎn hòumian de kāfēidiàn.
그와 친구는 도서관 뒤의 커피숍에 있습니다.

용법

(1) '在 zài' 뒤에 있는 명사가 보통명사일 때, 보통명사 뒤에 위치 단어(locative word)가 첨가 되어야 장소명사(place noun)로 변한다. 예를 들어, '그는 집에 있다(He is in the house)'를, '*他在房子 Tā zài fángzi'라고 말하면 안 되고, '他在房子里面 Tā zài fángzi lǐmian.'이라고 말해야 한다. (房子里面 fángzi lǐmian은 C유형에서 的이 생략된 형태)

(2) '在 zài' 뒤의 명사가 장소 고유명사일 때, 위치 단어(locative word)는 허용되지 않거나 필요하지 않다. 예를 들어, '그는 타이완에 있다(He is in Taiwan)'은 '他在台湾 Tā zài Táiwān'은 가능하고, '*他在台湾里面 Tā zài Táiwān lǐmian.'은 가능하지 않다. 반면에, '그는 학교에 있다(He is in school)'는 '他在学校 Tā zài xuéxiào' 혹은 '他在学校里(面) Tā zài xuéxiào lǐ (miàn)'라고 말할 수 있다. 이 경우 위치 단어(里面 lǐmian)를 첨가하는 것은 위치를 더욱 명확하게 만든다.

(3) 위치 단어(locative word) '里面 lǐmian'은 특별한 경우에 속한다. 때때로 생략이 가능하다. 예를 들어, '他在图书馆看书 Tā zài túshūguǎn kàn shū'는 '그는 도서관에서 책을 보고 있다'의 의미이다. 이 문구에는 里面 lǐmian이 없다. 그러나 문장의 의미는 여전이 도서관 안을 의미한다. 만약 의도된 의미가 '안'이 아닐 때는 위치 단어(locative word)가 요구된다. '그는 도서관의 밖에서 책을 읽고 있다'를 중국어로 표현하려면, '他在图书馆外面看书 Tā zài túshūguǎn wàimian kàn shū'라고 말해야 한다.

(4) 참조점은 앞에 위치하고, 위치 단어(locative word)는 그 뒤에 위치한다는 것을 주의하자. 예를 들어, '房子的前面 fángzi de qiánmian 집의 앞'은 '前面的房子 qiánmian de fángzi 앞의 집'과 다르다. 앞의 예는 C유형이고, 뒤의 예는 '수식어+명사' 문형이다.

(5) '的'가 없는 위치구의 축약형은 흔히 많이 쓰인다. 예를 들어, '아래층'은 '楼下 lóuxià'이고, '*楼的下面 lóu de xiàmian'이 아니다. '바닥'은 '地上 dìshang'이고, '*地的上面 dì de shàngmian'이 아니다.

(6) '里面 lǐmian', '外面 wàimian', '上面 shàngmian' 등에서 접미사(suffix) '面 miàn'은 생략될 수 있다. 예를 들어, '房子的里面 fángzi de lǐmian 집 안에'는 '房子里 fángzi lǐ'로 자주 사용되고, '杯子上面 bēizi shàngmian 컵 위에'는 '杯子上 bēizi shang'으로 축약될 수 있다.

在. zài. 전치사. 활동 위치를 표지 (2)

기능 '在 zài'는 활동이 이루어지는 위치를 표지한다.

① 我爸爸在家做饭。
Wǒ bàba zài jiā zuò fàn.
우리 아빠는 집에서 밥을 한다.

② 他和他朋友在七楼的教室上网。

Tā hé tā péngyou zài qī lóu de jiàoshì shàngwǎng.

그와 그의 친구는 7층 교실에서 인터넷을 한다.

③ 我们老师常在学校附近的咖啡店喝咖啡。

Wǒmen lǎoshī cháng zài xuéxiào fùjìn de kāfēidiàn hē kāfēi.

우리 선생님은 학교 근처의 커피숍에서 자주 커피를 마신다.

④ 我们很喜欢在这家餐厅吃牛肉面。

Wǒmen hěn xǐhuan zài zhè jiā cāntīng chī niúròumiàn.

우리는 이 레스토랑에서 소고기면을 먹는 것을 좋아한다.

N O P Q R S T U V W X Y **Z**

구조 대부분의 중국어 문장은 '시간+장소+동작'과 같은 순서로 이루어진다. 여기에서 '장소'(place)는 在로 표지된다.

[부정형]

부정표지 不는 전치사 在 앞에 위치한다.

① 他们今天不在家吃晚饭。

Tāmen jīntiān bú zài jiā chī wǎnfàn.

그들은 오늘 집에서 저녁밥을 먹지 않는다.

② 他现在不在宿舍看书。

Tā xiànzài bú zài sùshè kàn shū.

그는 지금 기숙사에서 책을 보고 있지 않다.

③ 很多学生不在学校里面的咖啡店买咖啡。

Hěn duō xuésheng bú zài xuéxiào lǐmian de kāfēidiàn mǎi kāfēi.

많은 학생들이 학교의 커피숍에서 커피를 사지 않는다.

【의문형】

① 你们在不在家吃饭?
Nǐmen zài bú zài jiā chī fàn?
너희들은 집에서 밥을 먹지 않니?

② 你们在哪里打篮球?
Nǐmen zài nǎli dǎ lánqiú?
당신들은 어디에서 농구를 합니까?

③ 他们是不是在英国上学?
Tāmen shì bu shì zài Yīngguó shàngxué?
그들은 영국에서 학교를 다닙니까?

용법 (1) 어순을 주의하자. 위치(location)는 주요동사 앞에 위치한다. 다시 말하자면, '在 zài / 到 dào+위치' 구는 모든 전치사구와 같이 동사구 앞에 위치한다. '*他学中文在家 Tā xué Zhōngwén zài jiā'라고 말하면 안되고, '他在家学中文 Tā zài jiā xué Zhōngwén 그는 집에서 중국어를 배운다'라고 말해야 한다.

(2) 부정은 주요동사 앞이 아니라 전치사 앞에 위치한다.

他不在家上网。
Tā bú zài jiā shàngwǎng.
그는 집에서 인터넷을 하지 않는다.

在. zài. 상태동사(Vs). 진행형, 진행하는 동작, V 하고 있다, 한참 V하고 있는 중이다 (3)

기능 동사구(VP) 앞의 '在'는 현재(기본값) 혹은 지정된 시간에 진행하는 행동을 가리킨다.

① 李老师在上课。
Lǐ lǎoshī zài shàngkè.
리 선생님은 수업을 하고 있다.

② 陈先生在修理他的自行车。
Chén xiānsheng zài xiūlǐ tā de zìxíngchē.
천 선생은 그의 자전거를 수리하고 있다.

③ 昨天下午五点我在听演讲。
Zuótiān xiàwǔ wǔ diǎn wǒ zài tīng yǎnjiǎng.
어제 오후 5시에 나는 강연을 듣고 있었다.

구조 **【부정형】**

부정은 항상 '在' 앞에 위치한다.

进来吧!他没在睡觉。
Jìnlai ba! Tā méi zài shuìjiào.
들어오세요! 그는 잠을 자고 있지 않아요.

不是 부정은 不보다 일반적으로 사용되는 것을 주의하자.

① 他不是在看书。他在看篮球比赛。
Tā bú shì zài kàn shū. Tā zài kàn lánqiú bǐsài.
그는 책을 보고 있는 것이 아니다. 그는 농구경기를 보고 있다.

② 我不是在照相。我的手机不能照相。
Wǒ bú shì zài zhàoxiàng. Wǒ de shǒujī bù néng zhàoxiàng.
나는 사진을 찍고 있는 것이 아니다. 나의 핸드폰은 사진을 찍을 수 없다.

【의문형】

① 他们老师不是在上课吗?

Tāmen lǎoshī bú shì zài shàngkè ma?

그들의 선생님은 수업을 하고 있지 않습니까?

② 他们在打篮球吗?

Tāmen zài dǎ lánqiú ma?

그들은 농구를 하고 있습니까?

③ 他们是不是又在玩手机?

Tāmen shì bu shì yòu zài wán shǒujī?

그들은 또 핸드폰을 하고 있습니까?

용법 오직 동작동사만이 '在' 구조와 함께 사용될 수 있다. 상태동사는 '在 zài'와 같이 사용될 수 없다. '*手机在贵 *shǒujī zài guì.'는 옳지 않은 표현이다.

在. zài. 동사 보어로서, 결과로서의 위치 (4)

기능 'V+在' 문형은 동작에서 발생하는 명사의 위치를 지정한다.

① 那张椅子, 请你放在楼下。

Nà zhāng yǐzi, qǐng nǐ fàng zài lóu xià.

저 의자는 아래층에 놓아 주세요.

② 这些复杂的汉字, 我要写在本子上。

Zhèxiē fùzá de Hànzì, wǒ yào xiě zài běnzi shang.

이런 복삽한 한사는 나는 공책에 써야겠다.

③ 履历表先留在我这里。有适合的工作再告诉你。

Lǚlìbiǎo xiān liú zài wǒ zhèli. Yǒu shìhé de gōngzuò zài gàosu nǐ.

이력서는 일단 저에게 두고 가세요. 적당한 일이 생기면 제가 알려 드릴게요.

구조 **【부정형】**

부정은 주요동사의 앞에 위치한다. '不/别', '没有' 혹은 '不是'이다.

① 书别放在椅子上。请拿到房间去。

Shū bié fàng zài yǐzi shang. Qǐng ná dào fángjiān qù.

책을 의자에 놓지 마세요. 방으로 가져가세요.

② 我没留甜点在桌子上。我把甜点吃了。

Wǒ méi liú tiándiǎn zài zhuōzi shang. Wǒ bǎ tiándiǎn chī le.

나는 디저트를 책상에 남겨놓지 않았어요. 디저트는 제가 먹었어요.

③ 他的钱没存在银行里。他太太很不高兴。

Tā de qián méi cún zài yínháng lǐ. Tā tàitai hěn bù gāoxìng.

그의 돈이 은행에 저금 되어 있지 않아서 그의 부인은 기분이 아주 좋지 않았다.

④ 钱不是放在银行里, 汇到日本了。

Qián bú shì fàng zài yínháng lǐ, huì dào Rìběn le.

돈은 은행에 저금하지 않고, 일본으로 송금했습니다.

【의문형】

① 电视, 你打算放在哪里?

Diànshì, nǐ dǎsuan fàng zài nǎli?

텔레비전을 어디에 놓을 생각입니까?

② 这些家具, 你是不是要留在这里, 不搬到新家?

Zhèxiē jiājù, nǐ shì bu shì yào liú zài zhèli, bù bāndào xīnjiā?

이 가구들을 여기에 남겨 두고, 새집으로 옮기지 않을 겁니까?

③ 我给你的资料, 你存在电脑里了没有?

Wǒ gěi nǐ de zīliào, nǐ cún zài diànnǎo lǐ le méi yǒu?

내가 당신에게 준 데이타를 컴퓨터에 저장했습니까?

在…方面. zài A fāngmiàn. …에 관하여. (方面 fāngmiàn 참조)

在…下. zài…xià. … 밑에, … 때문에

기능 '在…下' 문형은 주어진 사실의 전제조건의 상황을 제시한다.

① 在学校的教育下，孩子学会了礼貌。
Zài xuéxiào de jiàoyù xià, háizi xuéhuì le lǐmào.
학교의 교육 안에서, 아이들은 예절을 배운다.

② 在冰冷的气候下，所有的动物都躲起来了。
Zài bīnglěng de qìhòu xià, suǒyǒu de dòngwù dōu duǒ qǐlai le.
추운 기후 때문에, 모든 동물들이 숨었다.

③ 在高房价的情形下，年轻人都买不起房子。
Zài gāo fángjià de qíngxíng xià, niánqīngrén dōu mǎi bu qǐ fángzi.
높은 집 값 때문에 젊은 사람들은 모두 집을 사지 못한다.

④ 在母亲辛苦的照顾下，他的身体越来越健康了。
Zài mǔqīn xīnkǔ de zhàogù xià, tā de shēntǐ yuè lái yuè jiànkāng le.
어머니가 수고로이 돌봐주신 덕분에 그의 몸은 점점 건강해졌다.

용법 이 문형에서 '在'의 뒤에 나타나는 명사는 거의 추상적인 것이다.

① 在老师的鼓励下，他的成绩越来越进步了。
Zài lǎoshī de gǔlì xià, tā de chéngjì yuè lái yuè jìnbù le.
선생님의 격려로 그의 성적은 점점 더 향상되었다.

② 在少子化的情况下，补习班，幼儿园都减班了。
Zài shǎozǐhuà de qíngkuàng xià, bǔxíbān, yòu'éryuán dōu jiǎnbān le.
저출산 현상 속에서 학원과 유치원 모두 반을 줄였다.

N O P Q R S T U V W X Y Z

③ 在看不到远景的情形下，年轻人都不想生孩子。

Zài kàn bú dào yuǎnjǐng de qíngxíng xià, niánqīngrén dōu bù xiǎng shēng háizi.

먼 미래를 볼 수 없는 상황에서, 젊은이들은 모두 아이를 낳고 싶어 하지 않는다.

再 A 也 B. zài A yě B. 아무리 A하더라도, 여전히 B이다

기능 이 문형은 어떤 환경(再의 뒤)에도 불구하고, 상태(也의 뒤)는 여전히 유지한다는 것을 나타낸다.

① 学中文压力再大，我也要继续学。

Xué Zhōngwén yālì zài dà, wǒ yě yào jìxù xué.

중국어를 배우는 스트레스가 아무리 크더라도, 나는 계속 배울 것이다.

② 你再生气也不能骂人。

Nǐ zài shēngqì yě bù néng mà rén.

아무리 화가 나더라도 사람에게 욕을 하면 안 된다.

③ 猪脚面线再好吃也不能天天吃。

Zhūjiǎo miànxiàn zài hǎochī yě bù néng tiāntiān chī.

돼지족발면이 아무리 맛있다고 하더라도 매일 먹을 수는 없다.

④ 工作再稳定也可能发生变化。

Gōngzuò zài wěndìng yě kěnéng fāshēng biànhuà.

일이 아무리 안정적이라 하더라도 변화가 생길 수 있다.

⑤ 考试再简单，也有人考不好。

Kǎoshì zài jiǎndān, yě yǒu rén kǎo bù hǎo.

시험이 아무리 쉽더라도, 어떤 사람들은 성적이 좋지 않다.

용법 이 문형은 '不管 bùguǎn A 都 dōu B'의 용법과 비슷하다. 그러나 '不管 bùguǎn A 都 dōu B' 문형은 都와 함께 사용하고, B의 상황은 항상 A가 어떤 상황인지에 상관없이 일어난다는 것을 암시한다. 다른 한편으로는, '再 A 也 B' 문형은 也와 함께 사용되고, 이 문형의 A는 자주 가장 극단적인 상황을 나타낸다.

① 自己做的菜不管多么难吃, 都得吃光。
Zìjǐ zuò de cài bùguǎn duōme nánchī, dōu děi chī guāng.
자기가 만든 요리는 얼마나 맛이 없는지에 상관없이, 모두 다 먹어야 한다.

② 自己做的菜, 再难吃也得吃光。
Zìjǐ zuò de cài, zài nánchī yě děi chī guāng.
자기가 만든 요리는 아무리 맛이 없다고 하더라도 반드시 다 먹어야 한다.

여기에서 예문 ①은 좀 더 사실적이고 비감정적인 반면에, 예문 ②는 과장된 표현이다.

再不 A 就 B 了. zài bù A jiù B le. 긴급한 조건, 지금 A가 일어나지 않으면, B는 반드시 따라올 것이다

기능 이 문형은 먼저 조건을 나타내고, 만약에 이 조건이 충족되지 않으면, 바람직하지 않은 결과가 따라온다는 것을 나타낸다. 어떤 문장에서는 就와 了가 생략될 수 있다.

① 已经四个月没下雨了。再不下雨, 我们就没水喝了。
Yǐjīng sìge yuè méi xiàyǔ le. Zài búxiàyǔ, wǒmen jiùméi shuǐhēle.
이미 4개월 동안 비가 내리지 않았다. 만약 계속 비가 내리지 않는다면, 우리는 마실 물이 없어질 것이다.

② 天气这么潮湿, 再不买除湿器, 衣服就要发霉了。
Tiānqì zhème cháoshī, zài bù mǎi chúshīqì, yīfu jiù yào fāméi le.
날씨가 이렇게 습한데, 계속 제습기를 사지 않는다면, 옷이 곰팡이가 슬 것이다.

③ 五月天的演唱会很热门。今天再不订票, 就订不到了。

Wǔyuètiān de yǎnchànghuì hěn rèmén. Jīntiān zài bú dìng piào, jiù dìngbú dào le.

우위에텐의 콘서트는 인기가 많다. 오늘 표를 예매하지 않는다면, 표를 구할 수 없을 것이다.

④ 上次考试我只有60分。再不用功, 恐怕会挂科。

Shàng cì kǎoshì wǒ zhǐyǒu liùshí fēn. Zài bú yònggōng, kǒngpà huì guākē.

이전 시험에 나는 60점 밖에 못 받았다. 더 열심히 하지 않는다면, 아마 낙제가 될 것이다.

⑤ 发生什么事了?你快说。你再不说清楚, 我就要生气了。

Fāshēng shénme shì le? Nǐ kuài shuō. Nǐ zài bù shuō qīngchu, wǒ jiù yào shēngqì le.

무슨 일이 있었어? 빨리 말해 봐. 정확히 말하지 않으면, 화낸다.

용법 두 번째 문장에서 '就, 会, 要'와 같은 부사가 자주 사용되며, 이 표현 앞에는 '如果 rúguǒ' 또는 '要是 yàoshi'와 같은 접속사가 흔히 사용된다.

① 他已经发烧好几天了。要是再不去看医生, 吃药, 恐怕会越来越严重。

Tā yǐjīng fāshāo hǎojǐ tiān le. Yàoshi zài bú qù kàn yīshēng, chī yào, kǒngpà huì yuè lái yuè yánzhòng.

그는 이미 며칠 동안 열이 났다. 만약에 의사에게 진찰을 하지 않고 약을 먹지 않는다면, 아마 더 심해질 것이다.

② 知道这些传统风俗的人已经越来越少了。要是我们再不重视, 恐怕以后就没有人能懂了。

Zhīdao zhèxiē chuántǒng fēngsú de rén yǐjīng yuè lái yuè shǎo le. Yàoshi wǒmen zài bú zhòngshì, kǒngpà yǐhòu jiù méi yǒu rén néng dǒng le.

이 전통 풍습을 아는 사람은 점점 더 적어지고 있다. 더 이상 이 풍습을 중요시하지 않는다면, 아마도 이후에는 이것을 이해하는 사람이 없어질 것이다.

再加上. zài jiāshàng. 더군다나

기능　'再加上'은 방금 언급한 목록에 추가 항목을 더한다. 문장은 말하는 사람의 입장에서 보면, 찬성 혹은 비판일 수 있다.

① 那件衣服的款式比较旧, 颜色也太浅, 再加上穿起来不舒服, 所以虽然打五折, 我也没买。

Nà jiàn yīfu de kuǎnshì bǐjiào jiù, yánsè yě tài qiǎn, zài jiāshàng chuān qǐlai bù shūfu, suǒyǐ suīrán dǎ wǔ zhé, wǒ yě méi mǎi.

저 옷의 스타일은 오래되었고, 색 역시 너무 옅은데다가 입기에도 불편하다. 그래서 비록 50%할인이라도, 나는 사지 않았다.

② 阳明山上有很多很好的餐厅, 再加上夜景很美, 他决定带女朋友上阳明山吃晚饭。

Yángmíngshān shang yǒu hěn duō hěn hǎo de cāntīng, zài jiāshàng yèjǐng hěn měi, tā juédìng dài nǚpéngyou shàng Yángmíngshān chī wǎnfàn.

양밍산 산 위에는 많은 음식점이 있다. 더군다나 야경은 매우 아름다워서, 그는 여자 친구를 데리고 양밍산에 가서 저녁 식사를 하기로 결정하였다.

③ 当老师生活稳定,再加上薪水比一般工作高,难怪他每天熬夜看书,准备考试。

Dāng lǎoshī shēnghuó wěndìng, zài jiāshàng xīnshuǐ bǐ yìbān gōngzuò gāo, nánguài tā měitiān áoyè kànshū, zhǔnbèi kǎoshì.

교사의 생활은 안정적이며, 게다가 월급은 일반 직업보다 높아서, 그는 매일 밤을 새면서 공부를 하며 시험을 준비한다.

④ 在乡下孩子可以接近土地, 在田里跑跑跳跳, 再加上可以吃到最新鲜的蔬菜, 所以父母周末都喜欢带孩子到乡下去玩。

Zài xiāngxia háizi kěyǐ jiējìn tǔdì, zài tiánlǐ pǎopǎo tiàotiào, zài jiāshàng kěyǐ chīdào zuì xīnxiān de shūcài, suǒyǐ fùmǔ zhōumò dōu xǐhuan dài háizi dào xiāngxia qù wán.

시골에 있는 아이들은 땅과 가까이 할 수 있고, 논에서 이리저리 뛰고, 더군다나 가장 신선한 야채를 먹을 수 있어서 부모들은 주말에 아이들을 데리고 시골에 가서 노는 것을 좋아한다.

⑤ 大家都很信任他，再加上他的面包都是用最好的食材做的，所以很多人住得再远也要去他的店买面包。

Dàjiā dōu hěn xìnrèn tā, zài jiāshàng tā de miànbāo dōu shì yòng zuì hǎo de shícái zuò de, suǒyǐ hěn duō rén zhù de zài yuǎn yě yào qù tā de diàn mǎi miànbāo.

모두 그를 매우 신임한다. 더군다나 그의 빵은 가장 좋은 식재료로 만들어서, 많은 사람들은 아무리 멀리 살아도 그의 상점에 가서 빵을 사려고 한다.

再说. zàishuō. 접속사. 게다가, 더 나아가서

기능 접속사 '再说'는 앞 문장에서 말한 것에 관한 그 이상의 설명 혹은 상세한 말을 제공하는 새로운 문장을 소개한다.

① 还是刷卡吧。我没带那么多现金。再说，刷卡还可以再打九五折。

Hái shì shuā kǎ ba. Wǒ méi dài nàme duō xiànjīn. Zàishuō, shuā kǎ hái kěyǐ zài dǎ jiǔwǔ zhé.

카드를 쓰는 게 낫겠어요. 나는 그렇게 많은 현금을 가져오지도 않았고, 게다가 카드를 사용하면 5% 할인도 받을 수 있어요.

② 电信公司的中文合约那么长。再说，他是外国人。怎么可能看得懂？

Diànxìn gōngsī de Zhōngwén héyuē nàme cháng. Zàishuō, tā shì wàiguó rén. Zěnme kěnéng kàn de dǒng?

전화회사의 중국어 계약서가 그렇게 긴데, 게다가 그는 외국인입니다. 어떻게 계약서를 읽고 이해 하겠습니까?

③ 我女朋友一定会生我的气的。这是我丢的第三部手机了。再说，手机是她送给我的生日礼物。

Wǒ nǚpéngyou yídìng huì shēng wǒ de qì de. Zhè shì wǒ diū de dì sān bù shǒujī le. Zàishuō, shǒujī shì tā sòng gěi wǒ de shēngrì lǐwù.

내 여자 친구는 나에게 화를 낼 것이 분명해요. 이번이 제가 세 번째 핸드폰을 잃어버린 것입니다. 게다가 이 핸드폰은 여자친구가 나에게 준 생일선물입니다.

④ 我准备的材料够包一百多个饺子。再说, 我还做了好几道菜。大家一定都能吃饱。

Wǒ zhǔnbèi de cáiliào gòu bāo yībǎi duō ge jiǎozi. Zàishuō, wǒ hái zuòle hǎojǐ dào cài. Dàjiā yídìng dōu néng chībǎo.

내가 준비한 재료로 백 개가 넘는 쟈오쯔를 만들 수 있습니다. 게다가 나는 요리도 몇 가지 만들었습니다. 모두 배부르게 먹을 수 있습니다.

⑤ 你应该趁学校放假到南部海边看看。再说, 你还没玩过水上摩托车。值得去试一试。

Nǐ yīnggāi chèn xuéxiào fàngjià dào nánbù hǎibiān kànkan. Zàishuō, nǐ hái méi wánguò shuǐshàng mótuōchē. Zhídé qù shì yi shì.

학교가 방학을 했을 때를 이용해서 남부 해변에 가 보셔야 해요. 게다가 수상 오토바이를 아직 타보지 않았잖아요. 한번 해 볼만 합니다.

용법 (1) '而且 érqiě'와 '再说'은 모두 그 문장과 앞의 문장을 연결하는데 사용된다. 이 둘은 모두 '더욱이/또한'으로 번역이 가능하다. '而且'는 지금 말하려는 문장과 앞의 문장이 동일한 관계라는 것을 암시한다. 반면에 再说은 지금 문장에서 말하려는 것이 앞의 문장에서 말한 것 위에 더 추가되거나 상세하게 한 말이라는 것을 강조한다. 예를 들어, '他的房间要有家具, 而且光线要好。Tā de fángjiān yào yǒu jiājù, érqiě guāngxiàn yào hǎo. 그의 방은 가구도 있어야 하고 또한 채광도 좋아야 한다.'에서 '而且'는 '再说'로 대체할 수 없다.

(2) '而且'는 두 개의 단어나 혹은 두 개의 문장을 연결할 수 있는 반면, '再说'는 문장만을 연결할 수 있다. 예를 들어, '他一定能找到便宜而且合适的房子。Tā yídìng néng zhǎodào piányi érqiě héshì de fángzi. 그는 반드시 싸고 적합한 방을 찾을 수 있다.'에서 '而且'는 '再说'로 대체할 수 없다.

早就…了. zǎo jiù…le. 이미, 훨씬 전에

기능 이 구조는 과거에 일어났던 사건에 대한 시간을 과장되게 언급하고 있다.

① 我只见过小陈几次面, 早就对他没印象了。

Wǒ zhǐ jiànguo Xiǎochén jǐ cì miàn, zǎo jiù duì tā méi yìnxiàng le.

나는 샤오천을 몇 번 밖에 보지 못해서 이미 그에 대한 기억은 없습니다.

② 五月天演唱会的票, 我早就买了, 你不必担心。

Wǔyuètiān yǎnchànghuì de piào, wǒ zǎo jiù mǎi le, nǐ búbì dānxīn.

우위에톈의 콘서트 표는 벌써 샀으니 걱정하지 마세요.

③ 那条路上早就没有日本人留下来的木造房子了, 我们还要去吗?

Nà tiáo lùshang zǎo jiù méi yǒu Rìběn rén liú xiàlai de mùzào fángzi le, wǒmen hái yào qù ma?

그 길에는 일본 사람이 남긴 목조 집은 이미 훨씬 전부터 남아있지 않습니다. 그런데도 가야합니까?

④ 你的平板电脑我早就修理好了, 你怎么不记得呢?

Nǐ de píngbǎn diànnǎo wǒ zǎo jiù xiūlǐ hǎo le, nǐ zěnme bú jìde ne?

당신의 태블릿 컴퓨터는 벌써 수리해 놓았어요. 어떻게 기억을 못해요?

⑤ 妈妈煮的水饺, 早就被弟弟吃光了。你吃别的吧!

Māma zhǔ de shuǐjiǎo, zǎo jiù bèi dìdi chīguāng le. Nǐ chī biéde ba!

엄마가 만든 물만두는 이미 남동생이 다 먹어버렸어. 다른 것을 먹으렴!

怎么. zěnme. 부사. 방법을 질문, 어떻게 하는 지에 대한 질문, 어떻게, 어떤 식으로

기능 '怎么'은 의문 부사이다. 어떻게 하는지 질문하는데 사용된다.

① 你们怎么去?

Nǐmen zěnme qù?

너희들은 어떻게 가려고 합니까?

② 这个菜怎么做?

Zhège cài zěnme zuò?

이 요리는 어떻게 만들어요?

③ 这首歌怎么唱?

Zhè shǒu gē zěnme chàng?

이 노래는 어떻게 부르나요?

④ 这支新手机怎么上网?

Zhè zhī xīn shǒujī zěnme shàngwǎng?

이 핸드폰은 어떻게 인터넷을 사용하나요?

용법 '怎么'는 '怎么样'은 전혀 다르다. '怎么'는 부사인 반면에, '怎么样'은 상태동사이다. '这个菜怎么做? zhège cài zěnme zuò? 이 요리는 어떻게 만들어요?'와 '这个菜怎么样? zhège cài zěnmeyàng? 이 요리는 어떻습니까?'를 비교해보자.

怎么这么. zěnme zhème. 왜 이렇게

기능 이 '怎么'와 '这么' 두 부사가 결합되어, 말하는 사람의 놀라움을 전달한다. 상태동사만 '怎么这么' 뒤에 따라올 수 있다.

① A: 听说小王每天都去夜市吃鸡排。

Tīngshuō Xiǎowáng měitiān dōu qù yèshì chī jīpái.

샤오왕은 매일 야시장에 가서 닭갈비를 먹는대요.

B: 他怎么这么爱吃鸡排?!

Tā zěnme zhème ài chī jīpái?!

그는 왜 그렇게 닭갈비를 좋아하나요?!

② A: 这件羊毛外套一件卖三万块钱。

Zhè jiàn yángmáo wàitào yí jiàn mài sānwàn kuài qián.

이 양털 외투는 한 벌에 3만원에 팝니다.

B: 怎么这么贵?!

Zěnme zhème guì?!

왜 이렇게 비싸죠?!

③ A: 这位女明星得了今年的最佳女主角奖。

Zhè wèi nǚmíngxīng dé le jīnnián de zuìjiā nǚzhǔjué jiǎng.

이 여성 스타가 올해의 여주인공상을 받았습니다.

B: 她还这么年轻。演技怎么这么好!

Tā hái zhème niánqīng. Yǎnjì zěnme zhème hǎo!

그녀는 아직 젊네요. 연기를 어떻게 이렇게 잘하죠?

④ A: 在荷兰就算下雪, 孩子们也会到户外活动。

Zài Hélán jiùsuàn xià xuě, háizimen yě huì dào hùwài huódòng.

네덜란드에서는 눈이 오더라도, 아이들은 야외활동을 합니다.

B: 怎么这么不怕冷?!

Zěnme zhème búpà lěng?!

어떻게 그렇게 추위를 무서워하지 않죠?

⑤ A: 下订单以后, 24小时就能收到订购的东西。

Xià dìngdān yǐhòu èrshísì xiǎoshí jiù néng shōudào dìnggòu de dōngxi.

주문 후 24시간 이내에 주문하신 물건을 받으실 수 있습니다.

B: 怎么这么快?!

Zěnme zhème kuài

어떻게 그렇게 빠르죠?!

N O P Q R S T U V W X Y Z

占. zhàn. 타동성 상태동사(Vst). 구성하다

기능 상태동사 '占'은 백분율 혹은 순위를 나타낸다.

① 这次考试的成绩, 口试, 笔试各占一半。

Zhè cì kǎoshì de chéngjì, kǒushì, bǐshì gè zhàn yíbàn.

이번 시험의 성적은 구두시험과 필기시험이 각각 50%를 차지한다.

② 电子产品的产值占台湾出口商品第一位。

Diànzǐ chǎnpǐn de chǎnzhí zhàn Táiwān chūkǒu shāngpǐn dì yī wèi.

전자상품의 생산액이 타이완 수출 상품의 1위를 차지한다.

③ 我并不是整天都在公司里上班; 我在公司里的时间只占工作时间的一小部分。

Wǒ bìng bú shì zhěng tiān dōu zài gōngsī lǐ shàngbān; wǒ zài gōngsī lǐ de shíjiān zhǐ zhàn gōngzuò shíjiān de yì xiǎo bùfèn.

나는 하루 종일 회사에서 일하는 것은 아니다. 내가 회사에서 있는 시간은 일하는 시간의 일부분만을 차지한다.

④ 我刚刚给你的资料还不完全; 那些只占整份报告的一部分。

Wǒ gānggāng gěi nǐ de zīliào hái bù wánquán; nàxiē zhǐ zhàn zhěng fèn bàogào de yíbùfèn.

내가 방금 당신에게 준 자료는 아직 완전하지 않다. 그것은 전체 리포트의 일부분만을 차지한다.

⑤ 成本包括很多部分。实际上材料成本只占不到一半。

Chéngběn bāokuò hěn duō bùfèn. Shíjìshang cáiliào chéngběn zhǐ zhàn bú dào yíbàn.

원가는 많은 부분을 포함한다. 실제적으로 재료원가는 반절을 차지하지도 않는다.

照. zhào. 부사. 의도적으로/계획적으로. …을 고집하다

기능 부사 '照'는 주체가 주어진 상황을 완전히 무시한 채로 일부 활동에 관여한다는 사실을 말한다.

① 在这个展览馆里不可以拍照，但这些观光客还照拍！
Zài zhège zhǎnlǎnguǎn lǐ bù kěyǐ pāizhào, dàn zhèxiē guāngguāngkè hái zhào pāi!
이 전시관은 사진을 찍을 수 없으나, 관광객들은 여전히 사진을 찍는다.

② 老师说先注意听，不要写，但是那些学生不听，照写。
Lǎoshī shuō Xiān zhùyì tīng, bú yào xiě, dànshì nàxiē xuésheng bù tīng, zhào xiě.
선생님이 말하길, "먼저 주의해서 들으세요. 적지 말고." 그러나 학생들은 듣지 않고, 여전히 적고 있다.

③ 奇怪，我不是已经关机了吗？怎么手机还是照响？
Qíguài, wǒ bú shì yǐjīng guān jī le ma? Zěnme shǒujī háishi zhào xiǎng?
이상하네. 핸드폰을 이미 꺼놓지 않았나? 어째서 핸드폰이 아직 울리죠?

④ 我已经跟楼上邻居抱怨了很多次，请他的孩子晚上10点以后别跳。但他的孩子不听，照跳。
Wǒ yǐjīng gēn lóushàng línjū bàoyuàn le hěn duō cì, qǐng tā de háizi wǎnshang 10 diǎn yǐhòu bié tiào. Dàn tā de háizi bù tīng, zhào tiào.
나는 이미 윗 층의 이웃에게 여러 번 불평을 했다. 그의 아이가 저녁 10시 이후에는 뛰지 않도록 해달라고 부탁을 했으나, 그의 아이는 듣지 않고, 여전히 뛴다.

⑤ 最近食品安全出了好几次问题，那些东西你怎么还照吃？
Zuìjìn shípǐn ānquán chū le hǎo jǐ cì wèntí, nàxiē dōngxi nǐ zěnme hái zhào chī?
최근 식품안전 문제가 여러 번 발생했는데 그것들을 당신은 어째서 여전히 먹고 있습니까?

N O P Q R S T U V W X Y Z

용법 (1) '照' 문장은 항상 과거의 사건을 나타낸다.

(2) '照'와 함께 사용하는 동사는 대부분이 단음절어이다.

照看 zhào kàn	계속 쳐다보다(하지 말라는 지시를 받았음에도 불구하고)
照写 zhào xiě	어찌하든 계속 쓰다
照拍 zhào pāi	어찌하든 계속 사진을 찍다
照拿 zhào ná	어찌하든 계속 가져가다
照摸 zhào mō	어찌하든 계속 만지다

(3) '乱+동사'vs. '照+동사'

단음절어 동사 혹은 동사구는 乱과 함께 사용될 수 있다.

乱写 luàn xiě	읽을 수 없을 정도로 아무렇게나 쓰다
乱做 luàn zuò	아무렇게나 하다
乱花钱 luàn huā qián	돈을 펑펑 쓰다
乱交朋友 luàn jiāo péngyou	분별없이 친구를 사귀다

그러나 오직 단음절어 동사만이 '照'와 함께 사용할 수 있으며, 뒤에 목적어가 없어야 한다.

叫他别弹吉他了，但他还照弹。
Jiào tā bié tán jítā le, dàn tā hái zhào tán.
그에게 기타를 치지 말라고 했지만, 그는 여전히 친다.

这么说. zhème shuō. 그 경우라면

기능 '这么说' 구는 앞 진술의 자연스런 결과를 제시한다.

① A: 现在上网购物越来越普遍，这几年大家的购物习惯真的改变了很多。

Xiànzài shàngwǎng gòuwù yuè lái yuè pǔbiàn, zhè jǐ nián dàjiā de gòuwù xíguàn zhēnde gǎibiàn le hěn duō.

현재 인터넷 구매가 점점 보편화 되어가고 있다. 이 몇 년 동안 사람들의 구매습관이 정말 많이 변했다.

B: 这么说，将来我就不能开服装店了，是不是？

Zhème shuō, jiānglái wǒ jiù bù néng kāi fúzhuāngdiàn le, shì bu shì?

그렇다면, 앞으로 나는 옷 가게를 열면 안 되겠네요. 그렇죠?

② A: 医生看了片子，说小王是骨折。

Yīshēng kànle piànzi, shuō Xiǎowáng shì gǔzhé.

의사가 X레이 사진을 보고는 샤오왕이 골절이라고 말했어요.

B: 这么说，他得住院开刀喽。

Zhème shuō, tā děi zhùyuàn kāidāo lou.

그렇다면, 그는 병원에 입원해서 수술을 해야겠군요.

③ A: 我叔叔打算用稳定的价格跟当地小农购买芒果，做成芒果蛋糕来卖。

Wǒ shūshu dǎsuan yòng wěndìng de jiàgé gēn dāngdì xiǎonóng gòumǎi mángguǒ, zuòchéng mángguǒ dàngāo lái mài.

나의 삼촌은 안정된 가격으로 현지 소농민의 망고를 사서, 망고케이크를 만들어 팔 생각이다.

B: 这么说，那些小农就不需要担心芒果卖不出去了。

Zhème shuō, nàxiē xiǎonóng jiù bù xūyào dānxīn mángguǒ mài bù chūqu le.

그렇다면, 그 소농민들은 망고가 팔리지 않을 것에 대해서 걱정할 필요가 없게 되겠군요.

④ A: 小陈从九月起, 要到美国念 EMBA研究生。

Xiǎochén cóng jiǔ yuè qǐ, yào dào Měiguó niàn EMBA yánjiūshēng.

샤오천은 9월부터 미국에 가서 EMBA 대학원에서 공부할 거에요.

B: 这么说, 他将来想成为企业家喽。

Zhème shuō, tā jiānglái xiǎng chéngwéi qǐyèjiā lou.

그렇다면, 그는 장래에 기업가가 되고 싶겠네요.

⑤ A: 我父母说大学念什么系不重要, 最重要的是要感兴趣。

Wǒ fùmǔ shuō dàxué niàn shénme xì bú zhòngyào, zuì zhòngyào de shì yào gǎn xìngqù.

나의 부모님은 대학은 어떤 과에서 공부하는 것은 중요하지 않고, 가장 중요한 것은 흥미가 있어야 한다고 말씀하셨어요.

B: 这么说, 你念服装设计系, 你父母应该不会反对。

Zhème shuō, nǐ niàn fúzhuāng shèjì xì, nǐ fùmǔ yīnggāi bú huì fǎnduì.

그렇다면, 네가 패션디자인학과를 다니는 것에 대해서 부모님은 반대를 하지 않겠구나.

这下子. zhè xiàzi. 사정이 그렇다면, …의 결과로서

기능 '这下子' 구는 두 번째 문장에서 사용되고, 두 번째 문장은 첫 번째 문장의 결과로 자연스럽게 따라온다고 말하는 것이다.

① 那家便利店倒闭了, 这下子我得找新的地方买咖啡了。

Nà jiā biànlìdiàn dǎobì le, zhè xiàzi wǒ děi zhǎo xīn de dìfang mǎi kāfēi le.

그 편의점은 문을 닫았다. 이제 나는 새로운 곳에 가서 커피를 사야만 한다.

② 听说公司决定下个月开始裁员, 这下子我们都可能失业。

Tīngshuō gōngsī juédìng xiàge yuè kāishǐ cáiyuán, zhè xiàzi wǒmen dōu kěnéng shīyè.

회사가 다음 달부터 인원을 감축한다고 한다. 사정이 그렇다면 우리는 모두 직업을 잃게 될 수도 있다.

③ 哇!没想到受到问题牛肉的影响, 来买鸡排的人越来越多, 这下子我们可发财了。

Wa! Méi xiǎngdào shòudào wèntí niúròu de yǐngxiǎng, lái mǎi jīpái de rén yuè lái yuè duō, zhè xiàzi wǒmen kě fācái le.

와! 문제가 있는 소고기의 영향으로, 닭고기를 사러오는 사람이 갈수록 많아지리라고는 생각도 못했다. 이제 우리는 부자가 되겠다.

용법 이 문형은 매우 빈도가 높은 구어체 구이며, 낮은 억양으로 발음이 되며, 대화에서만 사용된다.

这样一来. zhèyàng yìlái. 사정이 그렇다면, 그러면

기능 화자는 이 문형으로 앞 문장에서 발생할 수 있는 결과를 제안한다.

① A: 听说小陈这个学期有好几门课挂科了。

Tīngshuō Xiǎochén zhège xuéqī yǒu hǎojǐ mén kè guàkē le.

듣자 하니 샤오천은 이번 학기에 몇 과목이나 낙제를 했다고 합니다.

B: 这样一来, 他明年恐怕没办法毕业了。

Zhèyàng yìlái, tā míngnián kǒngpà méi bànfǎ bìyè le.

사정이 그렇다면, 그는 아마 내년에 졸업할 수 없겠네요.

② A: 我先生下星期要带孩子去美国旅行一个月。

Wǒ xiānsheng xià xīngqī yào dài háizi qù Měiguó lǚxíng yí gè yuè.

내 남편은 다음 주에 아이를 데리고 미국에 가서 한 달 동안 여행할 것이다.

B: 真的啊。这样一来, 你就不必天天做饭了。

Zhēnde a. Zhèyàng yìlái, nǐ jiù búbì tiāntiān zuò fàn le.

진짜입니까! 그렇다면 당신은 매일 밥을 하지 않아도 되겠네요.

③ A: 电视新闻说这个周末有台风要来。

Diànshì xīnwén shuō zhège zhōumò yǒu táifēng yào lái.

텔레비전 뉴스에서 이번 주말에 태풍이 온다고 합니다.

B: 这样一来, 我们就不能去海边玩了。

Zhèyàng yìlái, wǒmen jiù bù néng qù hǎibiān wánle.

사정이 그렇다면, 우리는 해변에 가서 놀지 못하겠네요.

④ A: 妈妈建议让弟弟下课以后去学游泳, 书法跟网球。

Māma jiànyì ràng dìdi xiàkè yǐhòu qù xué yóuyǒng, shūfǎ gēn wǎngqiú.

엄마가 남동생에게 방과 후에 수영, 서예 그리고 테니스를 배우라고 권했어.

B: 太好了。这样一来, 他就不会整天在家看电视, 打游戏了。

Tài hǎo le. Zhèyàng yìlái, tā jiù bú huì zhěng tiān zài jiā kàn diànshì, dǎ yóuxì le.

너무 잘됐네요. 그렇다면 그는 하루 종일 집에서 텔레비전 보고 비디오 게임을 하지 않겠네요.

⑤ A: 最近三个星期, 我住的城市几乎天天下雨。而且新闻还说, 下个礼拜雨还不会停。

Zuìjìn sān ge xīngqī, wǒ zhù de chéngshì jīhū tiāntiān xià yǔ. Érqiě xīnwén hái shuō, xiàge lǐbài yǔ hái bú huì tíng.

최근 삼 주 동안 내가 머문 도시는 거의 매일 비가 왔어. 그리고 뉴스에서는 다음 주에도 비가 멈추지 않을 거라고 말했어.

B: 这样一来, 你的衣服, 鞋子不是就都发霉了吗?

Zhèyàng yìlái, nǐ de yīfu, xiézi bú shì jiù dōu fāméi le ma?

그렇다면 옷과 신발 모두 곰팡이가 피지 않을까?

着. zhe. 조사. 진행, 계속 진행되는 동작, 동작 진행의 상태 (1)

기능 조사 '着'가 동작동사에 첨가되었을 때, 행동이 진행 중이고, 행동하고 있는 중임을 의미한다.

① 他在门口等着你, 你快去吧。
Tā zài ménkǒu děngzhe nǐ, nǐ kuài qù ba.
그는 문 앞에서 당신을 기다립니다. 빨리 가보세요.

② 小李拿着一杯冰咖啡。
Xiǎolǐ názhe yì bēi bīng kāfēi.
샤오리는 차가운 커피를 들고 있다.

③ 他看着我, 什么也没说。
Tā kànzhe wǒ, shénme yě méi shuō.
그는 나를 보면서 아무 말도 하지 않았다.

구조 '着'을 가지는 동사는 일반적으로 단음절어이다. 그리고 부정은 동사 앞에 위치한다.

【부정형】

① 你不要一直坐着。我们去运动吧!
Nǐ bú yào yìzhí zuòzhe. Wǒmen qù yùndòng ba!
계속 앉아만 있지 마세요. 우리 운동 갑시다.

② 你别带着咖啡到图书馆去。里面不能喝东西。
Nǐ bié dàizhe kāfēi dào túshūguǎn qù. Lǐmian bù néng hē dōngxi.
커피를 들고 도서관에 가지 마세요. 안에서 마시면 안 됩니다.

③ 那里的小巷子这么多。要是我没带着地图, 一定会迷路。
Nàli de xiǎo xiàngzi zhème duō. Yàoshi wǒ méi dài zhe dìtú, yídìng huì mílù.
그곳은 작은 골목이 많습니다. 만약 지도를 가지고 가지 않았다면, 분명히 길을 잃었을 겁니다.

【의문형】

① 小陈是不是载着美美到图书馆去了?

Xiǎochén shì bu shì zǎizhe Měimei dào túshūguǎn qù le?

샤오천은 메이메이를 태우고 도서관에 갔습니까?

② 他生病了。是不是有人陪着他?

Tā shēngbìng le. Shì bu shì yǒu rén péizhe tā?

그는 병이 났어요. 누가 그와 같이 있습니까?

③ 他是不是一直在学校门口等着他妈妈?

Tā shì bu shì yìzhí zài xuéxiào ménkǒu děngzhe tā māma?

그는 계속 학교 문 앞에서 그의 엄마를 기다립니까?

용법 '着'와 '在 zài'

'着'와 '在'는 모두 동작의 진행으로 해석할 수 있다. '着'는 정적이며, '在'는 동적이다. '서있다'는 정적이고, '먹다'는 동적이다. '在穿 zài chuān'은 동적이며, '穿着 chuān zhe'은 정적이다.(在(3)를 참조하라.)

着. zhe. 조사. 동작의 방식에 사용 (2)

기능 주요동사 앞의 'V-着' 문형은 일반적으로 동작이며, 동작이 수행되는 방식을 나타낸다. 'A를 하면서, B를 한다'로서 가장 잘 이해할 수 있다.

① 他笑着跟客人说话。

Tā xiàozhe gēn kèren shuōhuà.

그는 웃으면서 손님과 이야기 한다.

② 站着吃饭不好吧!

Zhànzhe chī fàn bù hǎo ba!

서서 밥을 먹는 것은 좋지 않을텐데요.

③ 那里的路很复杂, 你还是带着地图去吧!
Nàli de lù hěn fùzá, nǐ háishi dàizhe dìtú qù ba!
그곳의 길은 아주 복잡해요. 지도를 가지고 가는 것이 좋아요.

구조 '着' 앞의 모든 동사는 그 동사가 타동성이든 자동성이든 항상 동작동사이다.

【부정형】

① 李老师站着上课。他没坐着上课。
Lǐ lǎoshī zhànzhe shàngkè. Tā méi zuòzhe shàngkè.
리 선생님은 서서 수업을 한다. 그는 앉아서 수업을 하지 않았다.

② 爸爸说别看着电视吃饭。
Bàba shuō bié kànzhe diànshì chī fàn.
아빠는 텔레비전을 보면서 밥을 먹지 말라고 하셨다.

③ 你站了多久了?怎么不坐着等他?
Nǐ zhàn le duō jiǔ le? Zěnme bú zuòzhe děng tā?
얼마나 서 있었나요? 어째서 앉아서 그를 기다리지 않나요?

【의문형】

① 小明是不是听着音乐骑摩托车?
Xiǎomíng shì bu shì tīngzhe yīnyuè qí mótuōchē?
샤오밍은 음악을 들으면서 오토바이를 탑니까?

② 他是不是带着两个大背包去旅行?
Tā shì bu shì dàizhe liǎng gè dà bēibāo qù lǚxíng?
그는 두 개의 큰 배낭을 매고 여행을 떠났습니까?

③ 他是不是拿着雨伞下楼了?
Tā shì bu shì názhe yǔsǎn xià lóu le?
그는 우산을 들고 아래층으로 내려갔습니까?

용법 (1) 이 구조는 동시에 진행되는 두 개의 동작을 제시하는 '一边 yìbiān A, 一边 yìbiān B' 구조와는 다르다. 아래의 예문을 비교해보자. 이와 같은 경우에는 '一边 yìbiān A, 一边 yìbiān B' 구조가 훨씬 더 자주 사용된다.

① a. 我常看着电视吃饭。
Wǒ cháng kànzhe diànshì chī fàn.
나는 자주 텔레비전을 보면서 밥을 먹는다.

b. 我常一边看电视, 一边吃饭。
Wǒ cháng yìbiān kàn diànshì, yìbiān chī fàn.
나는 자주 텔레비전을 보면서 밥을 먹는다.

② a. 你不要听着音乐做功课。
Nǐ bú yào tīngzhe yīnyuè zuò gōngkè.
음악을 들으면서 숙제를 하지 마세요.

b. 你不要一边听音乐, 一边做功课。
Nǐ bú yào yìbiān tīng yīnyuè, yìbiān zuò gōngkè.
음악을 들으면서 숙제를 하지 마세요.

모든 동사가 두 개의 구조에서 모두 사용될 수 있는 것은 아니다.

③ a. 面店没有座位了, 我们得站着吃面。
Miàndiàn méi yǒu zuòwèi le, wǒmen děi zhànzhe chīmiàn.
국수가게에 자리가 없어서, 우리는 서서 먹어야 한다.

b. *面店没有座位了, 我们得一边站, 一边吃面。
Miàn diàn méi yǒu zuòwèi le, wǒmen děi yìbiān zhàn, yìbiān chī miàn.

(2) '동사+着' 문형에서 동사는 주로 동작동사이다. 그러나 일부 타동성 상태동사도 이 구조에 사용될 수 있다. 예를 들어, '忙着 mángzhe', '急着 jízhe'와 같은 경우이다. 극히 적은 수의 상태동사만이 타동성 혹은 일시성을 지닌다.

N O P Q R S T U V W X Y Z

① 他忙着找工作。

Tā mángzhe zhǎo gōngzuò.

그는 일을 찾느라 바쁘다.

② 陈小姐急着准备找工作的履历表。

Chén xiǎojie jízhe zhǔnbèi zhǎo gōngzuò de lǚlìbiǎo.

미스 천은 급하게 일자리를 찾기 위한 이력서를 준비한다.

③ 妈妈忙着给大家做饭。

Māma mángzhe gěi dàjiā zuò fàn.

엄마는 모두에게 밥을 해 주느라 바쁘다.

着. zhe. 조사. 반복된 구조에서. 동사着동사着, 就…了(V zhe V zhe, jiù…le). A하는 동안 B가 발생하다

기능 이 문형은 'A를 진행되는 동안, B가 발생했다'는 의미를 나타낸다.

① 大家吃着吃着, 新郎, 新娘和他们的父母就来敬酒了。

Dàjiā chīzhe chīzhe, xīnláng, xīnniáng hé tāmen de fùmǔ jiù lái jìngjiǔ le.

모두 식사를 하고 있는 동안, 신랑과 신부 그리고 그들의 부모님들이 와서 축배를 들었다.

② 我们等着等着, 喜宴就开始了。

Wǒmen děngzhe děngzhe, xǐyàn jiù kāishǐ le.

우리가 기다리고 있자니, 결혼 피로연이 시작되었다.

③ 我小时候每天看妈妈做饭, 看着看着, 就会了。

Wǒ xiǎoshíhou měitiān kàn māma zuò fàn, kànzhe kànzhe, jiù huì le.

나는 어렸을 때 매일 엄마가 밥을 하는 것을 보았다. 보다보니 할 수 있게 되었다.

구조 동사가 타동사이면, 그 목적어는 동사의 뒤에 위치할 수 없다. 문맥이 확실한 상황에서, 그 목적어는 반드시 앞으로 이동해서 화제(topic)가 되거나 혹은 생략이 된다.

① 这首歌, 我听着听着, 就会唱了。
Zhè shǒu gē, wǒ tīngzhe tīngzhe, jiù huì chàng le.
이 노래를 듣다보니 노래 부를 수 있게 되었다.

② 电视在介绍日本的风景, 她看着看着就想家了。
Diànshì zài jièshào Rìběn de fēngjǐng, tā kànzhe kànzhe jiù xiǎng jiā le.
텔레비전에서 일본의 풍경을 소개할 때, 그녀는 보다보니 집 생각이 났다.

③ 我在地铁上看书, 看着看着, 就忘了换车了。
Wǒ zài dìtiě shang kàn shū, kànzhe kànzhe, jiù wàngle huàn chē le.
나는 전철에서 책을 보았다. 책을 보다가 차를 갈아 타는 것을 잊어버렸다.

V着玩. 동사 zhe wán. 재미로 어떤 일을 하다

기능 이 문형은 어떤 심각한 목적을 위한 일이 아니라, 격식을 차리지 않고 편안하게 일을 하는 것을 보여준다.

① 有的事说着玩就好, 不要太认真。
Yǒu de shì shuōzhe wán jiù hǎo, bú yào tài rènzhēn.
어떤 일은 농담으로 말하는 것이 좋습니다. 너무 진지하게 하지 마세요.

② 我上线聊天只是聊着玩的, 不会约网友出来玩的。
Wǒ shàngxiàn liáotiān zhǐshì liáozhe wán de, bú huì yuē wǎngyǒu chūlai wán de.
나는 인터넷 채팅을 하는 것은 잡담을 하며 노는 것이다. 인터넷 친구와 약속을 하고 놀려고 하는 것이 아니다.

③ 叔叔说他这次出来选举是认真的，不是选着玩的。

Shúshu shuō tā zhè cì chūlai xuǎnjǔ shì rènzhēn de, bú shì xuǎnzhe wán de.

삼촌은 이번 선거에 참여하는 것은 진심이라고, 장난으로 나온 것이 아니라고 말하였다.

④ A: 你家里有很多台湾历史的书，你对台湾历史感兴趣吗？

Nǐ jiā li yǒu hěn duō Táiwān lìshǐ de shū, nǐ duì Táiwān lìshǐ gǎn xìngqù ma?

집에 타이완 역사책이 많네요. 타이완 역사에 흥미가 있으세요?

B: 也不是特别感兴趣，就是看着玩。

Yě bú shì tèbié gǎn xìngqù, jiùshì kànzhe wán.

특별히 흥미가 있는 것은 아니고요, 재미로 읽는 것입니다.

⑤ A: 你书法写得那么好，简直可以去比赛了。

Nǐ shūfǎ xiě de nàme hǎo, jiǎnzhí kěyǐ qù bǐsài le.

서예를 잘 하시네요. 정말 시합에 나가도 되겠어요.

B: 我只是写着玩的，没实力参加比赛。

Wǒ zhǐshì xiězhe wán de, méi shílì cānjiā bǐsài.

나는 단지 재미로 씁니다. 시합에 나갈 실력은 아닙니다.

只不过…(而已). zhǐbúguò… (éryǐ). 단지, …에 지나지 않는다

기능 이 문형은 3가지 요소로 구성되어 있다. 부사 '只', 부사 '不过' 그리고 문미조사 '而已'이다. 이들은 유의어(synonym)에 가깝다. 그래서 이 문형은 3가지 방법으로 사건을 강화한 것으로 의미는 '단지, 그저'이다. '而已'는 생략될 수 있다.

① 有些人认为，吴宝春只不过中学毕业而已，怎么有能力念企管研究所呢？

Yǒuxiē rén rènwéi, Wú Bǎochūn zhǐbúguò zhōngxué bìyè éryǐ, zěnme yǒu nénglì niàn qǐguǎn yánjiūsuǒ ne?

어떤 사람은 우 바오춘은 단지 중학교만 졸업했을 뿐인데, 어떻게 MBA를 공부할 능력이 있겠느냐고 생각했다.

② 他只不过上烹饪课的时候做过一次萝卜糕而已, 就到处告诉别人他做得多美味。

Tā zhǐbúguò shàng pēngrènkè de shíhou zuòguo yí cì luóbogāo éryǐ, jiù dàochù gàosu biéren tā zuò de duō měiwèi.

그는 단지 요리수업을 들을 때 무떡을 한 번 만들었을 뿐인데, 여기저기 다니면서 그가 만든 것이 얼마나 맛있었는지 말하고 다녔다.

③ 他只不过说说而已, 你难道认为他真的会辞掉工作?

Tā zhǐbúguò shuōshuo éryǐ, nǐ nándào rènwéi tā zhēnde huì cídiào gōngzuò?

그는 단지 가볍게 말했을 뿐인데, 그가 정말로 사직할거라고 생각했어요?

④ 只不过下了几天的雨, 衣服就全都发霉了。

Zhǐbúguò xiàle jǐ tiān de yǔ, yīfu jiù quán dōu fāméi le.

단지 며칠 비가 온 것뿐인데, 옷이 모두 곰팡이가 생겼습니다.

⑤ 这个学期你只不过选了三门课而已, 怎么就忙得连参加社团活动的时间都没有了?

Zhège xuéqī nǐ zhǐbúguò xuǎnle sān mén kè éryǐ, zěnme jiù máng de lián cānjiā shètuán huódòng de shíjiān dōu méi yǒu le?

이번 학기에 단지 3과목만을 수강하는데, 어떻게 동아리 활동을 참가할 시간도 없어요?

용법

A. 이중으로 여러 가지 의미를 강화하는 표현 중에서 한 요소를 '생략'하는 것은 중국어에서 항상 가능하다. 이 문형에서 생략은 다음과 같다. 문미조사 '而已'만 사용하는 경우, '不过…而已'만 사용하는 경우, 마지막으로 전체 '只不过…而已' 사용하는 경우이다.

(1) …而已

a. 他随便说说而已, 哪里是真的想养狗?

Tā suíbiàn shuōshuo éryǐ, nǎli shì zhēnde xiǎng yǎng gǒu?

그는 그냥 말했을 뿐이다. 어디 정말로 개를 키울 생각을 하겠어요?

b. 一个晚上没睡好而已, 就没有精神上课了。

Yí gè wǎnshang méi shuìhǎo éryǐ, jiù méi yǒu jīngshén shàngkè le.

하루 저녁만 잘 자지 못했을 뿐인데, 수업할 정신이 없네요.

(2) 不过…而已

a. 不过18度而已, 你怎么就穿起羊毛外套来了?
Búguò shíbā dù éryǐ, nǐ zěnme jiù chuānqǐ yángmáo wàitào lái le?
단지 18도일뿐인데, 당신은 어떻게 양털 외투를 입고 왔어요?

b. 三号候选人不过是形象好而已, 从政经验其实并不多。
Sān hào hòuxuǎn rén búguò shì xíngxiàng hǎo éryǐ, cóngzhèng jīngyàn qíshí bìng bù duō.
3번 후보자는 단지 이미지가 좋을 뿐입니다. 정치 경험은 사실 많지 않습니다.

B. 只不过 vs. 才

(1) 만약에 목적어의 위치에 숫자가 있을 때, 只不过 혹은 才를 사용할 수 있다.

a. 虽然是百货公司周年庆, 可是商品只不过打八折而已。
Suīrán shì bǎihuò gōngsī zhōuniánqìng, kěshì shāngpǐn zhǐ búguò dǎ bā zhé éryǐ.
비록 백화점 창립기념 행사이지만, 상품은 단지 20%만 세일할 뿐이다.

b. 虽然是百货公司周年庆, 可是商品才打八折而已。
Suīrán shì bǎihuò gōngsī zhōuniánqìng, kěshì shāngpǐn cái dǎ bā zhé éryǐ.
비록 백화점 기념일이지만, 상품은 20%만 세일할 뿐이다.

그러나 두 표현 사이에는 말하는 사람의 태도에 차이가 있다. 只不过 역시 언급한 양이 적다고 강조를 하는 것이지만 보다 사실적이고, 才는 더 나아가 수량이 기대에 못 미친다는 것을 나타낸다. 예를 들어, 예문 (1a)의 말하는 사람의 태도는 비록 20%세일을 하지만, 충분하지는 않고, 마음에 차지 않는다는 것을 나타내고. (1b)는 할인이 일반적인 기대에 못 미친다는 것은 매우 분명하다는 것을 나타낸다.

(2) 그래서 당신이 어떤 것이 일반적인 기대치에 미치지 못한다는 것을 강조하고 싶을 때, 才만을 사용할 수 있다. 예문 a, b, c 그리고 d를 참조하라.

a. *你摆了一个早上的摊子, 怎么只不过赚了几百块钱?
Nǐ bǎi le yí ge zǎoshang de tānzi, zěnme zhǐbúguò zhuàn le jǐ bǎi kuài qián?

b. 你摆了一个早上的摊子, 怎么才赚了几百块钱?
Nǐ bǎi le yí ge zǎoshang de tānzi, zěnme cái zhuàn le jǐ bǎi kuài qián?
아침 내내 노점에서 장사를 했는데, 어떻게 몇 백 원밖에 벌지 못했습니까?

많은 사람들은 당신이 몇 시간동안 노점을 차렸을 때, 몇 백 원보다 더 많이 벌었어야 한다고 생각할 것이다. 그래서 '才'만을 사용할 수 있고, '只不过'는 사용할 수 없다.

c. *念医学系只不过三年就毕业了?怎么可能?
Niàn yīxuéxì zhǐbúguò sān nián jiù bìyè le? Zěnme kěnéng?

d. 念医学系才三年就毕业了?怎么可能?
Niàn yīxuéxì cái sānnián jiù bìyè le? Zěnme kěnéng?
의학과를 3년만에 졸업해요? 어떻게 그게 가능해요?

C. 만약 '只不过'가 양과는 다른 어떤 것과 같이 사용된다면, '只不过'가 '才'와 대체될 수 없다.

a. 我只不过开开玩笑而已, 你怎么就生气了?
Wǒ zhǐbúguò kāikai wánxiào éryǐ, nǐ zěnme jiù shēngqì le?
나는 단지 농담을 했을 뿐인데, 왜 화를 내니?

b. *我才开开玩笑而已, 你怎么就生气了?
Wǒ cái kāikāi wánxiào éryǐ, nǐ zěnme jiù shēngqì le?

只好. zhǐ hǎo. 부사. 양보, …할 수 밖에 없다

기능 부사 '只好'는 주어진 조건에서 가능성 있는 가장 좋은 선택을 소개한다.

① 电信公司的门市不能刷卡, 顾客只好付现金。

Diànxìn gōngsī de ménshì bù néng shuā kǎ, gùkè zhǐ hǎo fù xiànjīn.

전화회사의 영업점은 카드를 사용할 수 없다. 고객들은 현금을 지불 할 수박에 없다.

② 他好不容易考上热门科系, 可惜念了一个学期发现兴趣不合, 只好转系。

Tā hǎobù róngyì kǎoshàng rèmén kēxì, kěxī niàn le yí ge xuéqī fāxiàn xìngqù bù hé, zhǐ hǎo zhuǎn xì.

그는 가까스로 인기학과에 합격했다. 그러나 안타깝게도 한 학기를 공부하고 자기 흥미와 맞지 않는다는 것을 발견해서, 전과를 할 수박에 없었다.

③ 水饺都煮破了, 我只好留下来自己吃。

Shuǐjiǎo dōu zhǔ pò le, wǒ zhǐ hǎo liú xiàlai zìjǐ chī.

물만두가 끓이다가 모두 터졌다. 나는 할 수 없이 내가 먹으려고 남겼다.

④ 上课以前我才发现书被我弄丢了。我只好赶快去跟朋友借。

Shàngkè yǐqián wǒ cái fāxiàn shū bèi wǒ nòngdiū le. Wǒ zhǐ hǎo gǎnkuài qù gēn péngyou jiè.

수업 시작하기 이전에 비로소 책을 잃어버린 것을 발견했다. 나는 할 수 없이 빨리 친구에게 가서 빌렸다.

⑤ 他快迟到了, 只好坐出租车去上班。

Tā kuài chídào le, zhǐ hǎo zuò chūzūchē qù shàngbān.

지각하겠어요. 택시를 타고 회사에 갈 수박에 없어요.

只要 A, 就 B. zhǐyào(접속사) A, jiù(부사) B. A가 사실이기만 하면, B는 사실이다

기능 '只要'는 첫 번째 문장에서 조건을 제시한 접속사이고, '就'는 부사로서 두 번째 문장에서 결과를 소개한다.

① 只要坐地铁, 就能到台北很多地方去玩。
Zhǐyào zuò dìtiě, jiù néng dào Táiběi hěn duō dìfang qù wán.
전철을 타기만 하면, 타이뻬이의 많은 곳에 가서 놀 수 있다.

② 你只要到邮局或是便利店, 就找得到提款机, 可以提钱。
Nǐ zhǐyào dào yóujú huò shì biànlìdiàn, jiù zhǎo de dào tíkuǎnjī, kěyǐ tí qián.
당신은 우체국이나 혹은 편의점에 가기만 하면 현금인출기를 찾아 볼 수 있고, 현금을 인출할 수 있다.

③ 只要你在说中文的环境里, 你的中文就会进步得快一点。
Zhǐyào nǐ zài shuō Zhōngwén de huánjìng lǐ, nǐ de Zhōngwén jiù huì jìnbù de kuài yìdiǎn.
당신이 중국어를 말하는 환경에 있기만 하다면, 당신의 중국어는 빨리 향상될 것이다.

④ 你只要去参观故宫博物院, 就可以看见很多中国古代的东西。
Nǐ zhǐyào qù cānguān Gùgōng Bówùyuàn, jiù kěyǐ kànjiàn hěn duō Zhōngguó gǔdài de dōngxi.
고궁박물관에 가서 참관하기만 하면, 많은 중국 고대의 물건을 볼 수 있다.

⑤ 你只要多喝水, 多休息, 感冒很快就会好了。
Nǐ zhǐyào duō hē shuǐ, duō xiūxi, gǎnmào hěn kuài jiù huì hǎo le.
당신이 물을 많이 마시고, 많이 쉬기만 한다면, 감기는 빨리 괜찮아질 것이다.

구조 '只要'는 주어의 앞 혹은 뒤에 위치하는 어휘화된 접속사이나. '就'는 동사구 앞에만 위치하는 부사이다.

【의문형】

오직 '是不是'만 사용할 수 있다.

① 是不是只要他答应跟你结婚, 你就愿意留在台湾?

Shì bu shì zhǐyào tā dāying gēn nǐ jiéhūn, ní jiù yuànyì liú zài Táiwān?

그가 당신과 결혼을 하겠다고 대답하기만 하면, 당신은 타이완에 남을 것이죠?

② 你是不是只要到一个新环境, 就很容易感冒?

Nǐ shì bu shì zhǐyào dào yí ge xīn huánjìng, jiù hěn róngyì gǎnmào?

당신은 새로운 환경에 가기만 하면, 쉽게 감기가 걸리죠?

③ 是不是只要房东同意房租少一点, 你就不搬家了?

Shì bu shì zhǐyào fángdōng tóngyì fángzū shǎo yìdiǎn, nǐ jiù bù bānjiāle?

집주인이 집세를 조금 낮추기만 하면 당신은 이사하지 않을 거죠?

只有 A, 才 B. zhǐyǒu A, cái B. A가 아니면 B를 할 수 없다

기능 이 문형에서 '只有'는 '才'절이 실행되기 전에 만족해야 하는 조건을 소개한다.

① 这家旅馆, 只有三个月前先订, 才订得到房间。

Zhè jiā lǚguǎn, zhǐyǒu sān ge yuè qián xiān dìng, cái dìng de dào fángjiān.

이 여관은 3개월 전에 먼저 예약해야만, 방이 예약된다.

② 我只有星期六, 才有时间倒垃圾。

Wǒ zhǐyǒu xīngqī liù, cái yǒu shíjiān dào lājī.

나는 토요일에만 쓰레기를 버릴 시간이 있다.

③ 我家附近只有星期四, 才回收汽水罐。

Wǒ jiā fùjìn zhǐyǒu xīngqī sì, cái huíshōu qìshuǐ guàn.

우리 집 근처는 목요일에만 음료수 캔을 회수한다.

구조 이 문형에서 두 개의 주어는 일치하거나 다를 수 있다.

① 很多学生只有打工, 才付得起学费。

Hěn duō xuésheng zhǐyǒu dǎgōng, cái fù de qǐ xuéfèi.

많은 학생들은 아르바이트를 해야만, 학비를 지불할 수 있다.

② 你只有多休息, 病才会好得快一点。

Nǐ zhǐyǒu duō xiūxi, bìng cái huì hǎo de kuài yìdiǎn.

당신은 많이 쉬어야만, 병이 빨리 회복될 수 있다.

③ 这个地方太吵, 老师只能换到别的教室才能上课。

Zhège dìfang tài chǎo, lǎoshī zhǐ néng huàndào biéde jiàoshì cái néng shàngkè.

이곳은 너무 시끄럽다. 다른 교실로 바꾸어야만 선생님이 수업을 할 수가 있다.

【의문형】

① 学生是不是只有考试以前才看书?

Xuésheng shì bu shì zhǐyǒu kǎoshì yǐqián cái kànshū?

학생들은 시험 보기 이전에만 공부를 하나요?

② 你是不是只有在学校, 才能上网?

Nǐ shì bu shì zhǐyǒu zài xuéxiào, cái néng shàngwǎng?

당신은 학교에서만 인터넷을 사용할 수 있나요?

③ 你们只有周末, 才有时间练习太极拳吗?

Nǐmen zhǐyǒu zhōumò, cái yǒu shíjiān liànxí tàijíquán ma?

너희들은 주말에만 태극권을 연습할 시간이 있니?

용법 '只有 A, 才 B'와 '只要 A, 就 B'는 모두 조건을 가리킨다. 그러나 '只有 A, 才 B'는 조건(말하는 사람의 입장에서)이 아주 어렵다는 것을 말한다. 반면에 '只要 A, 就 B'에서는 그 상태를 얻기 어렵지 않다. 아래의 예문을 비교해보자.

① 只有懂法文，才能到那家公司工作。(적은 사람들이 프랑스어를 이해한다)

Zhǐyǒu dǒng Fǎwén, cái néng dào nà jiā gōngsī gōngzuò.

프랑스어를 이해해야만, 비로소 그 회사에 가서 일을 할 수 있다.

② 只要懂法文，就能到那家公司工作。(많은 사람들이 프랑스어를 이해한다)

Zhǐyào dǒng Fǎwén, jiù néng dào nà jiā gōngsī gōngzuò.

프랑스어를 이해하기만 하면, 그 회사에 가서 일을 할 수 있다.

至于. zhìyú. 조사. 새로운 화제를 소개. …에 관해서는, …을 염려하다

기능 '至于'는 새로운 화제 표지이다. '至于'는 앞에서 소개한 문장의 화제와 관련된 새로운 화제를 소개하거나 이동한다.

① 听说小李受伤了。至于伤得怎么样，我就不清楚了。

Tīngshuō Xiǎolǐ shòushāng le. Zhìyú shāng de zěnmeyàng, wǒ jiù bù qīngchu le.

샤오리가 부상당했다고 들었다. 상처가 어떠한지에 대해서는 나는 잘 모른다.

② 这件外套的大小，样子都很合适。至于颜色，我觉得浅了一点。

Zhè jiàn wàitào de dàxiǎo, yàngzi dōu hěn héshì. Zhìyú yánsè, wǒ juéde qiǎnle yìdiǎn.

이 외투의 사이즈와 스타일은 모두 적당하다. 색깔에 대해서는 나는 조금 옅다고 생각한다.

③ 我对医学系完全没兴趣，我想当警察。至于我父母，他们当然反对。我也没办法，我要做自己。

Wǒ duì yīxuéxì wánquán méi xìngqù, wǒ xiǎng dāng jǐngchá. Zhìyú wǒ fùmǔ, tāmen dāngrán fǎnduì. Wǒ yě méi bànfǎ, wǒ yào zuò zìjǐ.

나는 의학과에 완전히 관심이 없다. 나는 경찰이 되고 싶다. 나의 부모님으로 말하자면, 당연히 반대하신다. 나도 다른 방법이 없다. 나는 진정한 내가 될 것이다.

④ 我吃东西只讲究营养。至于味道好不好, 没关系。

Wǒ chī dōngxi zhǐ jiǎngjiu yíngyǎng. Zhìyú wèidao hǎo bu hǎo, méiguānxi.

나는 음식을 먹을 때 영양만을 고려한다. 맛이 있고 없고는 관심이 없다.

⑤ 她喜欢个性好的人。至于外表, 她觉得不重要。

Tā xǐhuan gèxìng hǎo de rén. Zhìyú wàibiǎo, tā juéde bú zhòngyào.

그녀는 성격이 좋은 사람을 좋아한다. 외모에 대해서는 그녀는 중요하게 생각하지 않는다.

용법 중국어를 학습하는 학생들이, '对于 duìyú', '关于 guānyú' 그리고 '至于'와 관하여 많이 혼동한다. 관련된 문법항목을 참조하기 바란다.

中. zhōng. 여러 가지 의미의 요약

기능 중국어에서, 실제로 많은 언어에서도, 공간 용어는 시간적 의미도 가질 수 있다. '中'은 중국인의 삶에서 두드러지게 중요하다. '中国'은 세계의 중심으로서의 중앙의 왕국을 의미한다.

(1) 공간의미: …의 사이에, '当中'을 줄임.

① 这两个人中, 到底哪一个是你女朋友?

Zhè liǎng ge rén zhōng, dàodǐ nǎ yí gè shì nǐ nǚpéngyou?

이 두 사람 중에서, 도대체 어느 사람이 당신의 여자 친구입니까?

② 你站在一群人中, 当然不容易被找到。

Nǐ zhàn zài yìqún rén zhōng, dāngrán bù róngyì bèi zhǎodào.

한 무리의 사람 중에 서 있어서, 당연히 찾기가 쉽지 않습니다.

③ 这次的面试在两百个应征者中, 只选出三个, 真的很不容易考上。

Zhè cì de miànshì zài liǎngbǎi ge yìngzhēng zhě zhōng, zhǐ xuǎnchū sānge, zhēnde hěn bù róngyì kǎoshàng.

이번의 면접은 이백 명의 지원자 중에서 3명만 선발합니다. 정말 합격하기가 쉽지 않습니다.

(2) 시간 의미 1 : …하는 동안

① 我去法国念书的那两年中, 不但学会了做饭, 还学会了开车。

Wǒ qù Fǎguó niànshū de nà liǎng nián zhōng, búdàn xuéhuì le zuò fàn, hái xuéhuì le kāi chē.

내가 프랑스에 가서 공부하던 그 2년 동안, 밥하는 것도 배우고, 차 운전도 배웠다.

② 奶奶说她一生中最难忘的事, 是17岁那年发生的战争。

Nǎinai shuō tā yìshēng zhōng zuì nánwàng de shì, shì shíqī suì nà nián fāshēng de zhànzhēng.

할머니는 그녀의 일생 중에서 가장 잊기 어려운 일은, 17세 그 해에 발생한 전쟁이라고 말하셨다.

③ 大学四年是我的年轻岁月中最开心的一段时间。

Dàxué sì nián shì wǒ de niánqīng suìyuè zhōng zuì kāixīn de yí duàn shíjiān.

대학 4년은 나의 젊은 시간 중에서 가장 즐거웠던 시간이었다.

(3) 시간 의미 2 : …하는 과정에서

① 这个计划已经在进行中了。现在喊停已经来不及了。

Zhège jihuà yǐjīng zài jìnxíng zhōng le. Xiànzài hǎn tíng yǐjīng láibují le.

이 계획은 이미 진행 중입니다. 현재 정지하라고 소리쳐도 이미 늦었습니다.

② 餐厅还没开。门口挂着「准备中」的牌子。

Cāntīng hái méi kāi. Ménkǒu guàzhe 'zhǔnbèi zhōng' de páizi.

음식점은 아직 열지 않았습니다. 문에 '준비 중'이라고 문패가 걸려있습니다.

③ 那个房间外面的灯写着「手术中」, 外面有好几个家人焦虑地走来走去。

Nàge fángjiān wàimian de dēng xiězhe 'shǒushù zhōng', wàimian yǒu hǎojǐ ge jiārén jiāolǜ de zǒu lái zǒu qù.

그 방의 밖에 있는 등에는 '수술 중'이라고 쓰여 있습니다. 많은 가족들이 매우 불안해하며 왔다 갔다 하고 있습니다.

自. zì. 전치사. …부터 (격식체)

기능 '自'는 고대중국어의 전치사이며, 현대중국어의 '从'에 해당한다. 어떤 위치 '부터'를 의미한다. 고대중국어처럼 주요동사의 뒤에 위치한다.

① 世界各地都有来自中国的移民者。

Shìjiè gè dì dōu yǒu láizì Zhōngguó de yímínzhě.

세계 각지 어느 곳에도 중국에서 온 이민이 있다.

② 现在中文里像「超好吃」这样「超…」的表达是来自日文。

Xiànzài Zhōngwén lǐ xiàng 'chāo hǎochī' zhèyàng 'chāo…' de biǎodá shì lái zì Rìwén.

현재 중국어에 '超好吃'와 같은 '超…'표현은 일본어에서 왔다.

③ 这本书里的文章大多数选自美国作家的小说。

Zhèběn shū lǐ de wénzhāng dà duōshù xuǎnzì Měiguó zuòjiā de xiǎoshuō.

이 책 속의 대부분의 글은 미국 작가의 소설에서 선별하여 뽑은 것이다.

④ 这对夫妇的孩子领养自三个不同的国家。

Zhè duì fūfù de háizi lǐngyǎng zì sān gè bù tóng de guójiā.

이 부부의 아이들은 3개의 서로 다른 국가에서 입양되었다.

⑤ 这本历史故事书是翻译自西班牙历史故事。

Zhè běn lìshǐ gùshishū shì fānyì zì Xībānyá lìshǐ gùshi.

이 역사이야기 책은 스페인 역사책에서 번역한 것이다.

용법 부정 구조는 '不是+동사+自'이다.

① 听说那位画家的很多画都不是出自自己的手，而是学生画的。
Tīngshuō nà wèi huàjiā de hěn duō huà dōu bú shì chū zì zìjǐ de shǒu, ér shì xuésheng huà de.
그 화가의 많은 그림은 모두 자기의 손에서 나온 것이 아니고, 학생이 그린 것이라고 들었다.

② 这张图片不是取自网络，而是我自己拍的。
Zhè zhāng túpiàn bú shì qǔ zì wǎngluò, ér shì wǒ zìjǐ pāi de.
그 그림은 인터넷에서 얻은 것이 아니고, 내가 찍은 것이다.

自从…以后. zìcóng…yǐhòu. 그 이후로 계속하여

기능 전치사 '自从'은 시간 기준을 제시하며, 이때부터 사건이 시작된다.

① 自从大学毕业以后，他就经营了一家网络公司。
Zìcóng dàxué bìyè yǐhòu, tā jiù jīngyíng le yì jiā wǎngluò gōngsī.
대학 졸업 이후부터 그는 인터넷 회사를 경영하였다.

② 自从有了网络商店以后，我们待在家里也可以买东西。
Zìcóng yǒu le wǎngluò shāngdiàn yǐhòu, wǒmen dāi zài jiā li yě kěyǐ mǎi dōngxi.
인터넷 상점이 생긴 이후로, 우리는 집에서도 물건을 살 수 있다.

③ 自从她有了孩子以后，她的生活更忙碌了。
Zìcóng tā yǒu le háizi yǐhòu, tā de shēnghuó gèng mánglù le.
그녀가 아이가 생긴 후로, 그녀의 생활은 더욱 바빠졌다.

④ 自从她认识了新的网友以后，每天一回家就打开电脑，进入聊天室。

Zìcóng tā rènshi le xīn de wǎngyǒu yǐhòu, měitiān yì huí jiā jiù dǎkāi diànnǎo, jìnrù liáotiānshì.

그녀가 새로운 온라인 친구가 생긴 이후로, 매일 집에 가자마자 컴퓨터를 켜고 채팅방에 들어간다.

⑤ 自从他到了南美洲念书以后，他就有机会天天跟同学说西班牙文了。

Zìcóng tā dào le Nánměizhōu niànshū yǐhòu, tā jiù yǒu jīhuì tiāntiān gēn tóngxué shuō Xībānyáwén le.

남미주에 가서 공부를 시작한 이후로, 그는 기회가 있을 때마다 날마다 친구들과 스페인어로 말하였다.

용법 '以后'는 때때로 '后'로 축소될 수 있다. 그러나 자주 그러한 것은 아니다.

自从他搬家后，就再也没见过他了。

Zìcóng tā bān jiā hòu, jiù zài yě méi jiànguo tā le.

그가 이사를 간 이후로, 그를 다시 보지는 못했다.

总是. zǒngshì. 부사. 항상, 모든 경우에, 예외 없이

기능 이 부사는 아주 높은 빈도의 사건을 한정한다.

① 刚学中文的学生总是不清楚「的」和「得」有什么不一样。

Gāng xué Zhōngwén de xuésheng zǒngshì bù qīngchu 'de' hé 'de' yǒu shéme bù yíyàng.

이제 막 중국어를 배운 학생은 항상 '的'과 '得'가 무엇이 다른지 잘 모른다.

② 王太太总是趁百货公司周年庆的时候买东西。

Wáng tàitai zǒngshì chèn bǎihuò gōngsī zhōuniánqìng de shíhou mǎi dōngxi.

왕 부인은 항상 백화점 창립 기념행사 때를 이용해서 물건을 산다.

③ 因为那家餐厅的海鲜很新鲜，所以门口总是有很多排队的人。

Yīnwèi nà jiā cāntīng de hǎixiān hěn xīnxiān, suǒyǐ ménkǒu zǒng shì yǒu hěn duō páiduì de rén.

그 레스토랑의 해산물이 아주 신선하기 때문에, 문 앞에는 항상 많은 사람들이 줄을 선다.

④ 他的工作很忙。他总是九点多才下班。

Tā de gōngzuò hěn máng. Tā zǒngshì jiǔ diǎn duō cái xiàbān.

그는 일이 아주 바쁘다. 항상 9시 넘어서야 퇴근한다.

⑤ 我和朋友去夜市总是吃臭豆腐，水煎包和炸鸡。

Wǒ hé péngyou qù yèshì zǒngshì chī chòudòufu, shuǐjiānbāo hé zhájī.

나와 친구는 야시장에 가서 항상 초우또우푸, 수에이지앤빠오 그리고 후라이드치킨을 먹는다.

总算. zǒngsuàn. 부사. 마침내

기능 부사 '总算'은 '마침내, 드디어'를 의미하며, 한동안 불안과 인내심 등을 거듭한 끝에 안도의 한숨을 내쉬며 말하는 것이다.

① 下了两个星期的雨。今天天气总算变好了。

Xià le liǎng gè xīngqī de yǔ. Jīntiān tiānqì zǒngsuàn biàn hǎo le.

2주 동안의 비가 내렸다. 오늘 날씨가 드디어 좋아졌다.

② 警察问了半天，都没有人敢说话。最后总算有人说话了。

Jǐngchá wèn le bàntiān, dōu méi yǒu rén gǎn shuōhuà. Zuìhòu zǒngsuàn yǒu rén shuōhuà le.

경찰이 한참동안을 물어보았는데, 아무도 말을 하지 못했다. 나중에 드디어 어떤 사람이 말을 하였다.

(2) 동작+방향+참조 ($V_1V_2V_3$)

동사	방향	참조
走 zǒu 걷다 跑 pǎo 뛰다 站 zhàn 서다 坐 zuò 앉다 拿 ná 집다 追 zhuī 쫓다 带 dài 지니다 开 kāi 열다 …	上 shàng 위 下 xià 아래 进 jìn (바깥에서 안으로) 들다 出 chū (안에서 바깥으로) 나다 回 huí 되돌리다 过 guò 지나다 起 qǐ 아래에서 위로 …	来 lái 화자 쪽으로 이동 去 qù 화자에게서 멀어짐

① 弟弟从楼下跑上来。

Dìdi cóng lóuxià pǎo shànglai.

남동생이 아래층에서 뛰어 올라왔다.

② 我刚看见房东走出去, 不知道他要去哪里。

Wǒ gāng kànjiàn fángdōng zǒu chūqu, bù zhīdao tā yào qù nǎli.

나는 방금 집주인이 걸어 나가는 걸 봤는데, 그가 어디에 가는지는 모른다.

③ 这么多东西, 我怎么带回去呢?

Zhème duō dōngxi, wǒ zěnme dài huíqu ne?

이렇게 많은 물건을 내가 어떻게 가지고 돌아갈 수 있겠니?

④ 这个学校, 公交车可以开进去。

Zhège xuéxiào, gōngjiāochē kěyǐ kāi jìnqu.

이 학교는 버스를 타고 들어갈 수 있다.

(3) 목적지의 배치: 목적지는 참조를 나타내는 'V_3' 앞에 놓여야 한다.

예) V_1+V_2+목적지+V_3

① 这些书, 请你帮我拿上楼去。

Zhèxiē shū, qǐng nǐ bāng wǒ náshang lóu qù.

이 책들을 위층으로 갖다 주세요.

② 在展览馆拿的资料都得带回美国去。

Zài zhǎnlǎnguǎn ná de zīliào dōu děi dàihui Měiguó qù.

전시회에서 수집한 자료는 모두 미국으로 가져가야 한다.

③ 垃圾呢?拿回家去了吗?

Lājī ne? Náhui jiā qù le ma?

쓰레기는? 집에 가져갔니?

④ 这个椅子要搬下楼去吗?

Zhège yǐzi yào bānxia lóu qù ma?

이 의자는 아래층으로 옮겨야 하나요?

⑤ 妈妈告诉他钱要记得放进皮包里去。

Māma gàosu tā qián yào jìde fàngjin píbāo lǐ qù.

엄마는 그에게 지갑에 돈을 넣어 두는 것을 잊지 말라고 말씀하셨다.

【부정형】

'V1'은 '不 bù / 别 bié' 또는 '没 méi'를 이용해 부정형을 만들 수 있는데, '没'는 과거에 일어난 사건을 나타낸다.

① 他订的手机还没拿回来。

Tā dìng de shǒujī hái méi ná huílai.

그가 주문한 핸드폰은 아직 가지고 돌아오지 않았다.

② 我太累了, 不走上去了。

Wǒ tài lèi le, bù zǒu shàngqu le.

나는 너무 피곤해서, 걸어서 올라가지 않을 거야.

③ 要考试了, 你别跑出去了!

Yào kǎoshì le, nǐ bié pǎo chūqu le!

곧 시험을 볼 거야, 너는 뛰어 나가지 마라!

【의문형】

① 垃圾车就在前面, 你为什么不追过去?

Lājīchē jiù zài qiánmian, nǐ wèishéme bù zhuī guòqu?

쓰레기차가 바로 앞에 있는데, 너는 왜 쫓아가지 않니?

② 我不喜欢臭豆腐, 请你拿出去, 好吗?

Wǒ bù xǐhuan chòudòufu, qǐng nǐ ná chūqu, hǎo ma?

나는 초우또우푸를 좋아하지 않아, 여기서 가지고 나가 줄래, 응?

③ 你没看见公交车开过来吗?

Nǐ méi kànjiàn gōngjiāochē kāi guòlai ma?

너는 버스가 오는 것을 보지 못했니?

용법 시태조사(aspectual particle) '了'는 'V_1'의 뒤에 위치한다.

① 他从家里走了出来。

Tā cóng jiā li zǒu le chūlai.

그는 집에서 걸어 나왔다.

② 公交车开了过去。

Gōngjiāochē kāi le guòqu.

버스가 지나갔다.

③ 小明在夜市看见小美, 就赶快追了过去。

Xiǎomíng zài yèshì kànjiàn Xiǎoměi, jiù gǎnkuài zhuī le guòqu.

샤오밍은 야시장에서 샤오메이를 보자, 얼른 쫓아갔다.

V来 V去. V lái V qù에서의 동사 반복. 반복적으로, 앞뒤로

기능 이 문형은 동작 동사와 함께 사용되며, 반복적인 실행을 나타내고, 종종 헛되이 그 동작을 함을 의미한다.

① 孩子总是喜欢打来打去, 你别担心。

Háizi zǒngshì xǐhuan dǎlái dǎqù, nǐ bié dānxīn.

아이들은 항상 투닥거리는 것을 좋아하니까 걱정하지 마세요.

② 他很讲究吃, 他说吃来吃去还是台南的牛肉汤最好喝。

Tā hěn jiǎngjiu chī, tā shuō chīlái chīqù háishi Táinán de niúròutāng zuì hǎohē.

그는 음식에 조예가 깊은데, 그는 이것저것 먹어봐도 역시 타이난의 소고기탕이 가장 맛있다고 말한다.

③ 他们想来想去, 最后决定带狗去旅行。不送牠去狗旅馆住。

Tāmen xiǎnglái xiǎngqù, zuìhòu juédìng dài gǒu qù lǚxíng. Bú sòng tā qù gǒu lǚguǎn zhù.

그들은 이리저리 생각하다가 결국 개를 데리고 여행을 가기로 결정했다. 개를 애견 호텔에 보내지 않았다.

④ 他想换衬衫, 可是换来换去都不合适。最后只好穿原来的。

Tā xiǎng huàn chènshān, kěshì huànlái huànqù dōu bù héshì. Zuìhòu zhǐ hǎo chuān yuánlái de.

그는 셔츠를 갈아 입고 싶었지만 이것저것 바꿔 입어도 다 어울리지 않았다. 결국에는 원래의 것을 입을 수밖에 없었다.

⑤ 老板在办公室里走来走去, 不知道在想什么。

Lǎobǎn zài bàngōngshì li zǒulái zǒuqù, bù zhīdao zài xiǎng shénme.

사장님이 사무실 안을 이리저리 서성이시는데 무슨 생각을 하시는지 모르겠어요.

용법 (1) 목적어가 있으면 화제일 경우 반드시 문장의 맨 앞으로 이동하여야 한다. 예를 들면 다음과 같다.

① 电脑, 我不想带来带去, 累死了。

Diànnǎo, wǒ bù xiǎng dàilai dàiqù, lèisǐ le.

컴퓨터는 이리저리 가지고 다니고 싶지 않아. 힘들어 죽겠어.

② 他写的文章, 看来看去都跟文学有关。

Tā xiě de wénzhāng, kànlái kànqù dōu gēn wénxué yǒuguān.

그가 쓴 글은 이것저것 보아도 모두 문학과 관련이 있다.

(2) '동사 来 동사 去' 구조 뒤에는 일종의 화자의 논평이 뒤따른다. 다시 말해, 이 문형으로 발언으로 발언이 끝나지 않는다. 예를 들면 다음과 같다.

这几个办法, 他想来想去, 都觉得不好。

Zhè jǐ ge bànfǎ, tā xiǎnglái xiǎngqù, dōu juéde bù hǎo.

이 몇 가지 방법을 그는 이리저리 생각해봐도 다 좋지 않다고 생각했다.

비교구조의 강조보어 (1)

기능 강조어(Intensifier)는 술어 앞의 부사어 혹은 술어 뒤의 보어로 제시될 수 있다. 동사술어 뒤의 보어는 자주 빈번하게 사용되는 一点 yìdiǎn, 得多 de duō, 그리고 '多了 duō le'을 포함한다.

① 他的房间比我的大一点。

Tā de fángjiān bǐ wǒ de dà yìdiǎn.

그의 방은 나의 것보다 조금 크다.

② 地铁站比公交车站远得多。

dìtiě zhàn bǐ gōngjiāochēzhàn yuǎn de duō.

전철역은 버스정거장보다 훨씬 멀다.

③ 我觉得晚上比早上舒服多了。

Wǒ juéde wǎnshang bǐ zǎoshang shūfu duō le.

나는 저녁이 아침보다 훨씬 쾌적하다고 생각한다.

구조 【의문형】

① 哥哥是不是比弟弟高一点?
Gēge shì bu shì bǐ dìdi gāo yìdiǎn?
형은 동생보다 조금 크죠?

② 房租可以便宜一点吗?
Fángzū kěyǐ piányi yìdiǎn ma?
집세를 조금 싸게 할 수 있나요?

③ 春天去旅行是不是比夏天舒服得多?
Chūntiān qù lǚxíng shì bu shì bǐ xiàtiān shūfu de duō?
봄에 가는 여행은 여름에 가는 여행보다 훨씬 편안한가요?

④ 高铁票比火车票贵得多吗?
Gāotiě piào bǐ huǒchē piào guì de duō ma?
고속철도표가 일반 기차표보다 훨씬 비싸죠?

⑤ 这家店卖的甜点是不是比别的店卖的好吃得多?
Zhè jiā diàn mài de tiándiǎn shì bu shì bǐ bié de diàn mài de hǎochī de duō?
이 상점에서 파는 디저트가 다른 집에서 파는 디저트보다 훨씬 맛있죠?

용법 중첩하지 않는 한, 一点 yidiǎn은 술어 앞에 위치하지 않는다. 多 duō는 술어 앞이나 뒤에 모두 위치한다. 多了 duō le는 언제나 보어이다.

보어. 极了 jíle, 得不得了 de bùdéliǎo, 得很 de hěn. 끔찍하게, 극도로 (2)

기능 상태의 강조는 일반적으로 很 또는 非常과 같은 술어 앞의 부사로 표지되지만, 몇 가지 경우에 강조는 상태동사 뒤에 오는 보어로서도 가능하다.

① 你做的日本菜好吃极了。
Nǐ zuò de Rìběn cài hǎochī jí le.
당신이 만든 일본 요리는 정말 맛있어요.

② 我没吃午饭, 现在饿极了。
Wǒ méi chī wǔ fàn, xiànzài è jí le.
나는 점심식사를 먹지 않아서, 지금 아주 배가 고프다.

③ 张教授婚礼的气氛热闹得不得了。
Zhāng jiàoshòu hūnlǐ de qìfen rènao de bùdéliǎo.
장 교수의 결혼식 분위기는 정말 믿을 수 없을 정도로 떠들썩했다.

구조 보어에 의한 강조는 두 가지 문형으로 이루어진다.

(1) 得가 없는 경우: 동사+(极了 jí le, 多了 duō le, 一点 yìdiǎn)

① 泰国菜比日本菜辣多了。
Tàiguó cài bǐ Rìběn cài là duō le.
태국요리는 일본요리보다 훨씬 맵다.

② 大城市有地铁, 交通会方便一点。
Dà chéngshì yǒu dìtiě, jiāotōng huì fāngbiàn yìdiǎn.
큰 도시에는 전철이 있어 교통이 조금 편하다.

(2) 得가 있는 경우: 동사+得+(多 duō, 不得了 bùdéliǎo, 很 hěn)

① 打了太极拳以后, 精神好得很。
Dǎle Tàijíquán yǐhòu, jīngshén hǎo de hěn.
태극권을 한 이후에, 정신이 아주 좋아졌다.

② 房租便宜比光线好重要得多。
Fángzū piányi bǐ guāngxiàn hǎo zhòngyào dé duō.
싼 월세가 햇빛보다 훨씬 중요하다.

【의문형】

일반적으로 是不是 질문에서만 가능하다.

① 纽约的生活费是不是比这里高得多?
Niǔyuē de shēnghuófèi shì bu shì bǐ zhèli gāo de duō?
뉴욕의 생활비는 이곳보다 훨씬 높죠?

② 汉字对你是不是难得不得了?
Hànzì duì nǐ shì bu shì nán de bùdéliǎo?
한자는 당신에게 아주 어렵죠?

③ 巴黎秋天的天气是不是舒服得很呢?
Bālí qiūtiān de tiānqì shì bu shì shūfu de hěn ne?
파리 가을의 날씨는 아주 좋죠?

용법 (1) '자동성 상태동사+得很'(예문 ②와 ④)과 '很+자동성 상태동사'(예문 ①과 ③)는 모두 강조를 표현한다. '자동성 상태동사+得很'은 구두어로 더 잘 사용되며, 술어 앞 부사보다 더 강한 강조를 준다. 또한 상태동사 앞에 사용되는 很은 강조하는 역할을 지니지 않는다.

① 柠檬鱼的味道很酸。
Níngméngyú de wèidao hěn suān.
레몬 생선의 맛은 매우 시다.

② A: 柠檬鱼的味道酸吗?
Níngméngyú de wèidao suān ma?
레몬 생선의 맛은 십니까?

B: 是阿, 柠檬鱼的味道酸得很。
Shì ā, Níngméngyú de wèidao suān de hěn.
맞습니다. 레몬 생선의 맛은 아주 십니다.

③ 打太极拳很累。

Dǎ Tàijíquán hěn lèi.

태극권을 하는 것은 매우 피곤합니다.

④ 我觉得打太极拳很轻松, 可是他说累得很。

Wǒ juéde dǎ Tàijíquán hěn qīngsōng, kěshì tā shuō lèi de hěn.

나는 태극권은 매우 쉽다고 생각했는데, 그는 아주 힘들다고 말합니다.

(2) 강조어(Intensifier) '极了', '得不得了' 그리고 '得很'은 예문 ①과 ②와 같이 '比 bǐ'와 같이 사용할 수 없다.

① *巴黎的建筑比高雄的漂亮极了。

Bālí de jiànzhú bǐ Gāoxióng de piàoliang jí le.

② *大城市的马路比乡下的宽得很。

Dà chéngshì de mǎlù bǐ xiāngxia de kuān de hěn.

③ 这个小镇的气氛比以前热闹得多。

Zhège xiǎo zhèn de qìfen bǐ yǐqián rènao de duō.

이 작은 도시의 분위기는 이전보다 아주 번잡하다.

④ 用提款机提钱比到银行去便利多了。

Yòng tíkuǎn jī tíqián bǐ dào yínháng qù biànlì duō le.

현금자동인출기를 사용해서 돈을 인출하는 것은 은행에 가는 것보다 아주 편하다.

사자성어(成语 chéngyǔ 부분 참조)

두 번째 언급에서 명사의 생략

기능 중국어에서는, 앞에서 이미 언급되었거나 문맥으로 이해되는 구정보(old information)는 종종 두 번째 언급 또는 이후의 언급에서 생략된다. 이렇게 생략된 것을 언어학에서 '제로 대명사(zero pronoun)'라고 부른다.

구조 가장 자주 생략되는 성분은 주어와 목적어이다.

(1) 문맥에서 예측 가능한 주어

① Ø 请进!
Qǐngjìn!
(당신) 들어오세요.

② [점원이 고객에게 질문]
Ø 要买什么?
Yào mǎi shénme?
(당신은) 무엇을 사실 건가요?

请问 Ø外带还是内用?
Qǐngwèn, wàidài háishi nèiyòng?
말씀 좀 묻겠습니다. (이것은) 포장하시나요, 여기에서 드시나요?

③ [A가 B에게 전화]
今天晚上 Ø要一起吃晚饭吗?
Jīntiān wǎnshang yào yìqǐ chī wǎnfàn ma?
오늘 저녁에 (우리) 같이 저녁 먹을래요?

④ Ø 听说台湾有很多小吃。
Tīngshuō Táiwān yǒu hěn duō xiǎochī.
(나는) 타이완에는 간식이 많다고 들었어요.

(2) 앞에서 언급한 주어

① 我姓王, Ø叫开文。

Wǒ xìng Wáng, jiào Kāiwén.

저는 성이 왕이고, (저의) 이름은 카이원입니다.

② 我常打篮球, Ø也常踢足球。

Wǒ cháng dǎ lánqiú, Ø yě cháng tī zúqiú.

나는 농구를 자주 하고, (나는) 축구도 자주 한다.

(3) 앞에서 언급한 목적어

昨天朋友给我一个芒果, 我还没吃 Ø。

Zuótiān péngyou gěi wǒ yí gè mángguǒ, Wǒ hái méi chī.

어제 친구가 망고를 하나 주었는데, 나는 (그것을) 아직 먹지 않았다.

용법 영어에서는 명사의 사용을 줄이기 위해 대명사를 사용하는 현상도 있는데, 중국어는 대명사까지도 생략한다. 이들은 다른 과정이지만, 동기는 동일하다. 즉, 불필요한 반복을 피하는 것이다.

사건의 시간과 장소 (1)

기능 사건의 시간과 장소는 자주 '시간+장소+사건'의 순서로 문장에서 지정된다. 문장의 주어는 시간의 앞이나 뒤에서 나타난다.

① 他和他朋友下午在教室练习书法。

Tā hé tā péngyou xiàwǔ zài jiàoshì liànxí shūfǎ.

그와 그의 친구는 오후에 교실에서 서예를 연습하였다.

② 昨天晚上我到我家附近的咖啡店喝咖啡。

Zuótiān wǎnshang wǒ dào wǒ jiā fùjìn de kāfēidiàn hē kāfēi.

어제 저녁 나는 우리 집 근처의 커피숍에서 커피를 마셨다.

③ 我们这个周末去图书馆看书。

Wǒmen zhège zhōumò qù túshūguǎn kàn shū.

우리는 이번 주말에 도서관에 가서 책을 본다.

④ 你们明天早上十一点到我家来吃牛肉面。

Nǐmen míngtiān zǎoshang shíyī diǎn dào wǒjiā lái chī niúròumiàn.

너희들 내일 아침 11시에 우리 집에 와서 소고기 면을 먹으세요.

구조 **【부정형】**

부정표지 不는 장소성분의 앞에 나타난다.

① 我晚上不在家吃饭。

Wǒ wǎnshang bú zài jiā chī fàn.

나는 저녁에 집에서 밥을 먹지 않습니다.

② 他和他哥哥最近都不来学校上课。

Tā hé tā gēge zuìjìn dōu bù lái xuéxiào shàngkè.

그와 그의 형은 최근에 모두 학교에 수업을 하러 오지 않았습니다.

③ 他们这个周末不去山上看风景。

Tāmen zhège zhōumò bú qù shānshang kàn fēngjǐng.

그들은 이번 주말에 경치를 보러 산에 가지 않을 겁니다.

【의문형】

① 你下午要不要来学校打篮球?

Nǐ xiàwǔ yào bu yào lái xuéxiào dǎ lánqiú?

오후에 학교에 와서 농구를 할 겁니까?

② 你们现在在我家附近的商店买手机吗?

Nǐmen xiànzài zài wǒ jiā fùjìn de shāngdiàn mǎi shǒujī ma?

당신들은 지금 우리집 근처의 상점에서 핸드폰을 사고 있습니까?

③ 你朋友晚上几点去 KTV唱歌?

Nǐ péngyou wǎnshang jǐ diǎn qù KTV chànggē?

네 친구들은 저녁 몇 시에 KTV에 가서 노래를 부를거니?

④ 他们什么时候到花莲看篮球比赛?

Tāmen shénme shíhou dào Huālián kàn lánqiú bǐsài?

그들은 언제 후아리앤에 도착해서 농구게임을 봅니까?

⑤ 你和你妹妹明天早上要去哪里看电影?

Nǐ hé nǐ mèimei míngtiān zǎoshang yào qù nǎli kàn diànyǐng?

너와 네 여동생은 내일 아침에 어디에 가서 영화를 볼 거니?

용법

(1) 모든 사건은 시간과 장소를 포함한다. 시간과 장소가 문장에 명시되어 있지 않을 수 있지만, 일반적으로 문맥에서 분명하게 드러난다. 만약에 문맥이 없다면, 참조 시점은 '바로 지금' 그리고 '바로 여기'이다.

(2) 단어의 순서를 주의하라. 시간은 장소 앞에 온다. 예를 들면, 'I don't eat dinner at home in the evening. 우리는 저녁에 집에서 저녁밥을 먹지 않는다.'를 중국어로 '我晚上不在家吃饭。Wǒ wǎnshang bú zài jiā chī fàn.' 혹은 '晚上我不在家吃饭。wǎnshang wǒ bú zài jiā chī fàn.'이라고 말한다.

시간-시점과 시간-시량 (2)

기능

시간-시점 표현은 언제 동작이 일어나거나 혹은 상황이 발생하였는지를 나타내는 단어나 구이다. 시간-시점 표현은 예를 들어, 오늘 아침 6:30분처럼 시간의 한 지점을 가리킨다. 시간-시량 표현은 예를 들어, 2시간처럼 얼마동안 지속되는 시간을 가리킨다. 아래의 예를 보자.

시간-시점

과거	현재	미래
去年 qùnián 작년	今年 jīnnián 올해	明年 míngnián 내년
上个月 shàngge yuè 지난 달	这个月 zhège yuè 이번 달	下个月 xiàge yuè 다음 달
上个星期/礼拜 shàngge xīngqī / lǐbài 지난 주	这个星期/礼拜 zhège xīngqī / lǐbài 이번 주	下个星期/礼拜 xiàge xīngqī / lǐ bài 다음 주
昨天 zuótiān 어제	今天 jīntiān 오늘	明天 míngtiān 내일

시간-시점과 시간-시량

	시간 - 시점	시간 - 시량
년	2017年, 2018年, 2019年…	一年 yì nián 일 년, 两年 liǎng nián 이 년, 三年 sān nián 삼 년…, 半年 bàn nián 반년, 一年半 yì nián bàn 일 년 반
월	一月 yī yuè 1월, 二月 èr yuè 2월, 三月 sān yuè 3월…	一个月 yí ge yuè 한 달, 两个月 liǎng ge yuè 두 달, 三个月 sān ge yuè 세 달, … 半个月 bàn ge yuè 보름, 一个半月 yí ge bàn yuè 한 달 반…
주	星期一 xīngqī yī 월요일, 星期二 xīngqī èr 화요일 …, 星期日/天 xīngqī rì /tiān 일요일	一个星期 yí ge xīngqī 일주일, 两个星期 liǎng ge xīngqī 이주일…
일	1日 rì(号 hào) 1일, 2日 rì 2일, 3日 rì 3일…	一天 yì tiān 하루, 两天 liǎng tiān 이틀, 三天 sān tiān 사흘 …, 半天 bàn tiān 반나절, 一天半 yì tiān bàn 하루 반
시간	一点(钟) yī diǎn (zhōng) 한 시, 两点(钟) liǎng diǎn (zhōng) 두 시, …, 六点半 liù diǎn bàn 여섯시 반	一个钟头 yí ge zhōngtóu 한 시간, 两个钟头 liǎng ge zhōngtóu 두 시간 …, 半个钟头 bàn ge zhōngtóu 30분, 六个半钟头 liù ge bàn zhōngtóu 여섯 시간 반 …

‘일정 기간’의 시간-시량 (3)

기능 시간-시량 표현은 시간의 길이를 가리킨다. 예를 들어, 행동이 ‘얼마나 긴’ 시간 동안 일어났는지를 가리킨다.

① 我要去花莲玩一个星期。

Wǒ yào qù Huālián wán yí gè xīngqī.

나는 후아리앤에 가서 일주일 동안 놀려고 한다.

② 这个电影很有意思, 可是要看三个钟头。

Zhège diànyǐng hěn yǒu yìsī, kěshì yào kàn sān gè zhōngtóu.

이 영화는 정말 재미있다. 그러나 3시간을 보아야 한다.

③ 中文, 我只能学一年半。

Zhōngwén, wǒ zhǐ néng xué yì nián bàn.

중국어를 나는 단지 일 년 반 동안만 배울 수 있다.

구조 (1) 시량 표현은 동사 뒤에 바로 따라온다. 예를 들어, '주어+동사+시량'이다.

① 我去日本旅行了一个多星期。

Wǒ qù Rìběn lǚxíng le yí ge duō xīngqī.

나는 일본에 가서 일주일 조금 넘게 여행하였다.

② 这么多甜点, 我们要吃一个星期。

Zhème duō tiándiǎn, wǒmen yào chī yí ge xīngqī.

이렇게 많은 디저트는 우리는 일주일을 먹어야 한다.

③ 我想坐高铁去台南玩两天。

Wǒ xiǎng zuò gāotiě qù Táinán wán liǎng tiān.

나는 고속철도로 타이난에 가서 이틀을 놀려고 한다.

④ 中文课, 我们学校要上四年。

Zhōngwén kè, wǒmen xuéxiào yào shàng sì nián.

중국어 수업을 우리 학교는 4년을 들어야 한다.

(2) 만약 동사가 목적어를 가지고 있다면, '시간-시량' 구를 말하기 전에 동사를 반드시 반복해야 한다.

① 他打算教中文教一年。

Tā dǎsuan jiāo Zhōngwén jiāo yì nián.

그는 중국어를 일 년 가르치려고 한다.

② 我每个星期学书法学两天。

Wǒ měi ge xīngqī xué shūfǎ xué liǎng tiān.

나는 매 주마다 서예를 이틀 동안 배운다.

③ 今年我想在台湾学中文学九个月。

Jīnnián wǒ xiǎng zài Táiwān xué Zhōngwén xué jiǔ ge yuè.

올해 나는 타이완에서 9개월 동안 중국어를 배우고 싶다.

(3) 시간-시량은 부정부사 앞에 위치한다.

① 他太忙了, 所以他两天不能来上课。

Tā tài máng le, suǒyǐ tā liǎng tiān bù néng lái shàngkè.

그는 너무 바쁘다. 그래서 그는 이틀 동안 수업을 받지 못했다.

② 这里没有网络, 所以我两个星期不能上网。

zhèli méi yǒu wǎngluò, suǒyǐ wǒ liǎng gè xīngqī bù néng shàngwǎng.

여기에는 인터넷이 없어서, 우리는 이 주일 동안 인터넷을 사용하지 못한다.

③ 她要回美国, 所以一个月不能上课。

Tā yào huí Měiguó, suǒyǐ yí ge yuè bù néng shàngkè.

그녀는 미국으로 돌아가려고 한다. 그래서 한 달 동안 수업에 오지 못한다.

(4) 이합동사가 시간-시량과 함께 사용될 때, 시간 표현은 이합동사의 사이로 들어간다. 이 때 '的'가 있을 수도 있고 혹은 없을 수도 있다.

① 我每星期上五天的课。

Wǒ měi xīngqī shàng wǔ tiān de kè.

나는 매 주마다 5일 수업을 한다.

② 学校下个月放三天的假。

Xuéxiào xiàge yuè fàng sān tiān de jià.

학교는 다음 달 3일 동안 쉰다.

③ 我们打算明天去 KTV唱三个钟头的歌。

Wǒmen dǎsuan míngtiān qù KTV chàng sān ge zhōngtóu de gē.

우리는 내일 KTV에 가서 3시간 동안 노래를 부르려고 한다.

④ 你决定在台湾学多久的中文?

Nǐ juédìng zài Táiwān xué duō jiǔ de Zhōngwén?

당신은 타이완에서 얼마 동안 중국어를 배우기로 결정했습니까?

단위사(명사의 단위사). 중국어에서 명사를 세는 단위 (1)

기능 중국어에서 명사는 직접 셀 수 없다. 명사를 세려면 숫자와 명사 사이에 단위사를 사용하여야 한다.

① 一个朋友

yí ge péngyou

친구 한 명

② 三本书

sān běn shū

책 세 권

③ 四张纸

sì zhāng zhǐ

종이 네 장

④ 四枝毛笔

sì zhī máobǐ

붓 네 필

구조 (1) 숫자+단위사+명사

① 三个人
sān ge rén
세 사람

② 几张照片?
jǐ zhāng zhàopiàn?
사진 몇 장?

(2) 한정사+숫자+단위사+명사

① 那两个人
nà liǎng ge rén
그 두 사람

② 这三本书
zhè sān běn shū
이 책 세 권

'哪 nǎ', '那 nà' 또는 这 zhè'의 뒤에 출현하는 숫자가 一 yī '하나'면, 종종 생략된다. 예를 들어, '哪一个人 Nǎ yí gè rén 어떤 사람?'은 '哪个人 nǎge rén'과 동일하다. '这个人 zhège rén 이 사람'과 '那本书 nà běn shū 저 책'도 마찬가지이다.

용법 (1) 중국어에는 많은 단위사가 있다. 언어학에서 이를 대부분 '분류사(classifier)'라고 부른다. 서로 다른 단위사들은 각각 다른 명사와 함께 쓰인다. '个 ge'는 가장 자주 사용되는 단위사이며 많은 명사의 단위사로 사용된다. 새로운 명사를 학습할 때, 우리는 그 명사와 같이 사용할 수 있는 단위사에 대해서 주의를 기울일 필요가 있다.

(2) 숫자 '二'의 경우, '二 èr+단위사+명사'라고 말하지 않고, '两 liǎng+단위사+명사'라고 말한다.

예) 两+단위사+명사

两 个 妹妹 liǎng gè mèimei (여동생 두 명)

两 个 日本人 liǎng gè Rìběn rén (일본사람 두 명)

两 个 照片 liǎng zhāng zhàopiàn (사진 두 장)

(3) 몇 가지 일반적인 단위사와 관련 명사.

1	个	朋友	老师	学生	人	妹妹
	ge	péngyou	lǎoshī	xuésheng	rén	mèimei
		친구	선생님	학생	사람	여동생
2	本	书	杂志	小说	课本	日记
	běn	shū	zázhì	xiǎoshuō	kèběn	rìjì
		책	잡지	소설	교과서	일기
3	支	手机	伞	舞	牙刷	广告
	zhī	shǒujī	sǎn	wǔ	yáshuā	guǎnggào
		핸드폰	우산	춤	칫솔	광고
4	块	蛋糕	布	肉	玉	木头
	kuài	dàngāo	bù	ròu	yù	mùtou
		케이크	천	고기	옥	나무
5	条	鱼	河	毛巾	裙子	马路
	tiáo	yú	hé	máojīn	qúnzi	mǎlù
		물고기	강	수건	치마	도로
6	种	水果	方法	情况	感觉	产品
	zhǒng	shuǐguǒ	fāngfǎ	qíngkuàng	gǎnjué	chǎnpǐn
		과일	방법	상황	감각	상품
7	只	狗	小鸟	老虎	脚	眼睛
	zhī	gǒu	xiǎoniǎo	lǎohǔ	jiǎo	yǎnjing
		개	새	호랑이	발	눈
8	家	公司	银行	咖啡店	医院	厂商
	jiā	gōngsī	yínháng	kāfēidiàn	yīyuàn	chǎngshāng
		회사	은행	카페	병원	공장

9	件	事	案子	外套	衣服	艺术品
	jiàn	shì	ànzi	wàitào	yīfu	yìshùpǐn
		일	안건	외투	의류	예술품
10	场	电影	比赛	音乐会	大雨	表演
	chǎng	diànyǐng	bǐsài	yīnyuèhuì	dàyǔ	biǎoyǎn
		영화	시합	음악회	폭우	공연

단위사(동사의 단위사). 下 xià, 趟 tàng, 遍 biàn, 次 cì (2)

기능 동사분류사 혹은 단위사는 일반적으로 동사 뒤에 출현하여 동작의 빈도나 양을 나타낸다.

① 同学轻轻地打了他一下。
Tóngxué qīngqīngde dǎle tā yíxià.
학우가 그를 가볍게 쳤다.(예를 들면, 가볍게 두드리다 / 톡 치다)

② 泰国真好玩, 我跟朋友去过两趟。
Tàiguó zhēn hǎowán, wǒ gēn péngyou qùguo liǎng tàng.
태국은 정말 재미있어서 나와 친구는 두 번을 갔다.

③ 那部电影我太喜欢了, 所以看了好几遍。
Nà bù diànyǐng wǒ tài xǐhuan le, suǒyǐ kàn le hǎojǐ biàn.
그 영화를 나는 정말 좋아해서 여러 번을 봤다.

기능 동사 단위사와 목적어가 문장에 동시에 출현할 때, 목적어의 위치가 달라질 수 있다. 아래 예문을 보자.

① a. 我存了两次资料, 怎么不见了? (목적어가 동사 단위사 뒤에 출현함)
Wǒ cún le liǎng cì zīliào, zěnme bú jiàn le?
자료를 두 번 저장했는데 어떻게 없어졌지?

b. 那份资料, 我存了两次, 怎么不见了? (목적어가 문장 앞으로 이동함)
Nà fèn zīliào, wǒ cún le liǎng cì, zěnme bú jiàn le?
그 자료를 내가 두 번 저장했는데 어떻게 없어졌지?

② 他打了我两下。(목적어가 동사 단위사 앞에 출현)
Tā dǎ le wǒ liǎng xià.
그는 나를 두 번 쳤다.

③ 他把书看了一遍就去睡觉了。(把의 목적어가 되어 앞으로 이동)
Tā bǎ shū kàn le yí biàn jiù qù shuìjiào le.
그는 책을 한 번 읽고 나서 자러 갔다.

【의문형】

① 你在台湾喝过几次喜酒?
Nǐ zài Táiwān hēguo jǐ cì xǐjiǔ?
타이완에서 결혼식 피로연을 몇 번 가봤습니까?

② 你昨天把第三课念过一遍了吗?
Nǐ zuótiān bǎ dìsān kè niànguo yí biàn le ma?
어제 제3과를 (처음부터 끝까지) 한 번 읽어 봤어?

③ 他很会打篮球, 是不是参加过很多次篮球比赛?
Tā hěn huì dǎ lánqiú, shì bu shì cānjiāguo hěn duō cì lánqiú bǐsài?
저 사람 농구를 아주 잘하는데 농구시합에 참가한 적이 많은가?

용법 사용 빈도가 높은 동사 단위사는 '下 xià(기간, 횟수)', '次 cì(횟수)', '趟 tàng(횟수)', '遍 biàn(횟수)'을 포함한다.

(1) '次'는 가장 일반적으로 사용되는 동사 단위사로서, 동작의 빈도, 즉 횟수를 나타낸다. 모든 동삭농사와 함께 사용할 수 있다 예를 들면, 看 kàn '보다, 읽다', 听 tīng '듣다', 吃 chī '먹다', 去 qù '가다', 问 wèn '묻다', and 讨论 tǎolùn '토론하다'.

(2) '趟'은 来 lái '오다', 去 qù '가다', 走 zǒu '걷다', 그리고 跑 pǎo '뛰다' 등의 동작과 같이 출현하여 한 번의 왕복 동작을 나타낸다.

(3) '遍'은 처음부터 끝까지의 모든 과정을 나타낸다. '遍'과 함께 자주 사용되는 동사에는 看 kàn '읽다', 听 tīng '듣다', 念 niàn '읽다', 写 xiě '쓰다', 练习 liànxí '연습하다', 唱 chàng '노래하다' 등이 있다. 예를 들면, 다음과 같다.

这本书, 我看了一次。(이 책을 한 번 읽었습니다.)
Zhè běn shū, wǒ kàn le yí cì.

这本书, 我看了一遍。(이 책을 처음부터 끝까지 한 번 읽었습니다.)
Zhè běn shū, wǒ kàn le yí biàn.

(4) '下'는 동사에 따라 동작의 반복을 의미하거나 간결성을 나타낼 수 있다. 간결성을 나타내는 '좀 ~하다, 한번 ~해 보다'는 의미는 去 qù '가다', 来 lái '오다', 问 wèn '묻다', 讨论 tǎolùn '토론하다', 等 děng '기다리다' 등과 같이 사용할 수 있다. 이 경우에는 '一下 yí xià'를 '三下 sàn xià'로 대체할 수 없다. 동작의 반복을 의미하는 경우에는 打 dǎ '치다', 踢 tī '차다', 摇 yáo '흔들다' 등과 함께 사용할 수 있는데 이러한 경우의 '一下 yí xià'는 '两下 liǎng xià' 또는 '三下 sān xià'로 대체할 수 있다.

단위사. 一+단위사+一+단위사. 방식으로서. 한 번에 하나씩

기능 이 문형은 동사를 수식하는데 '하나씩', '한 번에 하나씩'의 방식을 나타낸다.

① 老师叫学生一个一个练习发音。
Lǎoshī jiào xuésheng yí ge yí ge liànxí fāyīn.
선생님이 학생에게 하나하나 발음을 연습하라고 시켰다.

② 李太太把教室一间一间都打扫完了。
Li tàitai bǎ jiàoshì yì jiān yì jiān dōu dǎsǎo wán le.
이 씨 아주머니는 교실을 하나하나 모두 청소하였다.

③ 考试的时候，学生一遍一遍地检查，怕不小心写错了字。

Kǎoshì de shíhou, xuésheng yí biàn yí biàn de jiǎnchá, pà bù xiǎoxīn xiěcuòle zì.

시험 때 학생들은 실수로 글자를 잘못 썼을까봐 재차 점검을 했다.

구조 부사어 표지 '地'는 이 문형에서 위의 ③과 같이 선택 사항이다.

① 我把今天学的语法又一个一个地练习了一遍。

Wǒ bǎ jīntiān xué de yǔfǎ yòu yí ge yí ge de liànxí le yí biàn.

나는 오늘 배운 문법을 다시 전체적으로 하나하나 연습하였다.

② 他一个一个地给朋友打电话拜年。

Tā yí ge yí ge de gěi péngyou dǎ diànhuà bàinián.

그는 친구에게 하나하나 전화를 해서 새해인사를 하였다.

③ 面包店的师父把蛋糕一层一层地做好了。

Miànbāodiàn de shīfu bǎ dàngāo yì céng yì céng de zuòhǎo le.

그 제과점의 제빵사는 케이크를 한 층 한 층 완성했다.

【부정형】

부정사 '不' 또는 '没'를 사용할 수 있다.

① 学生的作业主任没一本一本地检查。

Xuésheng de zuòyè zhǔrèn méi yì běn yì běn de jiǎnchá.

학생의 과제를 주임은 하나하나 검사하지 않았다.

② 时间不够了，这些店我们就不一家一家逛了。

Shíjiān búgòu le, zhèxiē diàn wǒmen jiù bù yì jiā yì jiā guàng le.

시간이 모자라니 이 상점들을 우리는 한 집 한 집 구경하지는 말자.

③ 来面谈的人太多了，他们的资料老板不一个一个看了。

Lái miàntán de rén tài duō le, tāmen de zīliào lǎobǎn bù yí ge yí ge kàn le.

면접을 보러 온 사람이 너무 많아서 그들의 자료를 사장은 하나하나 보지는 않을 것이다.

【의문형】

① 买手机以前，你是不是都一部一部地试试看？

Mǎi shǒujī yǐqián, nǐ shì bu shì dōu yí bù yí bù de shìshi kàn?

핸드폰을 사기 전에 너는 모두 한 대 한 대 시험해 보니?

② 那些照片，你是不是又一张一张上传到网站了？

Nàxiē zhàopiàn, nǐ shì bu shì yòu yì zhāng yì zhāng shàngchuán dào wǎngzhàn le?

이 사진들을 너는 또 웹사이트에 한 장 한 장 업로드 했니?

③ 他是不是一家一家地逛这里的百货公司？

Tā shì bu shì yì jiā yì jiā de guàng zhèli de bǎihuò gōngsī?

그는 여기에 있는 백화점들을 하나 하나 구경합니까?

연동문

하나의 문장에 동사구가 둘 이상 있으면 동사구의 순서는 행동이 일어나는 시간적 순서를 반영한다. 이러한 구조는 언어학에서 '연동문'이라고 불린다.

① 我带你们去你们的座位吧！

Wǒ dài nǐmen qù nǐmen de zuòwèi ba!

제가 당신들을 좌석으로 안내하겠습니다.

② 他送美美回宿舍。

Tā sòng Měimei huí sùshè.

그는 메이메이를 기숙사로 데려다주었다.

③ 我跟弟弟去机场接朋友。

Wǒ gēn dìdi qù jīchǎng jiē péngyou.

나는 동생과 공항에 친구를 마중하러 나갔다.

구조 동사구의 순서가 바뀌면 문장의 의미가 달라진다. 다음 문장을 비교해 보자. 그러나 소수 동사들만이 이러한 이동을 할 수 있다.

① a. 我们送朋友去机场。

Wǒmen sòng péngyou qù jīchǎng.

우리는 친구를 공항에 데려다 주었다.

b. 我们去机场送朋友。

Wǒmen qù jīchǎng sòng péngyou.

우리는 공항에 가서 친구를 배웅했다.

② a. 他们坐巴士到台北。

Tāmen zuò bāshì dào Táiběi.

그들은 버스를 타고 타이뻬이에 갔다.

b. 他们到台北坐巴士。

Tāmen dào Táiběi zuò bāshì.

그들은 타이뻬이를 가서 버스를 탔다.

③ a. 小明送爸爸去高铁站。

Xiǎomíng sòng bàba qù gāotiě zhàn.

샤오밍은 아버지를 고속철도역까지 모셔다 드렸다.

b. 小明去高铁站送爸爸。

Xiǎomíng qù gāotiě zhàn sòng bàba.

샤오밍은 고속철도역에 가서 아버지를 배웅했다.

【부정형】

부정사는 첫 번째 동사 앞에 출현한다.

① 我还有事。我不送她回家了。
Wǒ hái yǒu shì. Wǒ bú sòng tā huí jiā le.
나는 일이 있어서 그녀를 집까지 배웅하지 못한다.

② 他没送我去邮局。我是自己去的。
Tā méi sòng wǒ qù yóujú. Wǒ shì zìjǐ qù de.
그는 나를 우체국까지 데려다주지 않았다. 나 혼자 갔다.

③ 我自己去机场比较方便。你别送我了。
Wǒ zìjǐ qù jīchǎng bǐjiào fāngbiàn. Nǐ bié sòng wǒ le.
저 혼자 공항에 가는 게 편해요. 배웅하지 마세요.

【의문형】

'A-不-A' 문형은 첫 번째 동사에만 적용된다. '是不是' 문형도 사용될 수 있다.

① 你去不去图书馆看一下书?
Nǐ qù bu qù túshūguǎn kàn yíxià shū?
너 책을 좀 보러 도서관에갈래?

② 你是不是搭地铁去山上喝茶?
Nǐ shì bu shì dā dìtiě qù shānshang hē chá?
너는 전철을 타고 산에 가서 차를 마시니?

③ 王老师明天带不带我们去看电脑展?
Wáng lǎoshī míngtiān dài bu dài wǒmen qù kàn diànnǎo zhǎn?
왕선생님이 내일 우리를 데리고 컴퓨터 박람회에 갑니까?

모든 것을 포함 또는 모든 것을 제외함을 지칭하는 의문대명사 (1)

기능 중국어에서 의문대명사는 서술문에 출현할 수 있다. 이 때 의문대명사는 종종 都 dōu '모두'와 함께 출현하는데 예외가 없는 전체를 나타낸다. 즉, 긍정문에서는 모든 것을 포함함을 나타내고 부정문에서는 모든 것이 제외됨을 나타낸다.

	긍정	부정	질문
谁 shéi	누구든지	아무도	누구?
哪里 nǎli	어디에서나	아무 데도	어디?
什么 shénme	무엇이든	아무 것도	무엇?
什么时候 shénme shíhou	언제든지, 언제나	절대로	언제?
怎么+동사 zěnme+동사	어떻게 하든	절대로	어떻게?

① 谁都喜欢去旅行。

Shéi dōu xǐhuan qù lǚxíng.

누구나 여행 가는 것을 좋아한다.

② 哪里都有好吃的东西。

Nǎli dōu yǒu hǎochī de dōngxi.

어디에나 맛있는 음식은 있다.

③ 他什么都想买。

Tā shénme dōu xiǎng mǎi.

그는 뭐든지 사고 싶어 한다.

④ 他们什么时候都在上网。

Tāmen shénme shíhou dōu zài shàngwǎng.

그들은 언제나 인터넷을 한다.

⑤ 只要不叫我出钱, 怎么做都可以。

Zhǐyào bú jiào wǒ chū qián, zěnme zuò dōu kěyǐ.

나에게 돈을 내라고만 하지 않으면 어떻게 해도 좋다.

구조 **【부정형】**

부정문에서 의문사는 '都 dōu'나 '也 yě'와 함께 사용하여 모든 것을 제외함을 나타낸다. 부정 표지 '不 bù'나 '没 méi'는 '都 dōu', '也 yě' 뒤에 온다.

① 谁也不喜欢难看的东西。
Shéi yě bù xǐhuan nánkàn de dōngxi.
아무도 보기 흉한 것을 좋아하지 않는다.

② 昨天我哪里都没去, 在家看电视了。
Zuótiān wǒ nǎli dōu méi qù, zài jiā kàn diànshì.
어제 나는 어디에도 가지 않고 집에서 텔레비전을 보았다.

③ 我今天什么也不想吃。
Wǒ jīntiān shénme yě bù xiǎng chī.
나는 오늘 아무 것도 먹고 싶지 않다.

④ 下个星期, 什么时我候都不在家。我要去旅行。
Xiàge xīngqī, shénme shíhou wǒ dōu bú zài jiā. Wǒ yào qù lǚxíng.
나는 다음 주 언제이든지 집에 없다. 나는 여행을 갈 것이다.

⑤ 中国菜很难做。我怎么做都不太好吃。
Zhōngguó cài hěn nán zuò. Wǒ zěnme zuò dōu bú tài hǎochī.
중국음식은 만들기 어렵다. 나는 어떻게 만들어도 맛이 없다.

【의문형】

이 문형은 '是不是', '好不好'를 사용한 의문형 이외에 오직 '吗 ma' 의문형만 사용한다.

① 这家餐厅的东西什么都好吃吗?
Zhè jiā cāntīng de dōngxi shénme dōu hǎochī ma?
이 식당의 음식은 다 맛있습니까?

② 你今天什么时候都在公司吗?
Nǐ jīntiān shénme shíhou dōu zài gōngsī ma?
오늘 언제든 회사에 있습니까?

③ 他们谁都去过法国，是不是？

Tāmen shéi dōu qùguo Fǎguó, shì bu shì?

그들은 누구든지 다 프랑스에 가본 적이 있어, 그렇지?

불확실한 입장에서의 의문대명사 (2)

기능 의문대명사(예를 들면, 什么 shénme, 多少 duōshǎo, 几 jǐ, 哪里 nǎli, 什么地方 shénme dìfang, 谁 shéi, 什么时候 shénme shíhou)가 서술문에 출현할 때, 그 문장은 명확한 대답을 피하려는 화자의 애매한 태도를 나타낸다. 불확실한 진술은 항상 부정형으로만 나타난다.

① 我没有多少钱。

Wǒ méi yǒu duōshǎo qián.

나는 돈이 별로 없다.

② 她没有几个朋友。

Tā méi yǒu jǐ ge péngyou.

그녀는 친구가 몇 명 없다.

③ 你的感冒没有什么关系。

Nǐ de gǎnmào méi yǒu shénme guānxi.

네 감기는 별로 심하지 않아.

④ 我没去哪里。

Wǒ méi qù nǎli.

나는 어디에도 가지 않았다.

⑤ 我不想买什么。

Wǒ bù xiǎng mǎi shénme.

나는 별로 뭔가 사고 싶지 않아.

⑥ 我昨天没给谁打过电话。

Wǒ zuótiān méi gěi shéi dǎguo diànhuà.

나는 어제 누구에게도 전화한 적이 없다.

离合词. líhécí. 이합사

기능 이합사는 특별한 형태의 동사이다. 모든 분리 가능한 동사의 고유 속성은 [V+N]이다. V와 N은 분리할 수 있고, 그 사이에 다른 요소를 삽입할 수 있다. 이것은 대부분의 언어에서 단어들이 분리될 수 없는 것과 모순된다. 예를 들면, understand란 단어에 *under-a bit-stand라고 다른 성분을 삽입할 수 없다. 분리 가능한 동사의 예는 다음과 같다. 唱歌 chànggē '노래를 부르다', 上班 shàngbān '근무하다', 上网 shàngwǎng '인터넷을 하다', 上课 shàngkè '수업에 가다', 生病 shēngbìng '병이 나다', 睡觉 shuìjiào '잠을 자다', 看书 kàn shū '책을 보다', 念书 niànshū '공부를 하다', 滑雪 huáxuě '스키를 타다', 游泳 yóuyǒng '수영하다', 照相 zhàoxiàng '사진을 찍다', 吃饭 chī fàn '밥을 먹다', 做饭 zuò fàn '요리하다', 见面 jiànmiàn '만나다'.

구조 기본적으로 세 가지 유형의 분리 구조가 있다.

(1) '了'를 삽입한다. 이 '了'는 시태조사 '了'이다.(了1)

① 他回了家以后，就开始工作。

Tā huí le jiā yǐhòu, jiù kāishǐ gōngzuò.

그는 귀가 후 일을 시작했다.

② 我昨天下了课就跟朋友去看电影。

Wǒ zuótiān xià le kè jiù gēn péngyou qù kàn diànyǐng.

우리는 어제 수업이 끝난 후 친구하고 영화를 보러 갔다.

③ 他结了婚以后就放弃念书了。

Tā jiéle hūn yǐhòu jiù fàngqì niànshū le.

그는 결혼한 후 학업을 포기했다.

(2) 동작의 대상이 되는 명사를 삽입한다.

① 我想见你一面。

Wǒ xiǎng jiàn nǐ yí miàn.

너와 한 번 만나고 싶어.

② 他总是生你的气。

Tā zǒngshì shēng nǐ de qì

그는 언제나 나한테 화를 낸다.

③ 我们都应该帮别人的忙。

Wǒmen dōu yīnggāi bāng biéren de máng.

우리는 모두 마땅히 다른 사람을 도와야 한다.

(3) 시량을 삽입한다.

① 我们每天上八个钟头的班。

Wǒmen měitiān shàng bā ge zhōngtóu de bān.

우리는 매일 8시간씩 일을 한다.

② 你们新年的时候, 放几天的假?

Nǐmen xīnnián de shíhou, fàng jǐ tiān de jià?

너희는 설에 휴가로 며칠을 쉬니?

③ 他唱了三小时的歌, 有一点累。

Tā chàngle sān xiǎoshí de gē, yǒu yìdiǎn lèi.

그는 세 시간동안 노래를 불러서 약간 힘들었다.

이합동사(离合词 líhécí 참조)

동사의 중첩. 부드러운 동작을 나타낸다. (1)

기능 동사의 중첩은 '수량 감소, 힘 감소'를 암시한다. 또한 동작이 달성되기 쉽다는 것을 의미한다. 요청/명령을 표현한 경우 동사의 중첩은 문장의 어조를 부드럽게 하고 청자로 하여금 요청/명령을 더 부드럽게 느끼게 한다.

① 他们学校很漂亮, 我想去看(一)看。

Tāmen xuéxiào hěn piàoliang, wǒ xiǎng qù kàn (yi) kàn.

그들 학교는 매우 예쁩니다. 한 번 가보고 싶어요.

② 我想学中文, 请教教我吧。

Wǒ xiǎng xué Zhōngwén, qǐng jiāojiao wǒ ba.

중국어를 배우고 싶어요. 좀 가르쳐 주세요.

③ A: 我们今天晚上去哪里吃饭?

Wǒmen jīntiān wǎnshang qù nǎli chī fàn?

우리 오늘 저녁에 어디에 가서 식사를 할까요?

B: 我想(一)想。

Wǒ xiǎng (yi) xiǎng.

제가 생각해 보겠습니다.

④ A: 你周末做什么?

Nǐ zhōumò zuò shénme?

주말을 무엇을 합니까?

B: 在家看看书, 喝喝咖啡, 上上网, 也去学校打打篮球。

Zài jiā kànkan shū, hēhe kāfēi, shàngshangwǎng, yě qù xuéxiào dǎda lánqiú.

집에서 책도 보고, 커피도 마시고, 인터넷도 하고, 학교에 농구도 하러 갑니다.

구조 **【의문형】**

① 今天学校有人来演唱。我们去听听吧?

Jīntiān xuéxiào yǒu rén lái yǎnchàng, wǒmen qù tīngting ba?

오늘 학교에 누가 노래를 부르러 왔어요. 우리 가서 들어볼까요?

② 听说你换了手机。让我看一看。

Tīngshuō nǐ huàn le shǒujī. Ràng wǒ kàn yi kàn.

당신이 휴대폰을 바꿨다고 들었습니다. 한번 보여 주세요.

용법 (1) 모든 동사가 중첩이 가능한 것은 아니다. 주로 동작동사는 동사의 반복이 가능하다. 중첩 가능한 동사에는 看 kàn '보다', 想 xiǎng '생각하다', 找 zhǎo '찾다', 用 yòng '쓰다', 热 rè '데우다', 量 liáng '측정하다', 坐 zuò '앉다', 开 kāi '열다, 운전하다', 闻 wén '(냄새를) 맡다' 등이 있다.

(2) 동사 중첩은 주로 요청과 제안을 위한 담화에서 사용된다. 중첩된 동사는 대부분 단음절이다. 동사가 목적어를 취할 때 오직 동사만 중첩하고 목적어는 중첩하지 않는다. 예를 들면 다음과 같다. 上网 shàngwǎng '인터넷하다'는 上上网 shàngshàngwǎng으로, 做饭 zuòfàn '밥을 하다'는 做做饭 zuòzuòfàn으로 바뀐다.

(3) VV는 종종 'V一下'로 대체될 수 있다.

看一看 ～ 看一下

坐一坐 ～ 坐一下

想一想 ～ 想一下

두 가지 문형 모두 활동의 참여정도를 축소하는 표현이다.

동사의 중첩 (2). 의미 강화를 나타내는 상태동사의 중첩

기능 중첩은 '很'의 강조 역할과 마찬가지로 진술의 어조를 강조한다. 이는 객관적이고 사실적인 관찰과는 반대로 화자의 주관적인 감정을 나타낸다. 아래의 예문 번역을 참조하라.

① 这碗牛肉汤香香的。

Zhè wǎn niúròutāng xiāngxiāng de.

이 우육탕은 향이 매우 좋다.

② 热热的咖啡, 真香。

Rèrè de kāfēi, zhēn xiāng.

따끈따끈한 커피, 정말 향이 좋다.

③ 那个地方有很多高高的大楼。

Nàge dìfang yǒu hěn duō gāogāo de dà lóu.

그 곳은 아주 높은 빌딩이 많다.

구조

(1) 정도부사는 중첩과 함께 사용할 수 없다. 예를 들면 '很'과 중첩이 모두 의미 강조를 나타내기 때문에 '*这杯茶很香香的。Zhè bēi chá hěn xiāngxiāng de.'라고 말할 수 없다.

(2) 상태동사의 중첩 뒤에 '的 de'가 위치하는 것을 주의하여야 한다. 따라서 '*这杯茶香香。Zhè bēi chá xiāngxiāng.'은 비문이고, '这杯茶香香的。Zhè bēi chá xiāngxiāng de. 이 컵의 차 냄새가 좋군요.'가 맞는 문장이다. 두 개의 상태동사가 연속으로 있는 경우, 첫 번째 동사중첩 뒤의 '的 de'는 생략할 수 있다.

那种水果香香甜甜的。

Nà zhǒng shuǐguǒ xiāngxiāng tiántián de.

그 과일은 향기롭고 달콤합니다.

(3) 모든 상태동사가 중첩 가능한 것은 아니다. 예를 들어 아래 오른쪽 열에 있는 항목은 반복할 수 없습니다.

가능	불가능
香 xiāng '향기롭다', 甜 tián '달다', 高 gāo '(키가) 크다, 높다', 热 rè '덥다', 大 dà '크다', 远 yuǎn '멀다', 辣 là '맵다', 矮 ǎi '(키가) 작다'	多 duō '많다', 贵 guì '비싸다', 近 jìn '가깝다', 忙 máng '바쁘다', 新 xīn '새롭다', 少 shǎo '적다'

용법 주관적인 감정은 종종 칭찬이나 비판에서 표현된다. 예를 들면, 다음과 같다. 우리가 커피를 주문할 때, '*买一杯热热的咖啡! Mǎi yì bēi rèrè de kāfēi!'라고 하지 않고 '买一杯热咖啡! Mǎi yì bēi rè kāfēi!'라고 말한다. 이는 주문이 주관적인 표현이 아니라 사실을 서술하는 것이기 때문이다.

동사의 중첩 (3). 이음절 상태동사의 중첩

기능 단음절 형용사와 마찬가지로, 중국어에서 이음절 형용사도 강조된 상태를 표현하기 위해 중첩할 수 있다. 이들은 '地'를 붙여서 동사구 앞에서 쓰는 부사로, '得'로 연결하여 동사구 뒤에서 부사성 보어로, 혹은 '的'를 첨가하여 명사성 수식어로 출현한다.

① 他们开开心心地一起吃饭。

Tāmen kāikaixīnxīn de yìqǐ chī fàn.

그들은 다함께 즐겁게 식사를 한다.

② 王老板客客气气地跟客人说话。

Wáng lǎobǎn kèkeqìqì de gēn kèren shuōhuà.

왕사장은 손님에게 아주 공손하게 말한다.

③ 美美每天都穿得漂漂亮亮的。

Měimei měitiān dōu chuān de piàopiaolìanglìang de.

메이메이는 매일 아주 예쁘게 입는다.

구조 (1) 이음절 형용사 AB는 AABB의 형태로 중첩한다.

① 开心 → 开开心心 즐겁다 → 즐겁게

② 轻松 → 轻轻松松 홀가분하다 → 홀가분하게

③ 舒服 → 舒舒服服 편안하다 → 편안하게

(2) 중첩된 이음절 형용사는 동사를 수식할 때 '地'가 뒤따른다.

① 大家开开心心地帮他过生日。

Dàjiā kāikaixīnxīn de bāng tā guò shēngrì.

모두들 아주 즐겁게 그의 생일을 축하해 주었다.

② 有了交通卡, 就可以轻轻松松地到处逛逛了。

Yǒu le jiāotōngkǎ, jiù kěyǐ qīngqingsōngsōng de dàochù guàngguang le.

핸드폰이 있으면 아주 편리하게 여기저기 돌아다닐 수 있다.

③ 大家舒舒服服地坐在餐厅里。

Dàjiā shūshufūfū de zuò zài cāntīng lǐ.

모두 레스토랑에 편안하게 앉아 있다.

(3) 중첩된 이음절 형용사는 명사를 수식할 때 '的'가 뒤따른다.

① 我要租一个干干净净的房间, 比较舒服。

Wǒ yào zū yí ge gānganjìngjìng de fángjiān, bǐjiào shūfu.

나는 아주 깨끗한 방을 임대할 것이다. 그렇게하는 것이 더 편하다

② 小明是个客客气气的人, 所以朋友很多。

Xiǎomíng shì gè kèkeqìqì de rén, suǒyǐ péngyou hěn duō.

샤오밍은 아주 공손한 사람이어서 친구가 많다.

③ 大家都想找轻轻松松的工作。

Dàjiā dōu xiǎng zhǎo qīngqingsōngsōng de gōngzuò.

모두 편안한 직업을 찾고 싶어 한다.

(4) 중첩된 이음절 형용사가 서술어로 출현하면 전체 문장이 '的'로 끝난다.

① 房间干干净净的, 看起来真舒服。
Fángjiān gānganjìngjìng de, kàn qǐlai zhēn shūfu.
방이 깨끗해서 쾌적해 보인다.

② 我看他早上开开心心的, 没因为昨天的事不高兴。
Wǒ kàn tā zǎoshang kāikaixīnxīn de, méi yīnwèi zuótiān de shì bù gāoxìng.
그가 아침에 기분이 아주 좋은 걸 보니 어제 일로 기분이 나쁘기 않았던 거 같다.

③ 他对人客客气气的。
Tā duì rén kèkeqìqì de.
그는 사람들에게 아주 공손하다.

(5) 중첩된 이음절 형용사가 동사 뒤에서 보어 역할을 할 때 문미에 '的'를 붙일 수도 있다.

① 他写字写得漂漂亮亮的。
Tā xiě zì xiě de piàopiaoliàngliàng de.
그는 글을 아주 예쁘게 쓴다.

② 我听得清清楚楚的, 你别想骗我。
Wǒ tīng de qīngqingchǔchǔ de, nǐ bié xiǎng piàn wǒ.
내가 명확하게 들었으니 나를 속일 생각하지 마세요.

③ 这个旅馆房间很大, 他住得舒舒服服(的)。
Zhège lǚguǎn fángjiān hěn dà, tā zhù de shūshufūfū (de).
그 여관은 방이 커서 그가 편안하게 지낸다.

【의문형】

① 那里的厨房是不是干干净净的?
Nàli de chúfáng shì bu shì gānganjìngjìng de?
그 곳의 주방은 아주 깨끗합니까?

② 学生是不是每天都快快乐乐的?

Xuésheng shì bu shì měitiān dōu kuàikuailèlè de?

학생들은 매일 즐겁게 지냅니까?

③ 房东对你们一直都客客气气的吗?

Fángdōng duì nǐmen yìzhí dōu kèkeqìqì de ma?

집주인은 너희에게 항상 예의 바르게 대하니?

용법 (1) 모든 이음절 형용사가 중첩 가능한 것은 아니다. 예를 들어, 아래의 오른쪽 열에 있는 것들은 중첩할 수 없다.

가능	불가능
轻松 qīngsōng '홀가분하다', 漂亮 piàoliang '예쁘다', 舒服 shūfu '편안하다', 干净 gānjìng '깨끗하다', 高兴 gāoxìng '기쁘다', 快乐 kuàilè '기쁘다', 客气 kèqi '예의 바르다'	便宜 piányi '싸다', 好看 hǎokàn '보기 좋다, 멋지다', 传统 chuántǒng '전통적이다', 难看 nánkàn '보기 싫다, 못 생기다', 好玩 hǎowán '재미있다', 麻烦 máfan '번거롭다', 不错 búcuò '나쁘지 않다', 可怕 kěpà '무섭다', 年轻 niánqīng '젊다', 好喝 hǎohē '(음료수가) 맛있다', 有名 yǒumíng '유명하다', 方便 fāngbiàn '편리하다', 特别 tèbié '특별하다', 讨厌 tǎoyàn '성가스럽다, 싫다'

(2) 의미 강조를 나타내는 부사는 중첩된 형용사 앞에 출현할 수 없다. 기능이 동일하므로 동시에 사용할 수 없다. 예를 들면 다음과 같다.

① *大家很开开心心地回家了。

Dàjiā hěn kāikaixīnxīn de huí jiā le.

② *她今天穿得非常漂漂亮亮。

Tā jīntiān chuān de fēicháng piàopiàolangliang.

동사의 중첩 (4). 잠정적인 행동을 나타내기 위한 이음절 동사의 중첩

기능 단음절, 이음절 동사들이 중첩될 때, 행동에 대해 자신감이 약한 잠정적인 약속의 의미를 갖게 된다. 이러한 문형은 일반적으로 명령문에 출현하면 예의바른 어투를 표현한다.

① 今天学的汉字, 我还得练习练习。

Jīntiān xué de Hànzì, wǒ hái děi liànxí liànxí.

오늘 배운 한자는 내가 좀 더 연습해야 한다.

② 你有空的时候, 应该去旅行。多认识认识一些台湾朋友。

Nǐ yǒu kòng de shíhou, yīnggāi qù lǚxíng. Duō rènshi rènshi yìxiē Táiwān péngyou.

당신은 시간이 있을 때 여행을 가셔야 해요. 여러 타이완친구들을 사귀어 보세요.

③ 我想了解了解你是怎么学中文的, 为什么说得这么流利。

Wǒ xiǎng liǎojiě liǎojiě nǐ shì zěnme xué Zhōngwén de, wèishéme shuō de zhème liúlì.

당신이 중국어를 어떻게 배웠는지, 왜 이렇게 유창하게 말할 수 있는 지 알고 싶습니다.

구조 이음절 동작 동사 AB는 ABAB의 형태로 중첩된다.

【부정형】

① 下星期要考试, 你怎么不准备准备呢?

Xià xīngqī yào kǎoshì, nǐ zěnme bù zhǔnbèi zhǔnbèi ne?

다음 주에 시험을 보는데 너는 왜 준비를 안하니?

② 你不练习练习写字, 听写怎么考得好?

Nǐ bú liànxí liànxí xiězì, tīngxiě zěnme kǎo de hǎo?

글씨 쓰는 연습을 하지 않고 받아쓰기 시험을 어떻게 잘 볼 수 있겠니?

③ 我们不参观参观, 怎么知道这个学校好不好?
Wǒmen bù cānguān cānguān, zěnme zhīdao zhège xuéxiào hǎo bù hǎo?
우리가 참관해보지 않고 어떻게 이 학교가 좋은지 알겠습니까?

【의문형】

① 我是你男朋友, 你是不是应该多关心关心我?
Wǒ shì nǐ nánpéngyou, nǐ shì bu shì yīnggāi duō guānxīn guānxīn wǒ?
내가 네 남자친구인데 네가 나한테 관심을 좀 가져야하지 않니?

② 这个周末, 你要不要在家休息休息?
Zhège zhōumò, nǐ yào bu yào zài jiā xiūxi xiūxi?
이번 주말에 집에서 좀 쉴래?

③ 我有什么机会可以认识认识新朋友?
Wǒ yǒu shéme jīhuì kěyǐ rènshi rènshi xīn péngyou?
내가 어떤 기회에 새로운 친구를 좀 사귈 수 있을까?

용법 중첩은 이미 (약속 중) 감소를 나타내기 때문에 중첩 형태는 감소를 나타내는 '一下 yíxià ~만' 또는 '一点 yìdiǎn 조금'과 함께 출현하지 않는다. 즉 동시에 사용할 수 없거나 기능이 중복되어 불필요함을 나타낸다.

① *我得练习练习一下。
Wǒ děi liànxí liànxí yíxià.

② *你得关心关心她一点。
Nǐ děi guānxīn guānxīn tā yìdiǎn.

동사의 중첩 (5). 'V了 V'의 동사 중첩

기능 'V了 V' 문형은 간결하고 잠정적으로 행해진 과거의 반복적인 행동의 완료를 나타낸다.

① 妈妈穿了穿那件衣服, 觉得很舒服。

Māma chuān le chuān nà jiàn yīfu, juéde hěn shūfu.

엄마는 그 옷을 입고 편안해 했다.

② 朋友告诉我夏天芒果很甜, 我就尝了尝。真的好吃。

Péngyou gàosu wǒ xiàtiān mángguǒ hěn tián, wǒ jiù cháng le cháng.

Zhēnde hǎochī.

친구가 나에게 여름 망고가 달다고 해서 내가 맛을 한 번 보았다. 정말 맛있었다.

③ 老板看了看我写的计划, 然后说没问题。

Lǎobǎn kàn le kàn wǒ xiě de jìhuà, ránhòu shuō méi wèntí.

사장님이 제가 쓴 계획서를 보시고 문제가 없다고 말했습니다.

구조 이 구조의 동사는 반드시 단음절이어야 한다.

【의문형】

① 王先生昨天来了以后, 是不是坐了坐就走了?

Wáng xiānsheng zuótiān lái le yǐhòu, shì bu shì zuòle zuò jiù zǒu le?

왕 선생이 어제 와서 좀 앉아 있다가 그냥 갔습니까?

② 他没买那本书, 是不是因为看了看就看不下去了?

Tā méi mǎi nà běn shū, shì bu shì yīnwèi kàn le kàn jiù kàn bu xiàqu le?

그가 그 책을 사지 않은 이유가 좀 읽어 보니 더 이상 읽어 내려갈 수 없어서입니까?

③ 他是不是想了想, 还是决定回到自己国家工作?

Tā shì bu shì xiǎng le xiǎng, háishi juédìng huí dào zìjǐ guójiā gōngzuò?

그가 생각을 좀 해보고 아무래도 자기 나라로 돌아가서 일해야겠다고 결정했습니까?

용법 (1) 중첩 문형 'V一 V'는 과거 또는 미래와 관련될 수 있다. 다른 한편으로 'V了 V'는 과거의 행동들과 관계된 경우에만 사용된다.

① 他听说垦丁海边很漂亮，想去看一看。
Tā tīngshuō Kěndīng hǎibiān hěn piàoliang, xiǎng qù kàn yi kàn.
그는 컨딩 해변이 너무 예쁘다고 들어서 한 번 보러 가고 싶어 한다.

② 请你把老师今天给的功课做一做！
Qǐng nǐ bǎ lǎoshī jīntiān gěi de gōngkè zuò yi zuò!
오늘 선생님께서 주신 과제를 하세요.

③ 如果你要去旅行，应该先找一找网站上的资料。
Rúguǒ nǐ yào qù lǚxíng, yīnggāi xiān zhǎo yi zhǎo wǎngzhàn shang de zīliào.
만약 여행을 가려면 먼저 웹사이트에 있는 자료를 먼저 좀 찾아봐야 한다.

(2) 'V一 V'는 단문에서 사용될 수 있다(위의 (2) 참조). 반면, 'V了 V'는 단문에서 사용될 수 없고 다른 절과 함께 사용되어야 한다.

① *我到公园走了走。
*Wǒ dào gōngyuán zǒu le zǒu.

② 我昨天吃了饭以后，就到公园走了走。
Wǒ zuótiān chī le fàn yǐhòu, jiù dào gōngyuán zǒu le zǒu.
나는 어제 밥을 먹고 나서 공원에 가서 잠깐 산책했다.

③ 我拿起一本语言学的书，看了看就觉得累了。
Wǒ náqǐ yì běn yǔyánxué de shū, kàn le kàn jiù juéde lèi le.
언어학 책 한권을 집어서 좀 읽으니 곧 피곤해졌다.

(3) 동사가 타동사라면 '把' 구문과 결합하는 경우가 많다.

① 妈妈把饺子馅儿尝了尝，觉得刚好。
Māma bǎ jiǎozi xiànr cháng le cháng, juéde gānghǎo.
엄마가 만두소를 조금 맛보시고 딱 적당하다고 생각하셨다.

② 哥哥把那件衣服试了试，还是觉得不合适。

Gēge bǎ nà jiàn yīfu shì le shì, háishi juéde bù héshì.

형은 그 옷을 입어보고는, 역시 적합하지 않다고 생각했다.

자세동사(Posture Verb)와 함께 쓰인 존현문(Existential Sentence) (1)

기능 자세동사는 '앉다, 서다, 눕다, 꿇다, 쪼그리다' 등을 말한다. 동작 혹은 존재를 나타내는 문장에 사용되며, 후자는 그 신체적 자세에서 명사가 존재함을 나타낸다.

① 路口已经站了很多人。

Lùkǒu yǐjīng zhàn le hěn duō rén.

길목에 이미 많은 사람들이 서 있었다.

② 餐厅里坐着很多外国学生。

Cāntīng lǐ zuòzhe hěn duō wàiguó xuésheng.

식당 안에는 많은 외국 학생들이 앉아 있었다.

③ 咖啡店里坐着很多来做功课的中学生。

Kāfēidiàn lǐ zuòzhe hěn duō lái zuò gōngkè de zhōngxuésheng.

커피숍 안에는 숙제하러 온 중학생들이 많이 앉아 있었다.

구조 존현문에서 자세동사는 대부분 시태조사(了와 着)와 함께 쓰이며, 동사 뒤에 나오는 명사들은 일반적으로는 불특정의 사물·사람이다.

【의문형】

① 那个展览馆前面是不是站着很多学生?

Nàge zhǎnlǎnguǎn qiánmian shì bu shì zhànzhe hěn duō xuésheng?

그 전시관 앞에 많은 학생들이 서 있지 않나요?

② 餐厅里是不是已经坐着很多客人?

Cāntīng lǐ shì bu shì yǐjīng zuòzhe hěn duō kèren?

식당 안에 이미 많은 손님들이 앉아 있지 않나요?

③ 今天的新郎，是不是在门口站着的那个人？
Jīntiān de xīnláng, shì bu shì zài ménkǒu zhànzhe de nàge rén?
오늘의 신랑은 입구에 서 있는 그 사람이 아닌가요?

용법 자세동사가 아닌 동사도 존현문에서 쓰일 수 있다. 여기에는 放 fàng '놓다', 走 zǒu '걷다', 来 lái '오다', 住 zhù '살다'. 그리고 挂 guà '걸다', 躺 tǎng '눕다', 贴 tiē '붙이다' 등은 시태조사(aspectual particle) '着'와 함께 쓰인다.

① 墙上挂着不少画。
Qiángshang guàzhe bù shǎo huà.
벽에 적지 않은 그림들이 걸려 있다.

② 床上躺着一个人，我不认识。
Chuángshang tǎngzhe yí gè rén, wǒ bú rènshi.
침대에 한 사람이 누워 있는데, 나는 알지 못한다.

동사 '有 yǒu'와 함께 쓰인 존현문 (2)

기능 존재동사(existential verb) '有 yǒu'는 어떤 사람 혹은 사물이 어떤 장소에 존재함을 나타낸다.

① 那栋大楼(的)前面有很多人。
Nà dòng dà lóu (de) qiánmian yǒu hěn duō rén.
그 빌딩 앞에 많은 사람이 있다.

② 我家附近有图书馆。
Wǒ jiā fùjìn yǒu túshūguǎn.
우리 집 근처에 도서관이 있다.

③ 山上有两家很有名的咖啡店。
Shānshang yǒu liǎng jiā hěn yǒumíng de kāfēidiàn.
산 위에 유명한 커피숍 두 곳이 있다.

④ 楼下有一家商店。

Lóuxià yǒu yì jiā shāngdiàn.

아래층에 가게 하나가 있다.

구조 존현문: 장소+有 yǒu+명사. 장소의 내부 구조는 위치를 나타내는 문장의 위치와 동일하다.

【부정형】

부정형에서는 '没有 méiyǒu'를 사용한다.

① 他家附近没有游泳池。

Tā jiā fùjìn méi yǒu yóuyǒngchí.

그의 집 근처에는 수영장이 없다.

② 教室里面没有学生。

Jiàoshì lǐmian méi yǒu xuésheng.

교실 안에는 학생이 없다.

③ 那栋大楼的后面没有餐厅。

Nà dòng dà lóu de hòumian méi yǒu cāntīng.

그 빌딩 뒤에는 식당이 없다.

【의문형】

① 你家附近有海吗?

Nǐ jiā fùjìn yǒu hǎi ma?

너의 집 근처에 바다가 있니?

② 学校(的)后面有没有好吃的牛肉面店?

Xuéxiào (de) hòumian yǒu méi yǒu hǎochī de niúròu miàndiàn?

학교 뒤편에 맛있는 소고기 면 가게가 있니?

용법 (1) 존현문의 사물은 보통 불특정한 대상을 가리킨다. 불특정하다는 것은, 사물이 화자가 쉽게 확인하거나 잘 알고 있는 대상이 아니라는 것을 의미한다.

(2) 존현문과 위치를 나타내는 문장은 어순이 정반대라는 점에 유의하자.

楼下有图书馆。Lóuxià yǒu túshūguǎn. 아래층에 도서관이 있다.

图书馆在楼下。Túshūguǎn zài lóuxià. 도서관은 아래층에 있다.

(3) '我有一部手机。Wǒ yǒu yí bù shǒujī. 나는 핸드폰이 하나 있다'에서의 동사 '有'는 소유를 나타내며 타동사로 분류한다. 반면에 '房子里面有一部手机。 Fángzi lǐmian yǒu yí bù shǒujī. 방 안에는 핸드폰 하나가 있다'에서의 동사 '有'는 존재를 나타내며 자동사로 분류한다. 소유를 나타내는 '有'는 항상 타동사로 분류하고, 존재를 나타내는 '有'는 항상 자동사로 분류한다.

A-不-A 질문

기능 질문을 만드는 'A-不-A' 문형은 중국어에서 가장 중립적인 태도로 질문하는 방법이며, 영어의 'yes/no' 질문과 가장 흡사하다.

① 王先生要不要喝咖啡?
Wáng xiānsheng yào bu yào hē kāfēi?
왕 선생님 커피 드시겠습니까?

② 这是不是乌龙茶?
Zhè shì bu shì Wūlóng chá?
이 차는 우롱차입니까?

③ 台湾人喜欢不喜欢喝茶?
Táiwān rén xǐhuan bu xǐhuan hē chá?
타이완 사람들은 차 마시는 것을 좋아합니까?

구조 이 구조에서 'A'는 첫 번째 동사의 성분을 나타낸다.

① 他喝咖啡。 Tā hē kāfēi. 그는 커피를 마신다.	他喝不喝咖啡? Tā hē bu hē kāfēi? 그는 커피를 마십니까?
② 你是日本人。 Nǐ shì Rìběn rén. 당신은 일본인이다.	你是不是日本人? Nǐ shì bu shì Rìběn rén? 당신은 일본인입니까?
③ 他来台湾。 Tā lái Táiwān. 그는 타이완에 온다.	他来不来台湾? Tā lái bu lái Táiwān? 그는 타이완에 옵니까?

용법 'A-不-A' 질문에서 동사 성분이 2음절(XY)일 때, 두 번째 음절(Y)은 문형 A에서 삭제할 수 있다. 따라서 'XY-不-XY'는 'X-不-XY'과 같다. 예를 들면, '你喜欢不喜欢我?Nǐ xǐhuan bu xǐhuan wǒ?'와 '你喜不喜欢我?Nǐ xǐ bu xǐhuan wǒ?'은 같은 표현이다.

중국어 질문의 대답

긍정적인 대답은 질문의 주요동사를 다시 언급하고, 그 다음 긍정문을 말한다.

① A: 他是不是台湾人? / 他是台湾人吗?

Tā shì bu shì Táiwān rén? / Tā shì Táiwān rén ma?

그는 타이완 사람입니까? / 그는 타이완 사람입니까?

B: 是, 他是台湾人。

Shì, tā shì Táiwān rén.

예, 그는 타이완 사람입니다.

② A: 你喜不喜欢台湾? / 你喜欢台湾吗?

Nǐ xǐ bu xǐhuan Táiwān? Nǐ xǐhuan Táiwān ma?

당신은 타이완을 좋아합니까? / 당신은 타이완을 좋아합니까?

B: 喜欢, 我喜欢台湾。

Xǐhuan, wǒ xǐhuan Táiwān.

좋아합니다. 나는 타이완을 좋아합니다.

③ A: 王先生是不是日本人? / 王先生是日本人吗?

Wáng xiānsheng shì bu shì Rìběn rén?

Wáng xiānsheng shì Rìběn rén ma?

왕 선생은 일본 사람입니까? / 왕 선생은 일본 사람입니까?

B: 是, 王先生是日本人。

Shì, Wáng xiānsheng shì Rìběn rén.

그렇습니다. 왕 선생은 일본 사람입니다.

④ A: 他喝不喝乌龙茶? / 他喝乌龙茶吗?

Tā hē bu hē Wūlóng chá? Tā hē Wūlóng chá ma?

그는 우롱차를 마십니까? / 그는 우롱차를 마십니까?

B: 喝, 他喝乌龙茶。

Hē, tā hē Wūlóng chá.

마십니다. 그는 우롱차를 마십니다.

중국어로 긍정적인 짧은 대답은 질문의 동사를 간단히 다시 반복한다.

① 你是王先生吗? 是。

Nǐ shì Wáng xiānsheng ma? Shì.

왕 선생이십니까? 그렇습니다.

② 他来不来台湾? 来。

Tā lái bu lái Táiwān? Lái.

그는 타이완에 옵니까? 옵니다.

③ 他喜欢不喜欢喝茶? 喜欢。

Tā xǐhuan bu xǐhuan hē chá? xǐhuan.

그는 차 마시는 것을 좋아합니까? 좋아합니다.

부정적 대답은 '不+주요동사'와 같이 부정문형을 제시하고 부정문이 뒤따른다. '不 bù'는 부사로서 동사 혹은 다른 부사 앞에 위치한다. 예를 들면, 다음과 같다.

① 他是不是李先生? 不是, 他不是李先生。

Tā shì bu shì Lǐ xiānsheng? Bú shì, tā bú shì Lǐ xiānsheng.

저 분이 리 선생인가요? 아닙니다. 저 분은 리 선생이 아닙니다.

② 王先生喝茶吗? 不, 他不喝。

Wáng xiānsheng hē chá ma? Bù, tā bù hē.

왕 선생은 차를 마십니까? 아닙니다. 그는 마시지 않습니다.

③ 李小姐是不是台湾人? 不是, 李小姐不是台湾人。

Lǐ xiǎojie shì bu shì Táiwān rén? Bú shì. Lǐ xiǎojie bú shì Táiwān rén.

미스 리는 타이완 사람입니까? 아닙니다. 미스 리는 타이완 사람이 아닙니다.

중국어에서 질문에 대한 간단한 대답은 부정적이든 혹은 긍정적이든 동사를 그대로 복사하여 사용된다.

① 他要不要喝咖啡? 不要。

Tā yào bu yào hē kāfēi? Bú yào.

그는 커피를 마시려고 합니까? 마시지 않습니다.

② 你喜欢不喜欢喝乌龙茶? 不喜欢

Nǐ xǐhuan bu xǐhuan hē Wūlóng chá? Bù xǐhuan.

당신은 우롱차 마시는 것을 좋아합니까? 좋아하지 않습니다.

③ 陈小姐是不是美国人? 是。

Chén xiǎojie shì bu shì Měiguó rén? Shì.

미스 천은 미국 사람입니까? 그렇습니다.

용법 위의 규칙에는 몇 가지 예외가 있다. 예를 들어, 동사가 '姓 xìng …을 성으로 하다' 또는 '叫 jiào …부르다'일 때이다. 질문이 '他姓李吗? Tā xìng Lǐ ma? 그의 성은 리입니까?'일 때, 부정은 '*不姓 bú xìng'가 아니라, '不姓李 Bú xìng Lǐ.'라고 대답하여야 한다. 질문이 '李先生叫开文吗? Lǐ xiānsheng jiào Kāiwén ma? 리 선생을 카이원이라고 부릅니까?'라고 할 때, 부정은 '*不叫 bú jiào'가 아니라, '不叫开文。 Bú jiào Kāiwén. 카이원이라고 부르지 않습니다.'라고 대답하여야 한다.

처치구문 구조 (把의 1-7 참조)

문장에서 화제 (1)

기능 당신이 어떤 사람, 사건 혹은 사물을 묘사하거나 설명하거나 혹은 평가하고자 할 때, 당신은 '화제'로서 문장 시작 부분에 사람, 사건, 혹은 사물을 배치한다. 문장의 나머지 부분은 '진술'로서 역할을 한다. 한 문장의 '화제'는 일반적으로 문장의 앞부분에 위치하는 사람 혹은 사물이다.

① A: 台湾人喜欢喝乌龙茶吗?
Táiwān rén xǐhuan hē Wūlóng chá ma?
타이완 사람들은 우롱차를 좋아합니까?

B: (乌龙茶,) 台湾人都喜欢喝。
(Wūlóng chá,) Táiwān rén dōu xǐhuan hē.
(우롱차), 타이완 사람들은 모두 좋아합니다.

② A: 你有哥哥, 姐姐吗?
Nǐ yǒu gēge, jiějie ma?
형과 누나가 있습니까?

B: (哥哥, 姐姐,) 我都没有。

(Gēge, jiějie,) wǒ dōu méi yǒu.

(형과 누나,) 저는 모두 없습니다.

③ A: 你想看美国电影还是台湾电影?

Nǐ xiǎng kàn Měiguó diànyǐng háishi Táiwān diànyǐng?

당신은 미국 영화를 보고 싶습니까, 타이완 영화를 보고 싶습니까?

B: (美国电影, 台湾电影,) 我都想看。

(Měiguó diànyǐng, Táiwān diànyǐng,) wǒ dōu xiǎng kàn.

(미국 영화, 타이완 영화,) 나는 모두 보고 싶습니다.

구조 '화제'는 항상 문장의 가장 앞에 위치한다. 그리고 화제는 진행 중인 대화 안에서 자주 생략된다. 그래서 전반적으로 화제는 정보 전달에는 기여하지 않는다.

① 打棒球, 我不喜欢。

Dǎ bàngqiú, wǒ bù xǐhuan.

야구를 나는 좋아하지 않는다.

② 越南菜, 我常吃。

Yuènán cài, wǒ cháng chī.

베트남 요리를 나는 자주 먹는다.

③ 这张照片, 我觉得很好看。

Zhè zhāng zhàopiàn, wǒ juéde hěn hǎokàn.

이 사진이 나는 아주 멋있다고 생각한다.

용법 화제에서 가장 높은 빈도로 나타나는 것은 타동사의 목적어이다.

① 中国菜, 我都喜欢吃。

Zhōngguó cài, wǒ dōu xǐhuan chī.

중국요리를 나는 모두 좋아한다.

② 弟弟, 妹妹, 我都有。

Dìdi, mèimei, wǒ dōu yǒu.

남동생, 여동생, 나는 모두 있다.

대조로서의 화제 (2)

기능 중국어의 '화제'는 문장에서 대조적인 요소로 역할을 할 수 있다. 예를 들어, '이것, 그러나 저것은 …지 않다'이다. 주어든지 혹은 목적어든지 아주 대조적일 수 있다.

① A: 台湾小吃, 你都喜欢吗?

Táiwān xiǎochī, nǐ dōu xǐhuan ma?

타이완 간식을 모두 좋아합니까?

B: 水饺, 包子, 我喜欢; 臭豆腐, 我很讨厌。

Shuǐjiǎo, bāozi, wǒ xǐhuan; chòudòufu, wǒ hěn tǎoyàn.

물만두, 빠오즈는 좋아하고, 초우또우푸는 싫어합니다.

② A: 你建议我们带什么东西去旅行?

Nǐ jiànyì wǒmen dài shénme dōngxi qù lǚxíng?

우리가 어떤 물건을 가지고 여행가는 것이 좋을까요?

B: 钱, 手机一定要带; 药, 不一定要带。

Qián, shǒujī yídìng yào dài; yào, bù yídìng yào dài.

돈, 핸드폰은 반드시 가져가야하고, 약은 반드시 가져갈 필요가 없습니다.

③ A: 高小姐有教语言的经验吗?

Gāo xiǎojie yǒu jiāo yǔyán de jīngyàn ma?

미스 까오는 언어를 가르쳐본 경험이 있습니까?

B: 教法文的经验, 她有。教西班牙语的经验, 她没有。

Jiāo Fǎwén de jīngyàn, tā yǒu. Jiāo Xībānyáyǔ de jīngyàn, tā méi yǒu.

프랑스어를 가르쳐 본 경험은 있습니다. 스페인어를 가르쳐 본 경험은 없습니다.

④ A: 小明是不是会骑车?

Xiǎomíng shì bu shì huì qíchē?

샤오밍은 오토바이를 운전할 수 있습니까?

B: 摩托车, 他不会骑。他只会骑自行车。

Mótuōchē, tā bú huì qí. Tā zhǐ huì qí zìxíngchē.

오토바이는 운전할 줄 모릅니다. 그는 자전거만 탈 줄 압니다.

⑤ A: 他们都会包小笼包吗?

Tāmen dōu huì bāo xiǎolóngbāo ma?

그들은 모두 샤오롱빠오를 빚을 줄 압니까?

B: 包小笼包, 小陈不会, 可是美美会。

Bāo xiǎolóngbāo, Xiǎochén bú huì, kěshì Měimei huì.

샤오롱빠오를 만드는 것을 샤요천은 못하지만, 메이메이는 할 수 있습니다.

■ 편저 소개

등수신(鄧守信, Teng, Shou-hsin)
현재 臺灣 中原大學 應用華語文學系 강좌교수.
미국 University of California, Berkeley 언어학 박사를 받았고, University of Massachusetts 교수, 臺灣 國立師範大學 華語文教學研究所 교수를 지냈다.

■ 옮긴이 소개

변관식
제주관광대학교 의료관광중국어학과 교수
제주대학교, 國立臺灣師範大學, 國立中央大學 수학

김미순
한국외국어대학교 교육대학원 중국어교육전공 교수
國立臺灣大學, 國立臺灣師範大學, 北京語言大學 수학
저역서: 『漢語2008-體育篇』, 『韓國語快樂學輕鬆說』, 『韓語會話脫口說』, 『韓語第一步』, 『手指韓國』 등

임경희
연세대학교, 國立臺灣師範大學, 國立政治大學 華語文教學 博士 수료

박용진
전북대학교 중어중문학과 교수
전북대학교, 臺灣東海大學, 國立臺灣師範大學 수학
저역서: 『중국어 교육론』, 『중국어교육 이론과 중간언어 말뭉치 분석』, 『현대중국어 교육문법 연구』, 『왕오천축국전을 읽다』 등

현대중국어 문법항목 해설

초판1쇄 인쇄 2021년 12월 10일
초판1쇄 발행 2021년 12월 20일

편저 등수신(鄧守信)
옮긴이 변관식 김미순 임경희 박용진
펴낸이 이대현
편집 이태곤 권분옥 문선희 임애정 강윤경
디자인 안혜진 최선주 이경진
마케팅 박태훈 안현진

펴낸곳 도서출판 역락
출판등록 1999년 4월 19일 제303-2002-000014호
주소 서울시 서초구 동광로 46길 6-6 문창빌딩 2층 (우06589)
전화 02-3409-2060 | 팩스 02-3409-2059
홈페이지 www.youkrackbooks.com | 이메일 youkrack@hanmail.net

ISBN 979-11-6742-198-2 93720

정가는 뒤표지에 있습니다.
잘못된 책은 바꿔드립니다.